JN164412

インターネットビジネスの法務と実務

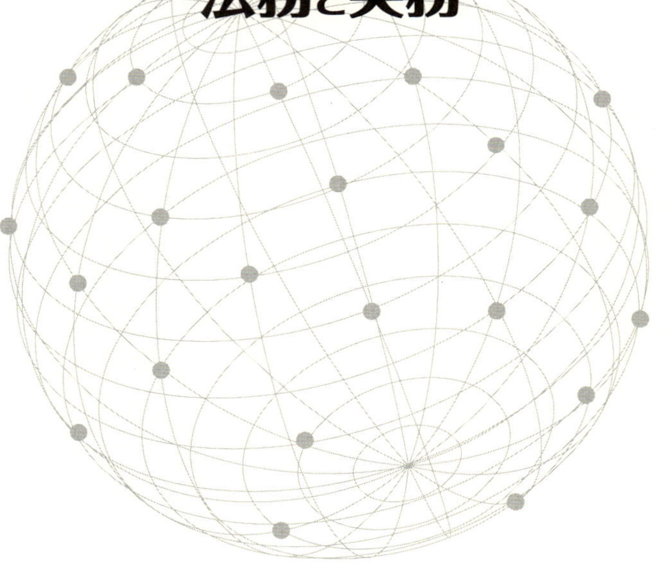

石井美緒　嶋田英樹　松嶋隆弘　編著

三協法規出版

はしがき

本書はインターネットの絡んだ取引に関して、我が国の実務家の頭を悩ます論点について、できる限り幅広く（ものによっては、それが法律上の問題点であると認識される以前の状態のものまで含め）、かつ具体的な救済方法に至るまで採り上げた法務・実務書である。

具体的には第１編で電子商取引に焦点を当て、広告からソーシャルゲームや口コミサイト、電子決済に至るインターネット上の取引で争点となった、及びなりうる点をできるだけ多く採り上げた。続く第２編で、取引に限らずインターネットを利用した行為により他人に権利侵害を及ぼすケースとして、名誉毀損、個人情報保護、著作権や不正競争防止法などにおける問題点を論じ、さらに第３編で権利侵害に対する具体的な救済策を実務上の観点から検討した。最後に第４編でインターネット上の取引や行為において利用され、事業者と利用者との取引関係が一律大量取扱いされる根拠となる規約及び約款につき掘り下げた。

これらの中には、現在進行形で変化しつつあるものや問題が顕在化する前の段階のものもあり、確定的な取扱いが未だ存在しないもの、ためにこれから議論及び検討を要するものが少なからず含まれている。

ところで、読者が書籍の購入を検討する際、とりわけその読者が法律実務家や企業の担当者である場合、直面している問題を考える上での何らかのヒントや鍵を求めているケースが多いように思われる。そうした読者に対し、本書は絶対的な神託を提供するものではない。しかしながら、採り上げる論点を検討するにあたり、執筆者に対しては、その問題点に含まれる法律上の問題を抽出し、問題の構造を解明し、確立した判決または先例がない場合には、筆者なりの考え方を展開して提示することを求めた。こうした観点から、執筆者を選定する際にも、その分野について長年研鑽を積み、経験豊富な者ばかりでなく、論点として採り上げた新しい分野、いわば未知なる海に漕ぎ出して、どんなに辛くとも何らかの果実を持って読者のところに生還すると期待した若手にも委嘱している。はたして今回の意図が無事に達成されているか、読者の判断を仰ぐこととしたい。

本書の執筆にあたり、時間の制約のある中、犠牲を厭わず献身的な努力を払っていただいた各執筆者の方に改めて感謝するとともに、本書の刊行にあたり、尽力いただいた木精舎の有賀俊朗氏、佐塚英樹氏に執筆者を代表して御礼を申し上げたい。

2017年12月

編者　石井　美緒
嶋田　英樹
松嶋　隆弘

目　次

序　論　インターネットビジネスをめぐる法律問題の現状……………1

第１編　電子商取引

総説：電子商取引をめぐる法律問題……………………………………………6

第1章　広告・勧誘……………………………………………………………9

1 特定商取引法・特定電子メール送信適正化法………………………9
2 景品表示法……………………………………………………………13
3 金融商品取引法………………………………………………………18
4 消費者契約法…………………………………………………………24
5 不正競争防止法・商標法・著作権法…………………………………31

第2章　景　品…………………………………………………………………41

1 はじめに……………………………………………………………41
2 過大な景品類の提供の制限制度の趣旨・概要………………………41
3 景品類とは……………………………………………………………42
4 懸賞制限告示…………………………………………………………48
5 総付制限告示…………………………………………………………52
6 業種別告示……………………………………………………………54
7 オープン懸賞…………………………………………………………55

第3章　注文・解約・解除をめぐる問題……………………………………56

1 契約内容の開示………………………………………………………56
2 申込みと承諾…………………………………………………………58
3 契約の成立時期………………………………………………………62

4 申込みに対応しない意思表示および意思に対応しない意思表示……69
5 返品特約のない場合の購入申込み撤回（特定商取引法15条の3）……72
6 ワンクリック請求……77
7 なりすましによる意思表示……82
8 価格誤表示の場合、表意者が錯誤無効を主張できるか……88
9 商品不着、返品トラブル、通販詐欺……92
10 解除、損害賠償……98
11 子どもによるネットでの購入・クレジットカードの無断使用……107

第4章　ネットオークション……111

1 ネットオークションとは……111
2 ネットオークションにおける売買契約の成立時期……112
3 ネットオークションと消費者保護法（ノークレーム・ノーリターン特約）……119
4 オークションの次点詐欺、返品詐欺、代理出店詐欺等……123
5 ネットオークション事業者の取引に関する責任……124
6 ネットショッピングモール運営者の責任……126
7 システム障害の場合……139

第5章　ソーシャルゲーム……140

1 ソーシャルゲームと消費者問題……140
2 フリーミアム……145
3 「コンプガチャ」問題……147
4 子どもによる無断取引の有効性……154

第6章　口コミサイト（サクラ投稿、やらせ投稿、ステマ）……160

1 口コミサイトにおけるステマとは……160
2 口コミサイトと景品表示法……161
3 著名人による口コミ……163
4 ステマを行わせた事業者または代行業者と口コミサイト運営者との間に生じうる問題……165

5 ロコミサイトのステマ対策……167

第7章　アフィリエイトプログラム……168

1 アフィリエイトプログラムとは……168
2 アフィリエイトと広告表示規制……174

第8章　ドロップシッピング……186

1 ドロップシッピングとは……186
2 ドロップシッピングと広告表示規制……194

第9章　共同購入クーポン……197

1 共同購入クーポンとは……197
2 共同購入クーポンと景品表示法……199
3 景表法以外の問題および紛争事例……205

第10章　電子決済……208

1 電子決済・ポイント・マイル……208
2 電子決済と法規制……210
3 電子決済と契約責任……214
4 仮想通貨（ビットコインなど）について……216
5 今後の課題（電子決済に伴うデータの蓄積と利用）……219

第2編　インターネットの利用と他人の法的利益との関係

総説：インターネットを利用する場合における他人の法的利益を
侵害するリスク……224

1 はじめに……224
2 表現行為と名誉権等との対立について……224
3 プライバシー権等と個人情報保護法との関係について……228
4 営業の自由と、商標権・不正競争防止法との関係について……228

5 ネットの越境性について……229
6 結　語……230

第1章　名誉毀損……231

1 はじめに……231
2 名誉毀損とは……231
3 名誉毀損の法的効果……232
4 ネット上の名誉毀損における具体的問題点……233
5 時効・除斥期間の抗弁……241

第2章　個人情報・プライバシー・肖像権……242

1 個人情報保護法……242
2 マイナンバー制度……246
3 プライバシー権……247
4 肖像権……251
5 パブリシティ権……253
6 権利侵害に対する救済……255
7 ネット上の諸問題……257

第3章　著作権……265

1 著作物・情報の法的検討……265
2 ブログ・ツイッター・投稿サービス・リンク等……270
3 電子書籍、自炊代行・自炊カフェ……278
4 音楽・映画の違法ダウンロード……281
5 プロバイダ等の責任について……283
6 オンラインゲームと著作権侵害……289
コラム：最先端の問題……292

第4章　商標権・不正競争防止法……297

1 他人の商標等の利用……297
2 ネット上のショッピングモール運営者の責任……311

第３編　他人の法的利益の侵害に対する救済

総　説……318

1 はじめに……318
2 直接侵害者に対する責任追及……318
3 間接侵害者に対する責任追及……319
4 プロバイダに対する責任追及……319
5 検索サービス運営者に対する責任追及……320
6 サジェスト機能……321

第１章　事後的救済（請求の相手方と救済内容）……323

1 直接侵害者に対する請求……323
2 間接侵害者に対する請求……327
3 ネットワーク管理者の責任（プロバイダ責任制限法）……329
4 検索エンジンサービス提供者の責任……335
5 使用者責任・監督者責任……338

第２章　予防策（事業者の情報セキュリティ）……341

1 事業者が保有する情報の漏えい・流出と関係する法律……341
2 情報セキュリティの具体的内容……346
3 クラウドサービス……355

第４編　利用規約・約款

総　説……362

1 利用規約・約款とは……362
2 定型約款と改正民法……366

第１章　利用規約一般に関する問題……374

1 はじめに……374
2 前書き……375
3 定　義……375
4 規約の契約への組入れ……378
5 利用の登録……379
6 IDおよびパスワードの管理……379
7 遵守事項とその違反に対する制裁……380
8 サービスの中断と停止……381

第2章　人格権、知的財産権との関係……382

1 人格権……382
2 知的財産権……384

第3章　電子商取引における利用規約……389

1 総　説……389
2 利用規約が契約の一内容となるための要件……389
3 サイト利用規約を変更する場合……391
4 免責特約……392
5 管　轄……395
コラム：Amazonプライム会員と利用規約の変更……397

第4章　利用規約の変更……399

1 はじめに……399
2 約款の変更……399
3 利用規約の例……400

事項索引　402
判例索引　409

略称一覧

■法令名略称（五十音順）

・医薬品医療機器等法　→医薬品、医療機器等の品質、有効性及び安全性の確保等に関する法律
・景表法　→不当景品類及び不当表示防止法
・個人情報保護法　→個人情報の保護に関する法律
・資金決済法　→資金決済に関する法律
・電子契約法　→電子消費者契約及び電子承諾通知に関する民法の特例に関する法律
・特定商取引法　→特定商取引に関する法律
・特定電子メール送信適正化法　→特定電子メールの送信の適正化等に関する法律
・犯罪収益移転防止法　→犯罪による収益の移転防止に関する法律
・不正アクセス禁止法　→不正アクセス行為の禁止等に関する法律
・振り込め詐欺救済法　→犯罪利用預金口座等に係る資金による被害回復分配金の支払等に関する法律
・プロバイダ責任制限法　→特定電気通信役務提供者の損害賠償責任の制限及び発信者情報の開示に関する法律
・マイナンバー法　→行政手続における特定の個人を識別するための番号の利用等に関する法律

■告示・通達等略称（五十音順）

・経済産業省ガイドライン
　個人情報の保護に関する法律についての経済産業分野を対象とするガイドライン（平成21年10月厚生労働省・経済産業省／平成29年5月30日廃止）
・健康増進法上の留意事項
　健康食品に関する景品表示及び健康増進法上の留意事項について（平成28年6月消費者庁）

・**懸賞制限告示**

懸賞による景品類の提供に関する事項の制限（昭和52年3月公正取引委員会、改正：昭和56年6月・平成8年2月）

・**懸賞制限告示運用基準**

「懸賞による景品類の提供に関する事項の制限」の運用基準について（昭和52年4月事務局長、改正：昭和63年10月・平成8年2月・24年6月）

・**総付制限告示**

一般消費者に対する景品類の提供に関する事項の制限（昭和52年3月公正取引委員会、改正：平成8年2月・19年3月・28年4月）

・**総付制限告示運用基準**

「一般消費者に対する景品類の提供に関する事項の制限」の運用基準について（昭和52年4月事務局長、改正：平成8年2月）

・**中間試案**

民法（債権関係）の改正に関する中間試案（平成25年2月民法〈債権関係〉部会71回会議）

・**中間試案補足説明**

民法（債権関係）の改正に関する中間試案の補足説明（平成25年4月法務省民事局参事官室）

・**定義告示**

不当景品類及び不当表示防止法第2条の規定により景品類及び表示を指定する件（昭和37年6月公正取引委員会、改正：平成10年12月・21年8月）

・**定義告示運用基準**

景品類等の指定の告示の運用基準について（昭和52年4月事務局長、改正：昭和63年10月・平成8年2月・18年4月／平成26年12月消費者庁長官）

・**電気通信事業ガイドライン**

電気通信事業における個人情報保護に関するガイドライン（平成10年12月郵政省、最終改正：平成29年9月総務省）

・**電子商取引準則**

電子商取引及び情報財取引等に関する準則（平成14年6月経済産業省〈策定時の名称は「電子商取引等に関する準則」〉、改訂：平成27年4月・28年6月・29年6月）

・特定商取引法ガイドライン

インターネット・オークションにおける「販売業者」に係るガイドライン（平成18年1月経済産業省）

・特定電子メールガイドライン

特定電子メール送信等に関するガイドライン（平成20年11月総務省総合通信基盤局消費者行政課及び消費者庁取引対策課、改訂：平成22年4月・23年8月）

・ネット広告ガイドライン

インターネット消費者取引に係る広告表示に関する景品表示法上の問題点及び留意事項（平成23年10月消費者庁、一部改訂：平成24年5月）

・不当な価格表示

不当な価格表示についての景品表示法上の考え方（平成12年6月公正取引委員会、改定：平成14年12月・18年1月／28年4月消費者庁）

【付記】

民法・特定商取引法に関し、平成29年6月2日法44号・法45号は本書発行日現在未施行であるが、本書では施行に先駆け、現行法として記述を統一した。

序　論

インターネットビジネスをめぐる法律問題の現状

ネットビジネスは、顧客（購入者）側からすれば、営業時間や店舗までの遠隔性に関係なく商品の閲覧や注文ができる点等できわめて便利であり、また、リアルビジネスにくらべて陳列や店舗の在庫数の制限が少ない点でも長けており、今日のネット社会での消費生活において不可欠な存在となっている。一方、事業者側にとっても、簡便で、いつでもどこでも取引活動ができ、リアルビジネスにくらべると出店に伴う多額の資金を必要とせず、陳列や在庫を多数抱える必要もなくまたリスクが比較的小さい等により参入が容易といわれており、誰もがネットビジネスの事業者となりうる現状となっている。このような状況を反映するかのように、たとえば日本国内のBtoC-EC取引（消費者向け電子商取引）市場規模は、平成28（2016）年において15兆1358億円（前年比9.9%増）、広義BtoC-EC市場規模は291兆170億円（前年比1.3%増）にのぼり、拡大の一途を歩んでいる（経済産業省商務情報政策局情報経済課「平成28年度我が国におけるデータ駆動型社会に係る基盤整備（電子商取引に関する市場調査）報告書」〈平成29年4月1-4、5-2-4、5-3-5〉）。

また、表現活動という観点から述べると、営利・非営利を問わず、ネットを利用すれば個人でも情報の送り手となることが可能となり、国内外を問わず不特定多数に向けて瞬時に大量の情報を送ることができるし、匿名での発信も可能となり、手軽に情報を流通させることができる点で、ネットは長けている。一方で、情報の受け手たる個人は、そのように流通する夥しい数の情報を自ら選択して収集することができるようになっている。

このようにネットは、これまでのリアルビジネスやマス・メディア社会とは異なり、ビジネスや表現活動等のスタイル、量、範囲およびプレイヤーを大きく変容させており、その功績はきわめて大きい。

一方で、ネットは、その長所が利用の仕方いかんではリスクになることは否めず、それまでのビジネス等にはない大きな問題点もはらんでいる。問題点の詳細については、第1編以降の各総説や各論に委ねるが、たとえば、対面取引ではないがために取引相手や取引対象を直接確認することができないことが、広告や勧誘、本人確認等においてトラブルの原因になったり、誰もが気軽にしかも匿名で情報を発信できるゆえに、名誉毀損やプライバシー・著作権侵害等、他人の人権や法的利益を侵害しやすい状況を生み出し、さらには、一度拡散すると取消しができないため被害の回復が困難になりやすい。

ネットによるビジネスや表現活動は、リアルビジネスや出版等による表現活動と基本的には共通する点も多いので、民法、消費者契約法、特定商取引法、景表法や知的財産法等、リアルビジネス等でも適用される各法律の規定がそのままネットビジネスや表現活動に適用されることもあるが、ネットを利用することによる特性やリスクを受けて、プロバイダ責任制限法等特別法が定められていたり、省庁による準則等が定められたりしていることもあり、様々な規制が錯綜しているといえよう。したがって、ネットによるビジネスや表現活動等を行うにあたっては、様々なトラブルを可及的に回避するために、これら各規定等の関係と内容を的確に理解しておくことが肝要である。また、現実にトラブルが生じてしまった場合には、いかなる事後救済が可能なのかを把握しておく必要がある。

とはいえ、リアルビジネスと共通して適用する法律が多種多様なうえにネット活動に特有の規制も多いので、それらを的確に理解することは決して容易ではないし、ネットビジネスの発展に法律や準則等の制定が追い付かない状況にあることも否めない。

次章以下では、そのようなネットビジネス等をめぐる法律問題について、法律ごとに条文を追って整理するという形ではなく、ビジネスの各場面や行為ごと等、具体的に事業者や消費者等が直面する様々な場面を想定して、あるいは、第三者が侵害される法的権利や法的利益ごとに、それに関連する法律等の規制や救済手段等を横断的に解説していく。

もっとも、ネットビジネスは多岐にわたり、そのすべてを本書で網羅することは不可能である。そこで、次章以下では、ネットの利用において特に問題となりやすい、ネットを利用する通販等のサービス、ネットで配信するデジタルデータやHPの作成、商品販売に関する課金システムに関係するサービスやネットへの接続サービスを提供する事業者（プロバイダ等）、さらには、営利のみならず精神的な表現活動をめぐる問題について取り上げ、あわせて予防的措置や事後救済についても解説していくこととする。

また、法律の規定や解説書には示唆されていないことが多いような実務的な対応策や最新の問題についても適宜言及していく。

第1編

電子商取引

総　説

電子商取引をめぐる法律問題

電子商取引とは、ネット等のネットワークを利用して契約や決済等の商取引を行うことをいう。電子商取引には序論で述べたとおり様々な長所があるが、一方において以下のようなリスクもある。

まず、ネットは、非対面性の取引・流通であることが長所でもありリスクでもある。すなわち、顧客からすれば勧誘等の煩わしさがないし、時間や場所的制限がなく取引ができるというメリットがある反面、取引相手も取引の対象物も直接確認することができないので、正しい情報の入手が容易にできないおそれがある。対面取引にくらべて、店員に直接その場で聞くことができず、自分で情報収集したり、事業者に問い合わせたりするにしてもメール対応のみである場合も多かったりする等、確認方法が煩雑であるのが一般的である。特に、ネットオークションのような特定物売買が中心のものは、同じ特定物売買であっても対面取引の場合は直接に実物を確認することができるのに対し、それが不可能であるうえに、不特定物売買であれば同種の物について、実店舗で実物を確認したり、他のネット店舗における表示等で確認や比較をしたりすることができるのと異なり、当該オークションの画像と説明以外で確認をすることが困難である。そこで、契約不適合責任における「契約の内容に適合しないもの」に該当するかどうか、ネットオークションの特質をふまえた「契約の内容に適合しないもの」は何か等が問題となる。

また、顧客側としては、ウェブサイトでは事業者等の信用性を判断することが対面以上に難しい。さらには、代金引換のような同時履行による引渡し方法を選ぶ場合は別であるが、先払いや後払いの場合には、対面取引にくらべて互いに履行や支払いの確保が難しくなる。そのような状況において、ネットビジネスの中でもBtoCやCtoCの取引の場合は継続的取引でなく相互に不特定多数を相手にする取引であることが少なくないため、信用性を担保することもより困難である。このため、ネットオークション詐欺等、代金を払ったのに商品が届かない等の犯罪に巻き込まれる可能性もある。

さらには、ネットの利用により簡単に申込みができるということは、取引上のミスを生みやすい。電子商取引はコンピュータを通じて取引を行うため、たとえば、売買契約書（文書）に自ら署名・捺印をしたり、口頭で申込みの意思を発したりすることにより申込意思が外部に表明されるのとは異なり、コンピュータの画面表示をよく見ずに誤って購入申込ボタンをクリックしたり、注文数量を誤記入したりすることがある。たしかに、書面や口頭での申込みでも誤記等は生じうるが、電子商取引におけるコンピュータ（機械）の誤操作による契約の成否・内容に関するトラブル発生の可能性はその比ではないし、事後確認の可能性の点でも異なる。したがって、注文したつもりがないのに商品が送られ、クレジットカード引落としがなされていた等のトラブルが、リアルビジネス以上に起きやすい。

また、相手が見えない中で、画面をきちんと確認しない等により安易にクリックしたり、著名な事業者や会員制ウェブサイトを騙ったメール等に対し、当該他の著名な事業者等からのものであると誤信してカード情報等の個人情報を開示してしまったりすることもあり、そのような誤信を生じさせやすいネットの特性を悪用したワンクリック詐欺やフィッシング詐欺にあう可能性もある。

そのほかにも、電子商取引は事業者にとって夥しい数の相手を取引相手とすることを可能としているところ、事業者が一方的に提示する利用規約を承諾するか、承諾せずに取引をいっさい行わないかを取引相手に迫ることとなる。たしかに、このような利用規約や約款の問題は、リアルビジネス以外でも生じうるが、電子商取引の場合には利用規約の一覧性が必ずしも確保されていないことや、取引の手軽さから規約内容の確認をきちんと行わずにより安易に同意のクリックボタンが押されやすいという問題もある。

他方において、事業者側からしても、「取引相手の現認性の欠如」は多大なリスクとなる。たとえば、ネット取引では取引相手に自分を現認されないため、なりすましや未成年者が成人と偽って取引を行う可能性があり、契約の有効性や権利帰属についてのトラブルが生じやすい。

また、ネットビジネスの利点である「手軽さ」は誤入力を生じさせやすく、たとえば価格について1桁「0」を記入し忘れたままの表示で広告や勧誘を行ってしまうリスクをはらんでおり、それを基に注文を受けた場合、かりに契約が成立していればきわめて低廉な価格で販売することになってしまう。

このように電子商取引はその利便性等に長けており今日のビジネスの中枢の一部を占めているが、その利便性が故に生ずるトラブルも後を絶たない。序論で述べたとおり、電子商取引も商取引の一種であるため、電子商取引の事業者と購入者との関係においては、他の事業者等との関係と同様に、基本的には消費者契約法（BtoC商取引の場合）、特定商取引法や景表法等による規制を受ける。ただし、電子商取引の場合には、その特質に応じた法律の手当てが一部で行われているので、本編では他の取引と共通して適用される法律（ただし、その場合であっても電子商取引ゆえにその適用にあたって特別な配慮が必要とされることが多く、その点については準則等でも言及されている）と電子商取引の特質性ゆえに適用される特別法および特別な規定や、電子商取引の特質性が争点となった判例等を、各電子商取引場面や電子商取引の形態・問題となりやすい事例ごとに整理して論じていく。

なお、広告・勧誘、取引の成立や有効性等については様々な規制があり、これらの規制は、取引当事者間の利益調整の観点から最適な結果になることを目的として事前規制や事後救済について定められているが、それだけでは十分な対応とはいいがたい。事業者にとっても購入者にとっても、いかなる自己防衛策があるのか、規制とあわせて実務的な観点からもできうるかぎり紹介していきたい。

第1章

広告・勧誘

1　特定商取引法・特定電子メール送信適正化法

1　特定商取引法

特定商取引法は、通信販売について広告をするときは、以下のとおり、一定事項を表示することを義務づけており（11条）また、誇大広告を禁止している（12条）。

<表示を要する事項>

①　商品・権利等の販売価格または役務の対価および送料（11条1号）

②　商品・権利等の代金または役務の対価の支払時期と方法（同条2号）

③　商品の引渡時期・権利の移転時期または役務の提供時期（同条3号）

④　商品・特定権利の売買契約の申込みの撤回・売買契約の解除に関する事項（特約がある場合には、その内容を含む）（同条4号）

⑤　販売業者または役務提供業者の氏名・名称、住所と電話番号（法人の場合は、このほかに代表者または業務責任者の氏名）（同条5号、同法施規8条）

⑥　申込みの有効期限があるときは、その期限（同法施規8条、以下同じ）

⑦　①の販売価格等以外に購入者等が負担すべき金銭があるときは、その内容と額

⑧　商品に隠れた瑕疵がある場合の販売業者の責任についての定めがあるときは、その内容

⑨　プログラム等の商品・役務を提供する場合の利用のために必要な電子計

算機の仕様、性能その他必要な条件

⑩　商品の販売数量の制限その他の特別の商品・サービス等の販売条件があるときは、その内容

⑪　省略された広告表示事項につき、書面請求をした者に、当該書面にかかる金銭負担が発生するときのその金額

⑫　電子メールで広告をするときは、電子メールアドレス

＜誇大広告が禁止される事項＞

①　商品の種類、性能・品質・機能、役務の種類、内容・効果、権利の種類、内容・権利に係る役務の種類、内容、効果（特定商取引法12条、同法施規11条、以下同じ）

②　商品・権利・役務、販売業者・役務提供事業者、販売業者・役務提供事業者の営む事業についての国・地方公共団体等の関与

③　商品の原産地・製造地・製造者名

④　前記＜表示を要する事項＞

表示方法としては、商品・指定商品の売買契約の申込みの撤回・売買契約の解除に関する事項（特約がある場合には、その内容を含む）については、顧客が見やすい箇所において明瞭に判読できるように表示する方法その他顧客にとって容易に認識することができるよう表示しなければならない（同法施規9条）。

さらに、ウェブ広告に関する適用については、以下のような表示方法に留意して説明義務を果たすことが必要とされている。すなわち、「インターネット上のホームページなどパソコン画面上等の広告では、上記事項〔筆者注：表示義務のある事項〕の全てを確認するには画面のスクロールや画面の切替を要さずにすむよう記載することが望ましいが、特に販売業者等の氏名、住所及び電話番号（法人の場合はさらに代表者又は業務責任者の氏名）については、画面上に広告の冒頭部分を表示したときに認識できるように記載すべきである。やむを得ず、冒頭部分への記載を行うことができないときには、冒頭部分から容易に記載個所への到達が可能となるような方法又は契約の申込みのための画面に到達するにはこれらの事項を画面の経由を要するような方法を予め講ずるべきである。」（「電子商取引準則」163頁）。

これらの義務や禁止事項に違反した場合で、通信販売の取引の構成および

購入者等の利益が害されるおそれがある場合には、販売業者等は主務大臣から、必要な措置をとるべきことを指示されることがある（特定商取引法14条1号）。

2　特定電子メール送信適正化法

一時に無差別かつ多数の者に対して一方的な広告宣伝メール（迷惑メール）を送信等することによって、電子メールの送受信上の支障が生じていることが社会問題化したことを受けて、平成14（2002）年に特定電子メール送信適正化法が制定され、特定電子メールの送信の適正化のための措置が定められ、電子メールの利用についての良好な環境の整備が図られた。本法で規制の対象となる「特定電子メール」とは、「営利を目的とする団体及び営業を営む場合における個人」である送信者が「自己又は他人の営業につき広告又は宣伝を行うための手段として送信する電子メール」をいう（2条2号）。

広告・宣伝を直截的な内容とするものだけでなく、営業上のサービス・商品等に関する情報を広告・宣伝しようとするウェブサイトへ誘導することが送信目的に含まれる電子メールや、SNSへの招待や懸賞当選の通知、友達からのメールや会員制サイトでの他の会員からの連絡などを装って営業目的のウェブサイトへ誘導しようとする電子メールもこれに含まれる（「特定電子メールガイドライン」1頁）。規制対象者となる電子メールの送信者とは、電気通信としての電子メールを発信する操作の主体となる者（団体を含む）と解され、単に広告の依頼を行っているだけの者はこれに該当しない（同ガイドライン2頁）。

(1)　送信禁止の原則と例外（オプトインとその例外）

送信者は原則として特定電子メールの送信を禁止されており、例外的に、あらかじめ、特定電子メールの送信をするように求める旨または送信をすることに同意する旨を送信者または送信委託者に対し通知した者には送信が認められている（特定電子メール送信適正化法3条1項1号：オプトイン規制）。

上記同意の要件としては、①受信者が広告・宣伝メールの送信が行われることを認識したうえで、②それについて賛成の意思を表示することが必要と考えられる（「特定電子メールガイドライン」3頁）。

上記①に関連して、同意取得時に表示すべき事項およびその表示方法や第三者（広告媒体業者やプラットフォーム事業者、イベント主催者等）を通じて同意を取得する場合については、同ガイドライン6～7頁を参照。

上記②に関連して、同意の取り方として、同意する旨のチェックボックスにあらかじめチェックがされている状態など、利用者による作為がない場合には同意したこととなる方法（デフォルトオン）と、あらかじめチェックがされておらず、利用者による作為がない場合には同意しなかったこととなる方法（デフォルトオフ）があるが、後者のほうが受信者の意思がより明確に表示されることとなる（同ガイドライン8頁）。また、受信者の事前の同意が適法であるか否かを判断できるよう、同意する旨の通知を受けた送信者または送信受託者は、「同意を証する記録」の保存を義務づけられている（特定電子メール適正化法3条2項）。保存内容および保存期間については、同法施行規則4条1項・2項にそれぞれ定められている。ちなみに、他人の電子メールアドレスを無断で用いて同意の通知をする「なりすまし」の同意を防止したり、受信者等からの同意の有無に関する問合せに対して同意があることを立証したりする場合に備えて、通知等されたメールアドレスに対して返信等の受信者本人の操作があって初めてその後の特定電子メールについての同意を確定させるという方法（ダブルオプトイン）もある。

また、上記のオプトインのような明示の同意の通知がない場合であっても、特定電子メールの送信が許容される場合があることに鑑み、同意を通知した者以外の者であっても、電子メールアドレスを通知した者、取引関係にある者や自己の電子メールアドレスを公表している団体・営業を営む個人の場合には、これらの者に宛てて特定電子メールの送信が可能であるとされている（特定電子メール送信適正化法3条1項2号～4号、同法施規2条：オプトイン規制の例外）。

(2)　オプトアウト

上記のようにオプトイン等により特定電子メールを送信することが認められた場合であっても、送信相手が、実際に広告・電子メールを受信した結果、それ以降の受信を望まない場合もあるので、同意の取得等をした場合であっても、受信拒否（オプトアウト）通知を受領した後は、原則としてその通知に示された意思に反して特定電子メールの送信が禁止されている（特定電子メール送信適正化法3条3号）。通知の方法や例外については、同法施行規則5条および6条を参照。

(3)　特定電子メール送信時における表示義務

特定電子メール送信適正化法は、特定電子メールの送信にあたっては、①送信者（送信委託者がいる場合は、送信者または送信委託者のうち送信責任者）の氏名または名称および、②受信拒否の通知を受けるための電子メールアドレスまたはURLの表示義務を課しており（4条1号・2号）、受信者において、事前の同意を通知した者等からの受信かどうかを容易に判断できるようにしたり、確実にオプトアウトを行えたりするようにしている。また、同法4条3号および同法施行規則9条では、オプトアウトの例外の場合を除き、③オプトアウトの通知ができる旨の記載、④上記①の者の住所、⑤苦情や問合せ等の受付電話番号、電子メールアドレスまたはURLの表示が必要とされている。表示場所については、同法施行規則7条を参照。

(4)　措置命令

総務大臣および内閣総理大臣は、上記の特定電子メールの送信の制限規定（特定電子メール送信適正化法3条）や表示義務（同法4条）を遵守していなかったり、送信者情報を偽って電子メールを送信したり、架空電子メールアドレス宛てに送信したりした場合には、送信者や帰責事由のある送信委託者に対し、措置命令を発することができる（同法7条）。

2　景品表示法

1　はじめに

景表法は、商品および役務の取引に関連する不当な景品類および表示による顧客の誘引を防止するため、一般消費者による自主的かつ合理的な選択を阻害するおそれのある行為の制限および禁止について定めることにより、一般消費者の利益を保護することを目的とする（景表法1条）。景表法の規制は、景品規制と表示規制とに大別され、後者は、近時、とみに消費者法的色彩を強めている[1]。ここでは、各論での検討の前提知識として、景表法の概要を示しておくことにしたい[2]。

2　景品規制

(1)　景品規制の概要

まず、景品規制について述べる（詳しくは、本編第2章を参照）。一般に、景品とは、粗品、おまけ、賞品等のことである。景品規制につき景表法は、景品類の価額の最高額もしくは総額、種類もしくは提供の方法その他景品類の提供に関する事項を制限し、または景品類の提供を禁止することができる旨規定する（景表法4条）。ここに景品とは、顧客を誘引するための手段として、その方法が直接的であるか間接的であるかを問わず、くじの方法によるかどうかを問わず、事業者が自己の供給する商品または役務の取引（不動産に関する取引を含む。以下同じ）に付随して相手方に提供する物品、金銭その他の経済上の利益であって、内閣総理大臣が指定するものをいう（同法2条3項）。これを分節すると、下記表1のとおりとなる。

▶表1

①	顧客を誘引するための手段として
②	事業者が自己の供給する商品・サービスの取引に付随して提供する
③	物品、金銭その他の経済上の利益

これを具体化すべく、「定義告示」は、次の一～四のようなものを景品の例として掲げるとともに、正常な商慣習に照らして値引またはアフターサービスと認められる経済上の利益および正常な商慣習に照らして当該取引に係る商品または役務に附属すると認められる経済上の利益は、含まない旨定め

1）　景品規制は、消費者法上の規制であるだけでなく（提供される商品とその価格との不一致が消費者の判断を誤らせるということは当然あるものの）、公正な競争を阻害する行為を防ぐという経済法的色彩を含んでいるといえる。

2）　景表法につき詳細は、丸橋透＝松嶋隆弘編『景品・表示の法実務』（三協法規・2014年）を参照。

る（同告示1条）。

「一　物品及び土地、建物その他の工作物

二　金銭、金券、預金証書、当せん金附証票及び公社債、株券、商品券その他の有価証券

三　きよう応（映画、演劇、スポーツ、旅行その他の催物等への招待又は優待を含む。）

四　便益、労務その他の役務」

さらに景品該当性の有無に関しては、別途、「定義告示運用基準」が定められており、前記①～③の認定基準を具体的に定めている。

景表法に基づく景品規制としては、(a)一般懸賞に関するもの（共同懸賞以外の場合：例として、抽選券、じゃんけん等により提供）、(b)共同懸賞に関するもの（複数の事業者が参加して行う懸賞）、(c)総付景品（懸賞によらずに提供される景品類：例として、商品・サービスの利用者や来店者に対してもれなく提供する金品）に関するものがあり、それぞれ、提供できる景品類の限度額等が定められている。

(2)　景品規制の例として

ネット関係における景品規制の例として、次のようなものを示しておきたい。

[例1]

A社は、スマートフォン用の戦争に関するオンラインゲームを運営している。そのシステムは、基本料が無料であるものの、ユーザーがオンラインゲームの世界で戦うためのアイテム（武器等。「ガチャ」と呼ばれる）は有料であるとされており、ユーザーの携帯電話使用料とともに課金される。A社の収益は、かかる課金により発生する。

A社は、あらたな「ガチャ」として、ユーザーが既存のアイテムをすべて揃える（コンプリートする）ことにより、戦闘能力を著しく増す「武器」を入手できる「システム」を導入した。

［例1］は、「コンプリートガチャ（コンプガチャ）」として世間を賑わせている問題である。類似のシステムはいくらでも考えられる（たとえば、女性アイドル・ユニットがCDを出す際に、構成員ごとにジャケットを別にして販売し、全バージョンを揃えた購入者には、特典として、当該ユニットの特製ポス

ターを進呈する等はどうか)。

かかる行為は、消費者の射幸心を著しくあおるものといわなければならない。つぎ込んだお金を考え、途中から後に引けなくなるし、かかる行為の対象であるユーザーは、多くの場合、若者や年少者であろう。

従来から、景表法とそれに基づく「懸賞制限告示」は、「カード合わせ」の方法による景品の提供(2種類以上のカード等を揃えた人に対して景品を提供する懸賞方法)を、全面的に禁止してきたが、同法の監督官庁である消費者庁は、平成24年5月18日、コンプガチャは違法である旨の見解を公表した。

なお、景品規制については第2章も参照されたい。

3　表示規制

(1)　表示規制の概要

次に表示規制についてみてみる。表示規制につき景表法は、「表示」とは、顧客を誘引するための手段として、事業者が自己の供給する商品または役務の内容または取引条件その他これらの取引に関する事項について行う広告その他の表示であって、内閣総理大臣が指定するものをいうと定めたうえ(2条4項)、事業者は、自己の供給する商品または役務の取引について、次の表2のいずれかに該当する表示をしてはならない旨規定する(5条)。

▶表2

①優良誤認表示(5条1号)	商品または役務の品質、規格その他の内容について、一般消費者に対し、実際のものよりも著しく優良であると示し、または事実に相違して当該事業者と同種もしくは類似の商品もしくは役務を供給している他の事業者に係るものよりも著しく優良であると示す表示であって、不当に顧客を誘引し、一般消費者による自主的かつ合理的な選択を阻害するおそれがあると認められるもの	・内容について、実際のものよりも著しく優良であると一般消費者に示す表示 [例]カシミヤ混用率が80%程度のセーターに「カシミヤ100%」と表示していた。 ・内容について、事実に相違して競争業者に係るものよりも著しく優良であると一般消費者に示す表示 [例]「この技術を用いた商品は日本で当社のものだけ」と表示していたが、実際は競争業者も同じ技術を用いた商品を販売していた。

②有利誤認表示（5条2号）	商品または役務の価格その他の取引条件について、実際のものまたは当該事業者と同種もしくは類似の商品もしくは役務を供給している他の事業者に係るものよりも取引の相手方に著しく有利であると一般消費者に誤認される表示であって、不当に顧客を誘引し、一般消費者による自主的かつ合理的な選択を阻害するおそれがあると認められるもの	・取引条件について、実際のものよりも取引の相手方に著しく有利であると一般消費者に誤認される表示 ［例］当選者の100人だけが割安料金で契約できる旨表示していたが、実際には、応募者全員を当選とし、全員に同じ料金で契約させていた。 ・取引条件について、競争業者に係るものよりも取引の相手方に著しく有利であると一般消費者に誤認される表示 ［例］「他社商品の2倍の内容量です」と表示していたが、実際には、他社と同程度の内容量にすぎなかった。
③その他（5条3号）	上に掲げるもののほか、商品または役務の取引に関する事項について一般消費者に誤認されるおそれがある表示であって、不当に顧客を誘引し、一般消費者による自主的かつ合理的な選択を阻害するおそれがあると認めて内閣総理大臣が指定するもの	現在、下記の6つが定められている。 ・無果汁の清涼飲料水等についての表示 ・商品の原産国に関する不当な表示 ・消費者信用の融資費用に関する不当な表示 ・不動産のおとり広告に関する表示 ・おとり広告に関する表示 ・有料老人ホームに関する不当な表示

(2)　最近の例を素材として

［例2］

債務整理を専門とする法律事務所であるB法律事務所は、債務整理事件の受任に係るインターネット広告において、1か月間の期間限定と明示して、「今だけの期間限定」「返金保証キャンペーン実施」等と記載し、あたかも、当該期間内において対象役務の提供を申し込んだ場合に限り、過払い金返還請求の着手金が無料または値引きとなるかのように、および借入金の返済中は過払い金診断が無料となるかのように表示していた。

これは、最近の事例をごく簡単に整理したものである。このような広告は、前記の有利誤認表示に該当する。実際の事例では、有利誤認表示として、景表法に基づく排除命令が発せられている。

3　金融商品取引法

1　金融商品取引における広告と勧誘

(1)　広告の意義

「広告」の法律上の定義は必ずしも明らかではないものの、辞書的な意味は、「広く世間に知らせること」をいい、金融商品取引の世界において、金融商品を販売などする当事者（金融商品取引業者）が広告を行う目的も、これに接した（潜在的なものを含めた）顧客である投資家に対し広く知らせ、その投資活動を誘う点にある。

金融商品取引についても他の分野の取引と同様にネットの利用が進んだことにより、広告と勧誘のあり方がこれまでになく変容している。従前の金融商品取引、かつて証券取引と呼称していたものであり、株券、国債、債券、デリバティブその他の金融商品等々の売買などにおいて、業者および投資家の側において念頭にあった「広告」は、テレビおよびラジオにおけるコマーシャル放送、店頭における掲示、新聞などの折込みチラシなどが中心であったと思われる。ところが、現状では、これらに加え、ネットを利用した広告が可能となった。

ネットにおける広告がこれまでの広告手段と異なる点は、放送のごとく一対多による、大量の同一内容の伝播を目的としたものも可能であると同時に、そうしたものばかりでなく、顧客ごとの情報を蓄積し、たとえば、当該顧客の普段の関心事項などについてのアンケートを実施するような直截的なものから、過去にアクセスした商品情報などの情報を集積し、これを分析・解析することで、特定の顧客（層）に焦点を当てた商品やサービスの提供といったことが可能になっている点にある。各金商業者において、ツイッターやフェイスブックなどのいわゆるソーシャルメディアに金商業者専用のアカウントを開設し、そのアカウントにアクセスする者のサイト内における滞在時間、どの記事にアクセスしたかといった情報を収集しているのも、（潜在的な）投資家の投資傾向や投資行動を分析し、今後の業務、端的にいえば営業に役立てようという目的を有するからにほかならない。

勧誘についても、ネットの利用が想定されていなかった当時は、顧客に電話を利用して勧誘するか、直接顧客先に出向くなどして行うのが中心であった。ところが、過去には存在しなかったオンライン専業の金商業者が登場したことに典型的にあらわれているとおり、生身の営業員の代わりに、自社のウェブサイト上に金融商品についての情報を掲載するなど、システムによる「勧誘」が行われるようになり、これが生身の営業員の代わりに役割を果たすようになっている。こうした業態を可能としたということでIOT技術の発展が金融商品取引に寄与したところは大きい。

こうしたオンライン専業の金商業者における「勧誘」は、営業員が顧客に架電する、または、直接顧客に購入を働きかけるのではなく、金商業者のウェブサイト上において金融商品の情報を掲載し、かつ、それ以外にも、たとえばツイッター、フェイスブックなどのソーシャルメディアに金融商品を紹介する記事を掲載する、といった形態で実施されており、単なる商品情報の提供と広告との線引きは、これまで以上に重要（というより困難）になる。

(2)　営業員による勧誘と情報提供の区別

勧誘は、一般には申込みの誘引、ということとされる。金融商品を相対で取引する場面を想定すると、勧誘は、顧客からの申込みの意思表示があったならば、これに対し金商業者において承諾の意思表示をするだけで契約が成立する程度の準備を整えたうえ、申込みの誘引を行うこと、と整理することが可能である。

こうして相対取引を前提とした場合、誘引という、営業担当者による顧客に対する働きかけが事実として存在するうえ、かりに、申込みの意思表示が行われたとしても、客観的に承諾が可能ではない状況にある場合、たとえば商品がまだ組成されていない、または、販売自体の機関決定が行われていないなどの場合には、かりに商品についてある程度具体的な情報を顧客に提供したとしても、当該情報に基づいて、顧客が購入を承諾しても契約が成立する状態に至っていないことから、その時点では勧誘に該当しない、と整理することができる。もっとも、この点について、特定の金融商品につき、応募してくる顧客の数に無関係に当該金融商品の組成自体がすでに決定されており、一定の条件が成就した時点で販売が決せられるという場合であれば、停止条件付き金融商品の申込みの誘引といった形で整理が可能ではある。

他方で、金商業者の自社のウェブサイトなどに掲載される金融商品の場合、営業担当者による情報の提供行為自体が存在しないことから、そもそも個々の顧客に対する勧誘を想定しがたいため、情報の提供行為自体でその行為が勧誘に該当するか否かを区別することができない。とはいえ、情報として掲載されればすべて勧誘であると整理すると、勧誘に当たり、法令上の要件（文字の大きさ、リスク表記）を満たす必要性が生じることとなるため、そうした要件を欠いた瞬間に直ちに金融商品取引法違反になりかねない。

いかなる情報提供であれ、最終的に金商業者にとっての業績に資することを念頭に置いて提供されていることは動かないと思われることから、広告については、単なる情報提供と勧誘の違いを掲載意図という主観的な側面で区別することは困難といわざるをえず、実務的には、①勧誘と受け取られないようにする場合には、「特定の金融商品の勧誘を目的とするものではない」旨の表示を行い、②顧客による購入を企図していても、購入のための手続についてはあえて別ページに誘導して行うなど画面の切替えを実施する、といった具合に顧客に当該画面の性質について認識可能な態様で対処しているケースが多い。

2　金融商品取引法で勧誘の是非が争点となるケース

(1)　勧誘をめぐる紛争が訴訟に発展しない背景

勧誘をめぐり争訟に発展したケースでも、勧誘の文言など、勧誘行為自体の違法性が争われるというよりは、勧誘の際の説明義務違反が争点となっているケースが多いように思われる。ネット証券で金融商品が取引される場面で考えると、勧誘の文言そのものに問題があるケースでは、記載内容が事実と異なり、しかも単に事実と異なるにとどまらず、虚偽の表示が行われた結果取引に至ったというケースであるならば、金商業者の側で、誤認勧誘（金融商品取引法38条1号）を理由として積極的に取引を取り消すとともに、法律上認められる補填（同法39条3項）を実施してしまい、その結果、訴訟にまで発展しないからではないかと推測される。

(2)　説明義務違反が争われたケースについて

他方で、金融商品それ自体に法律上の瑕疵はないものの、問題となった顧客が本当に顧客として適当かという商品適合性の問題や、真にリスクを含めた説明が行われたか、といった説明義務違反が問題になるケースは少なからず存在する。代表的な判例としては最判平成25年3月7日集民243号51頁・判時2185号64頁が挙げられる。この判決の事案は、銀行と顧客との間における、固定金利と変動金利を交換し、その差額を決済する金利スワップ取引についての契約を締結したもので、締結の際、銀行に説明義務違反があったのではないかとして争われたものの、結論として銀行に説明義務違反はないとされた。

本判決を含め、説明義務違反が焦点となる場合、説明が一般人の理解を基準とし、一般人が理解するうえで過不足ない内容を伝えているということであるかぎりは、説明義務違反が肯定されたケースはあまり多く認められない。顧客が勝訴したケースとしては、「リスクの説明が一切無い」（神戸地明石支判平成25年8月16日）、「リスクを理解しておらず、元本毀損性を十分に理解していない」（東京地判平成25年8月16日）など、顧客に対する説明義務を認定しつつ、具体的に実施された説明では「顧客がリスクの理解に至っていない（＝それゆえ購入に至った）」との認定を行ったものに限られている。このように金商業者の側において一般的な顧客に対して妥当と思われる程度の説明を実施しているかぎり、説明義務違反の認定を得るのは相当に厳しい。もっとも、視点を変えて、金商業者の側で一般的な説明をしたとしても、顧客がその内容を理解しておらず、しかも、顧客が十分に理解していないことを金商業者側も認識していたとの主張立証がなされたならば、顧客の投資目的と、金商業者が勧誘した金融商品が整合しているかについては議論になりうるし、具体的な事情次第では逆の結論に至りうるように思われる（大阪高判平成27年12月10日金判1483号26頁では、説明義務は果たされていると認定して請求を棄却した一審判決とは対照的に、顧客の具体的な投資方針を認定のうえ、契約締結前書面の不交付その他を挙げて、具体的な説明がなされておらず、顧客がきちんとした説明を受けていれば問題となった商品を購入するはずがなかった旨の認定をして、顧客の側の請求を認容している)。

この説明義務違反の問題に関しては、千葉大学の青木浩子教授が、金融・商事判例増刊1511号14頁以下においてきわめて深い考察を網羅的にしており、是非一読を勧めたい。青木教授は、とりあげる事件について、裁判所で証拠を含めて訴訟記録全文の閲覧謄写をしたうえで掘り下げた分析をしており、上記論考も、実務家としての視点からきわめて傾聴するべき内容を含む。

(3)　オンライン専業の金商業者のケース

なお、オンライン専業の金商業者については、この説明義務違反が問題となるケース自体が少ない。これは金融庁の「金融商品取引業者等向けの総合的な監督指針　Ⅲ－2－3－4顧客に対する説明態勢　(1)説明態勢に関する主な着眼点　④インターネットを通じた説明の方法」において、「金商業等府令第117条第1項第1号に規定する『当該顧客に理解されるために必要な方法及び程度による説明』について、金融商品取引をインターネットを通じて行う場合においては、顧客がその操作する電子計算機の画面上に表示される説明事項を読み、その内容を理解した上で画面上のボタンをクリックする等の方法で、顧客が理解した旨を確認することにより、当該説明を行ったものと考えられる。」とあるのをふまえ、金商業者がネット上で金商取引を提供する際、①具体的な説明を理解したか、②対象となる金融商品を購入する意思はあるか、という点について、顧客が説明を理解したうえでその意思に基づいて取引を行うものであるか、顧客の取引画面上に確認ボタンを表示し、顧客にこれを押させるなどとして意思確認をしていることから、顧客の側でも自発的に確認ボタンを押していることもあり、金融商品について何ら理解せずに取引を行った、という主張をすることがいささか厳しくなっている点が大きいように思われる。

3　勧誘から派生する問題について

ネット上における広告・勧誘で実務上問題になることとして、いわゆるキャッシュバックの類が挙げられる。たとえば、「顧客を1名紹介してくれたら○○○○円をキャッシュバックする」や「その顧客がさらに○○○○円の投資信託を購入したら○○○○円キャッシュバックする」というキャンペーンの類である。キャッシュバックについては、景表法上も問題になりうるが、取引通念上、「割引」として評価することができるかぎり、景表法上直ちに違法との評価に至るものではない。しかし、一定の利益を提供するものである以上、金融商品取引法上の「特別な利益の提供」に触れないかを検討する必要は残る。

特別な利益の提供（金融商品取引法38条8号、金融商品取引業等に関する内閣府令117条1項3号）が禁じられる趣旨は、①不公正競争の防止と②金商業者の財務健全性の維持の2点にある。このうち、②の財務の健全性については、取引通念上一般的に許容される程度であるかぎり、実施した主体の財務の健全性を害するものとは解されないことから、具体的な金額を基礎に、一般的に許容されるか否かにより判断することになる。他方で、①不公正競争の防止については、顧客の安易な取引を誘引する側面が認められるか、金額や適用される対象をふまえ総合的に判断することを要する。

このような総合的な判断を行うにあたり、少なくとも以下の要素については検討が行われている必要はあろう。

(1)　内規の有無

キャッシュバックを規定しているか。内規に規定がない場合、キャッシュバックを実施することを含め、恣意的な決定・取扱いが行われやすい。

(2)　対象顧客の選択の合理性

キャッシュバックを実施するにあたり、対象となる層を選択した理由が合理的か。その決定に恣意性が認められないか。特定の顧客層に意図的に利益を付けたと認められる点はないか。事前にキャッシュバックをすることで、どの程度の新規顧客や新規取引の増加を想定しているか。その増加などを客観的に示すバックデータは存在するか。

(3) 期間の合理性

キャッシュバックを実施する期間が、他社における同種キャンペーンとの比較で、（合理性を欠くほど）長期にわたるか。

証券取引等監視委員会の実施する検査や日本証券業協会の実施する監査においても、まずは内規が存在するか、その内規が合理性のあるものか、合理性があるとして、その内規に沿った取扱いとなっているか、といった点から検証が行われていると思われる。たとえば、証券取引等監視委員会の実施した検査で問題点が指摘された事例も、たとえば顧客5名に対し、取引継続の意図のもと、他に合理的な理由なく投資顧問料の免除を提案し、当該提案に応じた顧客4名に対し、3年以上、投資顧問料総額約147万円を免除したというケースであり、「顧客毎に投資顧問料が異なるとしても、一定の料率表に基づく等の合理的な理由があると考えられる場合には」として、内規の合理性がまずは求められている[3)]。

4　消費者契約法

1　本稿で論じる範囲について

以下では、消費者契約法の概要を明確にするとともに、同法がネット上の取引に適用されるとした場合に、変容・修正を必要とするかといった点を論じることとしたい。

2　消費者契約法の構造

消費者契約法1条（目的）にあるとおり、一般的には事業者と消費者の間に、情報量の質と量に格差が存在し、両者間の交渉力にも格差が存する。事業者がこの格差を積極的に利用（悪用）するならば、消費者側に自らに不利

3）証券取引等監視委員会「フューチャーストック株式会社に対する検査結果に基づく勧告について」（平成27年8月4日公表）をふまえた「最近の証券検査における指摘事項に係る留意点」平成27年7月～9月公表分）。

益となる内容の契約にもかかわらず、消費者にそれと認識させることなく、または、ことさら誤認に至らせることにより、締結に至る危険性を否定できない。こうして、両者間に存する情報格差を不適切に利用して、不当な利益をあげることのないよう、そうした行為により、消費者の側が誤認して取引を行った場合には、意思表示に瑕疵がある場合と捉えて、事後的に取消可能としている（同法4条）。

さらに、事業者が消費者に対して負うべき責任を、合理的な理由なく免除する規定を契約や約款中に設けた場合、これが有効となるならば、消費者の側は、自らが負った損害の回復手段を制限されることになることから、そのような規定について一定の範囲で無効と定め（同法8条）、消費者の被害回復を妨げることのないようにするとともに、契約が解除された場合に適用されることとなる違約金または損害賠償の予定額が、本来事業者の側に解除の際に生じる通常の損害を超える金額である場合には、解除した趣旨が没却されることから、一定の範囲以上では無効として、あわせて消費者の保護を図っている（適格消費者団体による訴訟については紙数の関係でここでは触れない）。

3　ネット取引に消費者契約法を適用するにあたり考慮を要する点

(1)　適用される事例について

消費者契約法が争点になった事例で、純粋にネット取引を題材とするものは、調べたかぎり見当たらなかったことから（FX取引にかかわるものは多かったものの、ネット取引であったこと自体が争点になっていない）、以下では、実際にネット上の取引に消費者契約法が適用される、とした場合について検討することとしたい。

(2)　勧誘の態様の違い

ネット上の取引（＝ネット取引）と、相対で行われる取引の最大の違いは、行為自体はネット上で終始するためログ（記録）の存否など証拠を含め、きわめて客観的である反面、個別的な勧誘（申込みの誘因）をどこの段階に求めるかがきわめて判断しがたい点にある。

平成29（2017）年2月以前の消費者庁消費者制度課の作成に係る逐条解説

では、「不特定多数向けのもの等客観的にみて特定の消費者に働きかけ、個別の契約締結の意思の形成に直接に影響を与えているとは考えられない場合［例えば、広告…（略）…パンフレット…（略）］は『勧誘』に含まれない」旨説明していた。この消費者庁の説明は、チラシなどを念頭に置いたものであり、勧誘についての「消費者の契約締結の意思の形成に影響を与える程度のすすめ方」との定義を基礎として、広告と勧誘の範囲を明確に画そうとした趣旨に出たものとして理解できる。ただし、勧誘を「個別の契約締結の意思の形成に直接に影響を与えるもの」として、「直接性」を要件とするならば、ネット取引において問題となるものは、消費者が最終的に意思確認を行う画面において、説明に虚偽・誤りがあるものに限定されてしまい、適用範囲が相当に限定される。というのもネット取引において、特定の商品・サービスに関する虚偽の情報をことさらに掲載して集客を行いつつ、最終的に意思確認を行う画面においては真の情報を表示して、消費者に確認ボタンを押させ、取引を成立させている場合、「個別の契約締結の意思の形成に直接影響を与えている」のは、最終の取引画面であり、（もちろん誤解を招きやすい態様であるとして別途問題になろうが）誤認したとしても、その影響は遮断されているとして、事前の情報により生じた誤認を維持・継続させる態様でもないかぎり、当該取引は、取消しの対象としがたくなりかねないからである。

他方で、ネット上の広告について、勧誘に該当する範囲を意思形成に何らか影響を与えれば該当すると解すると消費者保護法の適用は非常に容易になるものの、それでは販売の意図もない者が提供した情報まで勧誘となるということになりかねない。金商法の稿でも述べたとおり、勧誘という以上、申し込みを誘因する性質または目的を有している必要はあるから、消費者契約法の適用にあたっても、「申込み」が行われ、「承諾」することで契約が成立する状態にあるか否かを鍵とするのが適当に思われる。

こうした勧誘または広告についてさらに検討を進めると、たとえば実店舗では、商品を陳列する行為のみを取り出して「個別の契約締結の意思の形成に直接影響を与える」とはいいがたい面もあり、他方でチラシやパンフレットが、（一般論としては）「勧誘には含まれない」とすることも理解できるけれども、だからといって、陳列している商品に、その商品の品質や価格について虚偽（①人間国宝の作品を模倣した作品を真作とする偽りの表示を行う。

②もともと2000円程度の商品について、定価10000円のところを8割引との表示を行う）の内容の表示を補足的に貼り付け、誤認した顧客が説明を求めることなく購入を決意し、その場で購入したというケースで、勧誘該当性を否定し、取消不可とするのも適当とは思われない。

特にネット取引では、実店舗と異なり、売手が物理的に近づいてきて勧誘することも（実店舗連携のものを除けば）ない。商品の写真を掲示し、その内容と、価格を示して説明している程度にとどまるものの、少なくとも価格を見れば、これに接する側は、購入に向けて具体的に検討をしうるから、直接的にその意思に影響を受ける。しかもネット上で掲載される説明も、その性質上、不特定多数に向けられたものであることは明らかであるから、将来的に、特定個人に向けた勧誘文言を、AIなどを利用してその場で作成して展開するといった状態になればまた別に解することも可能かもしれないものの、不特定多数に向けられているにもかかわらず、ネットで掲載している点を捉えて、「個別の契約締結の意思の形成に直接に影響を与えているとは考えられない」と認定するなら、勧誘に関する消費者契約法4条の適用の余地は相当狭いものとなる。

こうしてネット上で消費者契約法4条の適用を検討する際、基本的には、掲載されている文言が、商品についての使い方などの説明にとどまらず、購入にあたって重要な判断要素となる価格についての記載があるか否か、さらには、当該商品について、申込みがあるならば、ネット上の自社のサイトにおいて客観的に購入可能な状態にあったか否かで区別するのが法の趣旨に最も合致するのではないかと考える。

ネット上の商品説明において、価格の表示を欠き、単に他の商品との比較（メリットおよびデメリット）をしているのみにとどまる場合には、購入（売買契約）における要件事実が、売買の対象の特定と価格の2点であることからしても、これを勧誘と整理すると、意思の形成にあたり価格の点が含まれないとすることになっていささか不自然な結論であることを免れない。実店舗において、特定の商品についてその名称および価格を示している場合、購入の意思を示した者に対して販売を行う意思であることは客観的にも明らかであることからも、商品についての説明表示において価格が示され、かつ、購入についての申込みの意思があれば承諾することで直ちに売買契約の成立をさせうる状況にあれば、当該表示について、勧誘と整理するのが適当であろう。

こうした状況において、健康食品である「クロレラ」について、消費者団体が「不当な勧誘」に当たるとして、チラシの配布などの差止めを求めた事案において、原審である大阪高裁（平成28年2月25日判時2296号81頁）が「不特定多数の読者にチラシを配布した時点では、勧誘行為に該当しない」と判示したのに対し、最高裁は、「事業者が、その記載内容全体から判断して消費者が当該事業者の商品等の内容や取引条件その他これらの取引に関する事項を具体的に認識し得るような新聞広告により不特定多数の消費者に向けて働きかけを行うときは、当該働きかけが個別の消費者の意思形成に直接影響を与えることもあり得るから、事業者等が不特定多数の消費者に向けて働きかけを行う場合を上記各規定にいう「勧誘」に当たらないとしてその適用対象から一律に除外することは、上記の法の趣旨目的に照らし相当とはいい難い。」（最判平成29年1月24日裁時1668号39頁）と判示している。とりわけこの判示の内容からすれば、ネット上の広告については上述したとおり、価格掲載の有無、自社サイトで購入可能な状態かという、より客観的な側面を重視した取扱いを要しよう。

またこの最高裁の判示を受け、前述の逐条解説にも「なお、『勧誘』の解釈に関しては、下記のとおり、事業者等による働きかけが不特定多数の消費者に向けられたものであったとしても、そのことから直ちにその働きかけが『勧誘』に当たらないということはできないとした最高裁判決が存在する。」との記載が行われた。

4　具体的なケースに即して

(1)　在庫がないのにもかかわらず在庫ありと表示した場合

消費者からすると、在庫数量があると表示されたから契約を申し込んだのであり、そもそも在庫が存在しなければ、購入を決意することもなく、偽りの表示が行われたために意思に影響を受けたとして取消しを求めるであろうし、それればかりか、当時他の販売サイトで購入可能であったうえ、問題のサイトが価格の表示をやめたなどの事情により、他の販売サイトにおける価格が上昇し、当初購入しようとしていた価格との間に大幅な差を生じているといった場合には、在庫についての偽りの表示をしたことを不法行為と捉え、差額分を損害賠償として請求する、といったことも考えられる。

(2)　偽りの価格表示

ネット上の販売サイトで表示されている価格が、実際の販売価格と異なり、かつ、これを販売業者の側で、ことさらそのような表示をしている場合には、価格表示が事実と異なるとして端的に取消しの対象になる。

価格表示が争点になる事例とは、たとえば、システム全体のうち、最初に導入する際に必要になる商品のみの価格が安価に設定されているが、すべての商品を揃えないと効果が発揮できないなどで、最終的に購入者が負担する価格が多額にわたるなどの場合であろう。この種の表示されている価格は一部にすぎず、その支払額として表示されているよりも実際に支払うこととなる金額が多額となるにもかかわらず、そのような表示がなされていないか、一般人の理解力では容易に理解できない表示となっている場合については、偽りの価格表示と異ならないとして、取消しの対象とするべきであるように思われる。もっとも、こうした商品についても、最終的な意思確認の画面では、実際に支払うこととなる金額は掲示されているならば、購入者の意思表示に何らの瑕疵はなかった、という扱いになりかねないものの、たとえば最終的な意思表示の確認画面に至るまで繰り返し、別の価格を示して顧客の誤認を導きつつ、最終画面で「残り何点」「残り何分」などと、意思表示を迅速に行うよう求める場合には、全体として偽りの表示であるとして取消しの対象とするのが適当に思われる。

(3)　違約金の定め・損害賠償の免除

ネット上の取引の事例ではないものの、考え方の参考になるものとして、携帯電話の定期契約の解約金条項が消費者契約法9条および10条により無効であるとして同条項の意思表示の差止めと期間中に解約し解約金を支払った解約金相当額の支払いを求めた訴訟が挙げられる。この判決（大阪高判平成25年3月29日判時2219号64頁）では、この解約金条項について、9条1項の「平均的な損害」は解約に伴う逸失利益を基礎とすべきとし、これに基づき計算した逸失利益と比較して、違約金（9,975円）は、平均的な損害（このケースでは49,640円）を超えるものではないため9条に違反しないこと、また、同条項は、消費者の権利を制限し、義務を加重するものであるものの、期間も2年間で著しく長期にわたって消費者を拘束するものではなく、違約金も同条1項の平均的な損害を超えるものではなく、契約者自身、他の契約と比較して定期的な契約を選択可能であったことからすれば、信義に反して一方的に消費者の利益を害する点はないとして、10条後段に該当しないとした。

ネット上の取引で違約金の定め、損害賠償の免除が問題になりうるとすると、サーバなど、ネットサービスの利用契約において、かりに消費者において、サービスが利用できないことにより、具体的な損害を被るとしても、サービス約款または規約上、免責または一定の範囲（利用料金の最大1年〜2年分など）に限定する契約の効力についてである。サービス提供者側からすると、他の同種業者との競争上、個々の消費者から得られる利用料金を低廉にせざるをえないことから、万が一問題が起きた際、原則どおりの無制限な損害賠償義務を負うとすると、この手のサービスを開始し、運用することそのものがハイリスク・ローリターンとならざるをえないため、こうした責任制限規約または約款を設けることが多い。

こうした責任制限や一部免除する規定の有効性が争われる場合、完全な免責を認める条項について無効とするべき点に異論はないものの、上述したとおり、まったく責任軽減を認めないとなると、そもそもそのサービスの提供を行う業者がリスクをおそれて参入を躊躇する、といったことにつながり、消費者に対するサービスの低下や、サービスが提供されないという事態もありえる。このため、「損害について通常の損害に限定して、特別の事情から生じる損害は除く」とし、「損害について、直近（○か月から○年間）に支払った金額を上限とする」といった一定の範囲での免責や責任軽減は、サービスが提供されないという、消費者にとってより不利益の大きい事態を抑制し、上述した賠償がある程度維持されるかぎり、ある意味必要悪として許容せざるをえないのではないかと考える。

(4)　消費者側が匿名で特定の事業者の誤った情報を恣意的に流す場面

これまでの視点とは異なり、ネット上の情報流通が増えることで、事業者の側ではなく、消費者の側から根拠を有しない情報が大量に流される事態も想定されるし、現に利用者が感想を書き込むサイトをめぐり、争訟に発展しているケースも存在する。従前は、消費者・利用者の側からの発信手段も限られていたが、ネットが自由に利用できるようになった結果、発信者としての数のうえでは、利用者の側が圧倒的多数を形勢していることから、将来的には、こうした消費者・利用者の側が主体となって情報を投稿するサイトにおいて、情報の根拠などをいかに担保するかが重要な課題になろう。

とりわけ、こうした消費者の側からの情報をまとめて掲載するサイトについては、それが医療にかかわるものである場合に、根拠のない情報で健康を害する可能性なども存することから（医事に関するまとめ情報について、根拠のない情報を扱ったとして、DeNAのサイトが話題になったのは記憶に新しい）、取り扱う業者において、具体的な根拠の有無など、掲載される情報をつど検証する体制を整備しないかぎり、ネットという性質上、偽りの情報を拡散する主体となりかねない。

5　不正競争防止法・商標法・著作権法

ネットの発展は、新たな広告・勧誘手法を生み出す基盤となった。現在では、ネットを利用した多様な広告・勧誘手法が存在する。不正競争防止法・商標法・著作権法などの知的財産法は、ネット上の権利侵害にも対応できるよう行為態様を追加するなどの法改正を行ってきた。ただし、新たな広告・勧誘手法とはいえ、すでに存在する理論により解決を図ることができる場合もある。以下、これらの分野における広告・勧誘に対する一般的規制を概説したうえで、特に問題となりうる広告・勧誘行為について取り上げる。

1　不正競争防止法

(1)　概　説

不正競争防止法2条1項1号は、他人の商品等表示として周知な表示と同一もしくは類似の商品等表示を使用し、またはその商品等表示を使用した商品を譲渡するなどして、他人の商品または営業と混同を生じさせる行為を周知表示誤認混同行為として禁止している。ここで商品等表示を使用する行為は、商品自体に用いることに加え、商品の容器や包装、広告に用いる場合などを含む。しかし、他人の商品等表示を自他識別機能または出所識別機能を果たす態様で使用していない場合には、この使用には該当しない[4]。

また、同法2条1項2号は、自己の商品等表示として他人の著名な商品等表示と同一もしくは類似のものを使用し、またはその商品等表示を使用した商品を譲渡する等の行為を著名表示冒用行為として禁止している。同項1号は、競争関係の存在を前提としているが、本号は競争関係の存在を前提にしていない。著名表示を使用する場合には、その財産的価値が侵害されていること自体が問題であるから、1号のように混同の要件を満たす必要はない。本条における商品等表示の使用の概念は、1号と同様である。

加えて、ウェブサイトの開設は、ネット上の広告・勧誘の有力な手段であるが、ウェブサイトを開設するには、ドメイン名が必要となる。ドメイン名に関しては、不正の利益を得る目的または他人に損害を加える目的で、他人の特定商品等表示（人の業務に係る氏名、商号、商標、標章その他の商品または役務を表示するものをいう）と同一もしくは類似のドメイン名を使用する権利を取得し、もしくは保有し、またはそのドメイン名を使用する行為が禁止される（同項13号）。

さらに、同法2条1項14号は、商品もしくは役務もしくはその広告もしくは取引に用いる書類もしくは通信にその商品の原産地等やその役務の質等を誤認させるような表示をし、またはその表示をした商品を譲渡する等の行為を原産地等誤認惹起行為として禁止している。したがって、広告などに商品の品質や役務の質などを誤認させるような表示をした場合、本号の違反とな

---

4)　経済産業省知的財産政策室編『逐条解説 不正競争防止法〈平成27年改正版〉』（商事法務）。

る。

不正競争防止法は、競争関係にある他人の営業上の信用を害する虚偽事実の告知流布行為を禁止する（同項15号）。広告勧誘によって競争関係にある他人の営業上の信用を害する行為が行われた場合、同号が適用されることは当然である。

(2) 比較広告

比較広告とは、「自己の供給する商品又は役務（以下「商品等」という。）について、これと競争関係にある特定の商品等を比較対象商品等として示し（暗示的に示す場合を含む。）、商品等の内容又は取引条件に関して、客観的に測定又は評価することによって比較する広告をいう」（消費者庁・平成28年4月1日改正「比較広告に関する景品表示法上の考え方」1頁）。

比較広告については、景表法の規制が問題になるほか、不正競争防止法2条1項14号に定める原産地等誤認惹起行為該当性、同項15号に定める虚偽事実の告知流布行為該当性の問題として争われることが多い。比較広告において、比較対象となる商品やサービスについて、客観的真実に反する虚偽の事実を告知・流布する場合には、同項15号違反となると判断した裁判例として、東京地判平成20年12月26日判時2032号11頁：「黒烏龍茶」類似品事件、知財高判平成18年10月18日商標・意匠・不正競争判例百選：ポスカム・キシリトール事件がある。また、比較広告において、表示が客観的事実に合致しない場合には品質誤認惹起行為として、同項14号違反となる（前掲ポスカム・キシリトール事件）。

従来の比較広告は、自己の商品または役務と競争関係にある商品または役務との比較を行うものであったが、ネット上では、商品やサービスの提供者でなく、第三者がランキングサイトや商品やサービスの比較サイトなどを営み、業者の提供した情報に消費者が点数をつけたり口コミを書き込んだりすることによる比較がされるようになっている。このようなサイトにおいて、当該ランキングや比較が、商品やサービスの質などについて誤認を引き起こしまたは事業者の信用を毀損する表示に該当する場合もありうる。しかし、不正競争防止法は、原則として、競争関係にある者同士の関係を規律するので、口コミ提供者が一般消費者であるかぎり商品や役務の提供者との関係において、不正競争防止法違反が問題となることはない。この場合は口コミ提供者に名誉毀損が成立するかどうかが問題となる。

2　商標法

(1)　概　説

商標法2条3項は、どのような行為が商標の「使用」に該当するかを定義している。商標は、商品に使用される場合（2条1項1号）と、役務に使用される場合（同項2号）がある。商品への使用については、商品または商品の包装に標章を付す行為はもちろん（同条3項1号）、商品または商品の包装に標章を付したものを譲渡する行為等のほか、電気通信回線を通じて提供する行為も使用に該当する（同項2号）。役務への使用については、役務の提供にあたりその提供を受ける者の利用に供する物に標章を付する行為等（同項3号等）のほか、電磁的方法により行う映像面を介した役務の提供にあたりその映像面に標章を表示して役務を提供する行為も使用に該当する（同項7号）。商品・役務双方に共通して、商品もしくは役務に関する広告、価格表もしくは取引書類に標章を付して展示し、もしくは頒布し、またはこれらを内容とする情報に標章を付して電磁的方法により提供する行為も使用に該当する（同項8号）。これらを内容とする情報については、広告、価格表または取引書類を内容とする情報とされ、具体例としてホームページ上のバナー広告、自己のホームページの出所を示す広告が挙げられる[5)]。

(2)　キャッチフレーズなどの宣伝広告文句の商標登録可能性

キャッチフレーズなどの宣伝広告文句を商標として登録することはできるか、については問題がある。

商標審査基準[6)]は、指定商品もしくは指定役務の宣伝広告、または指定商品もしくは指定役務との直接的な関連性は弱いものの企業理念・経営方針等

5)　特許庁編『工業所有権法（産業財産権法）逐条解説〈第20版〉』（発明推進協会・2017年）。
6)　特許庁編『商標審査基準〈改訂第13版〉（平成29年3月）』（発明推進協会・2017年）。

を表示する標章のみからなる商標について、出願商標が、その商品もしくは役務の宣伝広告または企業理念・経営方針等を普通に用いられる方法で表示したものとしてのみ認識させる場合には、「需要者が何人かの業務に係る商品又は役務であることを認識することができない商標」(商標法3条1項6号)に該当するが、出願商標が、その商品もしくは役務の宣伝広告または企業理念・経営方針等としてのみならず、造語等としても認識できる場合には、本号に該当しないと判断するとの基準を示している。出願商標が、その商品または役務の宣伝広告としてのみ認識されるか否かは、全体から生じる観念と指定商品または指定役務との関連性、指定商品または指定役務の取引の実情、商標の構成および態様等を総合的に勘案して判断される。たとえば、「新しいタイプの居酒屋」は自他識別力があるとは認められず、同条項6号に該当し、商標登録が否定されている（知財高判平成19年11月22日最高裁HP)。

(3)　比較広告

比較広告においては、比較の対象となる商品やサービスの登録商標を比較広告中に用いることになる場合がある結果、商標権侵害も問題となりうる。しかし、裁判例は、比較広告のために比較対象となる商品やサービスの登録商標を用いた場合であっても、自他商品識別機能を害しないため、商標的使用に該当しないことを理由に、商標権侵害を否定している（前掲「黒烏龍茶」類似品事件)。

(4)　検索連動型広告

ネットの発展とともに登場したのが、Googleの行う「アドワーズ」のような検索連動型広告である。現在では見かけなくなったが、Google検索において、特定の業者名や商標名で検索すると、スポンサーリンクとして競業他社の広告が表示される例があった。これは、競業他社が、「アドワーズ」のサービスを利用する際に、他の業者名や商標名で検索された場合に自社が表示されるよう、当該業者名や商標名をキーワードとして登録していることによる。このように他社の登録商標を検索キーワードとして登録する行為が、商標権侵害となりうるのかが問題となる。

裁判例は、商標法2条3項各号に定める商標の使用に該当しないとして、商標権侵害の主張を否定した（大阪地判平成19年9月13日最高裁HP：パパイヤ発酵食品検索連動型広告事件）。

(5) メタタグでの使用

ウェブサイトにおいてページを表示するためのhtmlファイルに、「〈meta name = "description"　content = "～"〉」と記載すると、検索サイトにおいて、この「～」の部分が表示される。その中で、他人の商標を記述する行為が、商標権侵害に該当するかが問題となった事件がある。

裁判所は、次のように判断し、商標権侵害を肯定した。「一般に、事業者が、その役務に関してネット上にウェブサイトを開設した際のページの表示は、その役務に関する広告であるということができるから、ネットの検索サイトにおいて表示される当該ページの説明についても、同様に、その役務に関する広告であるというべきであり、これが表示されるようにhtmlファイルにメタタグを記載することは、役務に関する広告を内容とする情報を電磁的方法により提供する行為にあたるというべきである。」（大阪地判平成17年12月8日判時1934号109頁：くるまの110番事件）。

(6) メールマガジンでの使用

メールマガジン（メルマガ）を配信し、メルマガに記載されたURLをクリックすると、ウェブサイトにアクセスできるという広告手法が一般化している。メルマガおよびそのURLからアクセスできるウェブサイトにおいて、他人の商標を記述した場合に、商標権侵害になりうるかが問題となる。

裁判所は、メルマガやウェブサイトが、顧客に原告商品を認知させ理解を深め、いわば、電子情報によるチラシとして、原告商品の宣伝媒体としての役割を果たしていると認定したうえで、「メールマガジン及びWeb版が、原告商品を宣伝する目的で配信され、多数のリンクにより、直接加工食料品等の原告商品を詳しく紹介する原告ウェブサイトの商品カタログ等のページにおいて商品写真や説明を閲覧することができる仕組みになっていることに照らすと、メールマガジン及びWeb版は、原告商品に関する広告又は原告商品を内容とする情報ということができ、そこに表示された『クラブハウス』標章は、原告の加工食料品との具体的関係において使用されているものということができる。」と判断し、メールマガジンおよびウェブサイトに標章を表示する行為を商標の使用と認めた（知財高判平成22年4月14日判時2093号131頁：クラブハウス事件）。

ただし、本件は、取消事件不使用取消審判請求の取消審決に対する審決取消請求事件であるため、商標権侵害と認定されたわけではない。しかし、メルマガやウェブサイトに他人の商標を利用した場合、商標の使用に該当し、商標権侵害と認定されることになると考えられる。

(7) URLにおける使用

URLは、ネット上のウェブサイトの場所を示す表示であり、商標としての使用に該当するか否かが問題となる。

被告が、そのURLに「yodel」という他人の商標を表示した事件において、裁判所は、「URLに用いられた文字列が、そのURLによって表示される画面に表示された商品ないし役務と関連する文字列であると閲覧した者が認識し得る場合には、当該URLの文字列における使用も、商標としての使用に該当すると考える余地はある」としながらも、「本件においては、これらの画面を閲覧した者が、URLの被告標章7（yodel）を見て、画面に掲載されている被告製品の識別標識（標章）であると認識するとは認めることはできない」として、商標的使用に該当しないと判断した（大阪地判平成18年4月18日判時1959号121頁：ヨーデル事件）。

しかし、その後、被告がそのURLに「mon-chouchou」という他人の商標を表示したという同様の事件において、裁判所は、ドメイン名は、被告商品の保冷バッグや包装用紙袋などに使用されていたことから、広告的機能を発揮していること、さらに、ウェブサイト上で商品などについて広告等による情報を提供し、注文を受け付けている場合には、そのドメイン名はウェブサイトにおいて表示されている商品や役務の出所を識別する機能を有し、商標として使用されている、という逆の判断をしている（大阪高判平成25年3月7日最高裁HP：モンシュシュ事件・原審大阪地判平成23年6月30日判時2139号92頁）。

⑻ ショッピングモール運営者の責任

他人の商標を直接使用した場合でなく、自らが管理運営するウェブサイト上で他人が使用した場合に、管理運営者が商標権侵害の責任を負うかについても問題となる。

この問題に関しては、ショッピングモールを運営する者のサイトで、出店者がそれぞれのサイトを開設し、その出店ページで出店者の商品を掲載し販売する場合において、ショッピングモール運営者が出店者の商標権侵害について責任を負うかどうかが問題とされた裁判例が存在する（知財高判平成24年2月14日判時2161号86頁：チュッパチャプス事件・原審東京地判平成22年8月31日判時2127号87頁）。

裁判所は、「ウェブページの運営者が、単に出店者によるウェブページの開設のための環境等を整備するにとどまらず、運営システムの提供・出店者からの出店申込みの許否・出店者へのサービスの一時停止や出店停止等の管理・支配を行い、出店者からの基本出店料やシステム利用料の受領等の利益を受けている者であって、その者が出店者による商標権侵害があることを知ったとき又は知ることができたと認めるに足りる相当の理由があるに至ったときは、その後の合理的期間内に侵害内容のウェブページからの削除がなされない限り、上記期間経過後から商標権者はウェブページの運営者に対し、商標権侵害を理由に、出店者に対するのと同様の差止請求と損害賠償請求をすることができると解するのが相当である。」と判断し、ショッピングモール運営者が出店者の商標権侵害について責任を負う場合がありうることを認めた。ただし、本件では、運営者が、商標権侵害の事実を知ったときから8日以内という合理的期間内に、これを是正したことを認め、運営者の責任を否定している。

なお、商標法37条（みなし侵害）に定める場合のほかに、商標権侵害の責任を負う場合があるかとの問題については、「商標法が、間接侵害に関する上記明文規定（同法37条）を置いているからといって、商標権侵害となるのは上記明文規定に該当する場合に限られるとまで解する必要はない」と判断した。

3　著作権法

(1)　概　説

著作権法では、著作者が享受する権利として、著作者人格権と著作財産権を定めている（17条）。著作財産権は、複製権など各種の支分権の束であり、支分権の一つとして、複製権（21条）のほか、公衆送信権（23条）等が定められている。公衆送信権は、著作物について公衆送信を行う権利であり、自動公衆送信の場合にあっては、送信可能化権を含む（23条）。ここで、公衆送信とは、公衆によって直接受信されることを目的として無線通信または有線電気通信の送信を行うことをいう（2条1項7号の2）。そして、公衆送信のうち、公衆からの求めに応じ自動的に行うものを自動公衆送信といい（同項9号の4）、送信可能化とは、①公衆の用に供されている電気通信回線に接続している自動公衆送信装置の公衆送信用記録媒体に情報を記録し、情報が記録された記録媒体を当該自動公衆送信装置の公衆送信用記録媒体として加え、もしくは情報が記録された記録媒体を当該自動公衆装置の公衆送信用記録媒体に変換し、または当該自動公衆送信装置に情報を入力すること、または②公衆送信用記録媒体に情報が記録され、または当該自動公衆送信装置に情報が入力されている自動公衆送信装置について、公衆の用に供されている電気通信回線への接続を行うこと、のいずれかの行為により自動公衆送信しうるようにすることをいう（同項9号の5）。つまり、ネットで情報を送信する行為は自動公衆送信行為に該当し、自動公衆送信しうるように、①のネットに接続しているサーバに情報を記録する行為、または②の情報を記録したサーバをネットに接続する行為を行うことが送信可能化行為に該当する。このように、ネットで情報を送信したり、送信できるように情報をサーバに蓄積することに対する権利を、著作者が専有するので、著作者の同意なく、これらの行為を行うことは著作権侵害になる。

しかし、著作権法は、著作権の制限として、著作権者の許諾なく使用できる場合を定めている（30条以下）。ただし、一般に広告や勧誘のために著作物を利用することは、著作権の制限として認められるものではない。たとえば、バーンズコレクション事件（東京地判平成10年2月20日判時1643号176頁）は、展覧会に関する新聞記事に絵画を複製した行為について、一部は時事の事件の報道のための利用であるとして著作権の制限規定（41条）に該当することを認めたが、一部はとりようによっては宣伝記事と認められるとして著作権の制限規定の適用を認めなかった。

ところで、美術の著作物および写真の著作物を取引する場合、その対象となる美術や写真を明らかにしなければ、取引が不可能となってしまう。そこで、美術または写真の著作物に関しては、その原作品または複製物の所有者その他の譲渡または貸与の権限を有する者が、その原作品または複製物を譲渡または貸与しようとする場合、その権限を有する者やその委託を受けた者は、譲渡や貸与の申出のために、サイズや解像度に一定の制限はあるものの、これらの著作物の複製や公衆送信を行うことができる（47条の2）。

(2)　リーチサイト問題

著作権分野においては、現在、リーチサイトをどのように取り締まるかが議論の対象になっている。リーチサイトは、そのサイト自体には、違法コンテンツは掲載されず、他のサイトにアップロードされた違法コンテンツのリンクを集めて掲載し、消費者を違法コンテンツに誘導するサイトである。したがって、リーチサイト自体は、複製権侵害、公衆送信権侵害、送信可能化権侵害は行っていない。そのため、著作権侵害を助長するサイトでありながら、取締りが困難となっている。

リーチサイトの収入源は、広告収入であるから、広告収入を絶つという方策も対策の一つとして挙げられている。みなし侵害規定（113条）に、リーチサイトを取り締まることができるようにする条項を新たに付け加えるという立法も検討されている[7]。

---

7)　井奈波朋子「海外注目判決（No.28）欧州『リーチサイト』問題：リンクは著作権侵害か、日本・欧州の比較」知財管理2017年8月号。

第2章

景　品

1　はじめに

景表法は、消費者の選択を誤らせるような不当な表示や過大な景品類の提供を制限し、または禁止することで、消費者の利益を保護することを目的に制定された（1条）。

そのうち、不当表示規制についてはすでに第1章で触れられているが、本章では、過大な景品類の提供の制限について触れるものとする。

2　過大な景品類の提供の制限制度の趣旨・概要

事業者が販売促進活動の一環として、商品や役務の提供に景品類を附随して提供することがあるが、不当表示と異なり、景品類の提供という手法自体が否定されるべきものではない。景表法では、一定の限度を超える場合を規制する方法を選択している。

つまり、景表法は、景品類について、消費者庁の主任大臣たる内閣総理大臣の指定によってその定義を定めることとし（2条3項）、また内閣総理大臣が不当な顧客の誘引を防止するために必要と認めるときに、景品類の価額の最高額・総額、種類・提供の方法などの景品類の提供に関する事項の制限・提供の禁止を行うことができる旨を定めている（3条）。

3　景品類とは

1　定義告示1項

景表法は、2条3項において、景品類の定義について、「顧客を誘引するための手段として、その方法が直接的であるか間接的であるかを問わず、くじの方法によるかどうかを問わず、事業者が自己の供給する商品又は役務の取引……に附随して相手方に提供する物品、金銭その他の経済上の利益」とし、「定義告示」1項で具体的に以下のように定める。

「1　不当景品類及び不当表示防止法（以下「法」という。）第2条第3項に規定する景品類とは、顧客を誘引するための手段として、方法のいかんを問わず、事業者が自己の供給する商品又は役務の取引に附随して相手方に提供する物品、金銭その他の経済上の利益であって、次に掲げるものをいう。ただし、正常な商慣習に照らして値引又はアフターサービスと認められる経済上の利益及び正常な商慣習に照らして当該取引に係る商品または役務に附属すると認められる経済上の利益は、含まない。

一　物品及び土地、建物その他の工作物

二　金銭、金券、預金証書、当せん金附証票及び公社債、株券、商品券その他の有価証券

三　きよう応（映画、演劇、スポーツ、旅行その他の催物等への招待又は優待を含む。）

四　便益、労務その他の役務」

2　景品類等の指定の告示の運用基準

公正取引委員会は、「定義告示」1項で定められた景品類の定義をさらに明確化するため「定義告示運用基準」を公表しており、景表法の移管に伴い、消費者庁においても同運用基準に示された考え方により法運用が行われている。

「定義告示運用基準」は、ある行為が景品類の提供に該当するための要件を、⑴「顧客を誘引するための手段として」、⑵「事業者」、⑶「自己の供給

する商品又は役務の取引」、(4)「取引に附随して」、(5)「物品、金銭その他の経済上の利益」の5項目に分類して、それぞれについて考え方を詳しく示している。

また、経済上の利益の提供であっても景品類の提供に該当しないもの、つまり、(6)「正常な商慣習に照らして値引と認められる経済上の利益」、(7)「正常な商慣習に照らしてアフターサービスと認められる経済上の利益」、(8)「正常な商慣習に照らして当該取引に係る商品又は役務に附属すると認められる経済上の利益」のそれぞれについての考え方も示している。

(1) 「顧客を誘引するための手段として」について

① 提供者の主観的意図やその企画の名目のいかんを問わず、客観的に顧客誘引のための手段になっているかどうかによって判断する。したがって、たとえば、親ぼく、儀礼、謝恩等のため、自己の供給する商品の容器の回収促進のためまたは自己の供給する商品に関する市場調査のアンケート用紙の回収促進のための金品の提供であっても「顧客を誘引するための手段として」の提供と認められることがある。

② 新たな顧客の誘引に限らず、取引の継続または取引量の増大を誘引するための手段も「顧客を誘引するための手段」に含まれる。

(2) 「自己の供給する商品又は役務の取引」について

「自己の供給する商品又は役務の取引」には、自己が製造し、または販売する商品についての、最終需要者に至るまでのすべての流通段階における取引が含まれ、販売のほか、賃貸、交換等も「取引」に含まれる。また、銀行と預金者との関係、クレジット会社とカードを利用する消費者との関係等も「取引」に含まれる。

(3) 「取引に附随して」について

① 取引を条件として他の経済上の利益を提供する場合は、「取引に附随」する提供に当たる。

② 取引を条件としない場合であっても、経済上の利益の提供が、次のように取引の相手方を主たる対象として行われるときは「取引に附随」する提

供に当たる（取引に附随しない提供方法を併用していても同様である）。

(i)　商品の容器包装に経済上の利益を提供する企画の内容を告知している場合

(ii)　商品または役務を購入することにより、経済上の利益の提供を受けることが可能または容易になる場合

(iii)　小売業者またはサービス業者が、自己の店舗への入店者に対し経済上の利益を提供する場合

(iv)　次のような自己と特定の関連がある小売業者またはサービス業者の店舗への入店者に対し提供する場合

ⓐ自己が資本の過半を搬出している小売業者またはサービス業者

ⓑ自己とフランチャイズ契約を締結しているフランチャイジー

ⓒその小売業者またはサービス業者の店舗への入店者の大部分が、自己の供給する商品または役務の取引の相手方であると認められる場合（例：元売業者と系列ガソリンスタンド）

③　取引の勧誘に際して、相手方に、金品、招待券等を供与するような場合は「取引に附随」する提供に当たる。

④　正常な商慣習に照らして取引の本来の内容をなすと認められる経済上の利益の提供は「取引に附随」する提供に当たらない。

⑤　ある取引において2つ以上の商品または役務が提供される場合であっても、次の(i)から(iii)までのいずれかに該当するときは、原則として「取引に附随」する提供に当たらない。ただし、懸賞により提供する場合（例「○○が当たる」）および取引の相手方に景品類であると認識されるような仕方で提供するような場合（例「○○プレゼント」「××を買えば○○が付いてくる」「○○無料」）は、「取引に附随」する提供に当たる。

(i)　商品または役務を2つ以上組み合わせて販売していることが明らかな場合

(ii)　商品または役務を2つ以上組み合わせて販売することが商慣習となっている場合

(iii)　商品または役務が2つ以上組み合わされたことにより独自の機能、効用をもつ1つの商品または役務になっている場合

⑥　広告において一般消費者に対し経済上の利益の提供を申し出る企画が取

引に附随するものと認められない場合は、応募者の中にたまたま当該事業者の供給する商品または役務の購入者が含まれるときであっても、その者に対する提供は、「取引に附随」する提供に当たらない。

⑦　自己の供給する商品または役務の購入者を紹介してくれた人に対する謝礼は「取引に附随」する提供に当たらない（紹介者を当該商品または役務の購入者に限定する場合を除く）。

(4)　「物品、金銭その他の経済上の利益」について

①　事業者が、そのための特段の出費を要しないで提供できる物品等であっても、または市販されていない物品等であっても、提供を受ける者の側からみて、通常、経済的対価を支払って取得すると認められるものは「経済上の利益」に含まれる。ただし、経済的対価を支払って取得すると認められないものは「経済上の利益」に含まれない。

②　商品または役務を通常の価格よりも安く購入できる利益も、「経済上の利益」に含まれる。

③　取引の相手方に提供する経済上の利益であっても、仕事の報酬等と認められる金品の提供は、景品類の提供に当たらない。

(5)　「正常な商慣習に照らして値引と認められる経済上の利益」について

①　値引と認められる経済上の利益に当たるか否かについては、当該取引の内容、その経済上の利益の内容および提供の方法等を勘案し、公正な競争秩序の観点から判断する。

②　これに関し、公正競争規約が設定されている業種については、当該公正競争規約の定めるところを参酌する。

③　次のような場合は、原則として「正常な商慣習に照らして値引と認められる経済上の利益」に当たる。

(i)　取引通念上妥当と認められる基準に従い、取引の相手方に対し、支払うべき対価を減額すること

(ii)　取引通念上妥当と認められる基準に従い、取引の相手方に対し、支払った代金について割戻しをすること

(iii)　取引通念上妥当と認められる基準に従い、ある商品または役務の購入

者に対し、同じ対価で、それと同一の商品または役務を付加して提供すること

④　次のような場合は、「値引と認められる経済上の利益」に当たらない。

(i)　対価の減額または割戻しであっても、懸賞による場合、減額しもしくは割り戻した金銭の使途を制限する場合

(ii)　ある商品または役務の購入者に対し、同じ対価で、それと同一の商品または役務を付加して提供する場合であっても、懸賞による場合または同一の企画において景品類の提供とあわせて行う場合

(6)「正常な商慣習に照らしてアフターサービスと認められる経済上の利益」について

①　この「アフターサービスと認められる経済上の利益」に当たるか否かについては、当該商品または役務の特徴、そのサービスの内容、必要性、当該取引の約定の内容等を勘案し、公正な競争秩序の観点から判断する。

②　これに関し、公正競争規約が設定されている業種については、当該公正競争規約の定めるところを参酌する。

(7)「正常な商慣習に照らして当該取引に係る商品又は役務に附属すると認められる経済上の利益」について

①　この「商品又は役務に附属すると認められる経済上の利益」に当たるか否かについては、当該商品または役務の特徴、その経済上の利益の内容等を勘案し、公正な競争秩序の観点から判断する。

②　これに関し、公正競争規約が設定されている業種については、当該公正競争規約の定めるところを参酌する。

③　商品の内容物の保護または品質の保全に必要な限度内の容器包装は、景品類に当たらない。

3　ネット上の懸賞企画の取扱い

ネット上の商取引サイトを利用した電子商取引が飛躍的に発展している中で、ネット上で消費者に対する懸賞企画が広く行われるようになってきてい

る。そこで、公正取引委員会は、考え方の明確化を図るため「インターネット上で行われる懸賞企画の取り扱いについて」（平成13年4月26日）を公表した。景表法が消費者庁に移管された後も、同様の考え方に従って同法の解釈・運用が行われている。

(1)　ネット上のオープン懸賞について

ネット上のホームページは、誰に対しても開かれているというその特徴から、いわゆるオープン懸賞（顧客を誘引する手段として、広告において一般消費者に対しくじの方法等により特定の者を選び、これに経済上の利益の提供を申し出る企画であって、景表法に規定する景品類として同法に基づく規制の対象となるものを除くもの）の告知および当該懸賞への応募の受付の手段として利用可能なものであり、すでに広く利用されてきている。また、消費者はホームページ内のサイト間を自由に移動することができることから、懸賞サイトが商取引サイト上にあったり、商取引サイトを見なければ懸賞サイトを見ることができないようなホームページの構造であったとしても、懸賞に応募しようとする者が商品やサービスを購入することに直ちにつながるものではない。

したがって、ホームページ上で実施される懸賞企画は、当該ホームページの構造が上記のようなものであったとしても、取引に付随する経済上の利益の提供に該当せず、景表法に基づく規制の対象とはならない（いわゆるオープン懸賞として取り扱われる）。ただし、商取引サイトにおいて商品やサービスを購入しなければ懸賞企画に応募できない場合や、商品またはサービスを購入することにより、ホームページ上の懸賞企画に応募することが可能または容易になる場合（商品を購入しなければ懸賞に応募するためのクイズの正解やそのヒントがわからない場合等）には、取引付随性が認められることから、景表法に基づく規制の対象となる。

(2)　ネットサービスプロバイダ等によるオープン懸賞について

ネットサービスプロバイダ、電話会社等一般消費者がネットに接続するために必要な接続サービスを提供する事業者がネット上で行う懸賞企画は、ネット上のホームページには当該ホームページを開設しているプロバイダ等と契約している者以外の者でもアクセスすることができるという特徴に鑑み、懸賞企画へ応募できる者を自己が提供する接続サービスの利用者に限定しないかぎり取引付随性が認められず、景表法に基づく規制の対象とはならない（いわゆるオープン懸賞として取り扱われる）。

4　景品類の価額

景品類の価額については、「景品類の価額の算定基準について」（昭和53年11月事務局長通達）において、下記のとおり算定基準が示されている。

① 景品類と同じものが市販されている場合は、景品類の提供を受ける者がそれを通常購入するときの価格による。

② 景品類と同じものが市販されていない場合は、景品類を提供する者がそれを入手した価格、類似品の市価等を勘案して、景品類の提供を受ける者がそれを通常購入することとしたときの価格を算定し、その価格による。

③ 海外旅行への招待または優待を景品類として提供する場合の価額の算定も①と②によるが、具体的には次による。

(i) その旅行が、あらかじめ旅行地、日数、宿泊施設、観光サービス等を一定して旅行業者がパンフレット、チラシ等を用いて一般に販売しているもの（以下「セット旅行」という）である場合またはその旅行がセット旅行ではないが、それと同一内容のセット旅行が他にある場合は、そのセット旅行の価格による。

(ii) その旅行がセット旅行ではなく、かつ、その旅行と同一内容のセット旅行が他にない場合は、その旅行を提供する者がそれを入手した価格、類似内容のセット旅行の価格等を勘案して、景品類の提供を受ける者が、それを通常購入することとしたときの価格を算定し、その価格による。

4　懸賞制限告示

「懸賞制限告示」では、「懸賞」の方法を用いて、取引の相手方（一般消費者に限られず、事業者も含む）に景品類を提供することについて、提供できる景品類の最高額や総額を制限している。この最高額や総額の制限については、一般の懸賞の場合と共同懸賞の場合とでそれぞれ異なる内容が定められている。また、特定の方法（いわゆる「カード合わせ」の方法）を用いた懸賞については景品類の提供を全面的に禁止している。

以下、「懸賞制限告示」の内容について説明する。「懸賞制限告示」については、その解釈の明確化に資する目的から「懸賞制限告示運用基準」が制定されている。

1　懸賞とは（「懸賞制限告示」1項）

この告示において「懸賞」とは、次に掲げる方法によって景品類の提供の相手方または提供する景品類の価額を定めることをいう。

①　くじその他の偶然性を利用して定める方法

②　特定の行為の優劣または正誤によって定める方法

(1)　くじその他偶然性を利用して定める方法

この内容については「懸賞制限告示運用基準」に下記のとおり例示されている。

①　抽せん券を用いる方法

②　レシート、商品の容器包装等を抽せん券として用いる方法

③　商品のうち、一部のものにのみ景品類を添付し、購入の際には相手方がいずれに添付されているかを判別できないようにしておく方法

④　すべての商品に景品類を添付するが、その価額に差等があり、購入の際には相手方がその価額を判別できないようにしておく方法

⑤　いわゆる宝探し、じゃんけん等による方法

(2)　特定の行為の優劣または正誤によって定める方法

これについても「懸賞制限告示運用基準」で下記のとおりその内容が例示されている。

①　応募の際一般に明らかでない事項（例：その年の十大ニュース）について予想を募集し、その回答の優劣または正誤によって定める方法

② キャッチフレーズ、写真、商品の改良の工夫等を募集し、その優劣によって定める方法
③ パズル、クイズ等の解答を募集し、その正誤によって定める方法
④ ボーリング、魚釣り、○○コンテストその他の競技、演技または遊技等の優劣によって定める方法（ただし、セールスコンテスト、陳列コンテスト等相手方事業者の取引高その他取引の状況に関する優劣によって定める方法は含まれない）

(3) 先着順について

来店または申込みの先着順によって定めることは、「懸賞」に該当しない（「総付制限告示」その他の告示の規制を受けることがある）。

2 最高額の制限

「懸賞制限告示」2項により、懸賞により提供する景品類の最高額は、懸賞に係る取引の価額の20倍の金額（当該金額が10万円を超える場合にあっては、10万円）を超えてはならない。

(1) 取引の価額について

最高額を算定するにつき、「取引の価額」については、「総付制限告示運用基準」の1項(1)ないし(4)の考え方を準用することとされている（「懸賞制限告示運用基準」5項(1)）。

(2) 同一の取引に付随して2つ以上の懸賞による景品類の提供が行われる場合

「懸賞制限告示運用基準」5項(2)に基づき、下記のとおりとされている。
① 同一の事業者が行う場合は、別々の企画によるときであっても、これらを合算した額の景品類を提供したことになる。
② 他の事業者と共同して行う場合は、別々の企画によるときであっても、それぞれ共同した事業者がこれらの額を合算した額の景品類を提供したことになる。

③ 他の事業者と共同しないで、その懸賞の当選者に対してさらに懸賞によって景品類を追加した場合は、追加した事業者がこれらを合算した額の景品類を提供したことになる。

(3) 懸賞により提供する景品類の限度について

「懸賞制限告示運用基準」6項では、懸賞に係る一の取引について、同一の企画で数回の景品類獲得の機会を与える場合であっても、その取引について定められている制限額を超えて景品額を提供してはならない(たとえば、1枚の抽せん券により抽せんを行って景品類を提供し、同一の抽せん券によりさらに抽せんを行って景品類を提供する場合にあっては、これらを合算した額が制限額を超えてはならない)。

3 総額の制限

「懸賞制限告示」3項により、懸賞により提供する景品類については、2で述べた最高額の制限と同時に、その総額について、当該懸賞に係る取引の予定総額の100分の2を超えてはならない。

ここにおける「懸賞に係る取引の予定総額」とは、懸賞販売実施期間中における対象商品の売上予定総額のことである(「懸賞制限告示運用基準」7項)。

したがって、懸賞販売をしようとする事業者は、事前に客観的にみて合理的な売上予定総額を設定して、景品類の総額がその2%の範囲内に収まるように企画を立てる必要がある。

4 共同懸賞の制限

「懸賞制限告示」4項においては、下記3つの類型に該当する共同懸賞については、最高額の制限を取引価額にかかわらず30万円とし、景品類の総額は懸賞に係る取引の予定総額の100分の3を超えない額とし、懸賞による景品類の提供の制限の特例として、一般の場合に比して制限が緩和されている。

① 一定の地域における小売業者またはサービス業者の相当多数が共同して

行う場合

② 一の商店街に属する小売業者またはサービス業者の相当多数が共同して行う場合。ただし、中元、年末等の時期において、年3回を限度とし、かつ、年間通算して70日の期間内で行う場合に限る。

③ 一定の地域において一定の種類の事業を行う事業者の相当多数が共同して行う場合

5　全面的に禁止される懸賞方法

「懸賞制限告示」5項は、「二以上の種類の文字、絵、符号等を表示した符票のうち、異なる種類の符票の特定の組合せを提示させる方法」の懸賞については、全面的に禁止している。

ちなみに「コンプガチャ」は、一般的には、「ガチャ」によって、たとえば、特定の数種類のアイテム等を全部揃える（「コンプリート」する、または「コンプ」する）と、オンラインゲーム上で使用することができる別のアイテム等を新たに入手できるという仕組みである。

平成24（2012）年5月に消費者庁は、「オンラインゲームの『コンプガチャ』と景品表示法の景品規制について」を発表し、「コンプガチャ」は、異なる種類の符票の特定の組合せを提示させる方法に該当し、「懸賞制限告示」5項で禁止される景品類の提供行為に当たる場合がある、と発表している。

5　総付制限告示

1　規制対象

「総付制限告示」は、事業者が一般消費者に対して懸賞によらないで提供する景品類（いわゆる総付景品）の提供について規制をしている。

「懸賞によらないで提供する」とは、「懸賞制限告示」1項に規定される「くじその他の偶然性を利用して定める方法」や「特定の行為の優劣又は正誤によって定める方法」以外の方法により提供するということである。たとえば、①商品の購入者に対し購入額に応じて、あるいは購入額の多少を問わないで、もれなく提供する、②店舗への入店者に対して商品の購入を条件とせず、もれなく提供する、③購入や入店の先着順によって提供する、などである。

2　規制内容

「総付制限告示」は一般消費者に提供する総付景品について、景品類の提供に係る取引の価額の10分の2の金額（当該金額が200円未満の場合にあっては、200円）の範囲内であって、正常な商慣習に照らして適当と認められる限度を超えるものではあってはならない。

「総付制限告示」の規制内容を明確化する観点から「総付制限告示運用基準」が定められており「総付制限告示」1項の「景品類の提供に係る取引の価額」について下記のとおり定めている。

「⑴　購入者を対象とし、購入額に応じて景品類を提供する場合は、当該購入額を『取引の価額』とする。

⑵　購入者を対象とするが購入額の多少を問わないで景品類を提供する場合の『取引の価額』は、原則として、百円とする。ただし、当該景品類提供の対象商品又は役務の取引の価額のうちの最低のものが明らかに百円を下回つていると認められるときは、当該最低のものを『取引の価額』とすることとし、当該景品類提供の対象商品又は役務について通常行われる取引の価額のうちの最低のものが百円を超えると認められるときは、当該最低のものを『取引の価額』とすることができる。

⑶　購入条件とせずに、店舗への入店者に対して景品類を提供する場合の『取引の価額』は、原則として、百円とする。ただし、当該店舗において通常行われる取引の価額のうち最低のものが百円を超えると認められるときは、当該最低のものを『取引の価額』とすることができる。この場合において、特定の種類の商品又は役務についてダイレクトメールを送り、それに応じて来店した顧客に対して景品類を提供する等の方法によるため、景品類提供に係る対象商品をその特定の種類の商品又は役務に限定していると認められるときはその商品又は役務の価額を『取引の価額』として取り扱う。

⑷　景品類の限度額の算定に係る『取引の価額』は、景品類の提供者が小売業者又はサービス業者である場合は対象商品又は役務の実際の取引価格を、製造業者又は卸売業者である場合は景品類提供の実施地域における対象商品又は役務の通常の取引価格を基準とする。」

3　適用除外

「総付制限告示」2項においては、かりに景品類に該当することがあっても、次に掲げるものについては総付景品に係る制限が適用されないとされている。

これを例示すると次のとおりである。

①　商品の販売若しくは使用のためまたは役務の提供のため必要な物品またはサービスであって、正常な商慣習に照らして適当と認められるもの

②　見本その他宣伝用の物品またはサービスであって、正常な商慣習に照らして適当と認められるもの

③　自己の供給する商品または役務の取引において用いられる割引券その他割引を約する証票であって、正常な商慣習に照らして適当と認められるもの

④　開店披露、創業記念等の行事に際して提供する物品又はサービスであって、正常な商慣習に照らして適当と認められるもの

6　業種別告示

前述の「懸賞制限告示」および「総付制限告示」は、全業種に適用されるものであるが、特定の業種（新聞業、雑誌業、不動産業、医療関係）に適用される告示（業種別告示）において、別途制限が定められているため、上記特定の業種においては、一般的な制限のみならず、当該業種に定められた告示についてもふまえる必要がある。

7　オープン懸賞

新聞、テレビ、雑誌、ウェブサイト等で企画内容を広く告知し、商品・サービスの購入や来店を条件とせず（取引付随性がないこと）、はがき、ファックス、ウェブサイト、電子メール等で申込みができ、抽選で金品等が提供される場合を「オープン懸賞」という。オープン懸賞で提供できる金品等の最高額は、従来1000万円とされていたが、平成18（2006）年4月に規制が撤廃され、現在では、提供できる金品等に具体的な上限額の定めはない。

第3章

注文・解約・解除をめぐる問題

1　契約内容の開示

1　伝統的契約概念と消費者契約

後述のとおり、契約は、対立する2個以上の意思表示が合致して成立し[1)]、契約は、申込みの意思表示と承諾の意思表示とにより成立するのが普通である[2)]。

伝統的な契約概念における契約当事者は、その個性が捨象されている。そして、当事者には契約締結の自由、契約内容の自由などがある。契約が成立した以上、「契約は守られなければならない」ということになる[3)]。

しかし、事業者と消費者との間には、その交渉力や保有する情報に大きな差が存在する。契約内容の自由があるといっても、実際には消費者が契約内容を交渉により決めることができることは稀であろう。また、消費者が情報を提供されていないために、情報があれば締結しなかったであろう契約を締結してしまうこともありうる。

そこで、契約締結過程における当事者の行為・態様が考慮される消費者契約については、契約からの解放という手法がとられる。民法上のものとして、契約の不成立、錯誤・詐欺・強迫、公序良俗違反、契約の解釈、信義誠

1)　我妻榮『新訂民法総則（民法講義I）』（岩波書店・1965年）244頁。
2)　我妻榮『債権各論上巻（民法講義V1）』（岩波書店・1954年）56頁。
3)　大村敦志『消費者法〈第4版〉』（有斐閣・2011年）56頁。

実の原則といったものが挙げられる。また、特別法には、クーリングオフ制度などが設けられている[4)]。

2　消費者契約法の努力義務（消費者契約法3条）

すでに述べたとおり、事業者と消費者との間には、交渉力や情報量に格差があり、消費者に情報がないために情報があれば締結しなかったであろう契約を締結してしまうことがある。そこで、消費者に契約締結に関する十分な情報が提供されるべきである。

消費者契約法3条1項では、事業者は、消費者契約の条項を定めるにあたって、消費者の権利義務その他の消費者契約の内容が消費者にとって明確かつ平易なものになるよう配慮するとともに、消費者契約の締結について勧誘をするに際しては、消費者の理解を深めるために、消費者の権利義務その他の消費者契約の内容についての必要な情報を提供するよう努めなければならないものとし、事業者に努力義務として情報提供義務が課されている。

なお、消費者に契約当事者の一員という自覚をさせるため、消費者契約法3条2項では、消費者は、消費者契約を締結するに際しては、事業者から提供された情報を活用し、消費者の権利義務その他の消費者契約の内容について理解するよう努めるものとしている。

ただし、消費者契約法3条の消費者への情報提供義務は努力義務であるので、違反に対して私法的な効力は発生しない。

3　消費者への情報提供に関する立法

個別の消費者法制において、消費者への情報提供に関する規定が置かれていることがある。たとえば、特定商取引法4条の訪問販売における書面交付、割賦販売法3条の割賦販売条件の表示、商品先物取引法217条の商品取引契約の締結前の書面の交付、金融商品取引法37条の3の契約締結前の書面の交付、旅行業法12条の4の取引条件の説明、宅地建物取引業法35条の重要

4)　以上、大村・前掲注3）58頁。

事項の説明などである。

2　申込みと承諾

1　申込みと承諾による契約の成立

契約は、対立する2個以上の意思表示が合致して成立する[5)]。そして、契約は、申込みと承諾によって成立するのが普通である[6)]。こうした理解を前提に、改正民法522条1項でも、契約の成立に関して「契約は、契約の内容を示してその締結を申し入れる意思表示（以下「申込み」という。）に対して相手方が承諾をしたときに成立する。」と規定している。

もっとも、合意（convention）の有効要件として、契約締結の能力（capacité）、契約内容を形成する確定した目的（objet）、適法なコーズ（cause）のほか、義務を負う当事者の同意（consentement）を挙げていた（2016年2月10日のオルドナンスによる改正前の）フランス民法1108条や、合意に同意する（consentir à la convention）というボワソナードの用語法などについて、契約が契約当事者間の相互的同意により成立するとする同意理論があるとする見解がある[7)]。この同意理論について、「歴史的比較法的ボワソナード研究を超えて、現代の解釈論にボワソナードを媒介として影響を与える素材となっている」とするものがあり[8)]、また、「多角的取引現象をどのように構成するかという課題に対して、今後なされるべき法律構成のひとつの方向性を示している」とするものがある[9)]。契約は申込みの意思表示と承諾の意思表示との合致により成立するとする伝統的な考え方とは異なる視点からの契約分析は注目に値するものであるが、現在のところは同意理論研究の深化を待つこととし、ここでは、申込みと承諾による契約の成立という伝統的な理解を前提にしておくこととする。

5）　我妻・前掲注1）244頁。
6）　我妻・前掲注2）56頁。
7）　筏津安恕『失われた契約理論』（昭和堂・1998年）84頁以下。
8）　池田真朗『ボワソナードとその民法』（慶應義塾大学出版会・2011年）294頁以下。
9）　中舎寛樹「多角的発想からする法律構成の可能性」NBL1080号（2016年）34頁。

2　申込みの誘引

申込みの誘引とは、相手方に申込みをさせようとする意思の通知である[10]。したがって、申込みの誘引に応じて意思表示をしたとしても、それだけでは契約は成立しない。申込みの誘引に応じた意思表示が申込みの意思表示であり、誘引者が改めて申込みに応ずる承諾の意思表示をすることで、はじめて契約が成立する。誘引者が、申込みの意思表示に応じて承諾をするか否かは、なおも誘引者の自由な判断に委ねられる。

申込みの誘引の概念は、学理的・解釈上のものであり、この点に関して民法などには一般規定はない。しかし、消費者保護や公正取引の確保などの観点から景表法5条の不当な表示の禁止などの規制があること、宅地建物取引業法32条の誇大広告等の禁止のように各種業法に広告・表示規制があることに留意する必要がある[11]。

3　申込みの意思表示

申込みの意思表示とは、契約を成立させることを目的とし、承諾の意思表示があれば契約が成立する確定的な意思表示である[12]。申込みの意思表示は確定的な意思表示であるから、この点で申込みの誘引と区別される。

なお、申込みの意思表示は、特定の者の意思表示であるが、その相手方は特定の者である必要はなく[13]、不特定多数の者に対してなされることがある。これに関連し、消費者契約法4条は、事業者が消費者契約の締結について勧誘をする際に、重要事項について事実と異なることを告げるなど、消費者の意思形成に不当な影響を与える一定の行為をしたことにより、消費者が誤認したことによって、消費者が消費者契約の申込みまたは承諾の意思表示をした場合には、消費者はその申込みまたは承諾の意思表示を取り消すことができるものとしている。消費者庁は、消費者契約法4条の「勧誘」を、「消

10）　我妻・前掲注2）57頁。

11）　以上につき、根田正樹「電子消費者契約の締結と法規制」青木武典ほか『電子商取引の法務と税務』（ぎょうせい・2002年）51頁以下参照。

12）　我妻・前掲注2）56頁。

13）　我妻・前掲注2）57頁。

費者の契約締結の意思の形成に影響を与える程度の勧め方」とし、「特定の者に向けた勧誘方法は「勧誘」に含まれるが、不特定多数向けのもの等客観的にみて特定の消費者に働きかけ、個別の契約締結の意思の形成に直接に影響を与えているとは考えられない場合（たとえば、広告、チラシの配布、商品の陳列、店頭に備え付けあるいは顧客の求めに応じて手交するパンフレット・説明書、約款の店頭掲示・交付・説明等や、事業者が単に消費者からの商品の機能等に関する質問に回答するにとどまる場合等）は「勧誘」に含まれない」[14]としていた。しかし、電子取引では、表示・広告がそのまま「申込みを受ける画面」に連続し、申込みの意思表示につながるものであり、しかも、表示・広告等は消費者ではなく事業者が作成するものであるため、こうした広告・宣伝等も消費者契約法4条の適用がありうることを前提とすべきであろう[15]。なお、新聞折込チラシに関するいわゆるクロレラチラシ配布差止等請求事件（最判平成29年1月24日民集71巻1号1頁）では、最高裁は、「例えば、事業者が、その記載内容全体から判断して消費者が当該事業者の商品等の内容や取引条件その他これらの取引に関する事項を具体的に認識し得るような新聞広告により不特定多数の消費者に向けて働きかけを行うときは、当該働きかけが個別の消費者の意思形成に直接影響を与えることもあり得る」として、事業者等による働きかけが不特定多数の消費者に向けられたものであったとしても、そのことから直ちにその働きかけが「勧誘」に当たらないということはできないとしている。

4　電子契約の申込みとなることの表示および確認・訂正機会の提供

特定商取引法14条1項2号では、業者が「顧客の意に反して通信販売に係る売買契約又は役務提供契約の申込みをさせようとする行為として主務省令で定めるもの」をした場合で取引の公正や購入者等の利益が害されるおそれがあるときには、主務官庁が指示を行うことができるものとされている。こ

14）　消費者庁消費者制度課編『逐条解説 消費者契約法〈第2版補訂版〉』（商事法務・2015年）109頁。
15）　根田・前掲注11）52頁。

れは、たとえば、インターネット通販において、あるボタンを押すとそれが電子契約の申込みであることを消費者が容易に認識できるように表示していなかったり、電子契約の申込みの際に消費者が申込み内容を容易に確認・訂正できる措置をしていないことを、「顧客の意に反して売買契約等の申込みをさせようとする行為」として禁止し、行政処分の対象としている。

電子契約の申込みとなることの表示について、業者は、たとえばインターネット通販において、「注文内容の確認」といったいわゆる最終確認画面で「この内容で注文する」のようなボタンや、「購入しますか？」といった表示に対応する「はい」というボタンを表示することが必要である。すなわち、単なる「送信」という用語ではなく、「申込み」「購入」「注文」といった用語を用いる必要がある。

電子契約の確認・訂正機会の提供については、業者は、たとえばインターネット通販において、申込みの最終段階で、申込みの内容を表示したり、「注文内容を確認する」といったボタンを用意しなければならない。また、申込みの最終段階の画面に、「変更」「取消し」等のボタンを用意したり、「申込み内容を確認する場合にはブラウザの戻るボタンで前のページに戻ってください」といった説明をする必要がある。

5　予　約

予約とは、当事者の一方または双方のうちのいずれかが将来希望したときに一定の内容の契約を締結する拘束を設定する契約のことをいい、それに基づいて締結される契約を本契約という[16]。予約完結権者が予約完結権を行使することで、相手方の承諾の意思表示を要せずに、本契約が成立する（民法556条）。予約には、予約完結権を双方が有する双方の予約と、予約完結権を一方のみが有する一方の予約とがあるが、民法は、予約完結権を有しない相手方の立場が不安定になることから、一方の予約のみについて規定したうえで相手方保護のために催告権を規定している（同条2項）。

金額の大きい取引などで契約締結交渉が進んだ段階でこの予約が用いられ

16）　我妻・前掲注2）51頁。

ることが多い。将来の契約締結を確実にできる点でこの予約は便利ではある。しかし、本契約締結に至らなかった場合には、契約から発生する本来的な責任が発生しないとしても、契約締結上の過失として不法行為責任（民法709条）が発生することがありうることには留意すべきである[17]。

6　承諾の意思表示

承諾の意思表示とは、契約を成立させることを目的として特定の申込みの意思表示に対してなされる意思表示のことである[18]。

承諾の意思表示は、特定の申込みの意思表示に対してなされる。特定の申込者に対して、申込みの意思表示の相手方によって、契約を成立させる意思でなされる。申込みの意思表示が、不特定多数に対してなされることがあるのに対し、承諾の意思表示は、特定の申込者に対してなされるのであるから、不特定多数の者に対してなされることはない。

また、申込みの意思表示の内容に対応するものである必要がある。申込みの意思表示が確定的な意思表示であり、承諾の意思表示が申込みの意思表示に対応するものであるから、当然、承諾の意思表示も確定的な意思表示である。申込みの意思表示に変更を加えた承諾の意思表示は、申込みの意思表示に対して拒絶したとされ、新たな申込みの意思表示をしたものとみなされる（民法528条）。

3　契約の成立時期

1　前提問題として（意思表示の伝達過程）

意思表示の伝達過程について、通説では、「表白」「発信」「到達」「了知」の4段階の説明がなされる。すなわち、相手方ある意思表示は、まず、表意者が意思を表白し（たとえば書面を認め）、ついで、これを発信し（投函）、相手方がこれを受領し（配達）、最後に、相手方がこれを了知する（読了）

17）　根田・前掲注11）53頁。
18）　我妻・前掲注2）63頁。

という順序になる[19]。

これに対し、第1は、表示者が一定の意味を記号に転換する大脳内における過程、第2は、表示者がその記号を一定の物理的刺戟（光または音の波）の型態で発生させる（発信）過程、第3は、この物理的刺戟が一定の表示受領者の知覚しうる状態に到達する段階、第4は、その表示受領者がこれを現実に知覚する過程、第5は、その表示受領者がその知覚した記号を意味に転換して理解する過程と、5段階の説明をするものがある[20]。

さらに、第1は、表意者が一定の意味（意図した内容）を記号に転換する大脳内における過程の段階、第2は、表意者がその記号を一定の物理的刺戟（通常は光または音の波）の型態につくる（たとえば、書面をつくる）表白段階、第3は、それを相手方に到達するように適当な状態を作出する発信段階、第4は、その物理的刺戟が一定の表示受領者の知覚しうる状態に到達する段階、第5は、その表示受領者がこれを現実に知覚する段階、第6は、その表示受領者がその知覚した記号を意味に転換して理解する了知過程であると、6段階の説明をするものがある[21]。

意思表示の伝達過程について、検討してみる。まず、「表示者が一定の意味を記号に転換する大脳内における過程」は、それ自体としては外界とまったく関係のない表意者本人の内的な精神的・心理的状態にすぎないから、このような過程がそれ自体としておよそ法律上意味をもつことがありうるのか、という疑問が呈されている[22]。次に、6段階説は書面による場合に適合するとしても、対話者間の意思表示の場合にはかえって適合しないことになりそうである[23]。さらに、5段階説の第4段階と第5段階の区別、6段階説の第5段階と第6段階の区別は現実的に不可能ではないかともいわれる[24]。こうして、通説的な4段階説が支持される。

19）我妻・前掲注1）316頁。

20）川島武宜『民法総則（法律学全集17）』（有斐閣・1965年）213頁。

21）高津幸一「§97隔地者に対する意思表示」川島武宜編『注釈民法⑶総則⑶』（有斐閣・1973年）244頁。

22）須永醇「§97隔地者に対する意思表示」川島ほか編『新版注釈民法⑶総則⑶』（有斐閣・2003年）513頁。

23）須永・前掲注22）513頁。

24）須永・前掲注22）513頁。

2　意思表示の到達について

何をもって意思表示の到達とすべきかについては、著名な最高裁昭和36年判決がある（最判昭和36年4月20日民集15巻4号774頁）。事案は、会社に対する延滞賃料催告書が、使者によって持参された時に、たまたま会社事務室に遊びに来ていた受領権限のない代表取締役の娘が居合わせ、代表取締役の机の上の印を使用して使者の持参した送達簿に捺印のうえ、催告書を机の引出に入れておいたというものである。最高裁判所は、「到達とは……代表取締役……ないしは同人から受領の権限を付与されていた者によつて受領され或は了知されることを要」せず、「それらの者にとつて了知可能の状態におかれたことを意味するものと解すべく、換言すれば意思表示の書面がそれらの者のいわゆる勢力範囲（支配圏）内におかれることを以て足るものと解すべき」とした。そして、「たまたま右事務室に居合わせた者で、右催告書を受領する権限もなく、その内容も知らず且つ……社員らに何ら告げることがなかつたとしても、右催告書は」代表取締役の「勢力範囲に入つたもの、すなわち同人の了知可能の状態におかれたものと認めていささかも妨げなく、従ってこのような場合こそは民法97条にいう到達があつたものと解するを相当とする」と判示している。

そして、「中間試案」では、民法97条に到達の定義規定を置くこととなっていたが、改正民法では、結局この規定は削除されている。そのため、到達の意味については、なお解釈に委ねられることになる。

じつは、何をもって意思表示の到達とするかについては議論がある。「中間試案」における上記最高裁判決の理解は、意思表示の到達について、意思表示を相手方が了知する可能性がある場合としつつ、その了知可能性を支配領域・勢力範囲と同義にとらえている。なるほど、意思表示の伝達過程について通説の4段階説の「表白」「発信」「到達」「了知」に、手紙の場合を当てはめれば、手紙を書く（表白）、手紙を郵便箱に投函する（発信）、相手方の郵便受けに手紙が配達される（到達）、相手方が手紙を読む（了知）ということになるし、電子メールを同様に当てはめれば、電子メールを作成する（表白）、電子メールの送信ボタンを押す（発信）、電子メールが相手方のメールサーバに届く（到達）、相手方が電子メールを読む（了知）ということになるであろうから、この例においては、了知可能性と支配領域・勢力範囲とは同じである。確かに、代表取締役の机の中に催告書が入れられたという最高裁昭和36年判決の場合、催告書が代表取締役の支配領域・勢力範囲にあるといえよう。しかし、了知可能性は零ではないにしてもほとんどないに等しい事案である。したがって、支配領域・勢力範囲と了知可能性は異なるものと考えるべきである。

3　到達擬制について

改正民法97条2項では、「相手方が正当な理由なく意思表示の通知が到達することを妨げたときは、その通知は、通常到達すべきであった時に到達したものとみなす。」という、一定の場合に到達擬制を認める新たな規定を設けている。この規定は、最高裁平成10年判決（最判平成10年6月11日民集32巻4号1034頁）を受けたものとされる。

最高裁平成10年判決の事案は以下のとおりである。実子2名と養子1名を残し死亡した被相続人が、養子に全財産を遺贈していた。このことを知った実子は、養子に対して「貴殿のご意向に沿って分割協議をすることにいたしました。」と記載した普通郵便を送付し、養子はこれを受領した。ところが、その後、実子から養子に対して遺留分減殺の意思表示を記載した書留内容証明郵便を発送したが、養子の不在により配達されなかった。養子は、不在配達通知書の記載により、実子からこの書留内容証明郵便が送付されたことを知ったが、仕事が多忙であるとして受領に赴かなかった。そのため、この書留内容証明郵便は留置期間の経過により返送された。本件は、遺産分割協議の申入れに遺留分減殺の意思表示が含まれているかということのほか、書留内容郵便が到達したかという点も争われている。最高裁は、遺産分割協議の申入れに遺留分減殺の意思表示が含まれているかという点については、「被相続人の全財産が相続人の一部の者に遺贈された場合には、遺贈を受けなかった相続人が遺産の配分を求めるためには法律上、遺留分減殺によるほかないのであるから、遺留分減殺請求権を有する相続人が、遺贈の効力を争うことなく、遺産分割協議の申入れをしたときは、特段の事情のない限り、その申入れには遺留分減殺の意思表示が含まれていると解するのが相当である」と判示し、また、書留内容証明郵便が到達したかという点については、「被上告人は、不在配達通知書の記載により、……書留郵便（本件内容証明郵便）が送付されたことを知り……、その内容が本件遺産分割に関するものではないかと推測していたというのであり、さらに、この間弁護士を訪れて遺留分減殺について説明を受けていた等の事情が存することを考慮すると、被上告人としては、本件内容証明郵便の内容が遺留分減殺の意思表示又は少なくともこれを含む遺産分割協議の申入れであることを十分に推知することができたというべきである。また、被上告人は、本件当時、長期間の不在、その他郵便物を受領し得ない客観的状況にあったものではなく、その主張するように仕事で多忙であったとしても、受領の意思があれば、郵便物の受取方法を指定することによって……、さしたる労力、困難を伴うことなく本件内容証明郵便を受領することができたものということができる。そうすると、本件内容証明郵便の内容である遺留分減殺の意思表示は、社会通念上、被上告人の了知可能な状態に置かれ、遅くとも留置期間が満了した時点で被上告人に到達したものと認めるのが相当である」と判示している。

到達擬制に関連して問題となるのが、この最高裁平成10年判決の第2の論点である書留内容証明郵便が到達したかという点である。不在配達通知書により郵便物の存在をすでに知ることができており、また、集配郵便局に取りにいく方法や再配達を依頼する方法をとる等によって容易に受け取ることが可能であるということを考えると、被上告人の了知可能性はあると考えられる。さらにいえば、通常であれば意思表示が相手方に到達したと考えられ、了知蓋然性すら高いものと考えられる。書留郵便が普通郵便にくらべて相手方に届く確実性が高いはずであるのに、もしこの事案において到達を認めないとすれば、書留郵便を選んだ者を不利に扱うことにもなる[25)]。そう考えると、この最高裁判決の判断は妥当であるといえる。

もっとも、だからといって、改正民法97条2項を新設することが妥当であるとはならない。たしかに、最高裁平成10年判決は、不在配達通知書があるものの書留内容証明郵便が配達されなかった事案であり、書留内容証明郵便が支配領域・勢力範囲にあるとはいえない。しかし、最高裁平成10年

25)　松久三四彦・判例評論347号46頁（判例時報1253号192頁）。

判決は、不在配達通知書により郵便物の存在を知ることができ、また、郵便物を容易に受け取ることができるため、了知可能性どころか了知蓋然性すらある事案である。したがって、最高裁平成10年判決は、改正民法97条2項の規定がなくても十分に到達を認めうる事案なのである。

以上のことを電子メールについてみてみることにする。電子メールについていえば、一般的には、相手方のメールサーバに入った時点で了知可能性・蓋然性が出てくるため、到達したということができる。そうすると、メールアドレスの宛先間違いにより電子メールが返送されてきた場合には、電子メールが相手方のメールサーバに入ってもいないので、そもそも到達があったとは認められないことになろう。逆に、電子メールが相手方のメールサーバに入ったのち、サーバの不具合等で電子メールが消失した場合には、通常であれば電子メールを読むことができた場合であるといえるので、すでに到達があったということができよう。微妙なところでは、いわゆる迷惑メール対策のために迷惑メールフォルダを作成していて、誤って正常な電子メールが迷惑メールフォルダに保存されていた場合が考えられるが、この場合でも受信者側が迷惑メールフォルダを開ければ電子メールを読むことができるので、到達したと考えることができよう。そのため、迷惑メールフォルダは時々確認する必要がある。また、受信者側が受信拒否をしている場合も微妙であるが、受信者側は了知のしようがないといえ、到達したとはいえないであろう。受信拒否すること自体が信義誠実の原則に反するという疑問もありうるが、いわゆる迷惑メール等の存在を考えると、受信拒否の設定はやむをえないところであろうから、信義誠実の原則に反するとは必ずしもいえないであろう。到達擬制は意思表示の効力を発生させるものであるから、消費者契約の多い電子契約においてはとりわけ到達擬制は例外中の例外とすべきものである。

4　意思表示の効力発生時期

改正民法は、意思表示の効力発生時期について、「その通知が相手方に到達した時からその効力を生ずる」ものとして（97条1項）、到達主義の原則を採用している。前述のとおり、契約は対立する2個以上の意思表示が合致して成立し、普通は申込みの意思表示と承諾の意思表示との合致で成立するのであるから、少なくとも申込みの意思表示に関しては、到達主義の原則を採用していることになる。

ところが、契約の成立時期について、改正前民法は、隔地者間の契約は承諾の通知を発した時に成立するものとして（改正前民法526条1項）、発信主義をとっている。民法制定当時、隔地者間の契約を手紙で行っていて、まだ鉄道ですら全国を網羅していない時代であった。その当時において、迅速に契約を成立させ、履行を確実にするために、契約の成立時期について発信主義を採用したといわれている。

しかし、電子契約においては（数秒あるいは数分というタイムラグはあるものの）瞬時に相手方に到達するため、契約の成立時期について発信主義をとることは不合理であるとされた[26)]。そこで、平成13（2001）年に、電子契約法が制定され、同法4条は、隔地者間の契約で電子承諾通知（電子メールなどによるものだけでなく、ファクシミリなどによるものも含まれる）を発する場合に改正前民法526条1項と527条を適用しないものとしている。この電子契約法4条の結果、電子承諾通知に関しても、意思表示の効力発生時期に関する民法の原則である民法97条1項の到達主義が適用されることになる。

ただ、意思表示が言語による表現行為であり、およそ表現行為一般が、何らかの表象を相手方の心理にまで伝達すること、すなわち、了知をその唯一の目的とするものであり、意思表示が相手方への伝達を目的とするかぎり、本来の効力発生時期は了知時点であることが起点とされるべきであろう[27)]。近代市民法の原則である意思主義からすれば、意思表示の到達は不可欠なものである[28)]。そう考えると、発信主義の不都合は何も電子契約に限定されるものではない。

26）　内田貴「電子商取引と法(2)」NBL601号（1996年）19頁、松本恒雄「インターネット上での取引と法」法律時報69巻7号（1997年）20頁等。

27）　内池慶四郎「無意識的不合意と錯誤との関係について」森征一＝池田真朗編『私権の創設とその展開（内池慶四郎先生追悼論文集）』（慶應義塾大学出版会・2013年）37頁、北居功「意思表示の再生可能性－意思表示の効力発生時期をめぐって－」森＝池田・前掲291頁。

28）　石田喜久夫『現代の契約法〈増補版〉』（成文堂・2001年）30頁。

ところで、改正民法では、民法526条1項を削除するものとしている。その趣旨は、「民法第526条第1項によって到達主義の原則に対する例外が定められた趣旨は、契約の成立を欲する取引当事者間においては承諾の発信があればその到達を待たないで直ちに契約を成立するものとすることが取引の円滑と迅速に資するためであると説明される。しかし、通信手段が高度に発達した現代においては、承諾通知が延着したり、不到達になる現実的な可能性は低く、また、発信から到達までの時間も、当事者が短縮を望めば様々な手段が提供されており、上記のような理由で、到達主義の原則に対する例外を設ける必要性が乏しいと指摘されている。現に、契約に関する国際的なルールなどにおいても、契約の成立について到達主義をとる例が多い。」として、「現代社会に適合する規律を設ける観点から、承諾についても意思表示の効力についての原則どおりに到達主義を採用する」ものとしている（「中間試案補足説明」355頁）。

改正民法で改正前民法526条1項が削除されたことに伴い、電子承諾通知に関する特例を定めた電子契約法4条は削除される。

4　申込みに対応しない意思表示および意思に対応しない意思表示

1　申込みの意思表示に対応する承諾の意思表示がない場合

前述のとおり、承諾の意思表示とは、契約を成立させることを目的として特定の申込みの意思表示に対してなされる意思表示のことである。したがって、承諾の意思表示は、申込みの意思表示に対応する必要があり、申込みの意思表示に対応しない承諾の意思表示がなされた場合、契約は成立しない。申込みの意思表示に変更を加えた承諾の意思表示は、申込みの意思表示に対して拒絶したとされ、新たな申込みの意思表示をしたものとみなされる（民法528条）。

なお、特定商取引法13条には、通信販売における承諾等の通知義務が規定されていることに留意すべきである。

2　錯誤による意思表示

錯誤による意思表示は、取り消すことができるものとされる（民法95条1項本文）。錯誤とは、表示から推断される意思（表示上の効果意思）と真意（内心的効果意思）とが一致しない意思表示であって、その一致しないことを表意者自身が知らないものである、と定義される[29]。この定義は、いわゆる伝統的な「意思表示理論」の枠組みのもと、心裡留保（民法93条）、虚偽表示（同法94条）、錯誤（同法95条）を統一的に説明しようとするものである。すなわち、意思表示のプロセスは、「効果意思」を出発点に、そこから外面的な意思表示に至る。はじめに「効果意思」という確固たる意思が存在するという前提をとり、また、その結果として、効果意思以前の段階は、「動機」というレッテルのもと、意思表示の枠外に放逐されている[30]。

3　いわゆる「動機の錯誤」について

法律行為は意思表示が重要な要素となっているのであるから、伝統的な意思表示理論からすると、改正前民法95条にいう「法律行為の要素」というのは、効果意思、表示意思、表示行為のことを指すことになる。

しかし、判例はこの意思表示理論を修正している。すなわち、いわゆる動機の錯誤は95条の錯誤とならないとしながら（大判明治38年12月19日民録11輯1786頁）、馬の売買において、馬の年齢や受胎能力は動機にすぎないが、その動機が相手方に表示されて意思表示の内容となった場合には、「法律行為の要素」に錯誤があるとした（大判大正6年2月24日民録23輯284頁）。改正民法95条2項は、これらの判例法理を反映したものとされる。

学説では、動機と効果意思との区別が困難であることから、「法律行為の要素」という錯誤の要件を一元化し、相手方が表意者の錯誤を認識可能であったか等を考慮に入れる考え方が有力になっている[31]。この考え方に従えば、曖昧・不十分な相手方の情報提供によって錯誤に陥った場合にも、「法

29）　我妻・前掲注1）295頁。
30）　以上、大村・前掲注3）76頁。
31）　たとえば、小林一俊『錯誤法の研究』（酒井書店・1997年）。

律行為の要素」に錯誤があるものとして扱われることになろう。

もっとも、判例法理によっても、上記の一元説と同様な結論を導き出すことが可能であるとも考えられる。一方で、多くの場合は判例法理で同様な結論を導き出せるものの、すべてではないという考えもある[32)]。改正民法95条は判例法理以外の構成を否定しておらず、錯誤論の深化が待たれる。

また、消費者の誤認による意思表示の取消しに関して、消費者契約法4条が定めるが、そのうち、事業者の情報提供義務については同条1項・2項が定めている。このことを、錯誤・詐欺の拡張としてとらえる考え方がある[33)]。

4　電子契約法3条

ところで、改正民法95条3項は、錯誤が表意者の重大な過失によるものであった場合には、意思表示の取消しをすることができないとしている。ここでいう重大な過失とは、表意者の職業、行為の種類・目的などに応じ、普通になすべき注意を著しく欠くことをいう[34)]。

しかし、たとえばネット通販のような電子消費者契約において、消費者が「10個」と入力するべきところを「110個」と入力したり、2度注文ボタンを押したりするような操作間違いをすることは往々にしてある。こうした場合において、消費者側の重大な過失を理由として、錯誤による無効の主張ができなくなることが予想される。

そこで、電子契約法3条では、消費者が行う電子消費者契約の要素に錯誤があり、次の各号のいずれかの場合には、改正民法95条3項を適用しないこととした。すなわち、1号では、「消費者がその使用する電子計算機を用いて送信した時に当該事業者との間で電子消費者契約の申込み又はその承諾の意思表示を行う意思がなかったとき。」とし、2号では、「消費者がその使用する電子計算機を用いて送信した時に当該電子消費者契約の申込み又はその承諾の意思表示と異なる内容の意思表示を行う意思があったとき。」としている。

---

32)　大村・前掲注3）92頁。
33)　大村・前掲注3）98頁。
34)　我妻・前掲注1）304頁。

ただし、電子消費者契約においては消費者が操作間違いをすることがよくある一方で、事業者側が消費者の操作間違いを防ぐ措置を講ずることは容易でもある。そこで、事業者が消費者に対して契約の申込み等を行う意思の有無および内容について確認を求める措置を講じた場合や、消費者が当該措置を要しない旨の意思を表明した場合には、改正前民法95条ただし書の適用があるものとしている（電子契約法3条ただし書）。

5　返品特約のない場合の購入申込み撤回（特定商取引法15条の3）

1　ウェブサイト上の消費者契約の特性

ネットショッピングに代表されるウェブサイトを介した消費者契約の場合、消費者は、自らが購入したい商品やサービスに関連するウェブサイトを検索し、購入を決定する。購入（申込み）までの意思決定過程において消費者が参考とするのは、当該ウェブサイト上に記載された事業者による広告表示が中心である。

電子商取引における契約の成立は、消費者（申込者）が当該契約の成立を知った段階である。多くのネットショッピングでは、消費者が購入申込みをクリックすると事業者から、契約が成立した旨のメッセージ等が送信される。このことにより契約が成立したものと解することができる。

ウェブサイトを介した消費者契約の特性は、ウェブサイトを介さない消費者契約とは異なる問題を生じさせる可能性があることである。契約成立までの期間の短さは、契約の取消しないし解除の猶予を減少させる。また、商品に関する情報がウェブ上のみに存在することは、消費者のウェブサイト広告表示の読み方が購入決定において重要となり、読み方ないしその理解次第では、消費者に不利益が生じうる。

他方事業者は、広告表示が販売数に直結するものとなる。そのため事業者は、市場競争においてできるかぎり有利な広告を打ち出さなければならない。また、ネットショッピングの特性でもある利便性を維持するため、申込みから契約成立までを簡易かつ敏速に行うことが必要である。

このような状況においてあらわれるのが、購入申込みの撤回と返品特約をめぐる問題である。

2　撤回とクーリングオフ

民法上、契約申込みの意思表示は、承諾期間の定めがあれば、承諾期間内（523条1項）、承諾期間の定めのない場合は、原則として相当期間内（525条1項）は意思表示の撤回はできない。さらに、契約が成立すれば、当事者は契約に拘束され、その関係を容易に解消できない。

たとえば訪問販売は、業者の予期せぬ訪問や勧誘により、消費者が欲していない商品やサービスを紹介される。その際、商品に関する情報は、商品を熟知する事業者からもたらされる。そのため消費者は、正確な情報の不足した状態で契約締結に至ることがある。このような契約について、消費者に契約を熟考させ、契約から解放する機会を付与するのが、クーリングオフ制度である。

他方、電子商取引のような通信販売は、契約の申込みから相手方の承諾、契約成立までの期間が短いことから、意思表示の撤回が難しい。しかし電子商取引は、消費者が購入を熟考する時間がある。また、購入する商品やサービスは、消費者自らで選択する余地もあることから、クーリングオフ制度がないため、売買契約により購入した商品を返品したり、契約を解消することに困難が伴い、しばしばトラブルが生じていた。購入商品の返品の受領は、売買契約上、事業者（売主）の義務ではない。他方消費者からみれば、返品の可否は、契約において注視する点でもある。

そこで、平成20（2008）年の特定商取引法改正において、通信販売による購入者（消費者）による申込みの撤回、契約の解除を認めることとした。そして、事業者が返品特約に関する事項を広告上に表記した場合は、申込みの撤回、契約の解除を制限することとした。

3　特定商取引法15条の3

通信販売における申込みの撤回、契約の解除は、特定商取引法15条の3

に規定される。

本条では、「通信販売をする場合の商品又は指定権利の販売条件について広告をした販売業者が当該商品若しくは当該指定権利の売買契約の申込みを受けた場合」、その「申込みをした者又は売買契約を締結した場合におけるその購入者」は、「売買契約に係る商品の引渡し又は指定権利の移転を受けた日から起算して8日を経過するまでの間は、その売買契約の申込みの撤回又はその売買契約の解除」ができるとした。

まず本条における「販売業者」は、「通信販売をする場合の商品又は指定権利の販売条件について広告をした」者に限定される。そのため、広告をしない通信販売業者は除外される。

購入者は、「商品の引渡し又は指定権利の移転を受けた日から起算して」解除ができるとする。すなわち、売買契約の目的物は購入者にあり、それを返品することが、解除となるということである。このことから、目的物が役務である場合は、該当しないこととなる[35)]。さらに、返品における費用負担は、本条2項において「購入者の負担とする」ことが定められている。

本条は1項ただし書において、「当該販売業者が申込みの撤回等についての特約を当該広告に表示していた場合」は、購入者による申込みの撤回や契約の解除はできないとしている。つまり、返品の可否など返品特約を表示していない販売業者に対してのみ、購入者は、8日以内であれば返品が可能である。

「申込みの撤回等についての特約」とは、撤回の可否自体も含むものである。撤回の可否は、事業者の任意で定められるものであり、契約上撤回可能であることは義務づけられていない。そのため、「返品不可」や「商品到着から3日以内の返品可能」といった、一見すると事業者に優位な特約を付することもできることとなる。

4　通信販売による申込みの撤回・契約の解除の法的性質とクーリングオフ

電子商取引では申込みの意思表示の相手方への到達が瞬時になされる。そ

35)　上柳敏郎＝島薗佐紀『実務解説 特定商取引法』（商事法務・2010年）184頁。

こで電子商取引における契約成立時期は、民法97条1項の到達主義が採用されている。すなわち、事業者側の承諾の意思表示が購入者（申込者）に到達したときに契約が成立する[36]。

契約の成立が瞬時であるため、大半の購入者は申込みとほぼ同時に、当該契約に拘束されることとなる。インターネット上のショッピングモールのように、申込み後、承諾メールを自動送信することがある。このような場合は、同時ではないにせよ、あまり時間を置かずにメールが届くことから、若干のタイムラグはあるものの早々に当該契約に拘束されることとなる。

いずれの場合であっても、契約は有効に成立していることとなる。そのため、返品特約が付されていない契約であったり、事業者に優位な返品特約が付されていたとしても、申込みの撤回ないし解除は特定商取引法15条の3に基づくこととなる。

このことから、特定商取引法による返品は、解除権留保型の契約であると解される[37]。この返品という形の契約の解除は、購入者に無制限の解除権を付したものではなく、前述のとおり、一定の制限が課せられる。

他方クーリングオフは、契約からの解放が無条件になされることが前提となる。クーリングオフまでの間に契約が成立しているか否かについては、見解が分かれるところである。しかし、いずれの立場であっても、その根底には消費者保護という目的がある。

返品とクーリングオフのいずれも、消費者保護を目的とした制度ではある。しかし上述のとおり、返品には条件を要する。たとえば返品ないし契約からの解放のための費用負担は、クーリングオフでは事業者側が負担するのに対し、返品は購入者が負う。また、クーリングオフは役務提供契約でも適用されるのに対し、返品は「商品・指定権利」に限定されるといった違いがある点を注意しなければならない。

36）　大村・前掲注3）72頁。

37）　木村真生子「電子商取引と契約」松井茂記ほか編『インターネット法』（有斐閣・2015年）195頁。

5　通信販売における返品特約の表示におけるガイドライン

特約の表示については、経済産業省による「通信販売における返品特約の表示についてのガイドライン」（平成21年改正通達別添5）において、特約表示における注意点が明示されている。

同ガイドラインは、「あくまで、商品に瑕疵がない状態」における返品特約の表示方法を明示したものである。そのため、瑕疵がある場合の返品ないし解除特約については該当しない。このことから、返品特約の表示は、瑕疵担保責任に関する返品特約か、瑕疵のない返品特約かを明示することも要することとなる。

瑕疵ある商品の返品について、「購入後瑕疵が見つかった場合も返品不可」などという返品特約が付されている場合、特定商取引法15条の3からみれば、事業者は瑕疵担保責任を免責されるようにみえる。他方瑕疵担保責任は、売買契約における売主の義務である（民法566条、570条）。また、消費者契約法8条1項5号により、事業者のすべての瑕疵担保責任を免除する免責条項は無効とするのが原則である。

このことから、瑕疵担保責任に関する返品特約については、その特約自体の有効性を注視する必要もあろう。

またウェブ上の広告表示の場合、特約表示は単に広告上に表示することのみならず、申込画面における特約表示方法も示している。すなわち、ウェブ上の商品購入申込みでは、「最終申込画面」において、返品特約に関して「明瞭な方法で」表示することとしている。そして、このような表示がない場合には、返品特約を無効とすることがある。

6　返品制度のこれから

返品制度はその可否を含め、事業者側に決定権がある。特定商取引法15条の3の制定の目的は、消費者保護にあるが、事業者側に優位に機能している点があることも否めない。契約の無条件の解約を認めるクーリングオフ同様に消費者保護が目的であるにもかかわらず、このような差異があるのは、契約に至るまでの消費者側の状況が影響している。すなわち、クーリングオフは訪問販売などによる不意打ちの取引が前提であるのに対し、通信販売は、消費者（購入者）の自主的な消費行動が前提となる取引ということである。

このような返品制度は、EUやドイツなどにおいては、通信販売における消費者の撤回権として、認められるところである。他方、返品制度の拡大は、事業者側にとっては返品のリスクが増え、経済的な負担が増加することになるであろう。返品の可否を事業者に委ねれば、同一商品を扱う事業者同士で異なる対応をすることになり、そのことがひいては事業者間の競争へと発展する。それを回避するため、業界内で足並みを揃え、一律に返品不可とすることもある。そうなれば、返品による消費者保護の効果は弱まるであろう。

ネットによる通信販売が一般化したともいわれる現在において、消費者保護と市場競争のバランスを図るためには、通信販売における返品制度のあり方をいま一度検討することが必要であろう。

6　ワンクリック請求

1　ワンクリック請求とは何か

ワンクリック請求とは、ウェブサイトや電子メールに記載されたURLを一度クリックしただけで、一方的に、サービスへの入会などの契約成立を宣言され、多額の代金などが請求される行為である。ワンクリック請求にはいくつかの手法がある。代表的な方法は以下のとおりである。

・利用者の興味を引きそうな電子メールや電子掲示板などを利用し、利用者をおびき寄せ、興味のある情報を提供しているように思い込ませ、契約手続に持ち込む。
・いかにも正当な契約手続が完了しているかのように見せかけ、利用料を不正に請求する。当該サイトでは、利用者が間違って契約してしまったように思わせる仕組みや、意図的にわかりにくいところに利用規約などを表示して、利用者が気付きにくいような細工をする。
・料金請求の際、携帯電話やパソコンの個体識別番号や、利用しているネットプロバイダの情報などを表示させ、利用者の個人情報が特定されたように見せかける。

・請求した代金を期限内に支払わない場合、延滞料が加算される、法的措置を講ずるといった脅迫的な内容で、利用者に支払いを迫る。

平成28（2016）年度に全国各都道府県警察の相談窓口で受理された、ワンクリックの相談件数は67,026件であり、増加傾向にある。

2　ワンクリック請求による問題

ワンクリック請求には、大別すると3つの問題がある。

ひとつめは、ワンクリック請求による契約成立の可否である。次に、ワンクリック請求過程における個人情報の収集と無断利用である。そして最後に、ワンクリック請求と精神的苦痛をめぐる問題である。以下、それぞれについて検討する。

3　ワンクリック請求による契約成立の可否

ワンクリック請求は、請求された者からみれば、提供された情報や商品をクリックという方法で申し込んだように思い込むものである。そのため、意図しない申込みであっても、請求された料金の支払いに至ることがある。はたしてクリックという行為は、契約の申込みとなるか。

契約は、当事者の申込みと承諾の意思表示の合致により成立する。この前提に立てば、請求された者は、クリックをすることで契約締結の意思表示をしたようにみえる。また、クリックをすれば、画面上には「契約が成立しました」などという文字が現れる。電子商取引の契約の成立は、相手方による承諾通知の到達時であることから、請求された者には、高額の金銭の支払義務が発生するようにも思われる。

業者による宣伝広告が申込みとなり、クリックという形で承諾することで、契約が成立するとみることができる。しかし、請求された者によるクリックという行為は、ワンクリック業者の広告などにより誘発される。このような業者による行為は、「申込みの誘因」である。「申込みの誘因」は契約成立のための「申込み」の意思表示とは異なる[38)]。「電子商取引準則」では、このような申込みについてそもそも申込みの意思表示がないとしている。そのため、業者による宣伝広告という形の意思表示は、契約締結の意思表示には該当せず、クリックをしても契約は成立しない。換言すれば、クリックをした者は代金等の請求をされても、業者側に請求の根拠となる権利が発生していないため、請求に応じる必要はないということとなる。この点につき、東京地判平成18年1月30日判時1939号52頁では、ワンクリックによる会員登録が終了し、代金を請求することについて、そもそもクリックをした者に「契約締結の意思がない」として、契約成立を認めなかった。

ワンクリック業者のなかには、申込者に錯誤を生じさせるような広告表示などをすることで、申込みの意思表示をさせることがある。そのため、申込者において錯誤による意思表示の取消しを主張することがある。表意者自身による取消主張は、表意者に重大な過失がある場合にはできない（民法95条）。

ワンクリック業者による巧みな広告等の表示は、意図的に申込者を錯誤に陥らせようとするものである。このような業者については、瑕疵ある意思表示による保護が不要である[39]。そこで電子契約法3条では、消費者に重過失があるときでも、錯誤による取消しを主張できるものとしている。

電子契約法3条では、錯誤のみならず、「申込み又はその承諾の意思表示と異なる内容」の意思があるにもかかわらず誤った意思表示を行った者の意思表示の取消主張も認めている。ただし業者側が表意者の意思確認のため措置を行っていた場合、例外的に錯誤主張が認められないことがある。

ワンクリック業者の契約では、契約内容自体が違法なものであることがある。たとえばアダルトサイト業者は、他者には知られたくないようなサイトを閲覧していることを申込者に思わせることで、申込者の不安や困惑などにつけこむことがある。このような行為は、暴利行為に該当することから、申込者は公序良俗違反による無効の主張が可能となるであろう（民法90条）。

さらにワンクリック業者による契約内容は、ほとんどの場合、業者に優位な内容となっているものである。このような契約内容を有する契約条項は、

38）　内田貴『民法Ⅰ〈第4版〉』（東京大学出版会・2008年）38頁。
39）　松本恒雄編『電子商取引及び情報財取引等に関する準則と解説』別冊NBL158号（商事法務・2016年）75頁。

消費者契約法8条〜10条に反することとなり、無効となる。

4　ワンクリック請求過程における個人情報の収集と業者による利用

ワンクリック請求で表示された画面に従い手続をしている過程において、請求された者が自らの氏名や住所といった個人識別情報を入力することがある。入力した情報はワンクリック業者により収集・利用・保管されることとなる。当該情報が利用されることで、ワンクリック請求をされた者の被害は拡大することとなる。

ワンクリック請求において、請求された者は錯誤などに陥った状態で個人識別情報を業者に提供することとなる。業者が識別情報を有する者であれば、個人情報取扱事業者となるであろう。個人情報取扱事業者は、個人識別情報の収集時に、収集、利用の目的を公表しなければならない（個人情報保護法18条）。さらに、「偽りその他不正の手段により」情報を取得することは認められない（同法17条）。ワンクリック請求は、請求自体が架空なものであることをみれば、請求を介した個人識別情報の取得は、不正な手段による情報の取得とみることができよう。また、ワンクリック業者においては不正に取得した情報を利用し、本人または情報提供者に新たな不正請求をすることがある。

不正な収集利用があったことを根拠に、本人から個人識別情報の利用の停止や消去の請求があった場合、個人情報取扱事業者は、その情報の利用停止や削除を行わなければならない（同法30条1項）。さらに、利用停止等がなされない場合、主務大臣により違法行為の中止、違反を是正する措置などを勧告できる（同法42条）。個人情報保護法の観点からみれば、不正に収集された個人識別情報の利用を阻止することも可能なようにみえる。

ところがワンクリック業者の場合、業者の実体自体が不明瞭であることが多い。また、いわゆる「カモリスト」と呼ばれるような、詐欺被害者のリストが業者によって独自に作成されることがある。このようなリストが同様の業者の間でやりとりされることで被害が拡大する。このような状況において、リストの削除や破棄を個人情報保護法に基づき請求することはきわめて困難である。

ワンクリック請求はそれ自体では契約が成立しないため、請求された者は、高額な支払いというリスクからは解放される。他方で、個人識別情報を入力した場合、個人識別情報を提供したことで生じるであろうリスクには対応できないこととなる。そうなれば、請求された者には新たな経済的損害の発生や、精神的な不安が残ることとなる。このような状況を解消できるのであろうか。

5　ワンクリック請求と精神的苦痛

ワンクリック請求において、高額な支払いをした場合には経済的損害が生じる。さらに、ワンクリック請求をされたことにより精神的苦痛が生じることも考えられよう。このようなワンクリック請求に基づく損害賠償請求について、判例の見解は分かれるところである。

前述の東京地判平成18年1月30日判時1939号52頁では、原告が、被告によって送信されたメールに記載されていたアドレスをクリックしたところ、スパイウェアによるデータの窃取が行われ、「入会登録が完了したので3日以内に39000円支払え」との催告ページが現れたことにつき、不法行為に基づく損害賠償請求をした事案である。判決は、入会金請求が不当請求であるとし、被告によるメール送信を「極めて悪質」であるとした。そのうえで、スパイウェアに侵入され、個人情報を搾取されたかもしれないという懸念や、「自らの権利救済のために時間と費用をかけて」提訴したことで「看過し難い精神的苦痛を負ったことは明らかである。」として、原告の請求を認めた。

東京地判平成22年12月9日2010WLJPCA12098008は、他サイトを閲覧していた原告が、閲覧中に被告が運営するワンクリック請求サイトに行きつき、自動的に会員登録をされた事件である。原告は、当該請求サイトに行きつくまで「あなたは18歳以上で規約に同意されていますか」という被告サイトのポップアップ画面上の問いに2回「OK」をクリックしていた。この画面には、「非常に細かい字」でサイトの利用に料金がかかることが表示されていた。判決は、サイトが有料であることがポップアップ画面にされており、「少し注意をすれば」記載に気づくことから、原告にも過失があるとして、過失相殺のうえ、損害賠償請求を認めた。

また、原告小学生がワンクリック詐欺のサイトにアクセスした結果、サイトの入会料金請求画面が現れ、それが数時間消えなかったために精神的苦痛を被ったと主張した事件では、サイト上にサービス利用に関する注意事項があったことなどから、慰謝料請求を認めなかった（東京地判平成24年2月16日2012WLJPCA02168012）。

判例からみれば、サイト閲覧者側にも閲覧上の注意を求めているようにも読める。しかし、近時のワンクリック請求は複雑化しており、閲覧者において注意を払っていても、高額な支払請求をされることがある。

たとえば「4クリック詐欺」と呼ばれるものでは、いくつかの質問事項に回答させ、利用規約を承諾させるようクリックさせたうえで、入会金などの支払請求などをする。業者側からすれば、質問事項を回答していることで入会の意思があるということになり、取消しは認めないと主張することとなる。

高度化するワンクリック請求に対し、より有用な対応を確立する必要に迫られているといえよう。

7　なりすましによる意思表示

1　なりすましによるネット上の取引

他者がある者（本人）の名を騙ることをなりすましという。なりすましによる取引は、無権限取引と呼ばれ、このような取引をする者を無権限者と呼ぶ。電子商取引は、ウェブサイトを介することから取引の相手方の顔が見えない。そのため相手方が本人か無権限者かを識別することは困難である。無権限者は、本人になりすまし、取引の目的物を入手する一方で、代金等の支払義務を本人に課すことになるため、本人には経済的不利益が生じる。他方、取引の相手方である業者などは、本人が支払いを拒絶する場合などにおいては、不利益が生じうる。すなわち、なりすましの取引においては、名を騙られた本人の保護と同時に相手方の保護も考慮しなければならない。

この点につき、電子契約法の準則では、なりすまし行為につき、①クレジットカード決済ではない一般的な取引、②クレジットカード決済、③ネットバンキング、④電子証明について、本人および業者側の責任が述べられている。本項ではこのうち、①〜③における本人の責任を中心に検討する。

2　一般的な取引におけるなりすまし

(1)　事前合意と本人確認

ネット上の取引では、取引に入る事前段階において、取引の効果帰属を本人とする旨の基本契約ないし特約への同意が求められることがある（事前合意）。事前合意の特約を付すか否かは、業者側による。このような特約は、通常、契約締結において事前に本人確認をすることを伴う。本人確認は、業者側から付与された本人固有のIDやパスワードにより行われる。

取引の観点からみれば、1回限りの取引では、事前合意がない取引が大半である。他方継続的取引では、業者側のリスクも高まるため、事前合意が行われることが一般的である。

(2)　1回限りの取引（事前合意のない取引）

一般的に1回限りの取引は、事前合意がない。なりすましをしている無権限者は、本人確認などを受けることなく、本人として取引をすることとなる。無権限者による取引は、換言すれば、他人による法律行為ないし意思表示ということになる。

他人による法律行為は、本人による代理権授与があれば、代理行為となる。無権限者による取引行為は、代理権の授与がない無権限者自身による法律行為である。そのため、法律行為の効果は本人には帰属せず、原則として本人は責任を負わない。

代理行為となれば、法律行為で生じた効果は本人に帰属する（民法99条）。無権限者が本人であるような行為をする（した）原因を、本人自身が作出しているような場合、表見代理として、本人に一定の責任が生じることとなる（同法109条、110条、112条）。表見代理において本人に責任が生じる要件は、①代理権があるかのような外観の存在、②相手方において代理権の不存在について善意・無過失であること、③相手方が代理人と信じたことにつき本人に帰責事由のあること、である。表見代理が成立する要件は、なりすましに直接適用されるものではない。

他方、最判昭和44年12月19日民集23巻12号2539頁では、対面での契約ではあるが、代理人が本人であるかのように振るまい、相手方が代理人を本人自身だと信じ込んでしまったことにつき、「本人自身の行為であると信じたことについて正当な理由がある」ときには、民法110条の類推適用を認めている。

なりすましによる取引においても、無権限者が本人と信じさせるような状況を作出したことについて本人に帰責事由がある場合、相手方は民法110条の類推適用により、本人に責任を負わせることができると解される[40]。

(3)　継続的取引（事前合意のある取引）

継続的取引のみならず、多くのネット上の取引では、業者側が取引の相手方である顧客に、特定のIDやパスワードなどを設定し、本人確認をする。本人確認については、事前に合意がなされており、合意の後に当事者双方が取引関係に入ることとなる。事前合意に基づいて取引関係に入っていれば、無権限者がいかなる方法でIDやパスワードを入手したとしても、なりすまし取引の効果は、本人に帰属する。

事前合意に関する特約は、業者側により付されるものである。取引の相手方が消費者である場合、このような特約の有効性ついては、消費者契約法上の制限を受けることがある。すなわち事前合意の特約が、事業者優位の特約であり、消費者に不利な契約条項である場合、消費者契約法10条により、信義則を根拠に契約条項の無効を主張できるとするものである[41]。

なりすましについても同様に、事前合意の内容が、本人の利益が信義則に反し一方的に害されるような場合、事前合意は無効となる。たとえば、IDやパスワードが業者の過失により漏洩した場合であっても、本人は免責されないといったような事前合意である。

そして、事前合意が無効となった場合、本人への効果帰属の有無は、事前

40）　松本・前掲注39）102頁。
41）　日本弁護士連合会編『消費者法講義〈第3版〉』（日本評論社・2009年）115頁。

合意がない取引と同様の判断がなされることとなる。

3　クレジットカード決済におけるなりすまし

ネット上の取引では、クレジットカードによる決済が主流となっている。クレジットカード決済は、ウェブ画面上にクレジットカード番号とカードの有効期限、セキュリティコードなどのカード情報を入力することで行われる。

このような情報は、本来、カード所有者本人のみが知る情報である。そのためクレジットカード会社の会員規約では、本人のみが知る情報であることを前提とし、以下の状況が本人に生じている場合には、本人が責任を負うものとした。すなわち、①善良な管理者の注意をもってクレジットカードおよびクレジットカード情報を管理する義務に違反したとき、②クレジットカードの紛失・盗難にあった後、届出等を速やかに行わなかったとき、③クレジットカード会員の家族、同居人などの不正行為があるとき、④クレジットカード会員の故意または重過失により不正行為が生じたとき、である。

そして、①から④の状況がなく、クレジットカードが他者などに利用された場合、当該カード会員は支払いまたは損害賠償義務を負わないこととなる[42)]。

4　本人の過失

一般的な取引とクレジットカード取引のいずれにおいても、本人が責任を判断する際に重要な基準となっているのが、本人の過失の有無である。無権限者が取引をすることにつき、本人にも過失があれば、本人に効果が帰属する。ところが、どのような行為を過失のある行為とするか、換言すれば、なりすまされたことにつき、本人に過失がないとして免責されるのはどのような場合であるかは明確ではない。

無権限者が本人になりすますまでの過程は多様である。IDやパスワードは通常本人により保管されるものである。しかしその保管方法は、本人に委

42）　松本・前掲注39）103頁。

ねられるものであり、いかなる保管方法であれば、過失のある保管方法となるかを判断することは難しいであろう。

クレジットカード情報についても、本人の家族が本人の知らぬ間にクレジットカードを財布から抜き取り利用した場合などにおいて、本人にその責任を負担させることは、本人にとって過重な負担ともいえよう。この点につき、長崎地佐世保支判平成20年4月20日金商1300号71頁は、クレジットカード会員の家族によるクレジットカードの不正使用について、クレジットカード会社による本人確認など、不正使用や会員の損害を防止するための方策が不十分だったとして、会員による支払責任を否定している。

本判決では、会員の重過失を、クレジットカード会社の不正使用に対する対策の不備により否定した。そのため、厳密には会員自身の過失を判断したものではない。しかし、なりすまされた本人の過失を責任負担の基準とすれば、同様の方法でなりすまされた場合、クレジットカード会社の不正利用防止策いかんでは会員自身に責任が生じることもあろう。

一般的な取引、クレジットカード取引にかかわらず、本人の過失立証は事業者側に責任がある。ところが上述したように、無権限者が本人になりすますまでの過程は多様であり、事業者側が本人の過失を立証することはきわめて困難である。このような状態があるにもかかわらず、責任負担において本人の過失を要件とすれば、事業者側の責任の過多になるおそれがある。本人の過失の立証は、事業者側がすべて負担するのではなく、一部本人へ転換することや、立証の軽減を図ることも考慮すべきであろう[43)]。

5　ネットバンキング

ネットバンキングにおけるなりすましでは、無権限者による本人預金口座からの払戻しや振込みが行われる。

預金者に対する銀行の払戻しは、民法上、弁済受領権限者ないし債権者（預金者）に対する弁済となる。そして、無権限者に対する払戻し等の行為は、受領権限のない者に対する弁済ということになる。原則として、受領権限のない者に対する弁済は無効である。このことを前提とし、民法478条で

43)　森亮二「Ｉ－3なりすまし」別冊NBL158号（商事法務・2016年）22頁。

は、受領権者以外の者に対する弁済を例外的に認めている[44)]。

すなわち、なりすましによる払戻し等の行為は、①弁済者である銀行側が、無権限者が本人であると信じるような外観があり、②無権限であることについて銀行側が善意・無過失であれば、銀行による弁済は有効となる。換言すれば、銀行は、払い戻した額について免責されることとなる。

通常銀行は、約款により本人確認方法に関する事前合意を締結している。そして、事前に合意された方法の利用があれば、無権限者による払戻しも有効としている。しかしこのような免責約款は、銀行側に過失がある場合適用されないことがある。

銀行側の善意・無過失の基準は画一的ではなく、判断に困難が伴うため、しばしば争いとなる。最判平成5年7月19日判時1489号111頁では、盗まれたキャッシュカードと暗証番号によるATMによる払戻しについて、真正なキャッシュカードと正しい暗証番号が入力された場合は、「銀行による暗証番号の管理が不十分であったなどの特段の事情がない限り」、免責約款により免責されるとした。

免責約款条項がない場合の判例として、最判平成15年4月8日民集57巻4号337頁では、機械払いシステムについて「利用者の過誤を減らし、預金者に暗証番号等の重要性を認識させることを含め、同システムが全体として、可能な限り、無権限者による払戻しを排除しうるよう組み立てられ、運営される」必要があるとし、それを怠ったとして、銀行側の免責を認めなかった。なりすましによるネットバンキング利用をめぐる下級審判例は、上述の最高裁判例を踏襲している。

ネットバンキングによるなりすましの危険性は、預金者本人による注意のみでは回避しうるものではない。銀行側において、IDやパスワード保管に関する安全管理システムの開発、高額払戻し等があった場合の預金者への通知や注意喚起など多方面からの総合的な管理システムを構築することで、なりすましを排除することが必要であろう。

44)　大村敦志『基本民法Ⅲ債権総論・担保物権〈第2版〉』（有斐閣・2005年）42頁。

8　価格誤表示の場合、表意者が錯誤無効を主張できるか

1　価格の誤表示について

本稿で論じる「価格の誤表示」とは、①値札に掲載される価格の桁数間違い（過剰または過小)、または②他の商品に付すべき値札を誤って付した場合である。

日常的に取引される場での売買（いわゆる現実売買）では、価格の誤表示は、問題になりにくい。店員が商品の価格を熟知している場合には、購入希望者が誤った値札の貼付された商品をレジに持参した際、店員からお詫びとともに正しい価格について伝えられ、改めて正しい価格で購入するかどうかを判断する、といったことになるからであり、店員において気がつかず、そのまま購入者が精算をすませて店舗から離れたならば、購入者を追跡する手段でも講じていないかぎり、購入者に対し錯誤無効を主張することも難しい。

他方で、ネット上の取引の場合、価格情報を入力する際にミスがあり、ネット上の価格が誤った内容で表示され、その誤った価格に対してネット上で申込みがなされた際、最終的に約定前に確認するプロセスでも入っていないかぎり（承諾がなく約定しなかったという事案について後述：東京地判平成17年9月2日判時1922号105頁)、そのままシステム上、約定が成立する。販売した側は、誤記があったという点について需要が通常とは比較にならないほど増えた・減ったということから認識することになろうと思われる。とはいえ、購入後に価格表示が誤記であったという主張を売手が行ったとすると、購入した側からすれば、価格の誤表示との主張は、後付けの理由にみえることを否定できない。

そこで以下では、ネット取引において、誤表示がなされた場合、表意者として①自己の利益を確保するためにいかなる手段をとりうるのか、②自己の利益を確保する手段をとった場合に、購入者との間でいかなる利害の調整が行われ、または行われるべきか、判例も参考に検討することとしたい。

2　広告で誤表示があったものの最終的に正しい価格表示がされた場合

ネット取引の場合、不特定多数に向けた広告を完全に情報提供として販売サイトと区別しているのでないかぎり、通常は広告の一部に設けられた購入のためのボタンや箇所を通じて数量を入力し、決済を行うことで、個別の売買が行われることが多いから、どこの時点で勧誘が行われたか、広告と勧誘を明確に区別することが性質上困難な場合が多い。

ネット上において不特定多数を対象とした特定商品の広告の価格部分の表示に誤りがあり、実際に購入する確認場面などで適正な価格が表示されていた場合、その途中の過程に利用者の誤認を強めるといった点、最終画面において正しく認識することを困難にする要素があれば、最後の確認画面において真の価格が表示されていたとしても、全体として誤認を招く表示であったとして購入の取消しを認め、他方で、誤認を強める要素も、最終画面において正しく認識することを困難にする要素もなかったのであれば、最終画面において表示されたとおりの価格で売買契約が成立すると整理し、当該広告について消費者契約法上の勧誘における虚偽告知の問題として扱えば足りるように思われる。

3　最後まで誤表示がなされた場合

最後まで誤表示がなされ、上記で引用した判決と異なり、システム上、申込みが行われた際、どのように処理されるかにより結論は異なる。たとえば、数量を設定して購入ボタンを押したとしても、引き続き受注の確認を販売者において行い、最終的に申込みに応じる旨の通知が発信される仕組みになっている場合には、購入ボタンを押した時点では契約は成立していない（東京地判平成17年9月2日判時1922号105頁：パソコンについて誤って1台2,787円と表示されたケース）。他方で自動的に承諾が行われる仕様となっているならば、売買契約自体は成立し、表意者からすると、これを無効としないかぎり、成立したとおりの債務を履行する責任を負う。

たとえば、1台税込み16,200円の幼児用バウンサーを誤って1,620円と表示してネット上の販売サイトに掲載し、購入希望者から当該価格での申込みが行われ、システム上そのまま受注した旨の返信を送付している場合、原則として当該バウンサーを1,620円で履行する債務を負うことになる。なお実際のところ、東アジア製造に係るバウンサーの中には、原価の関係で真に1,620円で販売可能なものも存在するとは思われることから、このような売買契約が成立したとしても、16,200円の商品ではなく、1,620円の商品を調達して提供すると、そもそも16,200円の商品を提供する債務を果たしていないとして債務不履行に該当することはもちろん、消費者契約法上の虚偽告知を引き起こすことになる。

表意者からすると、価格は、売買契約の要素にほかならず、その価格について誤った表示をしたことから、表示上の錯誤として売買契約を民法95条により無効を主張できないか検討することになろう。

ただし、民法95条3項では、「錯誤が表意者の重大な過失によるものであった場合には、次に掲げる場合を除き、第1項の規定による意思表示の取消をすることができない。(以下略)」と規定しており、錯誤に基づく意思表示を取り消すことができなくなるため、表意者の過失の程度につき、検討する必要がある。

重過失は、注意力の欠如の著しいものなど「通常人であれば注意義務を尽くして錯誤に陥ることはなかったのに、著しく不注意であったために錯誤に陥ったこと」(大判大正6年11月8日民録23輯1758頁) をいう。

そうすると、ネット取引において、通常人であれば注意義務を尽くして錯誤に陥らないという程度がどの程度のものをいうのか確定する必要がある。

価格情報などは、決定後に、商品名、サイズその他の当該商品を特定し、その内容を示す情報とまとめて入力がなされ、サーバなどにそのデータがアップロードされるものと思われる。このように特定商品について、①価格決定、②データベースへの入力、③サーバ等へのアップロードといったプロセスを経る場合、人間はエラーをするものであるから、ネット取引を行う一般的な業者であれば、その防止のため各プロセスにおいて「確認・チェック」を設けているのが一般である。こうした確認・チェックが設けられる基礎、または根拠は、こうしたネット上の取引に関するシステムの運用をするにあたり、それがシステムである以上、PDCAサイクルにより品質管理を行うことが不可欠である点に求められるといってよい。

かりに確認・チェックのプロセス自体をそもそも設けていないというならば、一般的な事業者であれば当該プロセスを入れているのと対比して、そうした注意義務を尽くしていなかったこと自体をもって著しい不注意として重過失認定されることになる可能性が高いと思われる。

次に、上記の各プロセスを子細にみていくと、①の決定については、当該決定した内容を引き継ぐ際にミスが起きうることは事実としてありうるものの、そのようなミスにより当該決定を正確に「次工程」に伝えられなかった以上、これを回避する仕組みがシステム運用のため不可欠であったにもかかわらず、そのような仕組みが不存在または不十分であったとして、重過失の認定に至ることとなろう。

②のデータ入力や③のアップロードについても同様である。データ入力やアップロードについて、人の手で行う場合には、基本的にどこかに誤りを含むことを避けられないのであるから、担当者を複数にして相互チェックを実施し、複数の上席に対して確認を求めるといったことを実施している必要がある。ミスが見過ごされた、ということは、そのチェックシステムが機能しなかったということにほかならないから、そうしたチェックシステムが機能するようにシステムを組んでいなかった、テストの実施を通じて問題点を十分にたたき出せなかったという具体的な問題点についての分析は実際の問題に即して必要になろうと思われるものの、一般的な事業者であれば、実際に発現したミスであれば、それが看過されない仕組みをつくることは容易であった、ということであれば、そのようなミス発見対応のための仕組みを構築し、運用していなかったということ自体で、過失の程度はここでも大きいという認定に馴染むように思われる。

なおテストといってもありとあらゆる場合を想定してテストすることは不可能であるから、問題が発現する可能性（リスク）に応じて重み付けを行うのが通常であろう。リスクは決して高くないけれども発現し、かつ結果の重大性を看過できないケースについては、そのリスクが通常誰であっても無視するほど小さいものであるとでもいえないかぎり、当該ケースについてあらかじめ分析検討をしていないということ自体、ことさら落としたと評されても仕方がない。

この点、今後（エラー率・エラー数の劇的な減少を目的とした）AIの導入および（コスト低廉化などの理由に基づく）普及により、エラーの発見に対する精度は飛躍的に向上するのではないかと思われるし、そうした状況になっているにもかかわらず、AIを利用していない場合には、利用しないことについての合理的な説明がつかないかぎり、ここでも重過失の認定を受ける可能性は高いものとなろう。

なお、以上のことは、各プロセスにおいて、第三者に業務委託をしていた場合にも同様に考えることができる。第三者を選択し、利用することについては、タイムスケジュール、予算、計画などあらかじめ自由のきく範囲で、目的達成のために最適な第三者を委託先として選択可能であるかぎり、その選択した第三者たる委託先の行為についても責任を負い、当該委託先における重過失は、委託主の重過失と同視されよう。

以上と異なり、誤表示を購入希望者においても認識していた場合には、相手方（購入希望者）を保護する必要性は低下するため、錯誤無効の主張が認められやすくなろう（「電子商取引準則」16頁参照）。もっとも、認識していたか否かは事実認定の問題となるし、どの程度の価格差が存在すれば購入希望者において認識していたと評価することができるかについて明確な基準があるわけでもないことから、結局のところ、購入希望者の属性（原価について精通している事業者か、そうした点の知識を期待できない一消費者か）、他の購入希望者の動向、過去に値引販売した際の価格、大幅な値引きをしている旨の表示をほかに伴っていたかといった要素を考慮して判断することになろう。

9　商品不着、返品トラブル、通販詐欺

1　商品不着

ネットを用いた売買も契約の一種であるため、原則として、契約としての通常の効果が発生することとなる。しかし、対面販売に代表される通常の取引とは異なり、ネットを用いた売買では買主が商品現物を手に取って同商品を購入するわけではない。買主が購入を望む商品は、クレジットカードなど

での決済の後、郵送などで手元に届くことが通常予定されている。そのため、対面販売であれば、代金の支払いと商品の引渡しは同時履行の関係にあり、互いの履行義務が明確であるのに対し、ネットを用いた売買においては、商品の引渡しが事後的になされる。したがって、決済手続が完了したにもかかわらず、商品現物が買主の手元に届かないという商品不着のトラブルが発生するおそれがある。

この場合、買主による売買代金の支払いが完了しているにもかかわらず、売主が商品を郵送していないため、債権債務関係に整理しなおすと、買主の売買代金支払債務は履行されているのに対し、売主の商品引渡債務は履行されていない。したがって、買主の代金支払債務は存在せず、購入した商品の引き渡しを求める債権だけが存在することとなる。契約に基づく債務については、任意に履行がなされなかったときは、履行の強制をすることができる（民法414条）ため、買主は債務名義を得たうえで民事執行法に基づいた強制履行により商品不着トラブルを解決する（民事執行法22条、143条）。なお、かかる小口債権の執行にあたっては、通常コスト倒れになるため、解除による方法が一番現実的な救済方法となる。

2　返品トラブル

ネットを用いた売買では、対面販売のように直接商品を手にして確認することができない。そのため、コンピュータ画面などで確認をして購入した商品が購入者の手元に届いて確認したところ、当初購入者が予想していたものと異なっていた場合に、現物を返品できるか・支払った代金を返金してもらえるかどうかが問題となる。法的には、購入した商品を売主に返品することで、すでになされた売買契約の申込みの意思表示を撤回したり、契約を解除したりすることができるのかという問題となる。

こうした返品トラブルに対応すべく、特定商取引法15条の3第1項では、通信販売業者による返品特約の表示がない場合に申込みの撤回や契約の解除を認めている（特定商取引法の法定返品権）。

特定商取引法の法定返品権が認められるためには、①商品または特定権利の販売条件について広告をした販売業者との売買契約の申込みもしくは締結であること、②その売買契約に係る商品の引渡しまたは特定権利の移転を受けた日から起算して8日を経過するまでの間であること、③意思表示の撤回または契約解除の意思表示が通信販売業者に到達したことが必要となる。②につき、訪問販売などのクーリングオフが法定書面の交付時を解除権の始期としているのに対して、通信販売における法定返品権の場合は前払式通信販売の場合を除いて通信販売業者に法定書面の交付義務が課されていないため、商品の引渡し・権利の移転の日を始期とする。したがって、商品の引渡しがなされていないような場合には、特定商取引法の法定返品権の行使期間はそもそも始期を迎えていないことになる。

なお、上記①〜③が満たされた場合であっても、その通信販売業者が申込みの撤回等についての特約（返品特約）を取引時の広告に表示していた場合には、特定商取引法の法定返品権は認められない（特定商取引法15条の3第1項ただし書）。かかる返品特約については、申込みの撤回等を認めない旨の特約（たとえば「返品不可」）や特定商取引法の法定返品権を制限するような特約（たとえば「返品期間は5日以内」）も含まれる。ただし、そのような返品特約が認められるためには、商品等に欠陥がなく販売業者に契約違反がない状態を前提として、返品を認めるか否か、返品が可能である期間等の条件、返品に要する送料の負担の有無等について表示されていなければならない（特定商取引法11条各号、同法施規9条）。さらに、消費者にとって見やすい箇所において明瞭に判読できるように表示する方法など容易に認識することができるように表示することが必要であり（特定商取法施規16条の2）、ネット通信販売では、いわゆる最終申込画面において返品特約を表示する必要がある。

これらの返品特約の表示が上記条件を満たしていない場合には、法定返品権を排除する返品特約の存在は認められず、法定返品権の規定によって返品が認められることになる。

特定商取引法の法定返品権の行使方法については、民法の一般原則に従うため、意思表示の撤回、契約解除の手段・方法は問わない。

なお、消費者庁および経済産業省では、広告媒体ごとに具体的な表示方法の例をガイドライン（「通信販売における返品特約の表示についてのガイドライン」）において示している。

3　通販詐欺

通販詐欺の典型例としては、代金を銀行振込で支払ったにもかかわらず商品が手元に届かない状況や、ネット上ではあたかも商品が掲載され販売されているように見せかけられている状況、粗悪品であるにもかかわらず良品の写真を掲載して高額の代金を請求する状況などが挙げられる。こうした通販詐欺によって騙された者は、加害者に対し、詐欺行為（不法行為）によって被った損害を賠償請求することができる（民法709条）。また、詐欺行為によってなされた意思表示は取り消すことができ（同法96条）、問題となっている売買契約を最初からなかった状態にすることができる。詐欺行為によってなされた意思表示を取り消し、売買契約を取り消した場合、被害者は加害者に対してすでに代金を支払ったり商品を発送したりしていたときは、それらを不当利得として返還請求することができる（同法703条）。

なお、通販詐欺によって銀行口座（犯罪利用預金口座等）に振り込んでしまった場合には、振り込め詐欺救済法に基づき、被害者は当該口座に滞留している犯罪被害金の支払いを受けることができる。同法が対象とする犯罪利用預金口座等とは、詐欺その他の人の財産を害するいわゆる振り込め詐欺、ヤミ金融等の犯罪行為において振込先となった預金口座のことである（振り込め詐欺救済法2条4号）。

同法に基づく救済手続は概括すると以下のとおりである。まず金融機関が捜査機関等から当該金融機関の預金口座が不正に利用されているとの情報提供があった場合やその他の事情を勘案して犯罪利用預金口座等である疑いがあると認めるとき、当該預金口座に係る取引を停止する（同法3条）。次に、犯罪に利用された口座について、金融機関は当該口座の残高に対する口座名義人の権利を消滅させる手続を行う（同法4条～7条）。そして、権利が消滅した犯罪利用口座について、被害者に対する被害金の支払手続が行われる（同法8条～25条）。

ネットを介して通販詐欺がなされる場合、詐欺に使われる誤った情報が発信者から発信され、プロバイダやサーバを介して受信者のもとに届くことになる。本来、被害者である受信者は、直接情報発信者との間で問題を解決すべきところ、情報発信者が情報の削除要求に応じないことや、そもそも情報発信者が誰なのかわからないことが多く、当事者間での問題解決が困難であることが多い。そこで被害者である受信者は、情報発信者とネットを繋げているプロバイダや発信情報を蓄積しているサーバの管理・運営者に対し、違法性のある情報のさらなる流通防止を要求するとともにその情報がどこから発信されたものなのか開示請求することとなる。

プロバイダやサーバの管理・運営者は、直接他人の権利を侵害する情報を発信しているわけではないため、当該情報の内容について法的責任を負うことはない（東京高判平成13年9月5日判タ1088号94頁）。問題となるのは、プロバイダやサーバの管理・運営者が、そのような情報が発信されている状況を放置したような場合に、当該情報によって損害を被った受信者である被害者から不法行為責任に基づく損害賠償請求がなされるおそれがあることと、プロバイダやサーバの管理・運営者が責任追及から安易に逃れるために発信された情報を削除した場合に、情報発信者から表現の自由の侵害やプロバイダ契約違反に基づく責任追及がなされるおそれがあることである。このようにプロバイダやサーバの管理・運営者は、情報発信者側の利益・不利益と発信された情報によって損害を被った情報受信者側の利益・不利益との間で板挟み状況となっている。かかる板挟み状況を解決すべく平成14（2002）年にプロバイダ責任制限法が制定され、同法において、プロバイダやサーバの管理・運営者を「特定電気通信役務提供者」としている（3条柱書）。

まずプロバイダ責任制限法は、特定電気通信役務提供者の置かれている板挟み状況を解消すべく、特定電気通信役務提供者の被害者に対する責任については、権利を侵害した情報の不特定の者に対する送信を防止する措置を講ずることが技術的に可能な場合であって、情報の流通によって他人の権利が侵害されていることを知っていたときや、情報の流通によって他人の権利が侵害されていることを知ることができたと認めるに足りる相当の理由があるときでなければ負わないとしている（3条1項）。一方、特定電気通信役務提供者の発信者に対する責任については、他人の権利が侵害されていると信じるに足りる相当の理由があり、情報発信者による情報によって権利を侵害されたとする者から違法情報の削除の申出があったことを発信者に連絡し、7日以内に反論がない場合、プロバイダが当該情報を削除したとしても情報発信者に対していっさいの責任を負う必要はないと定めている（同条2項）。かかる規定により、他人の権利を侵害する情報をプロバイダやサーバの管理・運営者は削除することが容易となった。

そしてプロバイダ責任制限法は、特定電気通信役務提供者が情報を開示する条件を明確にし、開示請求をする者の権利が侵害されたことが明らかであり、損害賠償請求権の行使のために必要である場合その他開示を受けるべき正当な理由がある場合とした（4条1項）。なお、特定電気通信役務提供者が判断に迷って開示に応じなかったとしても、特定電気通信役務提供者に重大な過失がないかぎり、開示請求をする者に対し損害賠償の責任は負わない（同条4項）。また、プロバイダ責任制限法4条は、実際上、ネット上のウェブサイト等に名誉毀損、プライバシー侵害、著作権侵害等に当たる情報が掲載されたとする者に限って認められるものとされ、消費者の財産被害事案については、それがウェブサイト等を通じて行われたものであっても、請求は認められないものとされている（総務省「特定電気通信役務提供者の損害賠償責任の制限及び発信者情報の開示に関する法律－逐条解説－」〈平成14年〉1頁）。これは、同法の権利侵害が「情報の流通」自体によって生じたものである場合を対象としており、インターネットを通じて生じた詐欺被害事案はこれに該当しないためである。

最後に実務上の取組みとして、エスクローサービスと補償制度に触れたい。

4　エスクローサービス・補償制度

エスクローサービスとは、買主が中立的な第三者（エスクローサービス提供会社）に代金を預け、商品の引渡しを確認できた時点で、エスクローサービス提供会社が売主に代金を支払う仕組みである。エスクローサービスを提供するためには、資金決済法に基づき資金移動業の登録を行う必要がある（資金決済法37条）。かかる登録を行えば、エスクローサービス提供会社として100万円に相当する額以下の送金業務を行うことが可能となる（同法2条2項、同法施令2条）。類似のサービスとして収納代行サービスが存在するところ、かかるサービスは収納代行サービス会社が買主からの支払いを受けた時点で買主と売主の決済が完了する点で、一度代金を受領し、商品の発送が完了した時点で売買契約が成立するエスクローサービスと異なる。実際、ヤフーはオークションサイト「ヤフオク！」において、代金支払管理サービスとしてエスクローサービスを利用者に提供している。

事業者による補償制度の例としては、楽天が提供する「楽天市場」において、①代金支払い後の商品未着の場合、②商品の到着が遅れた場合、③掲載されていた商品と異なるものや欠陥品が届いた場合、④返品後のショップ対応がない場合、⑤商品が模倣品であった場合に、買主が注文日の翌日から90日以内に楽天市場へ連絡し、楽天市場が調査を行った後、補償条件（他の補償サービスを受けていない、天災などの不可抗力事由が生じていない、商品が新品として販売されているなど）に合致した場合には、楽天が購入代金を最高30万円まで補償するサービスを提供している。また、ヤフーは「ヤフオク！」「Yahoo！ショッピング」を利用し、商品未着・未入金などによるトラブルに巻き込まれた利用者に対し、Yahoo！JAPANによる審査・要件を満たすと判断した場合に、最高50万円まで被害相当額を補償するサービスを提供している。

こうした補償制度は、ネットでの購入の安全性を実務対応レベルで高める取組みといえよう。なお、楽天市場における各出店者による商標権侵害に関して、同市場の運営者である楽天に対して差止め・損害賠償責任を追及しうるかにつき、一定の場合にはウェブサイトの運営者も責任を負うとしつつ、楽天が商標権侵害の事実を知りまたは知ることができたと認めるに足りる相当の理由があるときから合理的期間内にこれを是正しているから、差止め・損害賠償責任を負うものではないとした事例（知財高判平成24年2月14日判時2161号86頁）がある。

10　解除、損害賠償

1　解　除

ネットを用いた売買も契約の一種であるため、契約に基づく債務の履行がなされなかった場合（履行遅滞）、債務の履行が不能である場合（履行不能）、債務の履行が不完全だった場合（不完全履行）においては、強制履行（民法

414条)、損害賠償請求（同法415条）ができるほか、契約の解除（法定解除）が認められる（同法541条、542条)。また、売買の目的物が契約の趣旨に適合しない場合にも、契約不適合責任の効果として契約解除が可能である（同法564条)。

さらに、当事者相互の契約によって（たとえば利用規約に定めておくなどして）あらかじめ解除条件を指定しておき、当該条件が満たされた場合に契約解除をすることも可能であるし（約定解除)、事後的に当事者が契約を解除することに合意した場合にも契約解除は可能である（合意解除)。解除がなされた場合、まだ履行されていない債務は履行する必要がなくなり、すでに履行されたものがあるときは互いにこれを相手方に返還することになる。

(1)　法定解除による契約解除

まずネット通信販売において履行遅滞による法定解除がなされる状況としては、買主が代金を支払ったにもかかわらず、売主から商品の発送がなされず商品が買主のもとに届いていない場合が挙げられる。民法は履行遅滞による契約解除につき、当事者の一方がその債務を履行しない場合において、相手方が相当の期間を定めてその履行の催告をし、その期間内に履行がないときは、相手方は、契約の解除をすることができると規定する（民法541条)。買主に履行遅滞による法定解除が権利として認められるためには、相手方が履行可能であるにもかかわらず履行期を徒過していることが求められる。この要件を満たすためには、遅滞であること（同法412条）および相手方（債務者）の弁済の提供がないこと（同法492条）が必要となる。

債務の履行について期限を定めなかったときは、債務者は、履行の請求を受けた時から遅滞の責任を負う（同法412条3項)。また、履行遅滞による解除については履行不能による解除（改正前民法543条）と同様に、過失責任の原則に基づき債務者に帰責性がある場合のみに認めるべきと解されていたが、民法改正により、債務不履行の解除要件として債務者の帰責事由は不要となった（改正前民法543条削除)。さらに、相手方（債務者）に同時履行の抗弁権や留置権があるような場合には、相手方の不履行は違法ではないため、履行遅滞による解除はできない。そして、債権者が債務者に対して履行を促す催告がなされた後、相当期間が経過してもなお履行がなされないときに、契約を解除することができる。ここでいう「相当の期間」とは、債務者が催告を受けてから履行の準備に着手するものと仮定してその履行を完了するのに必要な期間を算定するべきものではなく、すでに履行の準備の大部分をすませているものと仮定して、これを算定するべきとされる（大判大正13年7月15日民集3巻362頁）。したがって、相当の期間を定めないで催告をしたり、不相当な期間を定めて催告をしたりする場合であっても、すでに履行の準備の大部分をすませている者を念頭に相当の期間が設定されているため、客観的にみて相当の期間が経過し、相手方の不履行がその契約および取引上の社会通念に照らして軽微であるとはいえないときは、契約の解除が認められる（大判昭和2年2月2日民集6巻133頁、最判昭和29年12月21日民集8巻12号2211頁）。

履行遅滞による解除権は、原則として催告期間が満了した時に発生するとされる。ただし、催告期間内に相手方が履行拒絶の意思を表示したときは、催告期間経過を待たずに解除できる（民法542条1項2号、大判昭和7年7月7日民集11巻1510頁）。また、催告期間を経過した後でも債権者が解除する前に債務者が本来の給付に遅滞による損害を加えたものを提供したときは、解除権は消滅し、債権者は解除をすることはできなくなる（大判大正6年7月10日民録23輯1128頁）。

次に、ネット通信販売において履行不能による法定解除がなされる状況としては、買主が代金を支払ったにもかかわらず、売買の目的物が商品配送中に焼失したような場合が挙げられる。民法は、履行不能による契約解除につき、履行の全部または一部が不能となったときは、債権者は、契約の解除をすることができると規定する（民法542条1項1号・2項1号）。履行不能であるかどうかは、社会通念に従って決められる。したがって、たとえば上記目的物消失の場合や、他人の権利を売買の目的にしたときに、その権利を取得して買主に移転できないように確定した場合も履行不能となる（最判昭和41年9月8日民集20巻7号1325頁）。一方、目的物に対する仮差押えや仮処分が行われているにすぎない場合は、履行不能とはいえない（最判昭和32年9月19日民集11巻9号1565頁）。履行遅滞による解除との違いは、催告の必要性の有無にある。履行不能による解除は、履行期に履行することが不能であることにつき履行期以前に確実である場合には、履行期の到来を待たずに、その時から解除をすることができる（民法542条1項1号・2項1号、大判大正15年11月25日民集5巻763頁参照)。

そして、ネット通信販売において不完全履行による法定解除がなされる状況としては、買主が目的物100個分の代金を支払ったにもかかわらず、売買の目的物が50個しか届かなかった場合や、商品配送中に目的物が破損してしまったような場合が挙げられる。民法は不完全履行による契約解除につき明文規定を置いていないが、履行遅滞による解除を定める民法541条を準用したうえで、催告したうえで解除をすることができると解されている。まず、不完全履行とは、債務の履行はあったものの履行が不完全なものであることを指す。したがって、不完全履行の追完によって契約の目的を達しうる場合には、履行遅滞による解除に準じて、債権者は相当の期間を定めて完全な給付を催告し、その期間内に追完がなされなければ契約を解除することができる（追完請求権、民法562条)。また、引き渡された目的物が破損などしていた場合には補修費用を請求することができる（瑕疵修補請求権、同法同条)。一方、追完によっても契約の目的を達することができない場合には、履行不能による解除の場合に準じて、債権者は催告をすることなく契約を解除することができる。

売買の目的物が契約の趣旨に適合しない場合にも、契約不適合責任の効果として契約解除が可能である（同法564条)。

ネット通信販売において掲載されている商品が容易に代替品を市場で調達できる不特定物の場合には、 売主は表示に従った欠陥のない商品を引き渡す義務があり、買主は欠陥のない商品の引渡しを請求することができる。これに対して、市場から代替品を調達できないか、またはできるとしても、当事者がその商品の個性に着目して取引した場合、すなわち特定物の場合には、 売主は欠陥のある商品をそのまま引き渡しても引渡義務を履行したことになり、代替品を調達して引き渡す義務はないと解される。たとえば、ネット通信販売における売主が「2017年限定モデル（未使用・現品限り)」と表示して掲載するなど、売主が現品のみを売りに出していることを買主が容易に認識できる場合には、たとえ市場から代替品を調達することが物理的に可能であっても、それは物の個性に着目した取引であるといえる。この場合、買主は、目的物の欠陥（瑕疵）により売買契約の目的が達せられないときは、売買契約締結時に契約の目的物が契約の趣旨に適合しないことについて買主が知らなかったのであれば、契約不適合責任の効果として契約を解除できる（民法564条）。

法定解除権については、以下大きく3つの場合（①催告による解除権の消滅、②解除権者の行為等による解除権の消滅、③その他の事由による消滅）に消滅する。まず、①解除権の行使について期間の定めがないときは、相手方は、解除権を有する者に対し、相当の期間を定めて、その期間内に解除をするかどうかを確答すべき旨の催告をすることができるとしたうえで、その期間内に解除の通知を受けないときは、解除権は消滅する（同法547条）。次に、②解除権を有する者が自己の故意もしくは過失によって契約の目的物を著しく損傷し、もしくは返還することができなくなったとき、または加工もしくは改造によってこれを他の種類の物に変えたときは、原則として解除権が消滅する（同法548条本文）。そして、③解除権者が自らの解除権を放棄した場合や、契約の相手方が債務の本旨に従った履行を遅延賠償金などの名目で支払いとともに行ったような場合に消滅する。

(2)　約定解除による契約解除

ネット通信販売における買主と売主との間で、契約締結時にあらかじめ契約条件として解除権が生じる場合を盛り込んでおくことによって、かかる条件が満たされた場合などに契約当事者は当該契約を解除することができる。たとえば、ネット通信販売において、契約条件（利用条件など）に一定の場合に解除できる場合を利用規約に定めておき、当該条件をホームページや最終確認画面などで掲載しておく方法や、商品説明や購入決定時に「サイズが合わない場合はキャンセル可」等と記載されている方法など、一定の条件で解除できることをあらかじめ示しておくことで契約を解除することができる。こうした場合には、契約締結にあたって当事者間で合意がなされた解除の条件を満たすかぎり、当事者は契約を解除することができる。なお、約定解除権の行使方法や効果は、特別の定めのないかぎり、民法の規定により発生する法定解除権と同様に取り扱われる。

本章⑨「商品不着、返品トラブル、通販詐欺」においても述べられているように、ネット通信販売では、原則として消費者に意思表示の撤回または契約の解除が認められるものとしたうえで、例外としてネット通販業者が返品特約について広告中に表示した場合には、特定商取引法の規定によって解除権を排除することができる（特定商取引法15条の3）。

特定商取引法では、訪問販売や電話勧誘販売などを念頭に申込みまたは契約の後に、法律で定められた書面を受け取ってから一定の期間内に無条件で解除することができる制度（いわゆるクーリングオフ）を設けている。ただ、ネット通信販売については、特定商取引法上、クーリングオフの規定は設けられていない。その理由は、ネット通信販売においては、訪問販売や電話勧誘販売のように消費者は急かされて、換言するならば業者による不意打ち的な勧誘によって購入を決定するわけではないからである。通常、ネット通信販売においては、利用者が業者によって掲載された商品を自らクリックするなどして閲覧したのち、自身で購入を決定する仕組みとなっている。そこで、ネット通信販売においては、訪問販売や電話勧誘販売で採用されているクーリングオフ制度を採用せず、従前から通販業者との契約に基づき広く行われていた返品制度を法律上の権利として取り込むこととなった（特定商取引法の法定返品権については、本章⑨を参照）。

この特定商取引法の法定返品権については、ネット通信販売業者が申込みの撤回等についての特約（返品特約）を取引時の広告に表示していた場合には、特定商取引法の法定返品権は認められない（特定商取引法15条の3第1項ただし書）。

ネット通信販売においては、返品特約をはじめ、利用条件・契約条件などの取引条件を記載した文書を消費者の確認しやすい場所に掲載している。ただ、対面販売とは異なり、ネット通信販売は、そのような取引条件が記載された文書を取り交わすことは稀であり、ネット販売業者によって一方的に示された取引条件が法的にどのような意味をもつのかが問題となる。

まず、ネット通信販売において、事業者によって示された取引条件が利用者との間で法的に有効となるためには、事業者と利用者との間に契約関係が存在することを前提としたうえで、利用者がかかる取引条件に従って取引を行うことにつき同意していることが必要となる。したがって、利用者がネット通信販売において売買契約をするにあたり、たとえば利用規約に同意するボタンをクリック、あるいはチェックボックスへのチェックをしないかぎり取引が実施されない仕組みが構築されていないような場合には、かかる利用規約に法的効力が認められない可能性がある。そのほか、利用規約への同意ボタンやチェックボックスが利用者に気づかれにくい場所に小さく設置されている場合や、ネット通信販売業者側に一方的な解除権を留保する条項が利用規約に盛り込まれている場合にも、同様に利用規約に法的効力が認められない可能性がある。

ネット通信販売においても事業者と消費者との間でなされる契約は消費者契約となるため、消費者契約法の適用対象となる。すなわち、ネット通信販売において利用されている利用約款の中に、事業者の消費者に対する債務不履行責任、不法行為責任、契約不適合責任等の損害賠償責任を全面的に免責する条項が含まれていた場合、かかる利用約款は無効となる（消費者契約法8条1項）。また、利用約款に事業者の債務不履行などによって生じた消費者の解除権を放棄させる条項が含まれていた場合にもかかる利用約款は無効となる（同法8条の2）。さらに、消費者の利益を一方的に害するような契約条項が利用約款に含まれている場合、かかる利用約款は無効となる（同法10条）。

ネット通信販売においても、迅速な取引の要請から事業者によって一方的に各種契約条項を盛り込んだ約款が作成・使用されている。そのため利用者である消費者にとって一方的に不利なものとなりやすいこと、消費者と事業者との間の交渉力や情報に格差があること、実質的に消費者は不利な条件で事業者と契約をするかしないかの2つしか選択肢がないことなどから、消費者に不当な契約条項は、契約自由の原則を制限して、各種消費者契約法の規定に従い契約条項の拘束力を否定することとなる。

(3)　合意解除による契約解除

ネット通信販売において問題が発生し、当事者が事後的に解除に合意した場合には、契約を解除することができる。合意解除された契約の法律効果を遡及的に消滅させるか否かは当事者間の合意内容により定められるが、解除においては契約の効力を第三者に及ぼさないことを原則とするため、合意解除の遡及効は第三者の権利を害することはできないと解されている（最判昭和33年6月14日民集12巻9号1449頁）。

なお、合意解除による契約解除の場合は、返還義務の範囲につき不当利得の返還に関する規定（民法703条）によるべきであり、解除の原状回復に関する規定は適用されないと解されている（最判昭和32年12月24日民集11巻14号2322頁）。

(4)　解除以外の対応（他の商品と交換・商品の修理）

ネット通信販売において問題となっている取引が商品の個性に着目した特定物売買であれ、代替品を市場で調達することができる不特定物売買であれ、売主は買主に対して表示に従った欠陥のない商品を引き渡す義務があり、一方、買主は売主に対して商品表示に従った欠陥のない商品を引き渡すよう請求することができる。また、特定物・不特定物の取引で、引き渡された商品が取引の際に示されていた商品表示に従っていないものである場合、買主は売主に対して受領した商品を修理するよう主張することもできる（追完請求権、民法562条1項）。さらに、買主による追完請求が認められる場合において、買主が相当の期間を定めて履行の追完の催告をし、その期間内に履行の追完がないときは、買主はその不適合の程度に応じて代金の減額を請求することもできる（代金減額請求権：同法563条1項）。

2　損害賠償

解除の法的効果と損害賠償については学説上の争いはあるものの、判例（大判大正6年12月27日民録23輯2262頁）・通説は以下のとおり説明する。すなわち、契約解除がなされた場合、解除された契約は遡及的に消滅することとなり、債務不履行の事実もなかったものとなるところ、債務不履行の事実がなくなると債権者による損害賠償請求もできなくなり、債権者にとって酷であるため、民法はかかる遡及効を制限し、債権者が履行利益の損害賠償請求（民法415条）ができるとする（同法545条4項）。損害賠償の対象範囲について民法は、債務の不履行に対する損害賠償の請求は、これによって通常生ずべき損害（通常損害）の賠償をさせることをその目的とし（同法416条1項）、また、特別の事情によって生じた損害（特別損害）であっても、当事者がその事情を予見すべきであったときは、債権者は、その賠償を請求することができるとしている（同条2項）。

ネット通信販売において、容易に代替品を市場で調達できない特定物が商品となっている場合であれ、そうではない不特定物が商品となっている場合であれ、引き渡された目的物が種類、品質または数量に関して契約の内容に適合しないものであるとき、買主は売主に対して損害賠償を請求することができる（同法564条、415条1項）。ただし、売主の商品引渡義務不履行といった売主に帰責事由が存在する状況ではなく、契約その他の債務の発生原因および取引上の社会通念に照らして売主の責めに帰すことができない事由によって契約の内容に適合しない状況が発生している場合、売主は買主に対する損害賠償責任を免れる（同法415条1項ただし書）。

また、特定物・不特定物を問わず、契約上の義務（たとえば商品引渡義務や代金支払義務など）の不履行が売主にあり、それによって買主が損害を被った場合には、相当な範囲で損害賠償を請求することができる。

そのほか、ネット通信販売においては、1(2)においても述べたように、迅速な取引の要請から事業者によって一方的に各種契約条項を盛り込んだ約款が作成・使用されている。事業者の中にはかかる約款を用いて、損害賠償額の予定を定めるものも存在する。民法においても、当事者が債務不履行について損害賠償の額を予定することができる（民法420条1項）。しかし、事業者に実損害を上回る不当な利得を得させる必要はないことから、解除に伴う損害賠償の額の予定ないし違約金条項につき、問題となっている消費者契約と同種の消費者契約の解除に伴い事業者に生ずべき平均的損害の額を超えるものは、当該超える部分につき無効となる（消費者契約法9条1号）。たとえば、ネット通信販売業者が利用規約などにおいて、高額なキャンセル料を設定している場合や既払金を返還しない条件を設定している場合には、かかる規約によって発生した平均的損害を超える部分につき無効となる。また、消費者契約法は事業者に実損害を上回る不当な利得を得させないため、消費者による金銭支払義務の不履行時の損害賠償の額の予定につき、年14.6%の割合を乗じて計算した額を超えるものは、当該超える部分につき無効となる（同条2号）。

11　子どもによるネットでの購入・クレジットカードの無断使用

近時、子どもが親に無断で、ネット上のゲームにおいて多額の有料サービスを利用し課金される、ネットショッピングにおいて親のクレジットカード情報を勝手に入力し購入するなどして、親が多額の支払いを請求されるケースが発生している。

民法は、未成年者が法律行為をするには、その法定代理人の同意を得なければならない（5条1項本文）としたうえで、かかる規定に反する法律行為は、取り消すことができる（同条2項）としている。したがって、前で述べたような未成年者によるネット上の支払いトラブルのケースについては、民法上取り消すことができる。

ただし、当該未成年者が、単に権利を得、または義務を免れる法律行為（たとえば負担のない贈与を受けるなど）である場合（同条1項ただし書）、法定代理人が目的を定めて処分を許した財産（自由財産）である場合（同条3項）、そして営業を許された未成年者による営業に関する行為である場合（6条1項）、未成年者はそれらを取り消すことができない。

また、未成年者による契約であったとしても、未成年者が契約の相手方に対して自身が成年に達していることを信じさせるため詐術を用いたときは、その行為を取り消すことができない（同法21条）。そこでいう詐術につき、最判昭和44年2月13日民集23巻2号291頁は積極的術策を用いた場合に限らず、普通に人を欺くに足りる言動を用いて相手方の誤信を誘起し、あるいは誤信を強めた場合も詐術に含まれるとし、「無能力者であることを黙秘していた場合でも、それが無能力者の他の言動などと相俟って、相手方を誤信させ、または誤信を強めた」ときには詐術に当たるが、「単に無能力者であることを黙秘していた」というだけでは詐術に当たらず、「能力者であることを信じさせる目的をもって」したことを必要とするとした。

未成年者による行為が取り消された場合、未成年者はその行為によって現に利益を受けている限度において、返還義務を負うこととなる（同法121条の2第3項）。そこでいう「現に利益を受けている限度」とは、未成年者が取り消すことのできる行為によって得た利益のうち、たとえば受領時そのままの形を維持している商品や形が変わってはいるが権利として手元に残っているようなものが対象となり、それらを販売業者に返還する義務がある。したがって、未成年者が販売業者から購入し受領した商品、あるいは取得した権利を滅失・費消・消失してしまっている場合、未成年者は販売業者に対する返還義務を負わない。

子どもによるネットでの購入・クレジットカードの無断使用については、前述したとおり、かかる行為をするにあたり法定代理人の同意を得ていなければかかる行為を取り消すことができる（民法5条2項）。ただし、未成年者が法定代理人によってお小遣いなどとして与えられた財産によって取引をしているような場合（同条3項）や、未成年者が契約の相手方に対して自身が成年に達していることを信じさせるため詐術を用いているような場合には、その行為を取り消すことはできない（同法21条）。「電子商取引準則」（51頁）によれば、ネット通販において、未成年者が詐術を用いたかどうかを判断するにあたっては、未成年者の年齢、商品・役務が未成年者が取引に入ることが想定されるような性質のものか否かおよびこれらの事情に対応して事業者が設定する未成年者か否かの確認のための画面上の表示が未成年者に対する警告の意味を認識させるに足りる内容の表示であるか、未成年者が取引に入る可能性の程度に応じて不実の入力により取引することを困難にする年齢確認の仕組みとなっているかなど、個別具体的な事情を総合考慮したうえで実質的な観点から判断されるとする。つまり、ネット通販業者が単に自身のウェブサイト上に「成人ですか」といった項目だけを表示し、それに対して未成年者が「はい」のボタンをクリックしたような場合には、未成年者であっても契約を取り消すことができない詐術によるケースに該当しない可能性が高い。

そのほか、ケースバイケースではあるものの、たとえば親の目の前で子どもが高額な商品をネット通販で購入しているにもかかわらずそれを放置・黙認していた場合や、親のクレジットカードを子どもが勝手に使用できるような保管状況にあったような場合には、親の監督義務違反に基づく損害賠償責任が別途問われる可能性がある（民法714条）。

売主である業者側の対応についてもまとめておきたい。ネット通販業者にとって取引の相手方が未成年者であった場合、契約がいつ取り消されるかわからないため、売主である業者は不安定な立場に置かれることとなる。

取引の相手方が未成年者であることがわかっている場合には、未成年者の法定代理人に対し、1か月以上の期間を定めて、その期間内に取り消すことができる行為を追認するかどうか確答すべき旨の催告をすることができ、期間内に確答がない場合にはその行為を追認したものとすることができる（同法20条2項）。しかし、そもそもネットを用いた取引は、対面販売とは異なり、相手方を実際に見て取引をするわけではない。また、ネット取引では取引数が多数にのぼることも多いため、それら取引の相手方が未成年者であるのかどうかを1件ずつパソコンの画面上だけで判別することは困難であるし、1件ずつ実際に会いに行くなどして確認することも現実的ではない。

ネット通販業者が未成年者による無断使用を防止するような措置を講じない場合、法定代理人の同意を得ずになされた行為であるとして取り消されてしまうため、ネット通販業者の利用規約に未成年者の場合は親権者の同意が必要であることを盛り込んだうえで、注文画面や注文確定画面などのわかりやすい場所に、その旨を掲示し、利用者に生年月日を記入・選択してもらったり、「利用規約を確認・同意したうえで申し込む」といった旨のチェックボックスにチェックをしてもらったりするなどの対応が必要となる。その際、ネット通販業者としては、取引の性質上未成年者による申込みがどの程度予想されるのかや、取引の対象、金額等から考えうる取消しによるリスク、システム構築に要するコストとのバランス等を考慮して、申込者の年齢確認および法定代理人の同意確認のために適当な申込受付のステップを検討することが必要となろう（「電子商取引準則」〈50頁〉参照）。

なお、パソコンの画面上で申込みができるようなネット通販については、事業者に対し、わかりやすい申込画面の設定を行うことが義務づけられている（特定商取引法11条、14条1項2号）。具体的には、顧客がパソコンの操作を行う際に、最終的な申込みとなることを容易に認識できるように表示していない場合や、申込みの最終段階において顧客が当該申込みの内容を容易に確認および訂正できるようにしていない場合には、「顧客の意に反して通信販売に係る売買契約または役務提供契約の申込みをさせようとする行為」に該当し、行政処分の対象となる（同法施規16条1項1号・2号）。なお、経済産業省は「インターネット通販における『意に反して契約の申込みをさせようとする行為』に係るガイドライン」（平成13年10月）において、顧客にとってわかりやすい・わかりにくいと判断される解釈基準を、実際の画面の例を用いて公表している。

また、ネット通販には、パソコンの画面上でクリックをするだけで契約が成立してしまうことなどから、商品選択や注文等における消費者の誤認を招き、その結果、消費者被害が拡大しやすいという特徴がある。したがって、既存の店舗を中心とした取引以上に、商品・サービスの内容または取引条件についての重要な情報が消費者に適切に提供される必要がある。

これらの商品・サービスの内容または取引条件について、実際のものまたは競争事業者に係るものよりも著しく優良または有利であると一般消費者に誤認される場合には、景表法上の不当表示として問題となる（景表法5条）。また、商品選択上の重要な情報について、事業者にとって有利な点を強調し不利な点を隠すような表示や、表示しないことあるいは見づらくすることによって、商品・サービスの内容または取引条件の重要な部分に関して一般消費者に誤認されるような場合についても、他の表示とあいまって景表法上の不当表示として問題となることがある（同条）。

第4章

ネットオークション

1　ネットオークションとは

ここでは、ネットオークションとあわせて、一般的なネットショッピングの仕組みも概説する。

1　ショッピングサイトでの購入手続

ショッピングサイトでの購入手続は以下のとおりである。

①　ショッピングサイトの利用者が商品を注文する。

②　注文者情報（注文者の顧客情報、注文商品等）がデータベースに登録される。次に、ショッピングサイトから利用者に注文受付が完了したことをホームページの画面や電子メールで通知されるとともに、受注情報が出店者に通知される。

③　出店者は、②を受け、受注（在庫確認、受注通知等）・決済の処理（入金確認・クレジット決済処理の確認等）を行う。

④　出店者は、③をもとにデータベースの情報処理経過や在庫数などを更新しつつ、当該状況を購入者にメールで通知し、商品の発送処理や請求処理を行う。

なお、ショッピングサイトのうちショッピングモールの場合は、モール運営者がウェブサイトやデータベースサーバを設けてショッピングサイトの仕組みを出店者に提供している。

2　ネットオークションの仕組みと特徴

ネットオークションとは、ネット上のオークション（競り合いによる購入者および価格の決定）をいう。

ネットオークションは、出品者がウェブサーバに出品情報や入札期間を載せるのに対し（場合によっては最低入札価格が掲載されていることもある）、入札者が入札価格を同サーバ上に提示するというものである。同サーバ上にはこれまでの入札最高価格が表示されるので、新たな参加者は同最高価格に上乗せした価格で入札することが必要であり、入札期間終了時に最高価格を提示した者が落札者となる。

ネットオークションの長所としては、本編第1章総説で述べた簡便性等に加え、新品・中古品・新品同様の中古品、手作り品やレア商品等が出品対象になる等種類も豊富であること、価格も定価よりも安いことが多いこと、ゲーム感覚を味わうことができること等が挙げられる。

一方、短所としては、同総説で述べた非対面性による匿名性等があり、しかも非事業者でも心理的にも手続的にも簡単に出店できるため後述の代理出品詐欺のような犯罪が行われるリスクがあること、ネットオークションは中古品を取り扱うことが多く現物を確認することもできないため、契約の内容に適合しないものであるか等をめぐるトラブル（さらにはこれを口実にした返品詐欺等）が生じやすいことが挙げられる。

2　ネットオークションにおける売買契約の成立時期

1　総　説

ネットオークションの落札者は、出品者と売買契約を締結することになるが、契約が成立すれば、出品者は契約条件どおりの商品の引渡義務を、落札者は同条件どおりの金額の支払義務を負うことになるし、当該契約の錯誤無効の有無を判断する際も、錯誤の対象となる意思表示は上記条件ということになる。このように売買契約成立時期がいつかという問題は、当事者間の権利義務関係に大きな影響を与える。

2　電子商取引準則

「電子商取引準則」では、以下のとおり述べられている。

売買契約の成立時期は、当事者間の合理的意思解釈により判断されるところ、ネットオークションには様々な形態があり、一概には断定できないが、当事者の意思が入札期間の終了時点（オークション終了時点）での条件に拘束されることを前提に取引に参加していると認められるときには、入札期間の終了時点で、出品者の提示していた落札条件を満たす落札者との間で売買契約が成立したと評価することができる。一方、当事者の意思が入札期間の終了時点での条件に拘束されることを前提に取引に参加していなければ、必ずしも入札期間の終了時点で売買契約が成立したと評価することはできない。

また、オークションサイトの利用規約で契約成立時期を指定している場合がある。たとえば、売買契約、落札は優先交渉権の取得であってオークション終了時点では契約は成立せず、その後の出品者および落札者間の交渉により成立すると指定されていることがあるが、落札後のどの時点で契約が成立するかについては利用規約で明記されていないことが多い。一般に契約成立時期の判断は当該規約の指定に拘束されるものではなく、何が契約を構成する意思表示の合致なのかを合理的に判断して決定されるべきである。したがって、利用規約において契約成立時期がオークション終了時点より後の時点と規定されていても、必ずしも同規約に拘束されるものではないが、規約の契約成立時期の指定は、通常、利用者の効果意思に影響を及ぼすものと考えられるので、当事者の意思解釈にあたっては考慮される（「電子商取引準則」93～94頁）。

3　判　例

(1)　事案の概要

ネットオークションで商品を落札し、その代金を支払ったにもかかわらず、商品の提供を受けられないという詐欺的被害にあった落札者らが、オークションサイト事業者に対し、同人が提供するシステムに詐欺被害の生じないシステムの構築義務に反する瑕疵があり、それによって落札者らが詐欺被害にあったとして、同事業者に対し損害賠償請求をした。

一審（名古屋地判平成20年3月28日判時2029号89頁）では、事業者の注意義務および義務違反の有無は争点となったものの、売買契約成立時期については争点とならず、同人の義務違反がなかったと認定された（詳細は後記5のとおり）。そこで、落札者らが控訴したところ、控訴審では売買契約の成立時期が争点の一つとなった。

(2)　控訴審判決（名古屋高判平成20年11月11日最高裁HP）

落札者が決定した場合、自動的に落札者に電子メールで落札商品、落札価格が記載されるが、出品者を特定する情報は記載されておらず、「このオークションの出品者にも通知されています。支払方法や商品の受取方法については、出品者からの連絡をお待ちください。」と記載されている。「そして、その後、落札者は、出品者からの連絡を待ち、交渉をすることになる」が「この交渉の結果、出品者と落札者が合意に達すれば、商品の受渡し及び代金の支払がされることになる。しかし、合意に達しなければ、出品者は、落札者の意思に関わりなく出品を取り消すことができ（これは、出品取消システム利用料が存在することから認められる。）、他方、落札者も、落札後落札を辞退することが可能であり、この場合には、出品者が、最高額落札者を取り消すことになる。以上の認定事実に照らすと、落札されても、出品者も落札者もその後の交渉から離脱することが制度上認められており、必ず落札商品の引渡し及び代金の支払をしなくてはならない立場に立つわけではない」と述べたうえで、落札により、出品者・落札者間で売買契約が成立したと認めることはできないとした。

(3)　検討（一般論）

控訴審判決では、落札者の意思にかかわりなく出品を取り消すことができる理由として、出品取消システム利用料が存在することのみが取り上げられており、かりにこのような利用料が存在しなかった場合には交渉から離脱することができないと解釈する余地も否定できない。また、取消システム手数料は、あくまで事業者に支払われるものであり落札者に支払われるものではなく、同手数料の存在を落札者がどの程度認識していたのか、ひいてはそれを売買契約成立時期についての落札者側の合理的意思解釈の判断要素とするのが妥当か、オークション規約には売買契約成立時期についてどの程度明確に記載されていたのかという問題もある。

また、控訴審判決は、事業者（被控訴人）のサイトでは、落札者が決定した場合、自動的に落札者に電子メールで落札商品と落札価格が記載されるが、出品者を特定する情報は記載されておらず、「支払方法や商品の受取方法については、出品者からの連絡をお待ちください。」とされている。そして、同判決では、同事件におけるオークションの仕組みとしては、「その後、落札者は、出品者からの連絡を待ち、交渉をすることにな」り「この交渉の結果、出品者と落札者が合意に達すれば、商品の受渡し及び代金の支払がされることになる」とされている。たしかに商品と代金の授受条件については落札後の交渉で決することになり、売買契約の諸条件すべてについて落札段階で確定しているわけではない。しかし、売買契約の最も重要な基本的要素はどの商品をいくらで売買するかということであり、それについては入札・落札という手順をふんで最高落札価格が決められる。落札後は出品者が出品物の説明を変えたり、落札者が価格の再交渉ができることは意味しておらず[1)]、落札段階で売買の対象物と価格という最重要要素は確定している。にもかかわらず、同段階では、売買契約成立または少なくともそれに向けられた何らかの義務がまったく認められないというのにはいささかの疑問が残る。また、同判決がいう落札段階では出品者を特定する情報が記載されていないという点については、一般的な商取引でも非対面取引である以上ある程度の匿名性を回避できないうえに、ネットオークションの場合、出品者情報が売買契約の成立の主な判断基準となるといえるのか疑問が残るし、むしろ出品者の属性については「評価」を参考に落札をすると思われる。

本件では、規約における売買契約成立時期の記載について判決文では明らかとなっていないが、明確に記載されており出品者および落札者がその内容

1) 松井茂記＝鈴木秀美＝山口いつ子編『インターネット法』（有斐閣・2015年）182頁［木村真生子］。

を認識し理解できるのであれば、原則として規約の文言を基調として成立時期を判断することが妥当と思われる。そのうえで、実際にも出品者・落札者双方が、交渉から離脱できるシステムであり、これを認識できる状況であるのであれば、契約成立時期は落札後と認めることが可能であると思われる。一方で、落札時には契約は成立しないという規約でありながら、落札後に交渉から離脱できるのは一方当事者のみであるという仕組みである場合には、他方当事者はせっかく出品または落札しても、自らは交渉から離脱することができないうえに、実質上交渉権を得られないに等しい状況になる。したがって、当該仕組みの場合には信義則に従って当事者の合理的意思を解釈した場合、一般的なオークション参加者としては、そのような偏面的な条件であれば出品または落札しなかったと認められるときには、落札時に売買契約が成立すると解釈する余地もあるだろう。いずれにせよ、単なる優先交渉権の場合、出品者に一方的な取消権があり、落札の労が無になる可能性が小さくないことを落札者も認識していることが必要と思われる。

ちなみに、ネットショッピングサイトの場合、以下のような手順であれば両当事者に離脱するか否かが委ねられているという点で、上記オークションサイトとは事情が異なる。すなわち、ネットショッピングサイトにおけるパソコンの売買代金の誤表示に関する事例において、裁判所は、ネット上のショッピングサイトに商品および価格等を表示する行為は申込みの誘引であると解し、買手の注文が申込みに該当し、売手が買手の注文に対する承諾をしたときに契約が成立するとしている。そして、顧客がコンピュータを買い受ける旨のメールを送信したのに対し、サイト開設者が受注確認メールを送信したことについて、売主が送信したものではないから、権限のある者による承諾がされたものと認めることはできないとしたうえで、「受注確認メールは、買い手となる注文者の申込みが正確なものとして発信されたかをサイト開設者が注文者に確認するものであり、注文者の申込みの意思表示の正確性を担保するものにほかならない」ため、売主の承諾と認めることはできず、顧客が当該確認メールを受信した時点ではまだ売買契約が成立していないとした（東京地判平成17年9月2日判時1922号105頁）。サイト上承諾の期間が定められていない場合は、買手の申込みは、申込者が承諾の通知を受けるのに相当な期間を経過するまでは撤回できないものの（民法521条1項）、同期間の経過後は撤回ができるという点で、なお買手側にも離脱という選択肢が残されている。

4　具体的なオークション規約

これまで検討してきたことについていくつかのオークションサイトの規約等を紹介しながら、具体的に検討する。

(1)　楽天スーパーオークション[2)]

楽天スーパーオークション利用規約では11条に、「落札が確定すると同時に落札者と出品者との間に出品商品についての売買契約が成立します。したがって、落札確定後は、落札者から一方的に取引のキャンセルまたは返品をすることはできません。」と記されており、落札と同時に契約が成立することが明らかな規定となっている。

(2)　モバオク（携帯オークションサイト）

モバオク会員規約9条2項～5項では、「落札者は、出品者から落札価格で出品商品等を購入する義務があります。」「出品者は、落札者に対し出品した商品等を落札価格で販売・提供する義務があります。」「出品者と落札者は、相互に連絡を取り合い、売買契約等を成立させる義務があります。」「出品者及び落札者は、オークションの終了後当社の定める期間を経過しても、相手方から連絡のない場合、当社の承認を得て、売買契約等を成立させる義務を消滅させることができます。」と定められている。同規約によると落札後の相互の連絡の取り合いにより売買契約が成立するように解しうるが、落札段階で商品の購入義務や提供義務が発生しているので、落札後は当事者は、基本的に一方当事者の希望により自由に離脱することはできない趣旨と読み取れる。

2）　楽天スーパーオークションは、平成28（2016）年10月にサービスを終了している。

⑶　ヤフオク（ヤフーオークション）

Yahoo！JAPAN利用規約の「第8章　ヤフオク！ガイドライン」1では、「お客様間の商品等の販売または提供にかかる契約は、取引条件に関する双方の意思が合致したときに成立します。」と記載されており、また、6⑴では「本サービスの利用を契機としてお客様間で契約が成立した場合には、取引条件に従い互いに誠実に履行してください。」と記されているが、売買契約の成立時期については明記されていない。もっとも、本サービスの利用を出品と落札と捉えるのであれば、それはあくまでも契約成立の契機にすぎず、その後の当事者間のやりとりにより契約が成立するという趣旨に読み取ることもできる（上記控訴審判決はこのような解釈であろう）。そして、ヤフオク！ヘルプでは、出品者の取消しについては「商品を破損したなど、販売できない状態になったときは、出品したオークションを取り消して下さい。取り消すと、最高落札者がいても落札されません。ただし、入札があったオークションを取り消すと、出品取消システム料がかかります。」と記載されており、同判決のように、この記載を落札段階では売買契約が成立していない根拠とすることも考えられよう。

しかし、同ヘルプにおいては、「落札者の取消については、落札は取り消せません。どうしても取り消したい場合は、……出品者に事情を説明し、取り消しを依頼してください。ただし、実際に取り消すかは出品者の判断に任されます。」とされており、落札者には取消しの自由が認められておらず、出品者と落札者の間では不均衡な規定となっており、このことからすれば上記控訴審判決が述べるような「落札されても、出品者も落札者もその後の交渉から離脱することが制度上認められて」いるといえるか疑問が残る。また、規約の明確性や利用者が一般的にヘルプ欄を確認するかどうかという問題もある。

5　売買条件に関する補足

ちなみに、本編第2章1のとおり、特定商取引法では、通信販売業者に対して広告規制がなされており、代金の支払時期や方法等の一定の事項の表示が義務づけられている（11条、同法施規8条～10条）。ネットオークションでは、その簡便性から個人が多数の中古品等を販売していることも多いが、営利の意思をもって反復継続して販売を行っている以上、特別の事情がない限り、販売業者に該当し上記規制の対象となりうる（「特定商取引法ガイドライン」）。

3　ネットオークションと消費者保護法（ノークレーム・ノーリターン特約）

1　ノークレーム・ノーリターン特約とは

ネットオークションの目的物が、種類、品質または数量に関して契約の内容に適合しないものであるときは、買主は、原則として、売主に対し、目的物の修補、代替物の引渡しまたは不足物の引渡しによる履行の追完を請求することができる（民法562条1項）。このような売主の責任を免責させるために付されるのが、ノークレーム・ノーリターン特約である。

ノークレーム・ノーリターン特約とは、出品者が、ネットオークションに出品した商品の説明欄等で、「ノークレーム・ノーリターンでお願いします。」等と記載している場合をいい、同オークションではこの文言が記載されていることが多い。参加者は当該条件を承諾したうえで商品の落札を行った場合には、出品者と落札者間に担保責任の免除特約があり、特約の文言どおり出品者はこれによりすべての瑕疵について免責されるかどうかが問題となる。すなわち、①買主はいっさいクレーム（損害賠償請求）やリターン（解除、返品等）ができないか、また、②説明欄に記載された商品説明と実際の商品が異なっていた場合や、両者には食い違い自体はないものの記載がない瑕疵があり、当該瑕疵を買主が知っていれば入札しなかっただろうという場合等において、買主は契約の無効・取消し・解除や損害賠償請求を主張できるかが問題となる。

この点、「電子商取引準則」においては、目的物に隠れた瑕疵があった場合等の売主の責任免除特約を定めること自体は原則として有効であるとしている。ただし出品者が出品物の全部または一部が他人に属すること、数量が不足していること、出品物に瑕疵（たとえば商品説明には記載されていなかったキズや汚れなど）があること等を自ら知っているにもかかわらず、これを入札者・買主に告げないで取引した場合には、売主は契約不適合責任を免れることはできず（民法572条）、買主は瑕疵担保責任に基づき契約解除や損害賠償を請求できるとし（筆者注：現行民法にいう追完責任に基づく履行の追完請求、代金減額、損害賠償請求や解除権の行使）、また、具体的事情により錯誤無効（同法95条）や詐欺取消し（同法96条1項）が認められる可能性もあるとしている（96頁）。

売主が事業者に該当する場合には、前記のとおり、特定商取引法において、商品の出品時には、法定返品に関する事項[3]および瑕疵担保責任につき特約がある場合の当該契約を広告上に表示することが義務づけられており（11条4号・5号、同法施規8条5号）、返品に関する表示については、それが法定返品権の特約表示であるのか、瑕疵担保責任の特約表示であるのか、双方であるのかを明確にする必要があるとされている（「電子商取引準則」96頁）。

ただし、買主が消費者である場合には、かりに瑕疵担保責任特約としての「ノークレーム・ノーリターン」が損害賠償請求の全部を免除する旨の特約まで付したものであれば、原則として当該特約部分は無効となる（消費者契約法8条1項5号。ただし2項に例外が規定されている）。なお個人間取引であっても、買主が事業者に該当する場合（同法2条2項）には、同法の適用がないため瑕疵担保責任特約としての「ノークレーム・ノーリターン」は無効とならない。

---

3)　通販については、販売者側に契約違反等がない場合でも、商品または指定権利の販売条件について広告をした販売業者との売買契約の申込みや締結をした購入者は、商品の引渡しまたは指定権利の移転を受けた日から起算して8日を経過するまでの間は、原則として、申込みの撤回または契約の解除をすることができる（法定返品権。特定商取引法15条の3第1項本文）。ただし、通信販売の場合、訪問販売等のような不意打ち性がないため、購入者は購入に関する自主的判断が可能であるため、販売業者が申込みの撤回等についての特約を広告等に表示していた場合には法定返品権は認められない（同項ただし書）。したがって、販売業者側としては、返品権の発生を欲しない場合にはその旨表示する必要がある。

2 「隠れた」瑕疵（契約不適合事実）

ノークレーム・ノーリターン特約を付していても、ネットオークションの目的物が契約の内容に適合しないものであるとき、売主が買主に知りながら告げなかった事実については、売主は担保責任を免れない。電子商取引の場合、対面取引とは異なり買主が商品を直接に目視触手等して確認できないので、出品者としては知っていた契約不適合事実について正確に説明をしておくことが肝要である。

改正前民法570条では、「契約の内容に適合しないもの」という文言ではなく、「瑕疵」という文言が使用されていたところ、ここに「瑕疵」とは、売買の目的物が通常備えているべき性能等を備えていないことをいう（東京地判平成16年4月15日判時1909号55頁）。同判決では、個人間での中古自動車のネットオークション取引について、自動車の損傷等を「修復しないで売却する場合には、その修理費用を買主が負担することを見込んで売買代金が決定されるのが一般的であるから、このような場合には、買主が修理代金を負担することが見込まれる範囲の損傷などは、これを当該自動車の瑕疵というのは相当でない」とし、落札価格がきわめて低廉であったこと等に照らして、「本件サイトで指摘された損傷以外に修理を要する損傷箇所〔筆者注：センターマフラーの欠落、電動ファンの錆、運転席ドアがきちんと閉まらない等〕が存在することも予想された上で開始価格が設定されて出品され、かつ、本件サイトで指摘された損傷以外の損傷が実際にあったとしても、当該損傷は落札者が自ら修理をすることを予定して落札されたものであった」として、前記の予想を超えた損傷が存しなければ瑕疵に当たらないとされている。

これに対して、ガソリンタンクのガソリン漏れについては、「本件サイトにはその走行自体が不可能であるとか、危険を伴うといった記載はなく、却って、走行それ自体には問題がないかのような記載がされて」いるところ、「ガソリン漏れが生じている自動車では、引火の危険性などからして安全な走行それ自体が困難であることは明らかであるから、そのような状態は、本件車両の低廉さ、本件サイトの記載を考慮しても、前記した予想ないし予定を超える損傷」であり、「これを発見していたのであれば、本件サイトにその旨の明記をしておいて当然というべき損傷である」とした。本件サイトでは、初心者に対し落札に際しての一定の注意を促し、むしろ初心者については落札を控えるようにとのコメントも付されており、低廉な出品価格であったが（原審である東京簡判平成15年10月8日金判1231号61頁では、これらが考慮事由の一つとされていた）、ガソリン漏れという瑕疵があることは予測を超えるとした。

その他の事例として、中古自動車の売買で瑕疵担保責任が問題となったものとして、メーターの巻戻しにより実際の走行距離が表示の8倍以上であったことにつき瑕疵担保責任が認められたもの（大阪地判平成20年6月10日判タ1290号176頁）がある。また、車体の形状や車台番号の点で自動車の現況と車検証の記載が食い違っていることは、取引対象の自動車が通常の製造・流通過程とは異なる経緯により製造または流通してきたことを示すものであり、安全面および機能面において不安を伴うことは避け難いことであるし、当該食い違いがある以上、転売には重大な支障があると認めて、重大な瑕疵があると認定した事例（東京地判平成25年1月30日LEX.DB）がある。そのほかにも、個人間でエスプレッソマシンの売買が行われたが、売主が新品と説明していたにもかかわらず、サーモの故障、パイロットランプの不点灯等の瑕疵があったとして、債務不履行に基づく損害賠償が認められた事例として、東京地判平成25年3月21日LEX.DBがある。

ノークレーム・ノーリターン特約を明示していても、売主が知っている契約不適合性について説明が付されていなかったり、説明と著しく異なる品質、性能だったりした場合には、当該商品の内容や商品の市場価格、開始価格、取引慣行、瑕疵や損傷の内容・程度などが考慮されて「契約不適合性」に当たるかが判断される。たとえば、前記判例のように当該商品を通常の用法で使用した場合に危険が伴うような瑕疵であれば、説明を付しておかなければならないと考えられる。

4　オークションの次点詐欺、返品詐欺、代理出店詐欺等

1　次点詐欺

オークションの次点詐欺とは、ある出品を落札できなかった利用者に対し、出品者を装って「最高落札者が購入を辞退したので、次点のあなたの入札価格でよいので取引をしたい。」ともちかけ、指定口座に入金させ金を騙し取る手口の詐欺をいう。大手のオークションサイトでは、利用者が登録したIDを付したメールアドレスを無料で発行するというサービスを行っていることがあるが、オークションサイトにおいては、入札者のIDと入札価格が公開されるので、第三者が出品者であると偽り、当該IDを付したメールアドレス宛に上記のような欺罔メールを送ることが可能である。

これを未然に防止するために、そのようなオークションサイトでは、利用者が上記メールアドレスを登録IDから別のメールアドレスに無料で変更できるシステムを構築していることが多い。サイト事業者としては、そのようなシステムを構築し、かつこれを利用者に周知しておくようにすることが、利用者の被害の未然防止、ひいては次点詐欺被害者に対する注意義務の履行という点で肝要である。

2　返品詐欺

返品詐欺とは、落札者が出品者に対し、何らかの理由により返品を申し入れ、出品者がこれを承諾して返品を受けるより先に返金をしたが、その後も一向に返品されなかったり、返品はされたものの出品者が出品・送付した物とはまったく別の物の返品を受けたりすることをいう。後者の例としては、真正ブランド品を送付したにもかかわらず偽物の返品を受けたり、同種であるものの出品した物より状態が劣化した物だったり、出品した商品と同一ではあるもののキズが付いている等状態が悪い物だったりすることが挙げられる。これを未然に防止するためには、出品商品の写真を細部に至るまで撮影しておいたり、真正品の客観的証拠を残しておいたりすることが必要となる

が、いずれにせよ返金を先履行してしまうと、後で当該送付品の返還を受けることはきわめて困難となろう。

3　代理出店詐欺

代理出店詐欺とは、高額収入のバイトの書込み掲示板を見たAが、記載されていたメールアドレスにバイトの申込みをしたところ、掲示板でバイトを募集したBが、Aに対し、出品代理人として代理出品すること、落札者にはBの指定する口座に代金を振り込む旨請求するよう指示し、これに従い実際の落札者Cが同口座に振り込んだが商品が発送されず、CもAもBと連絡がつかないという手口の詐欺をいう。これにより、Aも、Bとの関係ではCと同様、バイト代の支払いを受けられないという詐欺にあっているものの、Cとの関係では同人の損害に対する責任を負わされるリスクがある。

5　ネットオークション事業者の取引に関する責任

1　総　説

上記のようなネットオークションを悪用した詐欺が行われた場合、オークションの当事者でないネットオークション事業者は何らかの責任を負うのであろうか。取引の場を提供した者の責任論として、本項でオークション事業者の責任を、6でショッピングモール運営者の責任について論じる。

2　判例（名古屋地判平成20年3月28日判時2029号89頁）

オークション事業者が、単に個人間の売買仲介のシステムという場を提供するだけで取引に直接関与しない場合には、事業者は売買の当事者ではないので、原則として当該取引に関するトラブルの責任を負わないが、一定の注意義務等が認められるとした判例がある。

(1) 事案の概要

Xら783名は、Y（情報処理サービス事業者）が提供するネットオークションサイト（Yahoo！オークション。以下「本件利用サービス」という）を利用して、商品を落札し代金を支払ったが、出品者から商品を受けられずに詐欺被害にあった。そこで、Xらは、Yに対し、Yの提供するシステムには、詐欺被害の生じないシステム構築義務に反する瑕疵があり、それによってXらが詐欺被害にあったとして、債務不履行または不法行為に基づき、損害賠償（総額約1億5000万円）を請求した。

Xらは、Yの注意義務として、①詐欺被害防止に向けた注意喚起を十分に行う義務、②利用者に出品者情報を提供・開示し、匿名性を排除して、詐欺被害を防止すべき義務等があり、Yはこれに違反していると主張した。

(2) 判　旨

裁判所は、Yの注意喚起義務のみを肯定したうえで、Yは義務を果たしていたとした。

まず、①の主張に対しては、「本件利用契約は本件サービスのシステム利用を当然の前提としていることから、本件利用契約における信義則上、被告は原告らを含む利用者に対して、欠陥のないシステムを構築して本件サービスを提供すべき義務を負っているというべきである。」とし、その義務の「具体的内容は、そのサービス提供当時におけるネットオークションを巡る社会情勢、関連法規、システムの技術水準、システムの構築及び維持管理に要する費用、システム導入による効果、システム利用者の利便性等を総合考慮して判断されるべきである。」とした。そのうえで②の注意喚起については、「被告には、上記認定のとおり、本件サービスを用いた詐欺等犯罪的行為が発生していた状況の下では、利用者が詐欺等の被害に遭わないように、犯罪的行為の内容・手口や件数等を踏まえ、利用者に対して、時宜に即して、相応の注意喚起の措置をとるべき義務があったというべきである。」と述べている。また、出品者情報の提供・開示については、「出品者情報を開示したからといって、その一般予防的効果を期待することはできない」し、被告が詐欺被害にあったと主張する落札者の求めに応じて出品者情報の開示をすることは、関係法令の規定上、被告に相当の困難を強いることになるとしてこれを否定した。そのうえで、被告の義務違反の有無については、「被告には、時宜に即して、相応の注意喚起措置をとるべき義務があったというべきところ、上記認定によれば、平成12年から現在まで、被告は、利用者間のトラブル事例等を紹介するページを設けるなど、詐欺被害防止に向けた注意喚起を実施・拡充してきており、時宜に即して、相応の注意喚起措置をとっていたものと認めるのが相当である。」として、Xらの請求を棄却した。

3　電子商取引準則

「電子商取引準則」では以下のように述べられている。

ネットオークションには様々な類型があり、それぞれの類型ごとに利用者間の個々の取引へのオークション事業者の関与の程度が異なる。一般論としては、オークション事業者の個々の取引への実質的関与の度合いが高いほど、利用者間取引に関するトラブルにつきオークション事業者が責任を負う可能性が高くなるといえる。このうち、オークション事業者は単に個人間の売買仲介のシステムのみを提供し、ネットオークション取引に直接関与しない形態のネットオークションにおいては、一般論としては、売買は出品者と落札者（場合によってはその他の入札者を含む）の自己責任で行われ、オークション事業者は責任を負わないと解される（82頁）。

ただし、警察本部長等から競りの中止の命令を受けたにもかかわらず、競りを中止しなかったため、落札者が盗品等を購入して損害を負った場合等には損害賠償義務を負う可能性があり、また、オークション事業者がオークションシステムを利用した個人間取引に実質的に関与する場合には、同事業者に責任が生ずる可能性がある（82頁以下）。

6　ネットショッピングモール運営者の責任

1　総　説

ネットショッピングモールの出店者が、商品の展示や販売により第三者の知的財産権を侵害した場合、出店者のみならずモール運営者も当該第三者に対して法的責任を負うのか。後記のチュッパチャプス事件では、ネットショッピングモールの出店者が商標権侵害を行った場合、運営者は商標権者に対して差止め・損害賠償責任を負うかについて争われた。ここでは、主に、同事件控訴審判決が損害賠償責任について示した要件の妥当性と、いかなる場合に当該要件を満たすかについて、いくつかの法規定・法理やネットショッピングモールの特殊性に言及しつつ検討する。

2　チュッパチャプス事件

(1)　事案の概要

「楽天市場」で　個別の出店者Ｚらが、「Chupa Chups」等Ｘの登録商標を侵害する商品を展示・販売していたところ、Ｘが、ウェブサイトの運営者であるＹに対して、商標権侵害であるとして差止めおよび損害賠償責任を追及した。

(2)　一審判決（東京地判平成22年8月31日判時2127号87頁）

一審判決は、個別の出店者の商標権侵害行為に対するウェブサイトの運営者の関与は、商標の使用すなわち侵害に当たる行為が列挙されている商標法2条3項2号の「譲渡のための展示」または「譲渡」に該当するものと認めることはできないとした。

(3)　控訴審判決（知財高判平成24年2月14日判時2161号86頁）

控訴審判決は、ウェブサイトの運営者が、単に出店者によるウェブサイトの開設のための環境等を整備するにとどまらず、①管理・支配を行い、②利益を受けている者であって、③出店者による商標権侵害があることを知ったときまたは知ることができたと認めるに足りる相当の理由があるに至った場合、その後の合理的期間内に侵害内容のウェブサイトからの削除がなされないかぎり、上記期間経過後から商標権者はウェブサイトの運営者に対し、商標権侵害を理由に、出店者に対すると同様の差止請求と損害賠償請求をすることができると解するのが相当であるとした。

裁判所は、その理由として以下のとおり述べている。⑴本件における被告サイト（楽天市場）のように、ウェブサイトを利用して多くの出店者からインターネットショッピングをすることができる販売方法は、販売者・購入者の双方にとって便利であり、社会的にも有益な方法であるうえ、ウェブサイトに表示される多くは、第三者の商標権を侵害するものではないから、本件のような商品の販売方法は、基本的には商標権侵害を惹起する危険は少ないものであること、⑵かりに出店者によるウェブサイト上の出品が既存の商標権の内容と抵触する可能性があるものであったとしても、出店者が先使用権者であったり、商標権者から使用許諾を受けていたり、並行輸入であったりすること等もありうることから、上記出品がなされたからといって、ウェブサイトの運営者が直ちに商標権侵害の蓋然性が高いと認識すべきとはいえないこと、⑶しかし、商標権を侵害する行為は商標法違反として刑罰法規にも触れる犯罪行為であり、ウェブサイトの運営者であっても、出店者による出品が第三者の商標権を侵害するものであることを具体的に認識、認容するに至ったときは、同法違反の幇助犯となる可能性があること、⑷ウェブサイトの運営者は、出店者との間で出店契約を締結していて、上記ウェブサイトの運営により、出店料やシステム利用料という営業上の利益を得ているものであること、⑸さらにウェブサイトの運営者は、商標権侵害行為の存在を認識できたときは、出店者との契約により、コンテンツの削除、出店停止等の結果回避措置を執ることができること等の事情があり、これらをあわせ考えれば、ウェブサイトの運営者は、商標権者等から商標法違反の指摘を受けたときは、出店者に対しその意見を聴くなどして、その侵害の有無を速やかに調査すべきであり、これを履行しているかぎりは、商標権侵害を理由として差止めや損害賠償責任を負うことはないが、これを怠ったときは、出店者と同様、これらの責任を負うものと解されるからである。

裁判所は、上記規範を定立しているが、このうち①の「管理・支配」要件としては、運営システムの提供、出店者からの出店申込みの拒否、出店者へのサービスの一時停止や出店停止等を、②の利益の享受としては、出店者からの基本出店料の受領および出店者からのシステム手数料の受領等を挙げた。なお、主観的要件としては上記③のとおり述べたうえで、当てはめとしては、本件では、ウェブサイト運営者は、商標権侵害の事実を知りまたは知ることができたと認めるに足りる相当の理由があるとき（本件では、「権利者から警告を受けたとき」である）から合理的期間内にこれを是正したとして（本件では、Yが出店者に問い合わせたところ、8日以内に出店者自らが削除した)、当該運営者の法的責任を否定した。

3　物理的直接行為者でない者が責任を負う法的根拠

ネットショッピングモール事業者のような場の提供者の法的責任を検討するにあたっては、物理的直接行為者でない者が責任を負う（またはその責任を制限する）法的根拠について検討することが有意義であるので、以下のとおり整理する。

(1)　名板貸人の責任（損害賠償責任：商法14条）の類推適用

商法14条は、「自己の商号を使用して営業又は事業を行うことを他人に許諾した商人は、当該商人が当該営業を行うものと誤認して当該他人と取引をした者に対し、当該他人と連帯して、当該取引によって生じた債務を弁済する責任を負う。」と規定している。

判例・学説は、他人に自己の商号の使用を許諾していなくとも、第三者が営業主体を誤認した場合の連帯責任を認めており、①Aが真実の営業主であるかのような外観の存在、②前記①の外観作出に関するAの帰責事由、③Bの取引の相手方がAを真実の営業主であると誤認して取引したことについてやむをえない事由がある場合はその類推適用が認められている。

(2)　スーパーマーケットやテナントに固有の法理（損害賠償責任）

当該法理は、後記のとおり上記(1)に関連して学説で提唱されている法理である。

(3)　使用者責任（損害賠償責任：民法715条）

民法715条1項本文は、ある事業のために他人を使用する者は、被用者がその事業の執行について第三者に加えた損害を賠償する責任を負うとして、使用者と被用者との間に指揮監督関係があるときは、被用者の不法行為について使用者も責任を負う旨規定している。ただし、同項ただし書は「使用者が被用者の選任及びその事業の監督について相当の注意をしたとき、又は相当の注意をしても損害が生ずべきであったときは、この限りでない。」と定めており、過失立証責任を使用者に転換している。

⑷　カラオケ法理（差止め）

カラオケ法理とは、直接行為者が著作権侵害を物理的に行っている場合、当該直接行為者や同人を手足・道具として操っている者以外の者についても侵害の主体性を認め、同人に対して差止請求ができるという法理である。すなわち、①ある者と直接行為者の行為との間に管理支配関係があり②ある者に利益の帰属が認められれば、その者を直接行為者と同視し侵害主体性を認め、差止請求の相手方とする法理である（カラオケスナックにおいて物理的に歌唱しているのは客であるが、店を著作権侵害の主体と認めたものとして、最判昭和63年3月15日民集42巻3号199頁：クラブ・キャッツアイ事件）。

同法理は、同最判の後の事件でも採用され要件が緩く解釈される等発展してきており、直接行為者以外の者に対する差止請求が広く認められるようになってきたが、これに対しては法的安定性等の観点から批判する学説もある。

⑸　プロバイダ責任制限法（損害賠償）

プロバイダ責任制限法は、情報の流通により、①権利侵害を知っていたとき、または②権利侵害を知ることができたと認めるに足りる相当理由があるときに限りプロバイダに損害賠償責任を負わせることを規定している（3条）。

前記2のチュッパチャプス事件控訴審判決が示した要件は、このうち、⑷のカラオケ法理と⑸のプロバイダ責任制限法をあわせたような内容となっている。以下では、⑵や⑶の実質的根拠を確認しつつ、ネットショッピングモールの特殊性をも加味し、チュッパチャプス事件控訴審が「⑷＋⑸の要件」を示したことの妥当性と具体的認定について検討する。そこで、まず⑴の名板貸責任の類推適用が問題となった以下の判例を⑵のスーパーマーケットやテナントに固有の法理にも言及しつつ検討する。

4　名板貸責任の類推適用が問題となった判例（インコ事件）

(1)　事案の概要

スーパーマーケット経営会社Ｙから店舗の屋上の一部を借り受け、ペットショップを営んでいたＺがＸにインコを販売したところ、インコがオウム病菌を保有していたため、Ｘの家族全員がオウム病性肺炎に罹患し、妻が死亡したり本人や子らが高熱等の症状で治療を受けたりした。そこで、ＸらがＹに対し、①Ｙがインコの売主であるとして、動物占有者、一般不法行為または債務不履行により、また、②Ｙが売主でなかったとしても、名板貸人としての責任を負うべきであるとして、損害賠償請求をした。

(2)　一審判決（横浜地判平成3年3月26日判時1390号121頁）

一審判決は、ＺはＹの店舗にテナントとして入店することにより、Ｙの信用や名声を利用して自己の営業を有利に展開しようと考えていたものであり、Ｙも自己の店舗内に出店したテナントに対しては、Ｙ店の統一的営業方針に従い、その信用保持に最善の努力を尽くすことを要求し、営業時間等の様々な営業上の制約を課していたものであって、その結果、Ｚの営業はあたかもＹ店の営業の中に組み込まれ、その一部になっていたかのような外観を呈し、Ｙの店舗内で買い物をするという意識で来店する一般買物客は、Ｚの営業をＹの営業と誤認するのが避け難いところであり、商法23条（現14条）の類推適用により、Ｙも損害賠償責任を負うとした。

(3)　控訴審判決（東京高判平成4年3月11日判時1418号134頁）

控訴審判決は、①Ｙは、Ｚの店の前にテナント名を記載した吊り看板を設け、館内掲示板にもＺがテナント店である旨の表示をし、他方、Ｚは②店員にＹの従業員の制服や名札を着用させず、③独自に代金の支払いを受けて、独自の領収書を発行し、④包装紙等もＹのものとは異なるものを使用していた等を総合判断すると、Ｙが自己の商号使用を許諾したのと同視できる程度の外観を作出したものとは認められないとして、商法23条（現14条）の類推適用を否定した。

(4) 最高裁判決（最判平成7年11月30日民集49巻9号2972頁）

最高裁判決は、①スーパーマーケットＹの建物の外部には、当該Ｙの商標を表示した看板が掲げられていたが、テナントの名前は表示されていなかったこと、②建物内部においても案内板には「ペットショップ」とだけ表示され、営業主体がＹかＺかが明らかにされていないこと、③Ｚが、Ｙの黙認の下、契約場所を大きくはみ出し商品を陳列し、階段の踊り場等、契約場所以外のところへ「大売出し」と大書した紙を張り付けるなどして営業していたこと等から、一般の買物客が営業主体を誤認してもやむをえないような外観が存在したとして、商法23条（現14条）の類推適用を認めた。

(5) 学説・評釈

これに対する評釈としては、一審判決が、本件テナント契約に基づきＺはＹの統一的営業方針に従うべく様々な営業上の制約を課されていたから誤認が生じてもやむをえないとしたことについて、「テナント契約の内容はＺ・Ｙ間の内部関係にとどまるものであって、外観作出に対する帰責性の根拠とはなりえても、営業主体の混同を生ぜしめる外観の存否の認定にとっては決定的な根拠となりえないのではないかと思われる。おそらく、第一審判決は、テナント契約に基づくＹのＺに対する優越的地位から、ＺがＹの指揮監督下にある従業員的な存在であることを導こうとしているのではなかろうか。そのような理解が正しいとすれば、第一審判決の論理を名板貸責任について展開することには、無理があると言わざるをえないように思われる。」「消費者はテナント店から購入したことを明確に認識していた場合ですら、消費者保護の観点からＹの責任を認める必要があるかどうかは、十分検討に値する問題であるように思われる。そこでは、名義使用の明示・黙示の許諾による営業主体の誤認に基づきＹの責任が生ずるわけではなく、むしろ理論的にはテナント店に対する支配的な地位に基づく監督義務違反によって第三者に対し責任を負うかどうかが問題とされるべきであると思われる。もちろん、そのように解する場合にも、法的安定性を確保するとともに、監督責任のいたずらな強化がテナントに対する過度の介入となることがないよう、監督義務の範囲や責任発生の要件を明確にする必要があろう。いずれにせよ、本件のような問題は、スーパーやテナントに固有の法理に基づき解決されるべきであると思われる。」というものがある[4)]。

ここにいう「スーパーやテナントの固有の法理」については、スーパーマーケットという小売業態の意義をどこに見出すかによって以下のように整理する見解がある[5)]。すなわち、スーパーが何らかの理由で自らなしえない営業を、テナントの利用によって実施しているという見方をすれば、スーパーはテナントの営業に指揮・監督を及ぼすべき地位にあるから、民法715条にいう使用関係が認められる。これに対して、スーパーの役割を、顧客の望むような取引品目の組合せを構成するところに求めようとする見方をとる場合には、スーパーは個々のテナントの営業内容に指揮・監督を及ぼすわけではなく、かりにテナントが不法行為責任を負っても、スーパーに代位責任が及ぶ余地はない。しかしその場合も、テナントの営業行為により生じた損害についてスーパーがおよそ責任を負わないというわけではない。テナントの選択をはじめ営業上のルールの設定、財産状態のモニター、場合により保険カバーの要求など、総合店舗の主宰者として尽くすべき注意義務は少なからずあり、その違反が認められればスーパー自身の不法行為責任が成立するであろう（民法709条に基づく自己責任）としている。

また、名板貸責任の類推適用を検討するにあたり、ネットショッピングモールでの標識がどのようになっているかという観点から、ショップの名称の表示、ドメイン名、画面のデザインやレイアウトの独自性、営業主が異なることを記載した利用規約等が容易に理解可能な文言で書かれ、容易に目につくような位置に表示されるか、容易に誘導されるようにリンクが張られているか否かを営業主の独立性の認識に重要な事実として挙げる見解もある。同見解は、「サイバーモールのホームページで商品を選択すると、そのままモールの統一フォームによる購入画面に移動するような画面構成の場合」について、統一的な代金決済画面は営業主を誤認させる方向に働く要素であるものの、これは同誤認を招く外観を構成し得る事実の一つにすぎないのであって、これだけが重要なのではなく、最終的な注文確定に至るまでの間に売主を確認する画面が現れたり、売主ごとに請求明細が表示されるならば、

4)　神作裕之「判批」ジュリスト1071号（1995年）140頁。
5)　小塚荘一郎「判批」法協114巻10号（1997年）145頁。

統一的な代金決済画面であっても、モール運営者が営業主であるという認識を否定する方向に働くであろうとしている[6]。

(6) 検　討

まず、ネットショッピングモール運営事業者の責任根拠として、名板貸責任の類推適用の適否を検討してみると、ネットショッピングモールに対する顧客の認識の現状としては、清水・前掲脚注6）692頁に「インターネット・モールの発生時に比べると、現在ではモールの運営者と個々の出店者は別主体であるという認識が顧客層にある程度浸透したと考えられ、より緩やかな識別の標識で、個々のショップが取引相手であることが通常一般の顧客に認識され得るだろう」とあるように、第三者の認識を考えると名板貸責任の類推適用を認めるのは困難な場合が多いであろう。

また、そもそも、名板貸責任の類推適用は、出店者の取引相手である購入者とネットショッピングモール運営事業者との関係では成立しうるが、出店者と取引関係にない知的財産権の権利者と同事業者との関係については、これを認める基礎がないであろう（大阪高判平成28年10月13日金商1512号8頁参照）。

次に、使用者責任であるが、ネットショッピングモール事業者と出店者との間に具体的指揮監督関係がない以上、使用者責任の成立を認めることも困難である。

そこで使用者責任ではなく、モール運営事業者自身の過失責任（同法709条）を検討することになるが、同責任をスーパー・テナントに固有の法理で考える場合には、なお使用者責任の実質的根拠が何かを確認することが参考になると思われる。

使用者責任の根拠としては、一般的に報償責任の法理と危険責任の法理が挙げられる（さらに被害者救済を加える見解もある）。報償責任の法理は、他人の使用により自己の活動範囲を拡張している者は、個人に比して社会から大きな利益を得る可能性を享受していることから、その事業活動に関連して他人に与える損害についても賠償の責に任ずるのが合理的であるという考え

6）　清水真希子「テナント、インターネット・モール、フランチャイズ・チェーンにおける名板貸責任」法学72巻5号（2008年）690～691頁。

方である。ここにいう活動範囲の拡張と収益可能性は、チュッパチャプス事件控訴審の利益享受の要件と親和性があると思われる。危険責任の法理は、人を使用して自己の活動範囲を拡大する場合には、社会に対する加害の危険を増大させるから、その増大された危険の実現としての加害については、事業活動に従事する被用者を支配する立場にある使用者が、危険を支配する者として、賠償責任を負わなければならないという考え方である。この点、チュッパチャプス事件のような商標権侵害は、主犯のみならず幇助犯も刑事罰の対象となるような行為であり多大な危険性をはらんでいる。なお、ここにいう危険の増大の概念は、前述のインコ事件において、インコの販売が客の生命や身体に危険を及ぼしたことを想起させる。

続いてスーパーやネットショッピングモールの特殊性について検討する。

まず、スーパーに責任を負わせる実質的根拠については、テナントがスーパーの信用・名声を利用して営業し、スーパーはテナントから賃料等の名目で営業の対価を取得し利益を得ているという見解があるが、同見解はチュッパチャプス事件控訴審の利益享受性の要件につながると思われる。加えて、ネットショッピングモールの場合、各ショップは実店舗に比して出店が容易であり、多数が出店でき品揃えを豊富にし規模が拡大できるうえに、消費者側からすれば、検索により一元的に商品を比較・選定することができるのであり、多種多量の商品の中から一括検索し購入ができるといこうことが消費者の主要な購入動機の一つとなっている。このように1つの検索システムに属しているということが、モール全体の一体性や規模の拡張化による利便性（ポイント、商品の種類の豊富化等）を生んでいる[7]。そして、代金決済については、購入のつどクレジットカード情報を入力等するよりも、モール運営者のもとで一元管理されることが利便性が高い。このようなモール運営者の活動範囲の拡大と収益可能性は、前記の報償責任の法理およびチュッパチャプス事件の管理支配性・利益享受性にも関連すると思われる。

また、ネットショッピングモールは前記のとおり出店者による商標権等他人の権利を侵害する可能性もはらんでおり[8]、危険責任の法理にも親和性がある。

したがって、チュッパチャプス事件控訴審判決がモール運営者の責任要件

7）　清水・前掲注6）691頁。

として、支配管理性と利益性を挙げたことは首肯できる。もっとも、当てはめ段階で事前に適切な管理支配が行われていたか否かを検討しなかった点については疑問が残る。前掲脚注8）のとおり、現状としては商標権侵害品がネット商品全体の中で占める割合が高くないため、通常の場合、出店審査段階では、同判決のいう「正規品であることに疑念を抱くべき特段の事情があって商標権者に損害を及ぼすおそれがあることを予見し、又は予見しえた」場合には当たらないであろう。ただし、出店審査段階で提出させることのできる資料で偽物であることが容易に判断できる場合には別問題であるし、前掲脚注8）のとおり、商品の種類によっては推定汚染率が高いものもあり、それについてはある程度高度の審査義務を課すことも必要であろう。控訴審判決が管理の内容として出店審査を挙げている以上、当てはめ段階でも実際の審査内容に問題がなかったか否か確認すべきだったと思われる。たとえば、出店希望者がブランド名を付して「○○風」「○○タイプ」と銘打っていた場合に、それを見落として出店させた場合、出店者による展示・販売時点でモール運営者の責任を認めることも可能と思われる[9)]。

次に、同判決でもう一つの責任要件として挙げられた「相当事由」について検討する。上記のとおり一般には商標権侵害の危険性が高いとはいえない

8）　たしかに、経済産業省「平成27年度知的財産権ワーキング・グループ等侵害対策強化事業（日本でのインターネットプラットフォーム上の模倣品流通の実態に関する調査研究）調査報告書」（平成28年3月）を見るかぎり、ネットショッピングモール全体における商標権侵害率は未だ高いとはいえない。同調査は、日本国内の主要なネットショッピングモール等で販売されている商品10品目を選定して、その販売状況を一定期間モニタリングするとともに、サイト情報のみでは真贋判定が不可能な商品の一部については実際に試買を行い、権利者による真贋判定を実施し、その結果に基づいて調査サイトの推定汚染率（サイト全体において想定される模倣品の割合）等を算出したものである。同調査結果によると、ペット用品メーカー（推定汚染率20.2%）やキャラクター商品（同12.9%）は多いものの、全商品平均の推定汚染率は4.0%だった。もっとも、上記のとおり一部商品については、商標権侵害率が相当程度高いことに留意する必要がある。また、不正商品対策協議会の警察庁だより「平成26年中における知的財産権侵害事犯の概要」においては、商標権侵害事犯について「侵害形態は、インターネット利用の占める割合が年々高くなってきており、平成26年中は70.4%であった。」とされている。なお、同割合は5年前（平成22年）の約1.75倍に該当する。

9）　ちなみに、楽天市場の場合、出店審査や取引商材に関する注意事項において、禁止商材として「他人の権利、利益を侵害する可能性のあるもの」（偽ブランド品等）を挙げたうえで、事前審査商材の中に楽天指定ブランドメーカー品を挙げている。

以上、事前に要求される管理内容にはおのずと限界があり、実際に侵害が生じた後の措置（事後管理）でカバーするという点で、上記責任要件も首肯できる。

ただし、モール運営者の事後の調査・是正義務の発生時期について、控訴審判決では、「商標権侵害の事実を知ったときから8日以内という合理的期間内にこれを是正した」とし、「侵害の事実を知った」のは商標権者からの警告がモール運営者に到達した時点とし、これらをもって、モール運営者の責任を否定している点は、本件事案ではそのように扱うのが適切であったということにすぎず、一般論として、商標権者からの警告があったからといって直ちに侵害の事実を知ることができたと認めるに足りる相当の理由があるに至ったと評価すべきではないだろう[10)]。

一方で、一般的なプロバイダに比してネットショッピングモール運営者は出店者に対する管理・支配可能性が高いと解されるので、侵害の事実の認識可能性について、モール運営者にある程度リスクを負わせるのもやむをえない部分がある。すなわちプロバイダ責任制限法の適用に関する一般的な見解としては、「プロバイダ等の責任制限を図るという法の趣旨や表現の自由は可及的に尊重されるべき等からすれば、判断のための基礎資料が十分収集できなかった場合はもちろん、権利侵害の有無の判断が微妙な場合には、『相当な理由がある』とはいえないと解釈すべきではないか」[11)]とされているが、少なくともネットショッピングモールについては別異に解することも可能と思われる。たしかに出店審査段階では違法性の可能性を排除しきれないのはやむをえない。ただし、侵害の可能性が現実化した後に迅速な対応をするために（しかし、出店者から営業停止等をしたことに対する債務不履行責任を問われるリスクを回避しつつ）、契約締結段階で、事後の対応について、ある程

10）　プロバイダ責任制限法ガイドライン等検討協議会「プロバイダ責任制限法　商標権関係ガイドライン」（平成17年7月）では以下のような基準が示唆されている。ネットショッピングモール等に出品されている商品の情報のうち、「次のいずれかに該当する商品の情報については、他に真正品の情報であることをうかがわせる特段の事情がない限り、真正品の情報ではないと判断して差し支えない。(a)情報の発信者が真正品でないことを自認している商品、(b)商標権者等により製造されていない類の商品、(c)商標権者等が合理的な根拠を示して真正品でないと主張している商品（(b)に該当するものを除く）」。

11）　飯田耕一郎『プロバイダ責任制限法解説』（三省堂・2002年）68～69頁。

度細かく規定することは可能と思われる。ネットショッピングモールの場合、自ら出店者との間で契約関係を発生させ、出店者の売買により報償を得ており、かつ事前の契約段階で、商標権侵害の有無の判断につき出店者から将来責任追及をされることを防止できる立場にあるモール運営者と、これらの契約にいっさい関与しない第三者（商標権者）との、どちらにリスクを負わせるかについては、前者にある程度のリスクを負わせるのもやむをえないと思われる。インターネットモール運営者は、商標権者から権利侵害警告等を受けたときには出店者にその点を確認するのは当然の義務であるが、それに対して出店者からまったく応答がなかったり、先使用・並行輸入・ライセンスがあること等の主張はあるもののその根拠をまったく示さなかったりする場合、モール運営者は判断資料を収集することができない。一方、商標権者にもそういった抗弁資料はないことが多い。しかし、モール運営者は、出店規約で、自己がリスクを負わないような免責規定を設けておくことができるのであり、たとえば、モール運営者が要求する資料を出店者が一定期限までに提出しない場合には、一時停止措置をとることができるとする規定を入れることが考えられる[12)]。

また、プロバイダ責任制限法と関連して、プロバイダが著作権侵害に基づき書込み等を削除することは、書込みをした者の表現の自由を害するからという理由で削除について抑制的な考え方もあるが、商標権侵害の場合には、広告表現等の自由が問題となるのであり、営利的表現の自由の場合には、上記のような著作権侵害との関係での表現の自由と保障範囲が異なりうるということも、「侵害を知るに足りる相当の事由」をある程度広く解しうる一根拠となる。

12）　プロバイダが情報発信者に送信停止に対する同意の有無を照会した場合に、発信者が当該照会を受けた日から7日を経過しても同意しない旨の申出がなかったときは、プロバイダは送信防止措置をとったことについて発信者に責任を負わないという規定がある（プロバイダ責任制限法3条2項)。これは、プロバイダに対して送信防止措置をとるべき義務を課しているものではないが（東京地判平成16年3月11日判時1893号131頁：2ちゃんねる対小学館事件一審)、今後ネットを利用した商標権侵害率がある程度高くなってきた場合には、出店者から7日以内に不同意の申出がないにもかかわらず、モール運営者が一時停止等の措置をとらなかった場合には、合理的期間内での是正がなかったと認める余地もあるのかについても検討する必要が生じてくる。

なお、場の提供者に対する差止めの可否が争いになる場合、「権利者の直接侵害者に対する権利行使の可能性」が争点の一つとなることが多い[13)]。チュッパチャプス事件では、商標権の出店者への権利行使は容易であり、一審判決では、出店ページの記載から出店者を特定できることから権利行使に問題がないことも責任否定の一根拠とされていたが、控訴審判決ではこれについての言及がなかった。権利行使の容易性が差止めの可否の一根拠となるかどうか等については今後の検討課題とする。

7　システム障害の場合

ネットオークションサイトやショッピングモールの運営者は、システムが正常に機能しなかった場合に、それによる利用者の損害について責任を負うか。

この点、判例上、ネットオークションサイトの運営者に、欠陥のないシステムを構築してサービスを提供すべき義務があることが認められている（名古屋地判平成20年3月28日判時2029号89頁。第3編第1章5参照）が、注意義務の具体的内容については検討が必要である。

13）　たとえば、前掲注12）2ちゃんねる対小学館事件一審でも、傍論ではあるが、発言者に対して削除要請が容易ならば、運営者の侵害性を否定する余地があるとしている（ただし、本件では、発言者の実名、メールアドレスなどの発信者情報を得ることはできず、削除要請が容易ではないと述べている）。

第5章

ソーシャルゲーム

1　ソーシャルゲームと消費者問題

1　ソーシャルゲーム

ソーシャルゲーム（Social Game）とは、ソーシャル・ネットワーキング・サービス（Social Networking Service）上で提供されるゲームのことをいう。ソーシャル・ネットワーク・ゲーム（Social Network Game）ともいう。ソーシャル・ネットワーキング・サービスはSNSと略されることも多い。わが国では、ツイッター（Twitter）やインスタグラム（Instagram）、フェイスブック（Facebook）、ライン（Line）、モバゲー、アメーバピグ、ミクシー（mixi）などのSNSが有名であるが、そのほかにも多数のSNSが存在する。

ソーシャルゲームという場合の「ソーシャル」とは、当該ゲームの社会性を意味するものではなく、たまたま初期のプラットフォームがソーシャル・ネットワーキング・サービスであったため、そう呼ばれてきたものにすぎないと考えられる。SNSを提供する企業が（できれば事実上の標準となることを目指して）戦略的にAPI（アプリケーション・プログラム・インターフェイス：ごく簡潔に述べるとプログラムの開発がしやすくなるツールのことである）を公開するなどして、自身のSNS（のプラットフォーム）上で動作するゲームの開発を促し、それがヒット（多くのユーザーを獲得）するということが起きるにしたがい（たとえば「サンシャイン牧場」のブームなど）、ソーシャルゲーム（あるいは「ソシャゲ」）という名称が定着していったものと思われる。

もっとも、いわゆる「ソシャゲ」という表現は後述するフリーミアムと一体化して反社会的なゲーム提供行為へのレッテル貼りないし蔑称として使われるようになっているようでもある。そこで、これをたとえばスマホゲームなどと言い換えることによって端的に悪いイメージを払拭しようとする傾向もみられる。

しかしながら、現在（2017年）では、SNSのAPIを利用しないゲームもヒットしてきている。いわゆるネイティブアプリと呼ばれるゲームである。ネイティブアプリで動くゲームはSNSをプラットフォームとしないので上述のような考え方によればソーシャルゲームとはいえないということになりそうであるが、ゲーム自体に他のプレイヤーとの協同や対戦といった（限定的であるが）ある意味ソーシャル的な要素を含めているものも出てきている。とすると、ゲーム自体に内包されるソーシャル性（社会性）がSNSのプラットフォームを超えて拡大してきているともいえる。それらも含めて広い意味でソーシャルゲームと呼ぶのであれば、現状、ソーシャルゲームの「ソーシャル」とはプラットフォームだけでなく本来の社会性という意味（の一部）をももつに至ってきていると考えることができる。SNSというプラットフォームの支援を受けて参入（ないしプレイ）しやすさという恩恵を享受したオンラインゲームが、やがてSNSなくして現実の社会との関係をもちはじめ、さらにそのことをあらかじめ織込みずみのゲームデザイン（たとえばネットや人間関係を通じて情報収集をすることを前提としたうえでの難易度の設定）までも採用されるに至っていると考える。

こうして、ネットを介して常時オンラインが当たり前になったポータブル端末を通じ、ソーシャルゲーム自体が分散型ネットワークの結節点の一つとして組み入れられることとなってきている。ここに現実の社会とのつながりが生じてくる。リアルなソーシャル性が現実化し、ごく当たり前に社会に生起してくる問題もまた（現実社会にくらべればかなり限定されたものではあるが）発生してくることになる。たとえば、人と人の間のコミュニケーションにかかわる紛争や金銭的なトラブルなどである。ゲームなどの仮想的な世界（いわばサイバースペース）が現実の空間と関連するようになってきたのは、ソーシャルゲームが現実の社会へと裾野を拡げてきた結果と重なってくる。ソーシャルゲームのソーシャル性はいわばゲーム（の画面）内にとどまるものではなくなってきているのである。

SNSの内包的な定義の例としては「インターネット上で友人を紹介しあって、個人間の交流を支援するサービス（サイト）」[1]が掲げられる。判決例としては、知財高判平成24年8月8日判タ1403号271頁（携帯電話機向け魚釣りゲーム訴訟）はSNSを「会員登録をしたユーザーが自己のプロフィールページを作り、日記を書き、テーマごとに設定された掲示板等を通じて、親しい友人とのコミュニケーションや、メンバーとの情報交換を楽しむことができるインターネット上のコミュニティ型サービス」と説明している。また、ソーシャルゲームにつき、知財高判平成27年6月24日著作権研究42号161頁は、当事者を「『○○』というタイトルのゲームをソーシャル・ネットワーキング・サービス（SNS）上で提供・配信している控訴人」と説明しており、ソーシャルゲームをSNS上で提供・配信されるゲームという趣旨で理解していると解される。そのほか、「インターネットを通じてコミュニケーションがとられる」というSNSの機能面にフォーカスして問題点（たとえば公衆送信権侵害）との関係でSNSの性質に触れるという記述もある[2]。

また、消費者庁は、ネットを活用した取引に関して、消費生活相談が比較的多いか、または、社会的関心の高い分野の一つとして「ソーシャルゲーム」を掲げている。この場合のソーシャルゲームには、パーソナルコンピュータ上での利用が主流となっているいわゆる「オンラインゲーム」やスマートフォン上で使われるゲーム用の「アプリ」も含むと説明されている[3]。

外延の変化の激しい分野でもあり、かつ、現時点における内包的定義自体に重要な意義があるとも思われない。実際に生じたまたは生じうる法律的な問題との関係でネットを介して提供ないし配信されるゲームについて提起される法的問題として検討するのが相当と解される。たとえば、後述する消費者問題という観点から、いわゆるスマホゲームをソーシャルゲームから区別する必要性は乏しいであろう。ちなみにスマホゲームとはネットを介してス

---

1)　TMI総合法律事務所編『IT・インターネットの法律相談』（青林書院・2015年）5頁。

2)　田島正広監編『インターネット新時代の法律実務Q＆A〈第3版〉』（日本加除出版・2017年）182頁。

3)　消費者庁ニュースリリース「消費者が実行すべきポイント～『ソーシャルゲーム』、『口コミ（サイト）』、『サクラサイト』について～」（平成25年4月3日）参照。

マートフォンやタブレットを使用するゲームのことを指すとされている4)。

2　消費者問題

消費者問題とは、生産者と消費者との取引に関連して発生する諸問題を指す5)。生産と消費とが分離する以前には、定義上、消費者問題は存在しなかったとされる。多数の人員を結集して商品・サービスの生産販売に注力している事業者と、提供された商品・サービスをそのままの状態で購入するだけの個人との間では、商品・サービスに関する知識や能力、あるいは、取引の際の交渉力に格段の差が生じる。否、むしろ、事業者は個人の欲求自体まで意図的に創出してそれを管理下に置こうとする販売戦略・戦術を巧みに駆使している。個人が「それがほしい」と思うこと自体、事業者による販売促進活動の成果なのである。消費者の決定は外部的影響力を受けやすく（たとえば、勧誘されると断りにくいなど）、かつ、回復困難な損害を受けやすい（転売して利益を受けようとするのでなく、通常、自身や家族が利用するため、商品やサービスの安全性に問題がある場合、直接的な損害を被りやすい）。

消費者とは、消費者契約法によれば、「個人（事業として又は事業のために契約の当事者となる場合におけるものを除く。）」と定義される（2条1項）。そこで、まず、法人その他の団体は消費者から除外されるであろう6)。次に、条文のとおり、事業としてまたは事業のために契約当事者となる個人も消費者から除外されることになる。このような制定法を法源として解釈される消費者概念は、その主体としての属性よりもその個人が置かれた状況に依存している。とすれば、消費者概念は、規範定立の場面において、当事者間の契約等の法律関係につき、法的な介入が必要とされる指標としての役割を果たしているものと解することができる7)。

たしかに、消費者問題を検討するにあたって、「消費（行為・行動）」を問

---

4)　消費者委員会「スマホゲームに関する消費者問題についての意見～注視すべき観点～」（平成28年9月20日）参照。
5)　大村敦志『消費者法〈第4版〉』（有斐閣・2011年）1～2頁。
6)　大村・前掲注5）27頁。
7)　廣瀬久和＝河上正二編『消費者法判例百選』（有斐閣・2010年）10頁［谷本圭子］は「『消費者』という概念」について再検討すべきであると述べる。

題とするか、「消費者」を問題とするかは一つの問題でありうる。消費者に注目するか、消費に注目するかは国によって異なるようにみえ、その差はそれほど大きくはないとしても、消費という営み自体に着目することも必要であるとされている[8)]。

こうしてみると、消費者問題とは法的介入が必要とされる消費行為に関する法的な問題と解することができる。消費者と事業者を二項対立的に解するのでなく、消費行為とはどのような行為であって、消費行為にはどのような法的な介入が必要になる場合があるかを消費者側事業者側ともに検討するという姿勢が望ましいのではないかと思われる。したがって、たとえば、ネット上の個人間取引が消費行為に当たる場合もありうるであろう。法的介入の具体化にあたっては、安全性の観点（健康被害、私生活空間の侵害、プライバシー侵害、個人情報流出など）、情報提供の観点（合理的な選択の前提条件である）、選択の観点（多様な選択を可能にするためには物やサービスをできるだけ自身の意思で市場から調達できるようにする）、参加の観点（生産者と消費者の分離から生じる消費者の受動的地位からの脱却）が適切な視座を与えてくれると思われる[9)]。

消費者問題は、今後、サービス化、電子化、国際化、グローバル化への対応が求められる。ソーシャルゲームに関する消費者問題は、これらの変化と密接な関係があると解される。ネットを通じて提供・配信されるゲームその他の娯楽、エンターテイメントは、モノよりもサービスの価値が重視される傾向（サービス化）と軌を一にする。電子化による利便性の追求が非対面での取引を促し、そのことがゲーム利用者の同一性や意思確認（およびその前提となる情報提供）に関する法的問題を提起しているということができる。また、ネットを介したゲーム提供・配信は軽々と国境を越え、ほぼ同様のサービスが地球規模で提供・配信可能となるため、国境によって区分された地域をまたぐ共通の問題が立ち現れている。これには標準化を志向するテーマと、地域の差異を認めるべきテーマとのバランスが重要になってくるであろう。

消費者の行動について、マーケティングという観点から「製品やサービス

---

8)　大村・前掲注5）20頁参照。「消費」と「消費者」について英米のConsumer Law（消費者法）とフランスのdroit de la consommation（消費法）を対比している。

9)　大村・前掲注5）410頁参照。

の市場における消費者ないし意思決定者の行動」であり、かつ「そのような行動を理解し記述することを企図した学際的で科学的な研究領域」を指すものとして「消費者行動（consumer behavior）」という用語が使用されている[10)]。近年、購買時点における消費者の選択行為だけでなく、購買後の消費や使用のプロセスに対しても、研究上の関心が向けられてきているという。これは、消費者行動は、製品やサービスを入手した時点で終了するものではないということを示している。その後の使用や消費を通して製品やサービスの再評価が行われ、知識が更新され、それが消費者間で広く（SNSなどを利用して）共有されていく。このプロセスまで視野に入れたビジネスを構築することが消費者の選択をめぐる競争において差別的優位性を獲得することにつながるのではないかと思われる。すなわち、消費者問題への対処をあらかじめ組み込んでおくことが裸の価格競争に巻き込まれずコモディティ化を避けブランドの形成（製品やサービスの判別力とそれらへの関与度の引上げ）へと進む処方箋となるであろう。

2　フリーミアム

1　フリーミアムとは

フリーミアム（Freemium）とは、基本的なサービスを無料で提供し、高度な、あるいは、追加的（付加的）なサービスを有料で提供して収益を得るビジネスモデルのことである。無料（フリー）という意味と割増金（プレミアム）という意味を合体させた造語とされている。無料提供によって確保した顧客基盤を有料の付加的なサービスの購入に誘引することで利益を得ようとするビジネスモデルとも説明されている[11)]。ソーシャルゲームはフリーミアムが一般的とされ、未成年者が無料だと誤認し有料サービスを利用してしまったとの相談が寄せられているとのことである[12)]。

10）　青木幸弘＝新倉貴士＝佐々木壮太郎＝松下光司『消費者行動論』（有斐閣・2012年）9頁。
11）　丸橋透＝松嶋隆弘編『景品・表示の法実務』（三協法規・2014年）19頁。
12）　消費者庁ニュースリリース・前掲注3)。

2　安全、情報提供、選択、参加

フリーミアムをとり入れたソーシャルゲームないしスマホゲーム（アプリ）をビジネスとして円滑に立ち上げ広く提供していくには、予想される利用者の（消費）行為に関する法的問題を回避する仕組みが構築されていることが必要である。これを怠ると、ある出来事をきっかけに事業者の展開するビジネス全般が全面的に否定されてしまい回復困難なダメージを受けてしまうおそれがあるからである。もっとも、かようなダメージを招く出来事がいつどのような形をとって現れるか予測するのは難しく、日頃から1で述べた安全、情報提供、選択および参加の観点から対応しておく姿勢が重要なのではないかと思われる。

3　各観点から導かれる具体的な工夫例

たとえば、安全性という観点からみれば、未成年者による利用はゲームに対する没入感が高いという傾向があるため、長時間連続の利用を防ぐ仕組みを導入しておくことが必要になるであろう（もっとも、そのような仕組みをつくったうえ、他方で長時間の連続利用を可能にするアイテムを提供し、これに課金するとすれば、利用者の健康のためという旗印が、利用者の欲求を創出してそれを管理しようとする事業者の販売戦略・戦術の基礎を提供するという皮肉な結果につながるかもしれない）。

また、ゲームを始める前の利用者情報の登録場面で年齢を把握できるようにするなどの工夫が必要になってくる。これは利用者の健康身体の安全のためのみでなく、高額課金トラブルを防ぐためにも必要になってくるであろう。未成年者に対する課金上限を設ける仕組みを用意し、あるいは、未成年でなくとも自身の判断で課金上限を設定できるよう設計しておく工夫などがありうる。これは利用者によるサービスの合理的な選択およびそのような選択を可能にする事前の情報提供の観点からの対策といえる。

未成年者のうち中学生以下の者が自由に使える金額は主に小遣い程度であるとされ、内閣府消費者委員会による平成28（2016）年9月20日付けの「スマホゲームに関する消費者問題についての意見」によれば、毎月のゲーム内アイテム等への支払額は6割以上が1,500円未満となっており、未成年については7割弱が1,500円未満と報告されている。サービス提供主体自らそのような調査を実施し、毎月の課金上限金をデフォルト値として設定したとすれば、消費者の参加（ゲームプログラムへの利用者行動の反映）という視点を意識した態度といえるであろう。

フリーミアムを採用したソーシャルゲームを提供・配信する場合、あらかじめゲームをダウンロードする前にゲーム内課金があることを明示するほか、ゲーム開始後も無料サービスと有料サービスの境目をわかりやすく設計する必要があり、かつ、課金状況について簡単な手順でいつでも確認することができなければならないと考える。

従前、課金対象であったサービス（たとえばアイテムやキャラクター）を後に値下げし、あるいは無料化することについては救済措置が必要となるであろう。課金を選択した利用者による再評価を著しく悪化させる（たとえばゲームの評判が悪化しそれがSNSのネットワークによって共有される）ことになるからである。利用者がその選択を間違えたかもしれないという認知的な不協和感を解消する手立てを用意することは常時意識すべきところと思われる。課金を選択した直後でもそのことやゲーム全体について好意的に書かれた記事などを探す利用者の行動は、新規に情報を集めているのではなく上述の不協和感を解消しようとするものにほかならない。認知的不協和感の解消に失敗してしまうとリアルな通貨（現金など）での返金が求められることになりうる。こうなるとゲーム内通貨での返金には応じない可能性が高いと思われる。利用者への課金選択前の情報提供にコストをかける合理的な理由がある。

3　「コンプガチャ」問題[13)]

1　コンプガチャとは

「コンプガチャ」はコンプリートガチャとも呼ばれる。この「コンプリート（complete）」とは完成・完了を意味する。「ガチャ」とは「ガチャガチャ」と呼ばれる自動販売機になぞらえて名付けられたもので、くじに類する偶然性を利用してオンラインゲーム上のアイテムなどを販売する手法のことを指す[14)]。「ガチャガチャ」とは小型自動販売機の一種であり、たとえば硬貨を入れレバーを回すとカプセル入りの玩具などが出てくる。つまり、所望する玩具を自らの意思では選ぶことができず、どれが手に入るかは偶然に支配されている。この「ガチャガチャ」になぞらえた「ガチャ」による偶然性を用いたアイテム等の販売手法のうち、絵柄の付いたアイテム等の特定の組合せを揃えた（コンプリートした）利用者に対して特別な価値を有する別のアイテム等を提供するというイベントが「コンプガチャ」であった。

「コンプガチャ問題」とは、ゲーム利用者がコンプガチャで高額の料金を請求され、そのことが消費者問題として取り上げられたことを指す。このとき、コンプガチャは景表法の禁止する「カード合わせ」に該当するのではないかと指摘され、これに関する新聞報道等もなされた。

2 カード合わせ

景表法4条は、「内閣総理大臣は……景品類の提供に関する事項を制限し、又は景品等の提供を禁止することができる。」と定めている。内閣総理大臣は、この規定に基づき、「懸賞制限告示」を定め、「2つ以上の種類の文字、絵、符号等を表示した符票のうち、異なる種類の符票の特定の組み合わせを提示させる方法を用いた懸賞による景品類の提供」を禁止している。これは景品類の最高額や総額にかかわらずに禁止されるもので、提供自体の全面的な（一律）禁止の定めである。この規定が禁止している対象は「カード合わせ」と呼ばれる。そのほか「絵合わせ」「字合わせ」と呼ばれることもある。

したがって、「コンプガチャ」がこの「カード合わせ」に該当するものであれば、コンプガチャは全面的に禁止されるべきものとして、実際に行われた特定の景品類提供行為に対して景表法の定めるルールを適用し、抵触しているならば違反であるという結論を得て、措置命令がなされることになる。

13） 消費者庁は平成24（2012）5月18日報道発表を行い、インターネット上の取引の分野にも従来の取引の分野と同様に景品規制が及ぶことやコンプガチャが景表法で禁止するカード合わせに該当しうることを明確にした（丸橋＝松嶋・前掲注11）10頁以下参照）。

14） 丸橋＝松嶋・前掲注11）8頁。

なお、内閣総理大臣は原則景表法による権限を消費者庁長官に委任している(景表法33条)。

3　価値判断

景品を提供する行為を規制する趣旨は、公正な競争の実現にあると解される。事業者は、本来、その商品やサービス（役務）そのものの効用・評価によって競争するべきであって、これらとは別に景品を付けることによって、その景品の魅力（の競争）で勝負すべきでないという価値判断が背景にあるものと思われる。いわば、「本体で勝負せよ」という考え方である。

このように考えるのであれば、景品類を付随させること自体に否定的になってくるであろう。他方、景品類も競争の手段の一つであると積極的に認めていくのであれば、いわば景品類も商品役務の一部として評価され、それらを購入するかどうかは消費者の自己責任として割りきっていくという考え方もありうるであろう。

「景品類」については、景表法2条3項に定義があり、そこには「くじの方法によるかどうかを問わず」と定められ、商品役務を購入すれば必ずついてくる景品類だけでなく、懸賞によって提供される景品類も含まれている。そうだとすると、上記の「本体で勝負せよ」という価値観や、これと対立する景品類も競争手段であるという価値観のほか、さらにそれが射幸心を煽る性質のものであり、偶然の幸運を期待するあまり冷静な判断力を鈍らせ、その状態に追い込んだうえで「本体」である商品役務を購入させることは不当であるという価値観も含まれてくることになるであろう。このように懸賞賞品については、消費者の冷静な判断力を麻痺させるおそれがあるという性質がある分、規制強化の正当化根拠は肯定されやすくなると考える。そして、「カード合わせ」は、この懸賞という性質に上乗せしてさらに欺瞞性があるという性質が加味され、全面禁止という規制がなされているものと解される。

4　欺瞞性

それでは「カード合わせ」にみられる欺瞞性とはどのようなものであろう

か。それは、当選率に関して錯覚に陥れてしまうという性質のことである。消費者庁の表示対策課の説明によれば、次のとおりである。「『カード合わせ』においては、『途中まではすぐに集まるものの、次第に集まりにくくなる』点に錯覚が生じることをいうと考えられます。具体例で説明しますと、サイコロを振り1から6までの数字を全部そろえさせる場合、最初は1から6のどの数字でも良いので確率は6分の6です。しかし、2つ目は6分の5、3つ目は6分の4と徐々に下がります。そうすると、例えば、3つ目をそろえるまでに要する回数と、そこからさらに6つ目まで全てそろえるまでに要する回数との間には相当の違いが出ます。ところが、消費者は、3つ目までそろえた時点で、それまでに要した回数と同じ程度の回数で6つ目まで全てそろうと誤解する可能性があります。この点に、当選率に関して錯覚が生じ得るといえるのです（特に、判断力が未成熟な子どもの場合、この傾向は顕著に現れるものと考えられます。)」この錯覚が欺瞞性の内容と解される。

また、たとえば、「懸賞制限告示」（景表法4条）として「懸賞により提供する景品類の総額は、当該懸賞に係る取引の予定総額の100分の2を超えてはならない」と定めている。ということは、懸賞により提供できる景品の総額は2%までであり、かりに本体商品と同額の景品を提供するとした場合、その当選率は50分の1程度ということになる。たとえば、単純計算で1000円の商品を1000本提供するとすれば総額100万円となる。その2%である2万円が景品総額の上限である。とすると、景品は20本（1000円×20本＝2万円）しか用意できないことになるため、当選確率は1000分の20、すなわち50分の1（0.02）となる。すなわち、カード合わせの当選確率は、消費者の目からみると比較的高率なようにみえても、景表法の定める総額規制によって高率にはできないという事態のもとにある。

さらに、事業者が作為的に当選率をコントロールしていても、それが発覚しにくい性質も加えられるであろう。たとえば、組み合わせる絵札を地方的に偏在させておけば、ある地方でいくら買っても決して揃うことはないということになりうる。

このように、懸賞による景品提供を規制したのは、上述のように「本体で勝負せよ」という価値観と、顧客誘引のための競争手段としての積極評価という価値観との均衡から、それを程度問題として相応の規制（総額の上限）

をかけることにしたものと解されるが、これに「カード合わせ」という手法の欺瞞性、すなわち、当選率について錯覚を起こさせる性質が加味され、全面禁止という規制が正当化されているものと解される。

景表法では、2条3項で「景品類」を定義し、4条でその制限や禁止について定め、その制限や禁止に違反した場合、その行為に差止め等が命じられるという構造となっている。

5　コンプガチャとカード合わせ

では、どのような思考過程を経て、コンプガチャは景表法が禁止する「カード合わせ」に該当すると判断されたのか。その推論方法として法的三段論法に触れてみたい。一般的な三段論法は大前提→小前提→結論という推論である。たとえば、①動物は死ぬ→②人は動物である→③人は死ぬ、というような論法のことである。法的思考の典型例とされる法的三段論法は、大前提が法規範であり、小前提が認定された具体的な事実であり、法規範（大前提）を事実（小前提）に適用して結論を得ることになる。もっとも、小前提が具体的な事実である点でアリストテレスのバルバラ式の演繹論理とは異なっている。その他、法規範自体が要件⇒効果という形式について例外を認め、実質含意ではないという点でも異なっている。このように、法的三段論法は演繹風の推論であり、演繹論理そのものではないのである。

では、こうした推論形式に基づいて、上述した「ガチャガチャ」と呼ばれる小型自動販売機や「ガチャ」と呼ばれる販売手法は「カード合わせ」には該当せず、他方、コンプガチャのほうは「カード合わせ」に該当するという結論がいかようにして導かれたのか。その推論過程が問題になる。それは、取引付随性の有無にある。

「景品類」について、景表法2条3項は「この法律で『景品類』とは……事業者が自己の供給する商品又は役務の取引（不動産に関する取引を含む。以下同じ。）に付随して相手方に提供する物品、金銭その他の経済上の利益であつて、内閣総理大臣が指定するものをいう。」と定め、「景品類」に当たるためには取引に付随して提供されるものであることが必要である。すなわち、それが取引に付随して提供されるものでなければ、景表法上の「景品類」

に該当しないということになる。上述のとおり、「カード合わせ」は「そこに2つ以上の種類の文字、絵、符号等を表示した符票のうち、異なる種類の符票の特定の組合せを提示させる方法を用いた懸賞による景品類の提供」とされ、「景品類」であることが要件とされている。

もっとも、「ガチャガチャ」は、お金を投入してハンドルを回しアイテムを手に入れる小型自動販売機であるから、取引に関するものであることは否定できないようにみえる。しかし、上述のとおり、景表法の立法趣旨は公正な競争秩序の確保であり、事業者はできるだけ景品ではなく、取引の目的物自体、いわば「本体で勝負する」ことが求められているのであるから、取引付随性とは取引そのものである商品や役務は含まないと解釈することができる。取引対象そのもので勝負している以上、これを「景品類」に当たるとして規制をかけるのは立法趣旨に反するからである。

そこで、「ガチャガチャ」について考察するに、消費者は事業者への金銭の支払いと引換えに有料の「ガチャガチャ」を回し、アイテム等何らかの経済上の利益の提供を受けており、それは消費者と事業者との間の取引の対象そのものであるといえる。換言すれば、そのような「ガチャガチャ」をすることによって「ガチャガチャ」以外の他の取引へ誘引してはいないので、「付随して」の要件をみたさないと解することができる。

法的三段論法の形式によれば、景表法の規制対象となる（「カード合わせ」に当たる）には、それが「景品類」に該当することが必要なところ、①景品類とは取引に付随して提供されるものであり取引対象そのものを含まない→②「ガチャガチャ」のアイテムは取引対象そのものである→③「ガチャガチャ」のアイテムは「景品類」に該当しない（ため景表法の規制対象外となる）という推論を経ることになるであろう。この推論は「ガチャ」という販売手法についても同様であろう。

では、「コンプガチャ」についてはどうか。「コンプガチャ」とは、「ガチャ」による偶然性を利用したアイテム販売のうち、さらに特定の組合せを揃えてコンプリートした利用者に対して特別な価値を有する別のアイテムを提供する仕組みである。すなわち、「コンプガチャ」によって提供されるアイテムは、「ガチャ」による取引に付随して提供される別のアイテムであり、取引対象そのものではない。

したがって、①景品類とは取引に付随して提供されるものであり取引対象そのものを含まない→②「コンプガチャ」で提供されるアイテムは取引対象そのものではなく、取引に付随して提供されるものである→③「コンプガチャ」のアイテムは「景品類」に該当し景表法の規制対象になる（「カード合わせ」に該当する）と推論することができる。

このような推論によって、「ガチャガチャ」は規制対象外であるが、「コンプガチャ」は規制の対象となるという結論が導き出せる。しかしながら、「ガチャガチャ」についての三段論法は法的三段論法であるが、「コンプガチャ」についての三段論法は法的三段論法ではなく通常の（アリストテレスのバルバラ式の）演繹論理そのものではないかと考えられる。というのは、「コンプガチャ」については②に該当する小前提が具体的な事実としての販売行為のことではなく、「コンプガチャ」と呼ばれる一般的な形式、その意味で抽象的な仕組みについて推論しているからである。

実際の（ソーシャル）ゲームには様々な種類があるはずであり、これらを一律に「コンプガチャ」とまとめてしまってよいかという点に異論がありうる[15)]。すなわち、抽象的・一般的な「コンプガチャ」は規制対象になっても、具体的・個別的な「その」販売手法については（場合によって）規制対象になるとはかぎらないのではないかと考えられる。「コンプガチャ」についての上述の推論は、包摂（概念の包含関係）がなされているだけで例化（集合とその要素の関係）がなされているものではないのではないかと考えられるからである[16)]。

明確で一律な「コンプガチャ」の規制が歓迎すべきことなのか、それとも一律な規制によってソーシャルゲームの多様性・発展性が封じ込められてしまったのか、あるいは、その両者が入り交じっているのか、様々な評価がありうるところであろう。

小型自動販売機の「ガチャガチャ」の中にある玩具は、透明なケースに入れられており、外部からある程度中身を推知できる。また、小型であるから多くの玩具が1つの「ガチャガチャ」には入りきれず、何回程度トライすれば所望する玩具が手に入れられるかおおよその目算が立てられる。このよう

15）　白石忠志「時の問題 コンプガチャと景表法」法学教室383号（2012年）42頁。
16）　永島賢也『争点整理と要件事実』（青林書院・2017年）44頁。

な性質を導入して、ある一定数のチャレンジをすれば必ず目的のアイテムが手に入るように設計し、かつ、その数や確率も随時表示するようにしたり、課金が一定額に達した場合は必ず目的のアイテムが手に入れられる仕組みにしたりなどの工夫をすることによってそれ自体が取引対象であると解する余地をつくり、あるいは、確率に関する錯覚を起こす欺瞞性を払拭するということもありうる。そうすれば全面的な禁止にそぐわないという余地も出てくるであろう。

もっとも、上述した具体的な法的介入の4つの視点（安全性、情報提供、選択、参加）のうち情報提供と選択という観点からみれば、本来、（コンプガチャに限らず）「ガチャ」についても、出現率やアイテム取得までの推定金額を随時明示する義務があると解され、実際の（出現率の）検証結果とともに説明し合理的な選択を促すのが相当と思われる。

ただし、現状、「ソシャゲ」や「コンプガチャ」などに対するマイナス・イメージが定着しているともいえ、企業の進出分野としての魅力はすでに失われてしまっているのではないかとも思われる。

4　子どもによる無断取引の有効性

1　高額利用・返金

ソーシャルゲーム（オンラインゲームやスマートフォン上で行われるゲーム用のアプリを含む）について、消費者庁への相談が最も多い類型は「高額利用・返金」のカテゴリーである。そのうち、未成年者に関する相談、すなわち未成年者取消しや未成年者の高額利用などがその半数近くを占める[17]。主なものは未成年者（子ども）が許可なく親のクレジットカードを使い、ゲームで課金され、その請求がきて初めてそのことに親（保護者）が気づくというパターンである。

17）　消費者庁ニュースリリース・前掲注3）。

2　具体例

フリーミアムのソーシャルゲームで未成年者が無料であると誤信して有料サービスを利用してしまったとか、保護者のほうも携帯ゲーム機がそもそもネットにつながることを知らなかったというケースがある。また、未成年者（子ども）が親のクレジットカードを無断で利用してしまうケースもある。そのほか、未成年者がその保護者のスマートフォンを使ってゲームをしている際、当該スマートフォンにクレジットカードの情報が残っていたため課金されてしまった（という可能性のある）ものや、親族の未成年者（子ども）にそれまで使っていた端末をあげたところ同端末にクレジットカード情報が残っていたというものもある。

3　カード約款

ちなみに、通常、カード発行会社の約款にはカードの紛失や盗難に関する責任分担について定められている。カードの紛失・盗難等によって、他人にカードを使用された場合、原則としてその利用代金はそのカードの会員が負担することとなっている。ただし、一定の要件をみたしている場合は一定の範囲で利用代金の支払義務が免除される。どのような要件かというと、警察やカード発行会社へその旨（紛失や盗難）の届出をするなどである。

しかし、そのような届出をしたとしても、そのカードがその会員の家族や同居人などによって使用された場合にはその支払債務は免除されないという規律になっている（そのほかにも免除されない場合が複数ある）。したがって、保護者（親）に無断で未成年者（子ども）がゲームをプレイして高額の課金がなされたとしても、その親はその支払債務を免除されることはないということ（少なくともそのような規律）になっているのである。また、そもそも、上述のようなゲームのプレイ行為が、文字どおり紛失・盗難という事態に該当するのかという問題もある。

4　未成年者取消し

では、未成年者取消しに関する裁判例はどのような内容となっているであろうか。民法では未成年者が親権者の同意なしに締結した契約（法律行為）は、たとえ相手方がそのことを知らなかったとしても無条件で取り消すことができると定められている（民法5条2項）。ただし、未成年者が、行為能力を誤信させるための「詐術」を用いたときは、未成年者取消しは認められない（取引の安全を優先させる。同法21条）。

そこで、「詐術」とはどのような行為であるかが問題になるが、判例は、詐術は、相手方に対し積極的に術策を用いた場合に限るものではなく、無能力者が、ふつうに人を欺くに足りる言動を用いて相手方の誤信を誘起し、または、誤信を強めた場合をも包含するとしている（最判昭和44年2月13日民集23巻2号291頁）。つまり、行為無能力者であることを黙秘していた場合でも、それが無能力者の他の言動などと相俟って、相手方を誤信させ、または誤信を強めたものと認められるときは、なお詐術に当たり取消しは認められない（取引の安全が保護される）ということである。したがって、単に無能力者であることを黙秘していたという一事をもってしては詐術には当たらない（取消しできる）ということになる。

しかしながら、この最高裁の事例は、準禁治産者（当時の呼称）に関するものであり、相手方にとって行為能力者かどうかが（未成年者の場合とくらべて）紛らわしい事案といえる。それゆえ、この事案では制限行為能力者の生活や財産の保護と取引の安全の保護という対立する利益を適切に調整する概念として「詐術」の解釈がなされたものと解される。

他方、未成年者の場合（一見して若く見える場合が多いと思われるので）取引の相手方にとってそれほど紛らわしいとまではいえず、相対的に取引の安全の要請が低くなり、「詐術」の解釈により取引の安全を保護する要請が少なくなるであろう。これは、未成年者の場合、取引の安全を犠牲にしてでも考慮すべき社会的な要請が強いという意味でもある。たとえば、未成年者については、飲酒防止などの社会的要請がある（未成年者飲酒禁止法は、年齢確認その他必要な措置を講じる義務を定めている）。

5　参考判決

判例は、16歳の未成年者が、その父から盗んだクレジットカードを利用してキャバクラで遊興したケースで、キャバクラの経営者は子の年齢確認をしていないなどとして、本件各接客契約の未成年者取消しを認めている（京都地判平成25年5月23日判時2199号52頁)。ただし、このことと、父とカード会社との立替払契約とは別個であり、カード利用については、盗難カードの不正使用のケースを規律する規約に基づいて判断されている。それは、原則として会員はカード利用代金債務を負い、例外的に速やかな信販会社への届出により会員は免責され、しかし、家族が窃盗犯人であるならば会員は免責されないというものである。そして、窃盗犯人である子と加盟店（キャバクラ）との間の原因契約（接客饗応）が公序良俗に違反する程度や、信販会社による本人確認状況等の諸事情を総合的に考慮して、不正使用による損害を会員（父）に転嫁することが容認しがたいと考えられるもの以外（の取引）については、会員（父）の支払義務が肯定されている。

6　ソーシャルゲームとカード決済

ソーシャルゲーム（オンラインゲーム、スマホゲーム）におけるコンプガチャが景表法で全面的に禁止されているカード合わせに該当するということから直ちに（具体的な個別の事実や行為態様を考慮せずに）これが公序良俗に反するとまではいえないのであれば、個別具体的な事情によって、未成年者の利用による高額課金が（公序良俗違反として）無効になる場合もあれば、そうはならない場合もありうるということになる。

また、オンラインでつながる行為態様のため事業者側にとってそれが未成年者による利用であることがわかりにくいとすれば、未成年者の保護という公共的な理由を考慮にいれても、比較的にみて、取引の安全を保護する（未成年者取消しを認めない）方向に傾斜することになるかもしれない。特にゲームに生年月日を入力する仕組みを導入していたり、課金が始まる場面で成年・未成年の別や保護者の同意を確認する画面を用意していたりすれば、やはり未成年者取消しを認めない方向へと解釈を誘導していくことになるかもしれない。未成年者が生年月日を偽っていたり、成年であるという虚偽の入力をしたりすれば、これを積極的な詐術とみて、さらに未成年者取消しを否定することになりうる。

しかしながら、上述したとおり、事業者は消費者の欲求自体を創出し、それをコントロールしながら利益を出すビジネスモデルを採用している。未成年者が課金されてでもゲームを進めようとする欲求ないし動機を作り出したのはそのゲームを提供している事業者自身ではないかと解することもできるであろう。もし、そうだとすると、生年月日や成年・未成年の別を偽った行為自体が詐術に当たるという解釈をすることには消極的であるべきようにも思われる。

逆に正確な生年月日や年齢が入力されている場合は、保護者の承認を求める表示を掲げるなどして、安全に（高額な課金がなされないように）プレイできるようゲームが設計されていなければならないであろう。未成年者と推測される場合はスマートフォンなどによるクレジット決済を遮断するという選択肢（未成年者によるゲーム利用と判断した場合クレジット決済の手続が自動的にストップするオプション）がユーザー（保護者）に与えられていてもよいように思われる。

こうして、未成年者の行為が取り消されたとしても、判例の考え方によれば、このこととクレジットカード契約とは別個独立のものであるということになる。それゆえ、上述のように、紛失や盗難時の責任区分の規約を参考にして支払義務の有無を決するのであれば、家族による無断使用に該当するものとして支払義務は免除されないという帰結になるであろう。

もっとも、スマートフォンなどの端末にクレジットカード関係の情報が記憶され、それが他人によって使用された場合、従来のクレジットカードの使用態様（情報が記憶されたカードを加盟店に提示して開始される一連の手続）とは異なってくる。カード発行会社や警察署への紛失盗難届が免責の要件とされているが、未成年の子が親のスマートフォンでゲームをしているとき、たまたまカード情報の記憶が残存していたため課金されてしまったというケースでは、他人による使用には当たるとしても、紛失・盗難と日常用語で表現される事態とは一見相違するようにみえる。

そもそも、クレジットカード情報がスマートフォンなどの携帯端末へ無線接続などで移行・保存され、ショッピング等の際に、カードを提示しなくとも、当該携帯端末を所定のリーダー・ライターにかざすだけで支払手続ができるという行為態様は、従来の（プラスティックなどで製造された長方形のリアルな）カードを使用したそれとは異質なものであるようにも思われる。それゆえ、今後、カード規約条項は携帯端末を利用した簡易な支払状況を想定して何らかの補充・修正が必要になってくる可能性もある。

第6章

口コミサイト（サクラ投稿、やらせ投稿、ステマ）

1　口コミサイトにおけるステマとは

口コミサイトとは、人物、企業、商品・サービス等に関する評判や噂といった、いわゆる「口コミ」情報を掲載するネット上のサイトを指す（「ネット広告ガイドライン」）。

口コミサイトにおいては、サクラ投稿・やらせ投稿やステルスマーケティング（以下「ステマ」という）といった、一般消費者の口コミにみせかけて、事業者自ら良好な評価を受けているかのような口コミを書き込み、または事業者が第三者に依頼してそのような口コミを書き込ませることによって、実際には一般消費者からそのような好意的な評価を受けていないのに、好意的な評価を受けているかのように表示する行為が問題となる。なお、サクラ投稿、やらせ投稿、ステマの法的な定義ないし公的な定義は存在しないようである。

「ネット広告ガイドライン」には、次の例が掲げられている。例1「グルメサイトの口コミ情報コーナーにおいて、飲食店を経営する事業者が、自らの飲食店で提供している料理について、実際には地鶏を使用していないにもかかわらず、『このお店は△□地鶏を使っているとか。さすが△□地鶏、とても美味でした。オススメです！！』と、自らの飲食店についての「口コミ」情報として、料理にあたかも地鶏を使用しているかのように表示すること」、例2「商品・サービスを提供する店舗を経営する事業者が、口コミ投稿の代行を行う事業者に依頼し、自己の供給する商品・サービスに関するサイトの口コミ情報コーナーに口コミを多数書き込ませ、口コミサイト上の評価自体を変動させて、もともと口コミサイト上で当該商品・サービスに対する好意的な評価はさほど多くなかったにもかかわらず、提供する商品・サービスの品質その他の内容について、あたかも一般消費者の多数から好意的評価を受けているかのように表示させること」、例3「広告主が、（ブログ事業者を通じて）ブロガーに広告主が供給する商品・サービスを宣伝するブログ記事を執筆するように依頼し、依頼を受けたブロガーをして、十分な根拠がないにもかかわらず、『△□、ついにゲットしました～。しみ、そばかすを予防して、ぷるぷるお肌になっちゃいます！気になる方はコチラ』と表示させること」。

例1は、飲食店経営者が一般消費者を装って、その商品やサービスに良好な評価を受けているかのような口コミを行っている例である。例2および例3は、口コミ投稿代行業者やブロガーを利用して、事業者や広告主が、その商品やサービスについて好意的な書込みをさせる例である。

2　口コミサイトと景品表示法

1　景表法違反の成否

景表法は、事業者に対して、自己の供給する商品または役務の取引について、優良と誤認させる表示、有利と誤認させる表示、その他の誤認のおそれのある不当表示を禁止している（5条）。ここで、「表示」とは、「顧客を誘引するための手段として、事業者が自己の供給する商品又は役務の内容又は取引条件その他これらの取引に関する事項について行う広告その他の表示であつて、内閣総理大臣が指定するものをいう」（2条4項）。

景表法との関係では、口コミないし口コミサイトにおいて、一般消費者に優良または有利と誤認させるような表示が行われた場合、景表法違反になりうるかどうかが問題になる。この問題に関する消費者庁の見解は、次のとおりである。

「口コミサイトに掲載された口コミ情報は、ネット上のサービスが一般に普及するに従い、消費者が商品・サービスを選択する際に参考とする情報として影響力を増してきていると考えられる。口コミサイトに掲載される情報は、一般的には、口コミの対象となる商品・サービスを現に購入したり利用したりしている消費者や、当該商品・サービスの購入・利用を検討している消費者によって書き込まれていると考えられる。これを前提とすれば、消費者は口コミ情報の対象となる商品・サービスを自ら供給する者ではないので、消費者による口コミ情報は景品表示法で定義される『表示』には該当せず、したがって、景品表示法上の問題が生じることはない。ただし、商品・サービスを提供する事業者が、顧客を誘引する手段として、口コミサイトに口コミ情報を自ら掲載し、又は第三者に依頼して掲載させ、当該『口コミ』情報が、当該事業者の商品・サービスの内容又は取引条件について、実際のもの又は競争事業者に係るものよりも著しく優良又は有利であると一般消費者に誤認されるものである場合には、景品表示法上の不当表示として問題となる。」(「ネット広告ガイドライン」)。

つまり、消費者庁によれば、通常、口コミは、消費者によって書き込まれるものであり、一般消費者が行う分には、景表法にいう「表示」に該当しないため景表法上の問題は生じない。しかし、事業者が自ら口コミの書込みを行いまたは第三者に行わせ、それらが優良誤認または有利誤認等に該当する場合には、景表法に抵触する可能性があることが示されている。

たしかに、事業者が、消費者のふりをして、自ら口コミサイトへの情報掲載を行っている場合には、その表示は、「顧客を誘引するための手段として、事業者が自己の供給する商品又は役務の内容又は取引条件その他これらの取引に関する事項について行う広告その他の表示」に該当しうるため、それが優良誤認や有利誤認となるのであれば、景表法5条の問題となりうる。他方、事業者が第三者に口コミを行わせている場合にも同様に考えてよいのかどうかは、疑問が残る。景表法は、表示の主体を事業者としている。そのため、事業者が第三者に口コミを行わせている場合、事業者以外の第三者が行う表示にまで表示の主体を拡張し景表法の規定を適用できるかについては、別の考察が必要となるように考えられる。この場合、実際に口コミを行った事業者以外の第三者の行為を規範的にとらえ、事業者が行った行為ととらえるという考え方もありうるし、前者を後者の道具のようにとらえるという考え方もありうる。しかし、口コミを行った事業者以外の第三者と事業者とは、独立の行為主体であり、いずれの関係性を見出すことも困難ではないだろうか。しかし、第三者に優良誤認または有利誤認に該当する口コミを書き込ませる行為は、一般消費者の判断を歪めることになるので、何らかの方法により規制できることが望ましいといえる。

2　不法行為の成否

かりに、事業者に景表法違反が成立する場合、景表法違反を理由に事業者に不法行為が成立するかどうかが問題となりうる。しかし、株式会社コジマが、「ヤマダさんより安くします！！」などの表示を記載した看板などを掲げるなどした行為に対し、株式会社ヤマダ電機が、景表法5条2号（有利誤認行為）違反、不正競争防止法2条1項14号・15号違反を理由に訴え、不法行為に基づく損害賠償を請求した事件において、景表法は行政取締法規なので、直ちに不法行為が成立するとはかぎらないと判断した（東京高判平成16年10月19日判時1904号128頁：「ヤマダさんより安くします！！」表示事件）。その理由として、同判例は、景表法は、公正な競争を確保することによって一般消費者の利益を保護することを目的としており、競争事業者の利益の保護を目的とするものとはいえないこと、市場における競争は本来自由であることにてらせば、ことさらに競争事業者に損害を与えることを目的としてなされたような特段の事情が存在しないかぎり、景表法5条の規定に違反したからといって直ちに競争者に対する不法行為を構成することはないことを挙げている。

3　著名人による口コミ

やらせやステマといえるのかどうかは別として、発言にそれなりの影響力をもつ芸能人や評論家などが、特定の事業者の商品やサービスを賞賛すると、その商品やサービスの売れ行きが急激に良くなるというのは、社会的にありがちな事象である。これら著名人が、通常のコマーシャルの域を超えて、問題のある口コミを行った場合には、不法行為が成立する可能性がある。

たとえば、原野商法の被害者が、原野商法で問題となった土地について、「いい土地である」「私も少し買っている」等と発言した芸能人に対し、原野商法を行った被告会社の推奨を行い、被告会社の不法行為を幇助したとして、損害賠償を請求した事件がある。裁判所は、次のように判断し、芸能人の責任を肯定した。（大阪地判昭和62年3月30日判時1240号35頁：原野商法タレント広告事件）。問題となった芸能人の行為の違法性について、「前記②のパンフレットについては、被告高田がその中で、被告会社役員と個人的なつながりがある旨記載し、北海道の土地に対して積極的な評価を加えた上で、同被告個人の立場で被告会社を推薦しているのであり、これは、被告会社の単なる情報伝達手段にとどまらず、被告高田個人が自己のメッセージとして被告会社を紹介・推薦するものであることが明らかである。そして、被告会社の不法行為が詐欺を内容とするものであることに鑑みれば、被告会社及びその扱う商品を紹介・推薦し、これに対する信頼を高めることは、とりもなおさず被告会社の不法行為を容易ならしめることに外ならないから、被告高田の右行為が客観的に被告会社の不法行為に対する幇助になることは明らかである」と判断し、故意・過失については、「芸能人が、広告に出演する場合に、いかなる注意義務を負うか、換言すれば、その広告主の事業内容・商品についていかなる調査義務を負うかは、個別具体的に、当該芸能人の知名度、芸能人としての経歴、広告主の事業の種類、広告内容・程度などを総合して決められるべき問題である」との一般論を述べたうえで、「被告高田は、自己の持つ影響力を認識するのはもちろんのこと、広告主の事業に不正があった場合に生じる損害が多額に上る可能性をも認識し、自分が、一人のタレントとして被告会社の単なる情報伝達手段としての役割を演じるにとどまらず、高田浩吉個人の立場から、被告会社あるいはその取り扱う商品の推薦を行う場合には、その推薦内容を裏付けるに足りる義務があるものというべきである。」と判断し、芸能人の責任を認めている。

他方で著名人の責任が否定された例もある。歌手の細川たかしは、円天という疑似通貨を発行し、円天市場を開設して、そこで円天を利用させ、最終的には会長が詐欺罪で逮捕された株式会社エル・アンド・ジーのコンサートやDVDに出演するなどして、Ｌ＆Ｇやその投資商品を宣伝した。Ｌ＆Ｇに出資し被害にあった者が、同人の行為は、Ｌ＆Ｇの共同不法行為または幇助に該当するとして責任を追及した。本件では、裁判所は、芸能人の責任に対して、一般論として、「芸能人等有名人が、広告に出演する場合に、広告主の事業内容・商品等について、常に調査をしなければならないという一般的な注意義務を認めることは、過度の負担を強いるものであって、相当でないというべきである。有名人が、広告に出演する場合に、調査義務を負うか否か及びその程度等については、個別具体的に、当該有名人の職業の種類、知名度、経歴、広告主の事業の種類、広告内容などを総合して判断すべきである。……Ｌ＆Ｇを事実上広告することになるコンサート等に出演する被告としては、Ｌ＆Ｇの商法に疑念を抱くべき特別の事情があり、出資者らに不測の損害を及ぼすおそれがあることを予見し、又は予見し得た場合には、Ｌ＆Ｇの事業実態や経済活動等について調査・確認すべき義務があるというべきであり、かかる調査・確認を怠った場合には過失がある」としながらも、被告が、Ｌ＆Ｇの商法や円天の具体的な仕組み等について、認識していたとは認められず、したがってまた、Ｌ＆Ｇの商法に疑念を抱くべき事情があったとも認められないと判断し、責任を否定した（東京地判平成22年11月25日判時2103号65頁：細川たかしコンサート事件）。

4　ステマを行わせた事業者または代行業者と口コミサイト運営者との間に生じうる問題

口コミサイトにおいて、ステマが行われれば、特定の業者に対し、通常の評価とは異なる過度に好意的な評価が与えられることになり、一般消費者が惑わされる結果となる。しかし、ステマの弊害はそれにとどまらない。口コミサイトは、一般消費者の口コミによって集められた情報をもとに中立を前提として成り立っているが、ステマによりサイトの中立性が損なわれれば、一般消費者の当該口コミサイトに対する信用が低下することになる。実際に、口コミサイト「食べログ」において、やらせ情報の書込みが行われているとの噂により、一般消費者の口コミサイトに対する評判に疑念を抱かせるという問題が発生した。

このような場合に、口コミサイトを運営する業者が、ステマを行わせた事業者や実際にステマを行った代行業者に対して、何らかの法的根拠に基づき責任を追及することができるかが問題となりうる。口コミサイトを運営する事業者にとっては、当該口コミサイトの存続にもかかわる問題であるが、実際に、ステマを行わせた事業者や代行業者の責任を追及するには、困難が伴う。

まず、事実上の問題として、当該口コミが、一般消費者による口コミか、代行業者や背後に存在する事業者の作為的な口コミなのかを判別することは、口コミサイト運営者にとってきわめて困難である。そのうえ、口コミを行った者が会員登録するなどして自ら個人情報を明らかにしている場合には、行為者を特定することができるが、会員登録制度がない場合や個人情報がでたらめである場合は、口コミを行った者を独力で特定しなければならない。

かりに、口コミを行った者が特定でき、その口コミがステマであるということが判明したとして、何らかの法的責任が発生しうるか。考えられる法的責任追及の根拠として、営業妨害を理由とする不法行為、信用毀損を理由とする不法行為、景表法違反に基づく不法行為がありうる。ステマにより口コミサイトの中立性に疑義が生じ、これにより口コミサイトのアクセス数が減少して、広告料が入らなかったなどの損害が発生した場合には、口コミサイトの営業を妨害したともいえそうである。しかし、代行業者等がステマを行う行為が口コミサイトの業務運営を妨げる行為ととらえることができるか疑義があり、また、代行業者等は、営業を妨害する意思で、やらせやステマを行っているわけではないうえ、やらせやステマの書込みと損害の発生との因果関係の立証も困難である。おそらく、1件のやらせだけではなく、数件のやらせが重なったり、うわさがうわさを呼ぶことによる被害拡大もある。そうなると、営業妨害として不法行為責任を追及することは困難といえそうである。次に、当該口コミサイト運営者の名誉や信用を害したことを理由とする不法行為責任の追及も考えられる。しかし、やらせやステマの書込みは、やらせやステマの書込みが、直ちに、口コミサイト運営者の名誉や信用を害するとはいえず、そもそも名誉毀損や信用毀損行為に該当しうるのか疑義がある。加えて、景表法違反による不法行為責任の追及についても、ステマややらせが景表法違反に該当するのかについて疑義があり、景表法違反に該当しうるとしても、これにより直ちに不法行為責任が発生するわけではない

（前掲「ヤマダさんより安くします！！」表示事件）ので、不法行為責任を追及することは困難といえそうである。

5 口コミサイトのステマ対策

口コミサイト運営者が、ステマを行わせる事業者や実際にステマを行う代行業者に対し、ステマを行わせない対策として、利用規約を明記し、会員登録の際には、利用規約に同意させるなどの方法が考えられる。

たとえば、食べログ[1)]では、店舗向けサービスを実施し、店舗会員を募集している。店舗会員に対しては、店舗会員規約[2)]が用意されている。店舗会員規約においては、禁止事項として、「消費者の判断に錯誤を与える恐れのある行為」が掲げられているが、事実と異なる情報の登録や過剰に良好な評判を自ら書き込むなど、ステマややらせ投稿を自ら行いまたは代行業者に行わせた場合には、消費者の判断に錯誤を与えるおそれのある行為に該当すると考えられるので、規約に定めのある制裁措置が可能となる。また、食べログでは、一般の利用者が口コミを掲載する場合にも、会員登録を求め、利用規約の遵守義務を課している[3)]。一般利用者向けには、口コミガイドライン[4)]違反も禁止事項とされている。口コミガイドラインは、店舗関係者の口コミを禁止しているので、一般利用者が店舗関係者であるにもかかわらず口コミの投稿を行った場合には、ガイドラインや利用規約所定の制裁措置が可能である。

口コミサイト運営者によるステマややらせ対策としては、利用規約を整備することが最も有効な措置といえそうである。

1）　https://tabelog.com/
2）　http://user-help.tabelog.com/owner_rules/
3）　http://user-help.tabelog.com/rules/
4）　http://user-help.tabelog.com/review_guide/

第7章

アフィリエイトプログラム

1　アフィリエイトプログラムとは

1　定　義

アフィリエイトプログラム（一般に略して「アフィリエイト」と呼ばれ、本稿でも以下「アフィリエイト」という）は、ネットを用いた広告手法の一つである。

アフィリエイトとは、「提携」を意味し、ブログその他のウェブサイトの運営者が、当該サイトに当該運営者以外の者が供給する商品・サービスのバナー広告等を掲載し（広告を掲載するウェブサイトを「アフィリエイトサイト」、アフィリエイトサイトを運営する者を「アフィリエイター」という。また広告される商品・サービスを供給する事業者を以下「広告主」という）、当該サイトを閲覧した者がバナー広告等をクリックしたり、バナー広告等を通じて広告主のサイトにアクセスして広告主の商品・サービスを購入したり、購入の申込みを行ったりした場合など、あらかじめ定められた条件に従って、アフィリエイターに対して、広告主から成功報酬が支払われるものである。アフィリエイトで用いられる広告は、「成功報酬型広告」と呼ばれる（「ネット広告ガイドライン」8頁）。

2　内　容

アフィリエイトの内容としては、広告主がアフィリエイターと直接契約を締結する場合と、広告主とアフィリエイターとの間にアフィリエイトサービスプロバイダ（以下「ASP」という）と呼ばれる仲介業者が介在する場合がある。

前者の場合、一般に、広告主が自らアフィリエイト広告のシステムを構築して、アフィリエイターとの間でアフィリエイト広告の掲載に関する契約を締結する。

後者の場合、一般の例では次のような形態がとられる。すなわち、広告主は、ASPとの間でアフィリエイトサービスに関する契約を締結し、広告主がASPに対して支払う手数料等を定める。ASPは、アフィリエイターに向けて広告主の広告をアフィリエイトサイトに掲載するためのシステムを提供する。アフィリエイターは、ASPとの間で、パートナー契約（アフィリエイト広告の掲載に関する契約。ASPがアフィリエイターに対して支払う成功報酬の条件、金額等が定められる）を締結し、アフィリエイターは、ASPのシステム上で用意される各種広告主の広告を自ら選択し、自らのアフィリエイトサイト上に当該広告がバナー広告等の形で表示されるように設定する。

図　アフィリエイトサービスプロバイダ（ASP）が関与する場合
（「ネット広告ガイドライン」をもとに作成）

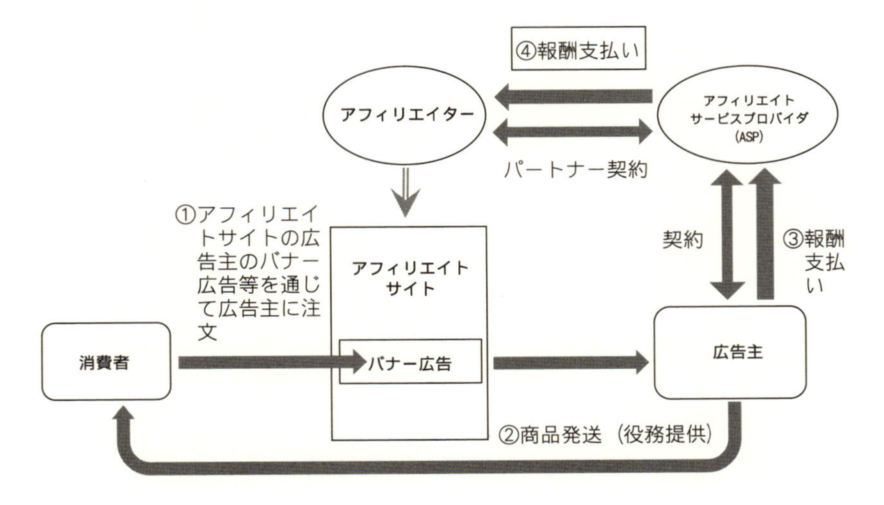

3　機　能

①　広告主にとって、アフィリエイトは、ネット上の多数、多様な（大手の法人から個人の開設するブログまで、それまで広告を掲載してきていない範囲も含めた）媒体を通じて、商品・役務の広告が可能となり、また成功報酬型のため、費用対効果が高いというメリットがあるとされる。なお、ASPを利用することで、広告主自らアフィリエイトシステムを構築するコストを削減することも可能となる。

②　アフィリエイターにとっては、ウェブサイトがあれば一般には初期費用の必要もなく、また商品が手元になくても、広告を掲載することで広告料収入を取得することができ（アフィリエイターも、ASPを利用すれば、個別に広告主と提携する手間を省くこともできる）、継続的な作業が必要となるものでもないので「手軽に」個人の副業として行いうる。

③　アフィリエイトの機能としては以上のような点が挙げられるが、以上のような「手軽さ」のゆえに、事業経験のない一般消費者を含め、様々なアフィリエイターが存在することとなり、そのことが、アフィリエイトの各当事者においてのリスクを生じることにもなる。

4　アフィリエイトの問題点

アフィリエイトに関して問題が発生する局面としては、大きく分けて、①アフィリエイトサイトに掲載された広告の受け手である消費者に被害が発生する場面と、②広告主とアフィリエイターの関係において、いずれかに被害が発生する場面がある。

このうち、①については、広告規制と関係するので、次の2において中心的に取り扱う。②については、広告主に被害が発生する場合と、アフィリエイターに被害が発生する場合があり、以下で検討する。

(1)　広告主にとっての問題点

ア　アフィリエイターによる不正行為

アフィリエイトは成功報酬型であることから、アフィリエイターが、不正な方法によって、支払条件を成就させて報酬を得ようとすることがありうる。たとえば、クリックに応じて報酬が支払われる場合には、いわゆる「クリック屋」と呼ばれる者が不当にクリックを繰り返すことにより多額の報酬を請求することがありうる。また、資料請求や契約成立を条件とする場合でも、架空の名義を利用して条件を成就させ、多額の報酬を請求するケースもある。

この点に関し、アフィリエイトサイトを経由した資料請求等が、架空の住所、氏名等によって行われたことから、アフィリエイターあるいは同人と共謀した第三者による仮装によるものとして、会員規約違反を理由にアフィリエイト報酬の返還が認められた裁判例として、東京地判平成17年12月18日がある（LLI／DB判例秘書登載。事実関係を被告であるアフィリエイターがほぼ争わなかった事案）。

イ　報酬発生条件をめぐるトラブル

なお、上記アのような不正とまではいえない方法であっても、報酬発生の条件を適切に定めておかなければ、広告主において予想しない報酬を請求されることがありうる。

ウ　アフィリエイターによる不当な表示

以上のほか、[2]にみるような、アフィリエイターがアフィリエイトサイトにおいて虚偽の表現や誇張した表現を用いる場合も、広告主のリスクとして大きいといえる。

(2)　アフィリエイターにとっての問題点

ア　消費者の立場における問題点

アフィリエイターは、先にみたとおり、一般消費者を含めた多様な主体が実施できることから、広告主あるいはASPとの間で、報酬発生等の契約条件を十分に理解しないまま契約することでトラブルとなり、または、ノウハウやサイト・ブログ作成サポート名下、あるいは初期費用名下に、多額の費用を請求する業者による被害もあるなど、アフィリエイターの消費者としての側面があらわれる場面といえる。

①　契約の内容に関しては、報酬の計算が広告主の判断によってなされ、アフィリエイターにおいて確認することができない場合もありうる。また、

一定額以上でなければ支払義務が発生しないなどの条件が付されていることもあり、その金額設定によってはなかなか広告料を取得できないということもありうる。また、契約内容によっては、不当な違約金条項や返金条項が存在することもある[1]。

② また、アフィリエイトで儲けることができるとうたって、機材購入・貸与や、ノウハウの情報財の購入、サイトやブログ作成サポートの会社との契約、初期投資を促す業者も出現している。この中には多額の初期投資を求める悪質なケースもある[2]。

独立行政法人国民生活センターのホームページによれば、「簡単な作業で高額な収入を得られる」「月○万円は確実」「サポートするから必ず売れる」などの簡単に利益が保証されるかのような勧誘に乗った結果、実際には期待したような収入が得られないなど、アフィリエイター自身が虚偽広告・誇大広告の被害を受ける場合も多発している[3]。また、アフィリエイトをするための高額な情報商材（ノウハウや電子ソフト）を購入させられ、アフィリエイトのノウハウを習得、実践するものの、勧誘時の説明のようには儲からないという情報商材の購入を伴うトラブルも多い[4]。

また裁判例では、広告主である会社の代表者から「被告会社とプリクラ機のアフィリエイト契約を締結すれば、原告に利益が確実に発生し、借金を短期間で返済できる。」などと勧誘を受け、同社にウェブサイト制作業務を委託し費用を支払ったが、アフィリエイト契約が締結された時点において、上記ウェブサイトを通じて利益を得ることは期待しがたい状況であり、実際にアフィリエイト報酬は支払われなかったというケースについて、「原告に対する勧誘はぎまん性が高く、勧誘に付随する行為も計画的

1）　東京弁護士会消費者問題特別委員会編『ネット取引被害の消費者相談〈第2版〉』（商事法務・2016年）225頁。

2）　東京弁護士会消費者問題特別委員会・前掲注1）225頁。

3）　独立行政法人国民生活センター・平成21年11月4日「アフィリエイトやドロップシッピングに関する相談が増加！－『簡単に儲かる！』？インターネットを利用した“手軽な副業”に要注意－」、同・平成27年7月16日「20代に増えている！アフィリエイトやドロップシッピング内職の相談－友人を紹介すると儲かる！？借金をさせてまで支払わせる事例も－」

4）　独立行政法人国民生活センター・平成25年3月21日「儲かるわけがない！？インターネット上の宣伝書込内職－きっかけは『儲かる方法を伝授する』情報商材－」

かつ悪質なものであり、社会的相当性を逸脱した違法な方法によって原告を勧誘し金員を騙取した」として、広告主である会社、その代表者等に対して損害賠償の支払が命じられた事案がある（東京地判平成28年2月12日LLI／DB判例秘書登載）。

また、以上のように、ウェブサイトを立ち上げて諸品の広告（ないし販売）をするだけで利益になるなどと勧誘されて、ウェブサイトの開設やノウハウの提供を受けるための費用を支払ったような場合には、特定商取引法上の業務提供誘引販売取引（51条）に該当する可能性がある（業務提供誘引販売取引については、ドロップシッピングに関する次章も参照されたい）。

また、業者の説明の方法によっては、消費者契約法4条1項1号の不実告知（実際に販売できない商品を販売できると説明された場合等）、同項2号の断定的判断の提供（月収○万円は確実、などと説明された場合）、同条2項の不利益事実の不告知（サポートすると説明されたが、契約後になって成果が出るものは別料金がかかるなどと説明された場合等）に該当する可能性がある。

なお、「知り合いを勧誘して会員を増やせば収入が得られると説明された」といったアフィリエイトという単語を用いたマルチ取引的な勧誘もあり（借金をして契約し、自分も友人を勧誘したというケースもある。国民生活センターホームページ）、このような場合には、特定商取引法による連鎖販売取引（33条）の規制に係る場合がある。

イ　事業者の立場における問題点

また、アフィリエイターは、自らがアフィリエイトサイトに掲載した広告の内容によって、第三者に損害を生じた場合に責任を問われる可能性があるが（この点は2において検討する）、それだけでなく、広告の内容によって広告主に損害を与えた場合には、広告主に対しても損害賠償責任を負う可能性がある。

この点、広告主とアフィリエイターとの間の契約関係については、準委任契約や請負契約に類する無名契約と考えられ、また、アフィリエイターが広告主からは独立した広告掲載手法をとるため、広告主の意図に沿わない広告掲載が行われることもあること等から、アフィリエイターは広告主に対し、自らのアフィリエイトサイト等での広告の利用等について善管注意義務を負っているとの見解がある[5)]。

こうした意味から、アフィリエイターには、消費者として被害者となる場面、事業者として責任を問われる場面がありうる。

[2]　アフィリエイトと広告表示規制

1　アフィリエイト広告に対する広告表示規制の概要

アフィリエイト広告については、[1]にみたように、広告主にとっては、様々なジャンルの媒体に広告を出すことができるほか、費用対効果が高く、アフィリエイターにとっては、ウェブサイトがあれば特段の初期費用なく広告収入を得られるというメリットがあるが、自らのサイトを経由して商品の購入等につながることにより報酬が増加するため、誇大な表示を行ったり、場合によっては虚偽の内容を含む表示に及ぶことも否定できない。また他方、広告主の提供したバナー広告等に誇大な表示や虚偽の内容が含まれ、それが提供されるままアフィリエイトサイトにおいて表示されることもありうる。このような不当な表示内容を含む広告がなされた場合、商品を購入する消費者等において何らかの損害を被ることがありうる。

このような事態を防ぐために、景表法をはじめとする広告規制が存在し、また現実に消費者等に損害が発生した場合には、民事上の損害賠償責任の問題が発生する。ただ、アフィリエイトの場合は、アフィリエイターは自ら商品を販売しまたは役務を提供する主体ではない（アフィリエイターと消費者との間には契約関係は存在しない）という特質があり、その中で、広告主、アフィリエイターがそれぞれどのような責任を負うのかについて検討する。

以下、広告表示規制について、まずは業態を問うことなく不当な広告表示について規制している、景表法のアフィリエイト規制をみたうえで、業態による個別の広告規制、特にアフィリエイトにおいて問題となる医薬品医療機器等法、健康増進法、金融商品取引法について若干の検討を行う。そのうえで、現実に第三者に損害が発生した場合の民事上の責任について検討する。

---

5)　東京弁護士会消費者問題特別委員会・前掲注1）221頁。

2　景表法による規制

(1)　概　説

ア　景表法規制の概要

景表法は、一般消費者による自主的かつ合理的な選択を阻害するおそれのある行為の制限および禁止を定め、消費者の商品選択の適正を図る観点から、顧客誘引手段として、供給する商品や役務の内容または取引条件等について行う広告等の表示に関して、不当な表示を禁止している（5条）。

この「表示」には、事業者がウェブサイト上で行う表示も含まれ、取引の類型による限定がなされていない。

さらに、5条柱書では、「事業者は、自己の供給する商品又は役務の取引について、次の各号のいずれかに該当する表示をしてはならない。」とされ、一般消費者に対し、実際のものよりも著しく優良である等表示すること（優良誤認表示）、および、実際のものよりも取引の相手方に著しく有利である等表示すること（有利誤認表示）等の不当表示を禁止している。

上記不当表示が行われた場合、消費者庁は、措置命令として、当該行為の差止め等を命じることができる。

イ　「ネット広告ガイドライン」

消費者庁は、平成23年10月28日、「ネット広告ガイドライン」を公表している。これは、「インターネット取引に係る表示について事業者が守るべき事項を、消費者庁として……提示する。」意図で作成されたもので、アフィリエイトを含むネット消費者取引に係る5つのビジネスモデルで行われる広告表示について、景表法の問題点等を示したものである。

この「ネット広告ガイドライン」では、次項で具体的にみるとおり、アフィリエイト広告に関しては、あくまで「自己の供給する商品又は役務の取引について」表示を行う事業者、つまり広告主を対象としており、アフィリエイターを対象としていないことに注意する必要がある。

以下、アフィリエイト広告には、広告主が表示するバナー広告部分と、それ以外のアフィリエイターが表示する部分があるため、それぞれについて、景表法上の規制について検討する。

(2)　広告主による表示部分に不当な表示があった場合

ア　広告主の責任

「ネット広告ガイドライン」によれば、アフィリエイトサイトに掲載する、広告主のバナー広告における表示に関しては、バナー広告に記載された商品・サービスの内容または取引条件について、実際のものまたは競争事業者に係るものよりも著しく優良または有利であると一般消費者に誤認される場合には、景表法上の不当表示として問題となるとされる。

そのうえで、以下のような例が問題として挙げられている。

① アフィリエイトで使用されるバナー広告において、実際には当該バナー広告の対象となる商品は普段から1,980円で販売されていたものであるにもかかわらず、「今だけ！　通常価格10,000円がなんと！1,980円!!　早い者勝ち！　今すぐクリック!!」と表示すること（二重価格表示を行う場合には、広告主は、最近相当期間に販売された実績のある同一商品・サービスの価格を比較対照価格に用いるか、比較対照価格がどのような価格であるかを具体的に表示する必要がある、とされている）。

② アフィリエイトで使用されるバナー広告において、十分な根拠がないにもかかわらず、「食事制限なし！　気になる部分に貼るだけで簡単ダイエット!!　詳しくはこちら」と表示すること（商品・サービスの効能・効果を標榜する場合には、広告主は、十分な根拠なく効能・効果があるかのように一般消費者に誤認される表示を行わないようにする必要がある、とされている）。

以上から、広告主は、アフィリエイトサイトにおいてバナー広告を掲載させるにあたっては、その表示内容が上記のように景表法上の不当表示とならないように留意する必要がある。

イ　アフィリエイターの責任

前記のとおり、景表法の規制は、あくまで「自己の供給する商品又は役務の取引について」表示を行う事業者、つまり広告主を対象としており、アフィリエイターを対象としておらず、「ネット広告ガイドライン」もそのことを明らかとしている。

したがって、アフィリエイターは、広告主の表示部分についても、景表法上の規制の対象とはならない（ただし、民法上の責任に関しては後述のとおり）。

(3) アフィリエイターによる表示部分に不当な表示があった場合

ア　アフィリエイターの責任

アフィリエイターは、アフィリエイト広告に係る商品・サービスを自ら供給する事業者ではないことから、アフィリエイター自身がアフィリエイトサイトに掲載する記述も、景表法上の「表示」には該当せず、景表法に基づく規制が及ぶことはないと解される。

ただし、「アフィリエイトが商品や役務の供給主体と共同して当該の宣伝、広告行為を遂行しているとみられるほどにその宣伝、広告行為における当事者の関与の共同性があるような場合」[6)]には対象となる余地があると考えられる。

また、上記は景表法上の規制であるので、後述のとおり、業態によっては他の法規による広告規制を受けるし、また民事上の責任を負う可能性があることについては後述のとおりである。

イ　広告主の責任

それでは、広告主は、アフィリエイターが行った不当な表示について、景表法上の責任を負うことがあるか。

この点、アフィリエイトに関するものではないが、景表法上の表示に責任を負う「事業者」とは、「表示内容の決定に関与した事業者」をいい、具体的には、

① 「自ら若しくは他の者と共同して積極的に表示の内容を決定した事業者」のみならず、

② 「他の者の表示内容に関する説明に基づきその内容を定めた事業者」

③ 「他の事業者にその決定を委ねた事業者」

も含まれるとした判例がある（東京高判平成20年5月23日審決集55巻842頁）。

また、上記②の「他の者の表示内容に関する説明に基づきその内容を定め

---

6)　松本恒雄＝町村泰貴＝齋藤雅弘編『電子商取引法』（勁草書房・2013年）360頁。

た事業者」とは、他の事業者が決定したあるいは決定する表示内容についてその事業者から説明を受けてこれを了承しその表示を自己の表示とすることを了承した事業者をいい、また、③の「他の事業者にその決定を委ねた事業者」とは、自己が表示内容を決定することができるにもかかわらず他の事業者に表示内容の決定を任せた事業者をいう、とされている[7]。

このような見解によれば、広告主はアフィリエイターによる表示部分についても景表法上の責任を負う可能性があることになる。実際に、平成24（2012）年8月2日付インターネット消費者取引連絡会（第6回）会合後の表示対策課の回答では、アフィリエイター表示部分に関する広告主の責任について、上記判例を引いたうえで、広告主が、アフィリエイターが行う広告表示の決定に関与したといえるか否かによるとの回答がなされている。

したがって、広告主がアフィリエイト広告を利用するにあたっては、アフィリエイターによる表示部分についても、その内容が景表法に抵触していないか確認する必要がある。広告主が、アフィリエイターによる表示内容すべてを管理することには困難が伴うが、上記のような現行法規の解釈上は、自己またはASPを通じて、アフィリエイターに対して、注意喚起を行うなどの対応が求められている。

(4)　ASPの責任

ASPは、アフィリエイト広告に係る商品・サービスを自ら供給する事業者ではなく、「表示」を行った者でもないため、景表法に基づく規制は及ばないと考えられる。

ただし、特定の広告主（商品供給者）についてのアフィリエイト広告のみを扱うASPなどは、商品供給者としての扱いを受ける可能性は否定できない。また、ASPは、その多くが素人であるアフィリエイターに対して、アフィリエイト広告の仕組みやルールを説明し、これを監督すべき立場にあるから、アフィリエイターによって不当表示がなされないように教育・監督することが望まれる[8]。

7）　大元慎二『景品表示法〈第5版〉』（商事法務・2017年）61～62頁。

8）　岡村久道＝森亮二『これだけは知っておきたいウェブ安全対策－インターネットの法律Q＆A－』（電気通信振興会・2009年）51頁。

このような考え方からすれば、ASPが不当な広告表示を指示したり、あるいは認識しながら放置していたような場合には、ASPが当該広告において果たしている機能、立場によっては、法規制が及ぶ可能性があると考えられる。

3　業態による広告規制

(1)　概要と規制の対象

広告の対象となる業種によっては、医療法、医薬品医療機器等法（旧薬事法）、健康増進法、宅地建物取引業法、弁護士法、金融商品取引法、貸金業法、割賦販売法、旅行業法等が、各業態における広告規制を定めている。

ア　広告主の責任

これらの広告規制に関しては、後述の「健康増進法上の留意事項」を除いては、アフィリエイト広告について監督官庁の見解を示したものはみあたらない。

そこで、アフィリエイターがアフィリエイトサイトにおいて不当な表示を行った場合に、景表法と同様に、これらの法規制の責任も広告主にまで及ぶのかは問題となる。

この点については、「健康増進法上の留意事項」は、「このようなアフィリエイトサイト上の表示についても、広告主がその表示内容の決定に関与している場合（アフィリエイターに表示内容の決定を委ねている場合を含む。）には、広告主は景品表示法及び健康増進法上の措置を受けるべき事業者に当たる」と述べており、健康増進法上の規制に関しても、景表法の場合と同様、広告主はアフィリエイターの表示部分も含めて責任を負う可能性があることが示された。

このような経過からすれば、他の広告規制に関しても、広告主は、アフィリエイターによる表示について責任を問われる可能性はありうるのではないかと考えられ、広告主は慎重な対応が求められる。

イ　アフィリエイター、ASPの責任

他方で、アフィリエイターやASPが、これらの広告規制の対象となるかについては、各法規の規定によると考えられる。すなわち、医薬品医療機器

等法や健康増進法においては、「何人も」広告規制に反してはならないと定めており、アフィリエイターやASPもその対象に含まれることになると解される。他方で、広告規制の対象が、自らの行う事業（商品販売や役務提供等）に関する表示に限られているような場合には、アフィリエイターやASPは自ら上記事業を行っているわけではないため、広告規制も原則としては及ばないと解さざるをえない。

「健康増進法上の留意事項」は、「アフィリエイターやアフィリエイトサービスプロバイダーは、アフィリエイトプログラムの対象となる商品を自ら供給する者ではないため、景品表示法上の措置を受けるべき事業者には当たらないが、表示内容の決定に関与している場合には、「何人も」虚偽誇大表示をしてはならないと定める健康増進法上の措置を受けるべき者に該当し得る。」としている。以上のような記載からは、「表示内容の決定に関与」していれば、自ら表示したか否かに関わらず（広告主の表示部分であるバナー広告かアフィリエイターの表示部分であるかにかかわらず）、広告主、アフィリエイター、ASPのいずれも、健康増進法上の責任を問われる可能性がある。このような解釈がどこまで広がりをみせるのかは明らかではないが、アフィリエイター、ASPの責任も拡大する方向にはあると考えられる。

なお「何人も」虚偽誇大表示をしてはならないとする健康増進法31条1項の広告規制の対象について、「健康増進法上の留意事項」は、直接的にアフィリエイト広告に関してではないが、「例えば、新聞社、雑誌社、放送事業者、ネット媒体社等の広告媒体事業者のみならず、これら広告媒体事業者に対して広告の仲介・取次ぎをする広告代理店、サービスプロバイダー（以下、これらを総称して「広告媒体事業者等」という。）」も対象となりうるとし、「もっとも、虚偽誇大表示について第一義的に規制の対象となるのは健康食品の製造業者、販売業者であるから、直ちに、広告媒体事業者等に対して健康増進法に基づく措置をとることはない。しかしながら、当該表示の内容が虚偽誇大なものであることを予見し、又は容易に予見し得た場合等特別な事情がある場合には、健康増進法に基づく措置をとることがある。」との考え方を示しており、注意を要する。

以下、アフィリエイトにおいて問題となりやすい医薬品医療機器等法、健康増進法、金融商品取引法について若干検討する。

(2) 医薬品医療機器等法

医薬品医療機器等法においては、医薬品、医薬部外品、化粧品または医療用具の名称、製造方法、効能、効果または性能に関する誇大広告等の禁止（66条）、特定疾病用医療品等の広告制限（67条）、承認前の医薬品等の広告の禁止（68条）が定められている。これらの広告規制は、景表法のように、「自己の供給する商品又は役務の取引について」という限定はない。ゆえに、前記のとおり、アフィリエイターが上記各規定に反する表示を行った場合には、医薬品医療機器等法違反の責任を問われうる。

このうち、アフィリエイト広告によって違反される可能性が最も高いのは医薬品医療機器等法68条で、医薬品として承認を受けていない食品などの効能・効果に関する広告を禁止している。たとえば健康食品について、「疲労回復」「生活習慣病予防」などと表示するのは、同条違反となる。

なお、医薬品医療機器等法の規制については、同法66条から68条に関する通達「薬事法における医薬品等の広告の該当性について」（平成10年9月29日医薬監第148号都道府県衛生主管部（局）長あて厚生省医薬安全局監視指導課長通知）が、「広告」に当たるのは、次の①から③を満たす場合としている。

①　顧客を誘引する（顧客の購入意欲を昂進させる）意図が明確であること

②　特定医薬品等の商品名が明らかにされていること

③　一般人が認知できる状態であること

アフィリエイト広告においても、上記の①から③を満たして、はじめて医薬品医療機器等法上の規制が及ぶこととなる。

(3) 健康増進法

健康増進法31条1項では、消費者が商品購入時における適正な選択を確保するという目的と食品として販売される商品の品質や安全性の確保という2つの観点から、何人も、食品として販売に供する物に関して広告その他の表示をするときは、健康の保持増進の効果等について、著しく事実に相違し、または著しく人を誤認させるような表示（虚偽誇大表示）を禁止している。

アフィリエイトとの関係では、医薬品医療機器等法同様、健康食品に関する広告について問題となりやすい。

この点、消費者庁は、「健康増進法上の留意事項」において、健康食品の広告等について、どのようなものが健康増進法上の虚偽誇大表示や景表法上の不当表示（以下あわせて「虚偽誇大表示等」という）として問題となるかを明らかにしている。

この「健康増進法上の留意事項」が、アフィリエイトに関する各当事者の責任を含め、広告規制の対象となるべき者について、消費者庁として注目すべき見解を示していることは、前記3(1)においてみたとおりである。

広告規制の内容についてみれば、健康増進法に定める健康保持増進効果等を表示して食品として販売に供する物を「健康食品」とし、虚偽誇大表示となりうるケースを示している。具体的には、「事実に相違する」とは、広告等に表示されている健康保持増進効果等と実際の健康保持増進効果等が異なることを指すとし、たとえば、十分な実験結果等の根拠が存在しないにもかかわらず、「3か月間で○キログラムやせることが実証されています」と表示する場合や、体験談そのものや体験者、推薦者が存在しないにもかかわらず、体験談をねつ造した場合、ねつ造された資料を表示した場合等は、これに該当するとしている。また、「人を誤認させる」とは、食品等の広告等から一般消費者が認識することとなる健康保持増進効果等の「印象」や「期待感」と実際の健康保持増進効果等に相違があることを指すとする。たとえば、特定の成分について、健康保持増進効果等が得られるだけの分量を含んでいないにもかかわらず、生活習慣を改善するための運動等をしなくても、とりすぎた栄養成分もしくは熱量または体脂肪もしくは老廃物質等を排出し、または燃焼させることをイメージさせる場合、健康保持増進効果等に関し、メリットとなる情報を断定的に表示しているにもかかわらず、デメリットとなる情報（効果が現れない者が実際にいること、一定の条件下でなければ効果が得られにくいこと等）が表示されておらず、または著しく消費者が認識しがたい方法で表示されている場合などがこれに当たるとしている。

(4)　金融商品取引法

金融商品取引法との関係では、外国為替証拠金取引（FX）に関して、アフィリエイト広告の適切性が問題となり、後述のように、外国為替証拠金取引業者のアフィリエイターの誤った説明に基づいて、消費者が損失を被った事案について、広告主およびアフィリエイターに不法行為責任を認めた裁判例（東京地判平成20年10月16日消費者法ニュース78号119頁）も存在している。

この点、金融商品取引法上は、37条において、表示すべき事項の定め（1項）のほか、金融商品取引行為を行うことによる利益の見込みその他内閣府令で定める事項について、著しく事実に相違する表示をし、または著しく人を誤認させるような表示をしてはならない（2項）との定めがある。

もっとも、上記規定は、「金融商品取引業者等」が、「その行う金融商品取引業に関して」広告を行う場合とされており、金商業者ではないアフィリエイターがそのウェブサイトにおいて行う表示は、金融商品取引法上の広告規制の対象ではないと考えられる。ただし、民法上の損害賠償責任については、前記の裁判例のとおり、金商業者でなくともアフィリエイターにも認められている。

他方で、広告主の責任については、監督官庁によるものではないが、金融先物取引業協会が「アフィリエイト広告利用に関するガイドライン」を制定（平成24年3月30日）し、投資者の保護等を図るため、アフィリエイト広告によって、サイト閲覧者が誤った情報やイメージを受け取らぬよう、その内容を確認し、不適正な状態の是正に努めるためにとるべき対応例が示されている。

4　民事上の法的責任

上記にみたような広告規制のほか、広告等の表示において虚偽その他の表現を用いたことにより、アフィリエイトサイトの広告によって商品の購入等をした消費者に損害が発生した場合、アフィリエイトの当事者の責任が問題となる。

なお、第三者への権利侵害については消費者に対する経済的損害だけではなく、著作権、商標権の侵害や、名誉毀損、信用毀損等も含まれる。昨今の裁判例には、アフィリエイトサイトにおける営業誹謗的表示、名誉毀損的表示を理由にして、発信者情報開示請求が行われ、認容されるケースも散見されている。

(1) アフィリエイターの表示部分に問題がある場合

① アフィリエイト広告において虚偽等の表現が用いられたことにより、これらの表現内容を信じて広告主から商品・サービスを購入した閲覧者に損害が発生した場合、上記表現について故意または過失のあるアフィリエイターは、民法709条による責任を問われる。著作権法、商標法違反や名誉毀損、信用毀損等があった場合もアフィリエイター自身は損害賠償責任を負う。

② 他方で、上記のような場合に広告主が責任を負うか。広告主がアフィリエイターに問題のある広告表示を指示するなど、実質的に広告主が表示主体と認めうるような場合は別として、アフィリエイターの裁量によって不当な広告表示がなされた場合に、広告主に損害賠償責任が発生するのかは問題である。

広告主はアフィリエイターとは別個の事業主体であり、つねにアフィリエイターによる広告内容を把握できるわけでないという問題はある。だが、アフィリエイトは、広告主が多様な範囲に効果的に広告を行うため、広告主の依頼により広告を行うもので、また、成功報酬型という性質上、アフィリエイターが収入増を目的として不正な表示を行う危険性についても認識はもちやすいことから、広告主において、アフィリエイターが関係法令に違反したり、不当な商品表示、断定的判断の提供や誤った情報を提供していることを知りながら、あるいは、知りえたにもかかわらず放置していたような場合には、故意または過失があると評価され、広告主も損害賠償責任を負うことになるであろう。この点、先にみた外国為替証拠金取引業者のアフィリエイトに関する次の裁判例（前掲東京地判平成20年10月16日）が、ある程度参考になる。

この裁判例は、外国為替証拠金取引業者のアフィリエイターによる、「100％の勝率と、月間利益率25％以上」などをうたった「FX常勝バイブル」の説明に基づいて、消費者が広告主である上記外国為替証拠金取引業者に口座を開設し、取引を開始したが、損失を被ったという事案である。裁判所は、上記アフィリエイターによる説明について、断定的判断を提供するものであり、投資者の判断を誤らせるものとした。そのうえで、広告主である外国為替証拠金業者の責任について、広告主は、上記「FX常勝バイブル」における顧客への指導内容を認識しつつ、「この誘引行為を顧客獲得の手段としていたのであるから、外国為替証拠金取引に関する誤った理解をしている者が申込みをしている可能性があることを認識していたはずであり、そうでなかったとしても少なくとも認識すべきであり、それを前提により慎重な説明や適合性審査をすべきであるのに、前記のような不適切な口座開設までの手順指導を容認し、さしたる適合性審査をするでもなく、本件取引を開始させたのであり、この一連の顧客獲得行為自体が違法である」との判断を行い、不法行為責任を認めた。他方で金商業者ではないアフィリエイターにも、「外国為替証拠金取引において、『100%の勝率』などということはあり得ないし、……『為替差損のリスクは確実に回避することができる』などということもないのに」、誤った情報を提供して取引を開始させたとして不法行為責任を認めている。年間利益が300%にもなることも考えあわせれば、上記のような情報が誤っていることは明らかであり、アフィリエイターにもその認識に支障はなかったであろうことが考慮されたと考えられる（なお消費者についても過失割合を5割としている）。

(2)　広告主の表示に問題がある場合

故意過失により問題のある広告の表示を作出した広告主は、不法行為責任を負うことになりうる。他方、広告主が表示した問題のあるバナー広告を、自らのアフィリエイトサイトに表示したアフィリエイターも責任を負うのか。

この点については、アフィリエイターが、上記問題点について認識しながら放置していた場合はやはり損害賠償責任は発生しうるであろうし、また容易に問題点に気づくことができながら、広告主から提供された情報を鵜呑みにするなどして掲載したような場合にも、不法行為に基づく損害賠償責任を負う可能性がある。問題は、いかなる場合にアフィリエイターが問題点に気づきえたといえるかであるが、これはアフィリエイターの属性、経験のほか広告の問題点を考慮して具体的事情に応じて判断せざるをえないかと思われる。

第8章

ドロップシッピング

1　ドロップシッピングとは

1　概　要

(1)　一般的な仕組み

ア　定義と基本的な発想

ドロップシッピングとは、「直送」を意味し、インターネット上に開設された電子商取引サイトを通じて消費者が商品を購入するビジネスモデルの一形態であるが、当該電子商取引サイトの運営者は販売する商品の在庫を持ったり配送を行ったりすることをせず、在庫は当該商品の製造元や卸元等が持ち、発送も行うところに特徴を有する（以下、ドロップシッピングのビジネスモデルを採用する電子商取引サイトを「ドロップシッピングショップ」と、ドロップシッピングショップの運営者を「ドロップシッパー」という）（「ネット広告ガイドライン」10頁）。

すなわち、購入者からの注文はドロップシッピングショップで受けつけるが、商品は製造元や卸元等から直接購入者に発送される。

アフィリエイトの場合は、自らのウェブサイトで商品を紹介して、広告主のサイトでの商品・サービスを購入に結びつけるものであるが、ドロップシッピングの場合は、自ら売主として、商品の価格設定まで行う。

ドロップシッパーと、商品の在庫を持ち商品を消費者に納品する製造元や卸元等（「ベンダ」とも呼ばれる）が通常の売主の機能を分担する仕組みともいえる。

製造元、卸元からの卸値とドロップシッパーの設定する販売価格との差額がドロップシッパーの利益となる。

図1　典型的なドロップシッピング
（「ネット広告ガイドライン」をもとに作成）

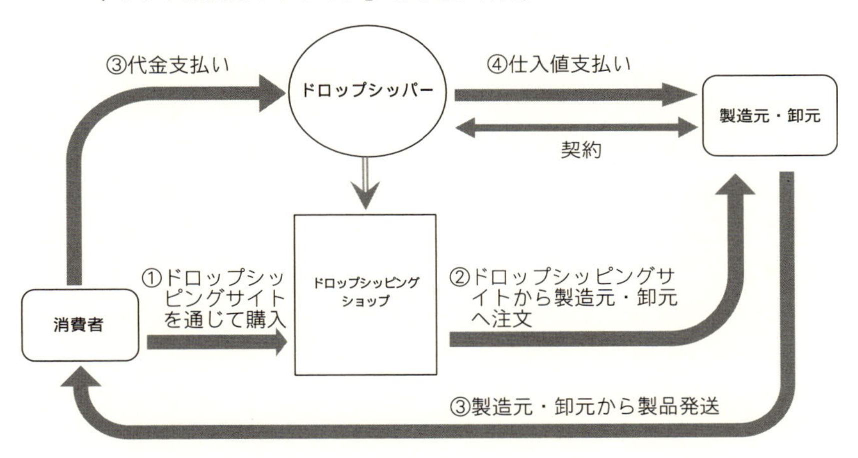

イ　ドロップシッピングサービスプロバイダが関与する場合

以上がドロップシッピングの基本的な発想であるが、ドロップシッピングの態様は非常に多様であり、ドロップシッパーと商品の製造元・卸元との間を仲介してドロップシッピングを実現する各種サービスを提供する事業者（ドロップシッピングサービスプロバイダ。以下「DSP」という）が関与することが多く、その関与のあり方によって態様は様々に分かれる。ドロップシッピングの仕組み自体は、製造元・卸元あるいはDSPが用意しているのが一般である。

ドロップシッパーは販売サイトであるドロップシッピングショップを管理運営し、ドロップシッパーが消費者に対して直接販売する形態をとることが多いが、このサイトの構築についても、ドロップシッパーが自ら構築する場合から、DSPがほとんどの枠組みを提供するものまで様々である。

ドロップシッピングショップに消費者からの注文があった場合、注文情報がドロップシッピングショップから注文された商品の製造元・卸元に送信されるが、受注情報についても、製造元・卸元やDSPが受けることもある。

注文情報を受けた製造元・卸元は、注文を行った消費者に商品を発送するが、ドロップシッピングサイト名義である場合も、DSPの名義である場合もある。

また問合せの対応や決済についても、ドロップシッパー、製造元・卸元ないしDSPのいずれが行う場合もある

この点、「ネット広告ガイドライン」(10頁）では、DSPが仲介する場合の一例として、以下のような例示がなされている。

・ドロップシッパーは、ドロップシッピングショップで販売する商品を自ら選択し、当該商品の価格を自ら決定したうえで、消費者からの注文を受ける。
・消費者がドロップシッピングショップで商品を購入した際の注文情報はDSPを通じて商品の製造元・卸元に伝送される。
・注文情報を受けた商品の製造元・卸元は、ドロップシッピングショップの名義で商品を消費者に発送する。
・DSPは、自らが提供する決裁システムを通じて消費者から商品の代金を受け取り、当該代金とDSPがドロップシッピングサイトに商品を提供す

図2　ドロップシッピングサービスプロバイダ（DSP）が関与する場合
（「ネット広告ガイドライン」をもとに作成）

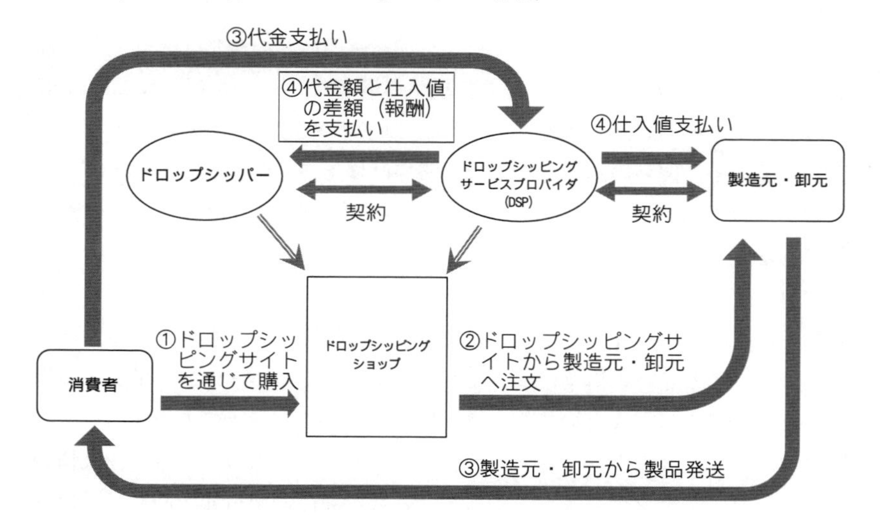

る価格（ドロップシッピングサイトにとっての仕入れ値に相当）との差額を報酬としてドロップシッパーに支払う。
・DSPは商品の製造元・卸元に商品の代金を支払う。

(2) 機　能

ドロップシッピングにおいては、ドロップシッパーは商品の仕入れ、管理、梱包、発送等を行う必要がなく、在庫を抱えずに取引を行うことができ、商品の管理、発送等を行う必要もないことから、個人でネットショップを開設し、ネット通販に参加しやすくなっている（そして、前記のDSPが様々なサービスを提供することで、この流れがより強まっている）。また、商品等の販売価格は基本的にドロップシッパーの判断で決定できることから、一般にアフィリエイトよりも収益率がよいともされ、これらがメリットとされている。

他方で商品を供給する製造元・卸元にとっては、ドロップシッピングに参加することにより、ドロップシッパーのドロップシッピングショップが自社の商品を紹介、販売することで、販路の拡大につながる。

(3) ドロップシッピングの法的問題点

上記のようにドロップシッピングの態様は、製造元・卸元において商品の供給のみ担当するものから、問合せ対応や受注・決済をすべて製造元・卸元ないしDSPが行い、購買履歴なども管理するものまで、様々であるが、後者に近づくほどドロップシッパーの売主としての役割は相対的に希薄となり、その関与とリスクは非常に小さく、実質的には、ウェブサイトの作成代行をしているにすぎない状況に近づく。

なかには、売主としての責任もDSPが負うという契約内容となっている場合もあり、このような場合には、ドロップシッパーはいわば販売の取次、あっせんを行っている状態となり、本来的、典型的な意味でのドロップシッピングとは異なることになる。このような場合のドロップシッパーの立場をどのようにとらえるかは難しい問題がある。

いずれにしても、各取引の実態に応じて具体的に責任も検討せざるをえない。

原則的なドロップシッピングの形態においては、ドロップシッパーはあくまで売主であって、売主として種々の責任を負うと考えられる。

すなわち、商品の給付義務、瑕疵担保責任についてはドロップシッパーが負うことになる。もっとも、通常は、ドロップシッパーと製造元ないし卸元との間では、これらの義務については製造元ないし卸元（あるいはDSP）が負担することになっていると考えられ、これらの者がその債務を履行することが可能な状態にある場面では、ドロップシッパーの責任が具体的に問題にはなりにくいものと思われる。ただ、製造元や卸元、DSPが倒産等によりその責任を果たしえない状態になった場合には、ドロップシッパーがその責任を免れることはできないと思われる。

この点、売主としての責任もDSPや製造元・卸元が負担する約定になっている場合にも、ドロップシッパーが売主としての責任を免れないかは難しい問題である。具体的にドロップシッパーの責任が追及された事案は調査したかぎりではみあたらないが、販売サイト運営者が販売すべき商品とその価格を自ら決定し、販売価格に応じて利益を得るという位置づけ、また前記のとおり売主の機能をいわば分担しており、売主であるかのような体裁を有していることからは、製造元ないし卸元の倒産のリスクを買主とドロップシッパーのいずれに負担させるべきかという比較の見地から、ドロップシッパーにおいてそのリスクを負担すべきという利益衡量が働く可能性は否定できない。ただし、理論的な点を含め、どのように責任を基礎づけるかについてはなお議論の余地があるように思われる。

なお、特定商取引法上の表示義務については、②の広告表示規制において検討する。

他方で、DSP等の責任については、ドロップシッピングのシステム提供事業者という立場からは、直ちに消費者との間で義務を負うものとは考えられないが、その販売システムの提供と商品提供という点において、後述のとおり、ドロップシッパーの指導監督が期待されていること、また、売主の機能を分担していると評価される立場にあることも考えると、DSP等システム提供事業者も法的責任を問われる可能性があると考えられる。

2　ドロップシッピングと消費者被害

(1)　ドロップシッピングによる消費者被害

前記のとおり、ドロップシッパーにおいては、様々な態様があり、実質的には、ウェブサイトの作成代行をしているのと変わらないドロップシッパーもあり、このように「手軽に」ドロップシッピングを行うことができることで、一般消費者がドロップシッピングに参加しやすくなっている点は前記のとおりである。

他方で、DSP等の中には、ドロップシッピングサイトを開設・運営するために必要な機器（パソコンなど）を販売したり、そのノウハウや運営に必要なサービス（ホームページ作成支援や集客等のコンサルタント業務など）を有償で提供するともに、ドロップシッパーになりネット通販を始めれば収益があげられると勧誘する事業者もある。

このような中で、「簡単に収入が入る」「月収○万円は確実」「サポートするから必ず売れる」などの利益を保証するかのような勧誘に乗せられて高額な契約を結んではみたものの、実際に始めてみると、商品に問題があり、あるいは卸値が高値で利益があがらないなど、思うような収入が得られないといったトラブルになるケースが多発している（独立行政法人国民生活センターのホームページ「アフィリエイト・ドロップシッピング内職」参照）。

(2)　特定商取引法上の業務提供誘引販売取引への該当性

ア　業務提供誘引販売取引

以上のような、ドロップシッピング業務により収入が得られると誘引され、ウェブサイトの開設やノウハウの提供を受けるための費用を支払ったような場合には、特定商取引法の業務提供誘引販売取引（51条）に該当する場合がある。

「業務提供誘引販売取引」とは、事業者から提供またはあっせんされる業務に従事することにより「業務提供利益」という利益を収受しうることをもって誘引し、商品の購入、役務の提供の契約や取引料の支払いなどの「特定負担」を行わせる取引である（たとえば、販売されるパソコンとコンピュータソフトを使用して行うホームページ作成の在宅ワーク、販売される健康寝具を使用した感想を提供するモニタ業務などが挙げられる）。

業務提供誘引販売取引に該当するとされた場合には、特定商取引法53条（積極的広告規制）、同54条（誇大広告の禁止）等の規制を受け、クーリングオフの対象ともなる（同法58条）。

イ　裁判例

ドロップシッピング業務の誘引について、業務提供誘引販売取引に該当するとして、特定商取引法58条のクーリングオフによる解除と既払金員の返還を認めた判例として、大阪地判平成23年3月23日判タ1351号181頁がある。

このケースでは、ウェブサイトの作成や商品の受注処理、発送手続は被告が行い、さらに特約によって、ウェブサイトのSEO対策[1)]、広告プロモーション活動や広告掲載等も被告に依頼することができるとされており、加入者は、ネットショップで取り扱う商品の選定および販売価格の設定、一般購入者からの質問メールへの対応、一般購入者からの代金の入金管理といった作業のみをすればよいという仕組みになっていた。

本事例では、被告となった業者が提供するドロップシッピングサービスが業務提供誘引販売取引に当たるか否か、特に、事業者（被告）から提供またはあっせんされる業務に従事したのか、という要件への該当性が争いとなった。

すなわち、原告らの行っていた商品選定・販売価格設定、質問メールへの対応、入金確認といった作業は、ネットショップの運営に伴い発生する業務の一部であるところ、ネットショップの運営主体が原告らであれば、原告らは、原告らが自ら運営するネットショップ事業の一部に従事しているにすぎず、被告が自らこれらの業務を提供またはあっせんしたということはできないため、業務提供誘引販売取引には当たらないことになる。そこで原告らは、自分たちはネットショップを運営しているのではなく、単に被告からの依頼に基づいて「商品選定・販売価格の設定」「メール対応」および「入金管理」という作業に従事しているにすぎないから、これらの作業は被告から

1）　SEO（Search Engine Optimization）とは、ドロップシッパーのウェブサイトが、検索エンジンの検索結果の上位に表示されるようにウェブサイトの構成や内容を修正することをいう（検索エンジン最適化）。

提供されたものであると主張し、被告は、これらの作業は、ネットショップのオーナーとして行う作業であり、被告が提供した業務とはいえないと主張した。

本判決は、ネットショップの実質的な運営主体を詳細に検討し、購入者との関係では、原告ら加入者が売主としての地位に立つものの、ウェブサイトのデザインや取扱商品の選定、商品販売価格の設定に関して被告の影響力が及んでおり、宣伝や集客作業といった重要な作業ももっぱら被告が行うとされており、原告ら加入者には、ネットショップの運営主体としての自主性、自律性はほとんど存在しないといえること、原告らが行う作業は単純な事務手続にすぎないのに対して、被告が担当する業務はネットショップ経営の根幹といえる重要な業務であり、ネットショップの運営主体であればこそ行う経営的判断を伴う行為であると解されることといった事情からすると、「ネットショップの運営主体は、実質的には被告であり、原告ら加入者は、その運営の一部の作業を被告の指示のもとに被告に従属した立場で行っていたにすぎないというべきである。したがって、本件各契約において原告ら加入者が従事することとされている業務は、ネットショップの実質的な運営主体である被告が、原告らに対して提供する業務であるというべきである。」と判示し、被告が提供するサービスは業務提供誘引販売取引に該当すると認めた。

なお、同事案は、自社と契約すればネットショップでの受注の連絡などの簡単な仕事で月収数十万円が確実に得られるなどと消費者に告げて、高額なドロップシッピングサービス契約を締結させたもので、消費者庁は業務提供誘引販売取引に該当することを前提に、平成22（2010）年4月9日に取引停止命令を行っている。

前記のとおり、ドロップシッピングの形態は様々であり、業務提供誘引販売取引の要件も複雑であるから、業務提供誘引販売取引に該当するか否かは事案ごとに検討される必要があるが、重要な参考となる判例である。

3　まとめ

以上がドロップシッピングの概観であるが、ドロップシッピングにおいては、一般消費者たる個人がきわめて手軽にネットショップの運営者となることができ、その手軽さのゆえに消費者としての被害を受けるリスクがある一方で、アフィリエイトとくらべて事業者としての色合いが強まり、負うべき責任も大きくなるのであって、両面的なリスクを負っていることがより明らかになっているといえる。

2　ドロップシッピングと広告表示規制

1　総　説

ドロップシッピングは、1にみたとおり、一般にはドロップシッパー自身が売主となって、ネット上での物品の販売を行うものである。したがって、アフィリエイトとは異なり、基本的には、ドロップシッパー自らが売主として広告規制に服することになる。

ここでは、業態を問わない景表法、および特定商取引法における広告規制について検討する（医薬品医療機器等法等の個別的な業態における規制にどのようなものがあるかについては、第7章2の「アフィリエイトと広告表示規制」も参照されたい)。

2　特定商取引法による規制

事業者がネット通販において商品、指定権利の販売、役務提供に係る契約の申込みをネットにより受けつけている場合は、特定商取引法の通信販売規制に服する。本来的に想定された形態でドロップシッピングを行っている場合、ドロップシッパーは、特定商取引法の定める適用除外に該当しないかぎり、特定商取引法の通信販売規制の対象となる（この点、自ら顧客からの注文を受けつけていないアフィリエイターとは異なる)。

ただし、ここでも、DSPが特定商取引法上の売主として表示を行うことまで業務の内容としているような場合に、ドロップシッパーが特定商取引法上の売主としての表示義務を負うのかは微妙な問題である。このような場合にも、提携リースの場合と類似するとしてドロップシッパーにも表示義務を認めるべきとする立場もあるが、DSPにおいて表示していればドロップシッパーにおいて表示義務違反の責任までは生じないとの考えもありうる。この点、平成18（2006）年当時に、経産省はドロップシッパーが売主としての表示義務について調査を行ったとの報道もあったが、その後必ずしもこの問題の位置づけは明確になっていない（ただ少なくとも、上記のような場合にドロップシッパーに売主としての表示義務違反が明確に指摘されてはいないように思われる）。買主に対して売主としての責任を負う者や契約条件を明確にするという特定商取引法上の表示義務の趣旨から事案ごとに判断せざるをえないかと考えられる。

3　景表法による規制

ドロップシッピングは景表法および平成23年10月に消費者庁が公表した「ネット広告ガイドライン」の対象となるが、その概要については第7章2の2を参照されたい。

(1)　ドロップシッパーの責任

ア　概　要

「ネット広告ガイドライン」では、ドロップシッパーは、かりに個人であったとしても、景表法に定める事業者に当たり、ドロップシッピングショップで販売される商品に係る表示により、当該商品の内容または取引条件について、実際のものまたは競争事業者に係るものよりも著しく優良または有利であると一般消費者に誤認される場合には、景表法上の不当表示として問題となり、ドロップシッパーは事業者として責任を負うことになる、とされている（「ネット広告ガイドライン」では、ドロップシッピングの態様の多様性にふれつつ、ドロップシッピングの態様いかんによらずに、上記のとおり述べられている）。

イ　具体的な問題となる表示

「ネット広告ガイドライン」（11頁）では、「ドロップシッパーは、ドロップシッピングショップで商品を供給するに際しては、当該商品の内容について、客観的事実に基づき正確かつ明瞭に表示する必要がある。」とされたうえ、さらに以下のような注記がなされている。

① ドロップシッパーは、ドロップシッピングショップで商品の効能・効果を標榜する場合には、十分な根拠なく効能・効果があるかのように一般消費者に誤認される表示を行ってはならないとされ、具体的な問題となる表示例として、「ドロップシッピングショップにおいて、十分な根拠がないにもかかわらず、『血液サラサラ』、『記憶力アップ』、『免疫力アップ』、『老化を防止する』と効能・効果を強調して表示すること。」が挙げられている。

② ドロップシッパーは、ドロップシッピングショップで二重価格表示を行う場合には、最近相当期間に販売された実績のある同一商品・サービスの価格を比較対照価格に用いるか、比較対照価格がどのような価格であるかを具体的に表示する必要があるとされたうえ、問題となる表示例として、「ドロップシッピングサイトにおいて、最近相当期間に販売された実績のある価格ではないにもかかわらず、『通常価格』と称する比較対照価格を用いて、『~~通常7,140円~~→特別価格3,129円』と表示すること。」が挙げられている。

(2) ドロップシッパー以外の責任

なお、以上のほか、「ネット広告ガイドライン」(11頁) では、製造元・卸元、またはDSPのうち製造元・卸元の機能を兼ねる者に対して、「ドロップシッパーに対して商品を供給する場合であって、販売促進のためのノウハウ等の情報を提供すること等により、ドロップシッパーが一般消費者に示す表示内容の決定に関与するときには、十分な根拠無く効能・効果があるかのように一般消費者に誤認される表示など、景品表示法に違反する表示が行われないようにしなければならない。」との留意事項を示している。

これはドロップシッパーの多くが一般消費者であることを念頭に、現実に商品の供給を行う立場にある者に対して、一定の指導監督を行うことを期待したものと考えられる。この「ネット広告ガイドライン」では、DSPのうち製造元・卸元の機能を兼ねる者とされているが、上記ドロップシッパーへの指導監督という観点から考えたとき、広くDSPについて景表法上の責任が問われる可能性も否定できないように思われる。

第9章

共同購入クーポン

1　共同購入クーポンとは

1　定　義

共同購入クーポンとは、一定期間の間にクーポンの購入総数が一定数に達することを条件にウェブサイト上で販売されるクーポンを意味する。

消費者庁の整理では、共同購入クーポンのビジネスモデルはフラッシュマーケティングと分類され、「商品・サービスの価格を割り引くなどの特典付きのクーポンを、一定数量、期間限定で販売するビジネスモデル」と定義されている（「ネット広告ガイドライン」6頁）。当該ビジネスモデルは、①クーポン発行会社（共同購入クーポンサイト運営者）とクーポンの対象店舗等とのクーポンの販売に関する契約、および②クーポン発行会社と消費者との契約により構成される。特に、②の契約は、ⓐ購入の申込みがあったクーポンの数があらかじめ設定された最低販売数を超え、かつ、当該クーポンの販売期間が終了した場合、またはⓑ購入の申込みがあったクーポンの数があらかじめ設定した上限販売数に達した場合のいずれかの場合に成立する（同ガイドライン6頁）、という点に特徴がある。

2　ビジネスモデルの特徴

共同購入クーポンのビジネスモデルの基本は、対象店舗等における通常の価格と、クーポンを利用した場合の割引価格の両方を消費者に提示し、当該二重価格表示によって高い割引率を訴求して顧客を誘引するという点にあるとされる（「ネット広告ガイドライン」6頁）。また、顧客誘引のために、宣伝文句が誇大になる傾向にある。特に、共同購入クーポンの対象となる商品またはサービスについては、短期間でクーポン購入を決断しなければならない性質上、実際の商品・サービスの内容を確認することなく、ウェブサイト上の宣伝広告内容に基づきクーポンを購入せざるをえないことが多く、このことからも、誇大広告として問題になりやすい。これらの二重価格表示および誇大な宣伝広告は、景表法上問題となりうる（景表法上の問題については下記2参照）。

これに加え、一定期間（短期間）における一定数量の購入が契約成立の条件となるため、SNS等による口コミで広まり、短期間で消費者がクーポン購入を決断しなければならないという点にも特徴がある。そのため、消費者としては利用条件を十分に確認することなくクーポンを購入し、その結果クーポンを利用することができない場合も生じうる。さらに、クーポン購入数によっては、利用希望者が店舗側の予想を上回り、店舗としては来店希望者全員に対応できないまたは損失が膨らむ、消費者としてはクーポンを購入したにもかかわらず商品・サービスが利用できない、といった問題が生じうる（景表法以外の法的問題については、下記3参照）。

3　共同購入クーポンの利用状況と実際の問題事例

共同購入クーポンをめぐる利用状況と問題について、独立行政法人国民生活センター（以下「国民生活センター」という）によれば、平成22（2010）年10月頃から共同購入クーポンサイトのトラブルに関する相談が寄せられ始めたとのことであり、平成23年には共同購入クーポンサイトが続々と開設されている状況にあった[1)]。このような状況を受けて国民生活センターは消費者へのアドバイスとして、購入前に購入対象商品・サービスの利用条件、

1)　国民生活センター「ご存じですか？共同購入型クーポンサイトに関するトラブル」（平成23年2月9日）1頁。
〈http://www.kokusen.go.jp/pdf/n-20110209_1.pdf〉

利用期限、解約の可否等、共同購入クーポンサイトの利用条件をよく確認するよう呼びかけているほか、トラブルにあった場合の消費者生活センターへの相談を呼びかけている。

共同購入クーポンをめぐる問題のうち特に社会的に大きな話題となったものとして、株式会社外食文化研究所（以下「外食文化研究所」という）が共同購入クーポンサイト「グルーポン」を通じて販売した「バードカフェ謹製おせち」をめぐる問題がある（以下「おせち事件」という）。おせち事件では、同社の提供したおせちについて、商品の宣伝写真と実際のおせちの内容が大きく乖離し、「すかすか」の状態であったことから問題となった。おせち事件では宣伝写真と実際の商品の内容の乖離のほか、二重価格表示において架空の価格を比較対照価格として設定していたことも問題となった。これらの問題について、消費者庁は平成22（2010）年2月22日、景表法4条1項1号および2号（現5条1号および2号）違反として外食文化研究所に対して再発防止のための措置命令を下し、またグルーポンを運営するグルーポン・ジャパン株式会社（以下「グルーポン・ジャパン」という）に対して、二重価格表示による景表法違反行為を惹起することのないよう必要な措置を講じることを要請した[2)]。また、消費者への対応として、クーポンサイトからクーポン購入者に対してクーポン代金全額が返金された。おせち事件における景表法違反事実の詳細については、下記②において詳述する。

②　共同購入クーポンと景品表示法

1　はじめに

共同購入クーポンの販売に際しては、限定された期間内で消費者にアピールするために様々な工夫を凝らした表示がなされるが、当該表示と関連して景表法上の問題が生じうる。典型的には、①他の商品の宣伝・広告と同様、クーポン対象商品の品質、規格その他の内容について実際のものよりも著しく優良であると示す優良誤認表示の問題があるほか、②特にクーポンの性質

2）消費者庁「外食文化研究所に景表法に基づく措置命令」公正取引情報2268号（2011年）8頁。

上、通常価格とクーポンによる割引価格が表示される場合が多く、当該割引価格が実際のものよりも著しく有利であると示す有利誤認表示の2つが問題となりやすい。

以下では、共同購入クーポンに関する優良誤認表示および有利誤認表示の2つの景表法上の問題について説明するとともに、それぞれの具体例としておせち事件における消費者庁の判断内容を紹介する。

2　優良誤認表示（景表法5条1号）

限定された期間内で消費者に訴求するために、クーポンの対象となる商品またはサービスについて実際のものと異なる表示をしている場合、「商品又は役務の品質、規格その他の内容について、一般消費者に対し、実際のものよりも著しく優良であると示……す表示であって、不当に顧客を誘引し、一般消費者による自主的かつ合理的な選択を阻害するおそれがあると認められるもの」（景表法5条1号）として、景表法違反が問題となりうる。

おせち事件において消費者庁が認定した優良誤認表示は、グルーポンにおいて「50%OFF【10,500円】2011年迎春≪横浜の人気レストラン厳選食材を使ったお節33品・3段・7寸（4人分）配送料込≫12月31日着」と題し、「メニュー内容」と記載のうえ、33品のメニュー名を表示していたが、実際には、うち8品中7品について記載された食材とは異なる食材が用いられまたは記載されたメニューとは異なるものが入れられ、残る1品については入れられていないというものであった[3)]。具体的には、表示されたメニューと実際との差異は以下の表[4)]のとおりであった。

表　示	実　際
才巻き海老の白ワイン蒸し	才巻き海老ではなく、パナメイ海老が用いられていた。
キャビア	キャビアではなく、ランプフィッシュの卵であった。

3）　消費者庁表示対策課「景品表示法に基づく食品表示に係る命令実績（22年度）」（平成23年6月29日）4頁。

4）　木内智明＝會田奈津「株式会社外食文化研究所に対する措置命令及びグルーポン・ジャパン株式会社に対する要請について」公正取引730号（2011年）77頁より抜粋。

鰊の昆布巻き	鰊ではなく、わかさぎが用いられていた。
くわいのバルサミコ風味	たたき牛蒡に変更されていた。
フランス産シャラン鴨のロースト	本件商品50個分について、岩手県産の鴨肉が用いられていた。
鹿児島産黒豚の京味噌漬け	鹿児島産の黒豚ではなく、アメリカ合衆国産の黒豚が用いられていた。
生ハムとカマンベールチーズ	カマンベールチーズではなく、クリームチーズが用いられていた。
焼き蛤	入れられていなかった。

上記表記載の差異が生じた理由として、グルーポンサイトへのメニュー掲載後に、おせち容器を変更し、メニューと異なる代替品を用い、調理に失敗したメニューを欠品とするなどしたことから、「表示したメニュー内容と実際の商品に著しい乖離が生じ、また、容器に対して各メニューの盛付量が少なかったことから、いわゆる『すかすか』の状態となった」と説明されている[5)]。

3　有利誤認表示（二重価格表示）（景表法5条2号）

共同購入クーポンサイトにおいては、その性質上、クーポンを利用した際の価格と「通常価格」等の比較対照価格による二重の価格表示が行われることが一般的であるところ、比較対照価格が架空のものである等不当な場合には、「商品又は役務の価格……について、実際のもの……よりも取引の相手方に著しく有利であると一般消費者に誤認される表示であつて、不当に顧客を誘引し、一般消費者による自主的かつ合理的な選択を阻害するおそれがあると認められるもの」（景表法5条2号）として、景表法違反が問題となりうる。

おせち事件では、「10,500円　通常価格（税込）　21,000円　割引率　50% OFF　割引額　10,500円」と表示されていたが、実際には21,000円という比較対照価格は架空のものであった[6)]。当該二重価格表示に係るグルーポン・ジャパンへの要請において、消費者庁は、「おせち料理のような『季節

5）　木内＝會田・前掲注4）79頁。
6）　消費者庁表示対策課・前掲注3）4頁。

もの』など、極めて短期間に販売される商品については、『通常価格』というものは存在しない。また、グルーポンサイト以外において販売されていない商品についても、販売開始の時点では、『通常価格』というものは存在しない状況にある」と指摘している[7)]。

上記消費者庁のグルーポン・ジャパンに対する指摘のうち、「通常価格」と販売期間との関係について、消費者庁は以下の考え方を示している（「不当な価格表示」6〜7頁）。

「過去の販売価格を比較対照価格とする二重価格表示を行う場合に、同一の商品について最近相当期間にわたって販売されていた価格とはいえない価格を比較対照価格に用いるときは、当該価格がいつの時点でどの程度の期間販売されていた価格であるか等その内容を正確に表示しない限り、一般消費者に販売価格が安いとの誤認を与え、不当表示に該当するおそれがある。」

上記考え方のうち「最近相当期間にわたって販売されていた価格」該当性について消費者庁は、「当該価格で販売されていた時期及び期間、対象となっている商品の一般的価格変動の状況、当該店舗における販売形態等を考慮しつつ、個々の事案ごとに検討される」としつつ、一般的には二重価格表示開始前の8週間における価格が検討されるとしている。また、「相当期間」について必ずしも連続した期間に限定されるものではなく断続的にセールが実施される場合であれば、比較対照価格で販売されていた期間を全体としてみて評価するとし、「販売されていた」については、事業者が通常の販売活動において当該商品を販売していたことをいい、実際に消費者に購入された実績のあることまでは必要でないとする（「不当な価格表示」7頁）。

4　共同購入クーポンに関する景表法上の表示主体

共同購入クーポンの販売にあたっては、当該クーポンの対象となる商品・サービスの内容または取引条件が、共同購入クーポンサイト上に表示されることとなる。おせち事件においては、グルーポンサイト上で上記2のメニュー表示および上記3の価格表示がなされた。そこで、共同購入クーポンサイト上におけるクーポン対象商品・サービスに係る内容または取引条件の

7）　消費者庁・前掲注2）8頁。

表示について景表法上の責任を負うのは誰か、すなわち共同購入クーポンサイト運営者（おせち事件ではグルーポン・ジャパン）であるのかまたはクーポン対象商品・サービスの提供者（同外食文化研究所）であるのか、が問題となる。

このような表示主体について、「景品表示法は表示の内容を規制するのであるから、表示の内容を決定する事業者が表示の主体であり、その事業者が規定の対象とされる」と解されている[8]。

おせち事件においては、メニュー表示および価格表示に係る以下の作成経緯に鑑みて、外食文化研究所が表示の内容を決定しており、表示主体に当たると判断された。まず、外食文化研究所はグルーポン・ジャパンに対して、「バードカフェ謹製おせち」のグルーポンサイトへの掲載を希望する旨申し入れ、その価格表示について、「通常価格」を21,000円に、販売価格を10,500円に設定する旨を申し出た。なお、価格表示については「通常価格」から50％以上割り引かれたものであることが、グルーポンサイトへの掲載条件であったことから、同おせちの企画・製造担当者の判断で、販売実績のない21,000円を通常価格としてグルーポン・ジャパンに提示したものである。グルーポン・ジャパンは、同おせちについて審査のうえグルーポンサイトへの掲載を決定した後、外食文化研究所からメニュー等おせちに係る情報の提供を受け、グルーポンサイトにおける同おせちの掲載内容案を作成し、同案について外食文化研究所の了承を受けたうえで、グルーポンサイトに上記メニューおよび価格を含む同おせちの情報を掲載した[9]。

以上のように、外食文化研究所は自らの判断で通常価格および販売価格を設定しているほか、メニュー表示についても外食文化研究所が情報を提供し、これをグルーポンサイトに掲載することを了承していることから、外食文化研究所がメニューおよび価格についてその内容を決定しており、したがって外食文化研究所がメニュー表示および価格表示の主体であると認定された。

他方で、消費者庁はグルーポン・ジャパンに対しても事実上の要請として、

8）　川井克倭＝地頭所五男『Q＆A景品表示法－景品・表示規制の理論と実務－〈改訂版〉』（青林書院・2004年）163頁。

9）　木内＝會田・前掲注4）78～79頁。

グルーポンサイトへ商品・サービスを掲載する際には、当該商品・サービスのグルーポンサイト以外における販売の有無を確認し、販売されていない場合には、二重価格表示で景表法違反とならないよう必要な処置を講じることを要請した[10]。

上記のとおり、グルーポン・ジャパンは表示主体ではないため措置命令を行うことはできないが、①きわめて短期間に販売される季節ものであるおせちの商品性質上、「通常価格」は存在せず二重価格表示を行うことができないものであったこと（詳細について上記3参照）、および②グルーポンサイトへの商品・サービスの掲載条件が二重価格表示を求めるものであり、景表法違反行為を惹起するものであること、から行政指導としてグルーポン・ジャパンに対して要請がなされた。②について消費者庁は、グルーポンサイトへの商品・サービスの掲載について、販売価格が通常価格から50％以上割り引かれたものであることを条件とするかぎり、「通常価格」と称する価格を比較対照価格に用いた二重価格表示が行われることとなり、消費者に販売価格が安くなっていると誤認を与え、景表法違反行為を惹起することになる、と指摘する[11]。グルーポン・ジャパンは表示主体には当たらないものの、グルーポンサイトへの掲載条件が50％以上という割引率の大きい二重価格表示を求めるものであること、および当該条件の下ではグルーポンサイトで取り扱う商品・サービスの性質上、二重価格表示をしえない商品・サービスについてもその提供者が二重価格表示を行わざるをえないことから、景表法違反行為が行われやすい状況にあるといえる。このような観点から、グルーポン・ジャパンに対して上記の要請がなされたものと思われる。

5 景表法違反に対する制裁

優良誤認表示または有利誤認表示（景表法5条1号または2号違反）を行った者に対しては、当該行為の差止めもしくは当該行為の再発防止のために必要な事項またはこれらの実施に関連する公示その他の必要な事項を命じる措置命令が課されうる（同法7条1項1号）。さらに措置命令に違反した場合、2

10） 木内＝會田・前掲注4）78頁。
11） 木内＝會田・前掲注4）78頁。

年以下の懲役または300万円以下の罰金に処せられる（同法36条1項）。また、原則として、違反行為者には対象期間の違反行為に係る売上額の3％に相当する金額の課徴金納付が命じられる（同法8条1項柱書本文）。

おせち事件では、上記4のとおり、外食文化研究所が表示主体、すなわち違反行為者として措置命令を受けた。措置命令の内容は、①同社の行った表示が優良誤認表示および有利誤認表示に該当するものである旨の公示をすること、②再発防止策を講じて、これを役員および従業員に周知徹底すること、ならびに③今後同様の表示を行わないこと、の3点であった[12]。なお、当該措置命令は平成22（2010）年2月22日に行われているところ、当時課徴金制度は存在しなかった。課徴金制度は平成26（2014）年11月改正にて景表法に導入され、平成28（2016）年4月に施行されている。

3　景表法以外の問題および紛争事例

1　クーポン対象店舗の予約がいっぱいで利用できない事例

上記2の景表法違反の問題以外にも、共同購入クーポンをめぐる紛争事例には、共同購入クーポンサイト運営者、クーポン対象店舗および消費者の三者間で様々な種類のものが存在する。

まず、消費者から国民生活センターに寄せられた相談事例として、共同購入クーポンサイトを通じて通常6,000円のエステのクーポン券を2,000円で購入のうえ、予約をとろうとしたところ、エステ店から「予約はいっぱいでできない」と言われた事例が紹介されている[13]。

上記事例紹介からは、具体的な状況が明らかでないが、時間的余裕をもって予約していれば予約できたにもかかわらず、クーポンの有効期間満了直前になって予約を試みたために、対象店舗の予約が埋まっていたような場合、消費者として対象店舗や共同購入クーポンサイトの責任を追及することは困難であると思われる。

他方で、予約をとることができる状況であったにもかかわらず、対象店舗

12）　消費者庁・前掲注2）8頁。
13）　国民生活センター・前掲注1）1頁。

の都合（たとえば、クーポンを利用されると原価割れとなるために利用してもらいたくない等）で予約を断ったような場合、クーポンの無記名債権としての性質上、対象店舗は債務不履行になるものと思われる。

また、クーポンが対象店舗のキャパシティを大きく超える人数に対して発行され、通常対象店舗の予約をとるのに十分な時間的余裕をもって予約を試みたにもかかわらず予約ができないような、利用可能性が実質的にないといえる場合であって、かつ共同購入クーポンサイト運営者が実質的に利用可能性のないことを知っていたような場合、消費者としては不利益事実の不告知として、消費者契約法4条2項に基づく取消しも主張しうるのではないかと思われる。

2　予想を上回る利用者が来店した事例

共同購入クーポンサイトの運営者とクーポン対象店舗との間で紛争になった事例として、大阪地判平成24年9月3日平成23年（ワ）第8308号・判例集未登載がある。

当該訴訟は、被告が運営する共同購入クーポンサイトを通じ、自身が経営する美容室のサービス（定価13,200円）を2,900円で提供するクーポン券1,500枚を販売した原告が、被告と契約を締結する過程で、被告の従業員が虚偽の説明（詐欺行為）をし、または被告が説明義務を怠ったため損害を被ったとして、被告に対し、不法行為に基づく損害賠償を求めたものである。

原告の主張によれば、詐欺行為または説明義務違反の具体的内容として、被告は原告に対して、①「申込企業には、クーポンをサイトに掲載した月の翌月末に、販売枚数にクーポン価格の半額を乗じた金額を一括して支払う」、「クーポン購入者のうち20％ぐらいはクーポンを利用しないので、原告が実際に受け取る金額はクーポンの利用分よりも多くなる」、②「クーポンを販売しても、通常の2倍から3倍ぐらいしか客は増えない」等と説明をしたとのことである。しかし、実際には、ⓐ被告から原告に支払われたのはクーポンの販売枚数に応じた金額ではなく利用枚数に応じた金額であり、ⓑクーポンの利用者数も、通常の3倍の15人にはならないという原告の想定を大きく超え、平成22（2010）年11月25日の開店日に24人、翌26日に27人、開店から同年12月31日までの間に588人、6か月のクーポン有効期間全体で1,460人に上った。

裁判所は、上記①について、原被告間のクーポン販売委託契約書には上記ⓐの条件が明記されていることから、上記①の説明がなされたとは認められないと判断した。また上記②について、かりにそのような説明が被告からなされたとしても、原告自身、1日あたり6.6人のクーポン利用者があり、多い日にはその数が13人ぐらいになることも見込んだうえ、その程度の数であれば無理なくサービスを提供できると想定していたことからすれば、原則年中無休で営業している原告にとって1,460人というクーポン利用者の総数が原告の想定を明らかに超えるものとはいえないとした。さらに、開店（平成22年11月25日）から同年12月31日までの利用者数が588人にのぼった点についても、クーポンを利用するためには事前予約が必要であり、原告は予約を受けつける段階でサービス提供日時を適宜調整することにより、クーポン利用者に対するサービスの提供を分散することが可能であったことに鑑み、上記②の説明がかりになされたとしても、詐欺行為または説明義務違反は認められないと判断し、原告の請求を棄却した。

本件において上記①の説明の存在は認定されなかったが、クーポン対象店舗としては、事業者である以上慎重に契約書の内容を確認すべきであったといえ、確認を行っていれば原告主張の認識が誤りであることは容易に判明していたはずである。他方で、原告主張の上記①の説明と契約書の内容が明白に矛盾する以上、当該説明の存在を認定しなかった裁判所の判断も妥当であると考えられる。また上記②の説明について、かりに当該説明があったとすれば、日々の来店者数について説明と異なる状況にあったこととなるが、裁判所が指摘するとおり、事前予約の時点でサービス提供日時を調整することができたことからすると、クーポン利用者総数が原告の想定を明らかに超えるものとはいえないとした裁判所の判断は妥当であると思われる。

第10章

電子決済

1　電子決済・ポイント・マイル

1　電子決済

決済とは「金銭等の受払で債権債務を解消」することをいう（日本銀行）。現実売買であれば、税込み1,080円のモノに対し、1,080円を手渡し、レシート（または領収書）の交付を受けることで決済が終了することになる。振込みなど金融機関を利用した送金の場合には、資金の受け手の指定する金融機関に存する預金口座に送り手から送金され、振り込まれ、記帳された時点で決済が終了する。送金元と送金先が同一銀行内の口座であるならば、当該銀行内部に存するそれぞれの預金口座のデータを書き換えるだけで決済は終了する。

電子決済は、大雑把に整理するならば、上述の同一銀行内で行われている口座データの書換えを、他の金融機関に規模を拡大して実施しているものにほかならない。非常に簡単な電子決済を（法律上の問題をさておいて）概念的に理解するために記載すると、以下のとおりである。

1つのサーバ、複数の端末（例として3つ）とこのサーバと端末をつなぐ通信手段が存在しているシステムにおいて、各端末には、これを認識するための記号（A、B、C）が設けられ、その記号ごとに対応するアカウント（口座）がサーバ内に設けられており、これらアカウントごとに金銭の保有に関する情報その他の情報が記録されている。

あるとき、アカウントAの持主がアカウントBの持主から商品を購入した。代金の支払いについては、アカウントAの持主は、電子決済で済ませようと思い、アカウントAに記録されている金銭データのうち、代金相当部分を、アカウントBに移転する命令を自らの使用する端末から出した。サーバは、この命令を受け取った際、アカウントAにある金銭情報のうち、代金相当部分を減らし、アカウントBにおいて、代金相当分を増やす処理を行い、その処理を行った結果についてアカウントAおよびBに通知する。ちなみに、アカウントAの持主が手持ちの金銭が足りないとして、アカウントCの持主から借り入れる場合には、アカウントCにおいて代金相当部分のデータを減らし、アカウントBに代金相当部分のデータを増やす処理が行われる。そのうえで、アカウントAとアカウントCの持主の間の代金支払いをめぐる約定をふまえ、たとえば、2回に分けて分割払いをする場合には、来月、再来月とアカウントAの代金相当額の半額（+利息）が減らされ、アカウントCに代金相当額の半額（+利息）が増やされる処理が行われる。

上述のシステムを通信手段で結ぶことで遠隔地間の取引であろうと決済が容易に可能となり、また、こうしたサーバと端末からなるシステムを複数傘下に抱え、かつ、別なシステムと決済を可能にしたものが現在の決済システムにほかならない。

2　ポイント・マイル

ポイント・マイルとは、事業者の提供するサービスの利用、販売する商品の購入、店舗への来店などの際、その利用した金額との一定の比率や来店した回数など、所定の条件に基づいて、事業者において利用者に与えることのできる価値（ポイント・マイル。以下、特に違いがないかぎり、すべてポイントと呼称する）を付与するものである。利用者に付与されたポイントは、次回以降の利用の際に、商品またはサービスの代金の全部または一部への充当、事業者が提供する物品などへの交換、さらには、他の事業者が提供するポイントと一定の条件で交換が認められている。

ポイントについても、上述したアカウントの処理と同様に、事業者において特定の顧客のポイントに関するデータを蓄積するためのアカウントを設け、決済・来店などに伴って一定の条件でポイントを発生させ、そのデータを蓄積し、利用者ポイントを利用する際に、当該アカウントにおいて蓄積されたポイントのデータを減じているなど、大枠の仕組みは同じように理解することができる。

[2]　電子決済と法規制

1　銀行法、資金決済法に基づく規制

こうした電子決済に関する法規制としては、まずは決済が、たとえば銀行預金口座の振替えなどで行われ、これはいわゆる振替え・送金の形態をとるため内国為替取引に該当することから、銀行法の規制を受ける（10条1項3号）。さらに小口の為替取引の特例として、資金決済法において、少額（2条2項「少額の取引として政令で定めるものに限る」をふまえ、同法施令2条により100万円）の為替取引について規制している。

資金決済法が導入された経緯は、情報通信技術が発達し、スマートフォン、パソコンなどの情報端末を利用して容易に資金移動などを行う基盤が整ったこと、他方で利用者の側の生活環境の多様化に伴って24時間、場所を問わずに安価に決済をする必要性が増大したこと、また従前の前払式証票の規制等に関する法律では、サーバ型の前払式支払手段（利用者の手元には、利用者を特定する情報があるのみで、金額情報が事業者のサーバにおいて管理されているもの）が含まれておらず、これらを法律上適切に規定する必要性があったことなどが挙げられる。

こうして、1回あたり100万円という一定以下の金額につき、銀行以外の事業者にも資金移動を認めて利用者の利便性の向上を図るとともに、資金移動を提供する事業者を登録制とし、かつ、資金移動業を適正かつ確実に遂行するための①財政的基礎と②体制、および③資金移動に関する法令を遵守するための体制、のそれぞれの整備を求めて利用者の保護を図った。
この資金決済法の制定に伴い、前払式証票の規制等に関する法律は廃止されている。

この資金決済法に基づいて登録を受けた資金移動業者は、送金途中にあ

り、滞留している資金の100パーセント以上の額、かりに滞留している資金が1,000万円以下の場合には、最低でも1,000万円を保全する必要がある。また、上述した「資金移動業を適切かつ確実に遂行するための体制整備」として、社内規則などを定めて運営することとなっている。この社内規則などを定めて運営する場合に求められるのは、まず社内規則などの内容が合理的なものであり、かつ、実際の運営が当該社内規則に沿って行われているか内部管理部門を設けて検証し、かりに問題を生じている場合には、事業者が自ら是正をする体制となっていることである。

2　犯罪収益移転防止法に基づく規制など

次に資金の移動が容易になることで、マネーロンダリングや反社会的勢力による利用が容易に可能になることを防止するため、犯罪収益移転防止法に基づき、本人確認を実施する必要がある本人確認、疑わしい取引の抽出および届出のための体制整備が求められる[1)]。

実務上、最も悩ましいのが、疑わしい取引の確認およびその届出と思われることから、この点についてまず述べたい。一般社団法人日本資金決済業協会のウェブサイトでは、「利用者の属性、取引時の状況その他資金移動業者の保有している当該取引に係る具体的な情報を総合的に勘案するなど、適切な検討・判断が行われる態勢が整備されている必要があり、特に①資金移動業者の行っている業務内容・業容に応じて、システム、マニュアル等により、疑わしい利用者や取引等を検出・監視・分析する態勢が構築されていること、②態勢整備にあたっては、国籍、公的地位、利用者が行っている事業等の利用者等属性や、外為取引と国内取引との別、利用者属性に照らした取引金額・回数等の取引態様が十分考慮されているか、といった点が留意される必要がある」としている。

この疑わしい取引の届出は、各資金移動業者において、資金移動を利用する者の情報を蓄積しつつ、送金相手の属性（家族であることが明らかか、または第三者か）、送金の頻度（繰り返し同一人物に送金しているか）、送金額（1

---

1)　以上、「金融庁事務ガイドライン第三分冊：金融会社関係14. 資金移動業者関係」参照。

回あたりの送金額の上限が100万円であることから、同一日時や近接した日時に何度も送金し、上限を超える金額を送金する意図が認められるか）などから、通常の資金移動と異なるとして注意するべき一定の基準を策定し、その基準に抵触する取引が行われた場合に、監督官庁に届けることとなろう。反社会的勢力やマネーロンダリングの手段として資金移動を目論む者は、銀行など本人確認・疑わしい取引の確認が厳格な主体を回避して、確認が相対的に緩やかな資金移動業者を利用する可能性を否定できないし、いったん相対的に対応の緩やかな事業者として反社会的勢力などに目を付けられれば、次々違法な送金に利用される可能性を否定できないため、疑わしい取引の抑止のための体制整備と運営はきわめて重要である。

次に、犯罪収益移転防止法に基づく本人確認について述べる。利用者が金商業者の実店舗に来店する場合には、写真付きの公的身分証明書など本人確認の書類の提示を求めて確認することとなるが、ネット取引の場合、本人確認書類の提示を受けるとともに、「書留郵便若しくはその取扱いにおいて引受け及び配達の記録をする郵便又はこれらに準ずるもの」を転送不要郵便として、本人に送付して確認を行う必要がある（犯罪収益移転防止法施規6条1号ロ）。

きわめて実務的な点について述べると、従前の配達記録郵便が廃止され、現在書留または簡易書留以外では、配達の記録が行われていないことから、代替「的な」サービスである「特定記録付き郵便」を使おうとしても、主務官庁（警察庁）によれば、この特定記録付き郵便は、引受けと郵便ポスト等への投函は記録しているものの、受領者本人に配達した旨の記録はとらないため、「その取扱いにおいて引受配達の記録をする郵便又はこれらに準ずるもの」に当たらないと解釈されているので注意する必要がある。

3　その他の法規制について

(1)　消費者契約法

電子決済、特に資金移動についての契約も、消費者契約法の対象に該当するから、資金移動にあたっての手数料についての記載が、明らかに誤解を招きやすい表現となっていれば、取消しの対象となりうる。もっとも、いちばん問題となりうると思われる手数料については、第1章④消費者契約法の箇所で述べたとおり、資金移動の際、具体的に資金移動をする金額および当該資金移動に要する手数料について画面表示し、確認の意思表示を求める画面上に表示されるボタンを押す仕組みを採用している場合、その表示の文字が小さく読みがたく、それまでの画面で実際に適用されるのとは異なる低い手数料をことさらに表示しつつ、最後の確認画面で実際に適用されることとなる手数料を表示したといったケースを除き、誤認したとはいいがたくなろう。

(2)　景表法

電子決済に伴い、たとえばポイントが付与されている場合、当該ポイントは、景表法の規制対象である総付景品に該当しうる。ただし、そのポイントが、自らの店舗に次回以降来店した際、代金の一部に充当可能といった場合などには、「自己の供給する商品又は役務の取引において用いられる割引券その他割引を約する証票であって、正常な商慣習に照らして適当と認められるもの」として、景品類には該当しない（「定義告示運用基準」）。他の事業者でも共通して支払いに充当することのできるポイントの提供は、景品類の提供に該当するものの、自店または他店で共通して使用することのできる同額の割引を約する証票は、正常な商慣習に照らして適当と認められるものであれば、景品類に該当するとしても、総付景品規制は適用されない（「総付制限告示運用基準」）。

ここでは、いずれも「正常な商慣習に照らして適当と認められるもの」と規定され、そうするといかなる程度であれば正常な商慣習といえるかが判断のカギになるが、ポイントの場合、いったん付与されれば、従前のポイントと合算されて代金の一部または全部として使用可能になることから、付与段階でどの程度の割合で付与されるかが、「割引」として解釈する際に重要なカギとなる。事業者の場合、一定のポイントを付与し、次回以降の取引で利用可能とすることで、顧客を自己において継続的に取引を行う動機づけとしており、どの程度のポイントを付与（割引）すれば、自己と継続的に取引をするかといったデータを保有していることから、当該データをふまえ、事業者自らが還元可能な利益の範囲内でポイントが付与されているか否かが、正常な商慣習の範囲内か否かを判断するうえで重要なカギの一つとなろう。

このポイントについては、家電量販店において付与されるものでも、クレジットカードなどの利用に伴って付与されるものでも、いずれも割引として整理されるかぎり基本的には同一の性質のものとして扱うこととなる。

なお、先に消費税が5パーセントから8パーセントに引き上げられた際、消費税分をポイントとして割り引くことは認められないとされた。これは、消費者が消費税を負担していないまたはその負担が軽減されているかのような誤認を消費者に与えないようにするとともに、納入業者に対する買いたたきや、競合する小売事業者の消費税の転嫁を阻害することにつながらないようにするため、事業者が消費税分を値引きする等の宣伝や広告を行うことを禁止（消費税転嫁特別措置法8条3号）したものである。この問題は、消費税が将来10パーセントに引き上げられる際にも同様に生じうる。なお、禁じられているのは、消費税分をポイントとして付与するといった文言であり、企業努力により、同等の額を割り引くこと自体は禁じられていない。このあたり、取引現場で前者に該当するような説明が行われないよう注意が必要である。

3　電子決済と契約責任

1　責任軽減または免除の当否

以下では、電子決済に伴い、事業者（サービス提供者）と利用者などの間で生じうる責任問題について述べる。

電子決済の場合、ことさらに事実と異なる内容の決済を行い、または、過失により過誤の決済を実行すれば、当然に債務不履行責任および不法行為責任を生じる。この責任について、特段の理由もなく軽減または免除を認めることは、利用者の立場からすると、合理的な理由なく一方的に負担を強いられているに等しいことから、その効力が否定されるべきものである（消費者契約法8条1項1号・2号）。他方で、サービス提供者においてシステム障害が生じた場合に備えた責任軽減規約・約款は、各サービス提供者において広く規定されているところであるから、この有効性や正当化できる範囲について検討することとしたい。

2　具体的な約款の検討

事業者において責任軽減約款を設ける場合、具体的な条項はたとえば以下のとおりである。

［例1］サービス提供者に帰責性が認められる場合であっても、本サービスの利用に対し○○○が賠償する損害は、通常生ずべき損害に限り、かつ、損害の原因が生じた月に係る利用料の月額の合計金額を上限とする。

［例2］次の各号の事由により、当社の提供するサービスの取扱いに遅延、不能等が生じた場合、これによって生じた損害については、当社は責任を負いません。
当社または金融機関の共同システムの運営体が相当の安全策を講じたにもかかわらず、端末機、通信回線、またはコンピュータに障害が生じたとき。

電子決済のケースに限らず、債務不履行または不法行為に伴う損害賠償の範囲の基本は、相当因果関係の範囲内となるから、システム障害などにより、予定していた電子決済が妨げられれば、妨げられた取引と相当因果関係の範囲内にある損害について、賠償することとなるのが原則である。他方で、電子決済などのサービスを提供する側からすると、月額で利用料を徴収する場合、定額または個々の取引あたりの利用額の○パーセントといった形となっている。このため万が一に大規模なシステム障害を生じると、これにより妨げられた取引の範囲も膨大となり、その妨げられた取引を逸失利益として賠償することとなれば、金額も膨れ上がりかねない。こうしたことから各事業者において、注意を尽くした場合には免責とし、そうでないとしても、月額利用料の○か月分といった形でその責任である賠償額を制限することで、発生しうる最大損失を事業者側にとって予測可能なものとしている。

問題はこうした免責・責任軽減をはたして正当化しうるかにあり、たとえば免責約款で最も身近なものと思われる電気通信事業においては、かつては電気通信事業法において、また電電公社の民営化後の各電気通信事業会社においては約款において責任軽減を行っている。電気通信事業者においてこうした責任軽減約款が許容される理由は、電気通信といった社会的インフラを営む事業者に無制限の負担を負わせると、かえって社会的インフラ自体の維持が困難になる危険性があること、システム障害について、相当の注意を尽くしていても障害は発生しうること、またその障害原因の究明を試みたとしても、技術的な限界から究明しきれないことがありうる、といった理由が挙げられる。

これらの点について電子決済サービスを提供する事業者において妥当するか検討すると、電子決済は、これを利用する者の間での債権債務の解消を行う点で取引社会において重要な部分を担うものとして社会的インフラまたはこれに近い性質を有すること、また相当の注意を尽くしていてもシステム障害は発生しうること、技術的限界から障害原因を究明しきれない点については、いずれも電気通信事業者と事情がまったく同様である。他方で電子決済サービスにおいて一定の範囲への責任制限を許容することで事業者の参入障壁が低下することは間違いないから、それにより電子決済サービスを提供する事業者が増加して競争が活発化し、利用者の選択肢やサービスの充実、手数料の低廉化といったメリットが利用者側にもある。

こうして最終的に具体的に免責を認める場合や、軽減する範囲、さらには利用者の側において代替的な手段の確保が容易に可能であったか、といった事情次第となろうものの（たとえばクレジットカードの場合、手間をいとわなければ、端末が使用不能な場合でも直接電話で手続することで使用することは可能である）、単に免責や軽減していることのみを理由として消費者契約の観点から無効と判断するのは適当ではなかろう。

4　仮想通貨（ビットコインなど）について

1　仮想通貨というブロックチェーンを用いたシステム

仮想通貨（ビットコインなど）には、これまで述べた管理システムとは異なり、ブロックチェーンという方法を採用し、取引履歴を集約したブロックを全ノード（ネットワークを構成する者）に加筆する形で共有して運用されているものがある。この方式は、過去のすべてのビットコインの取引が記録され、新しい取引を、末尾のブロックに書き込む。この新しい取引が行われるにあたり、送金を希望する者の金額と手数料、受取人に関する情報など所定の情報が送信されると、ネットワーク上をリレーされてトランザクションプールに入り、マイナー（採掘者）というノードが、当該手数料で引き受けるとした場合、そのノードにおいて、他の取引とともに、ブロックという形にまとめ、先行するブロックに記録される。

取引を取捨選択し、ブロックをまとめるのがマイナーの自由であることから、ブロックの作成について複数のマイナーによるブロック作成が競合することはありえる。このため新しいブロックが記録されるには、各マイナーにおいて計算量の大きな問題を解く必要があり、最初に解いてブロックを追加した者に、ブロックが一定数追加された後、一定額の報酬が支払われる。なお、ブロックチェーンは、分散システムであることから、複数のマイナーにより、同時にブロックが記録されることがある。その場合、いったんブロックが分岐し、その後多くのブロックが追加されたほうが有効として残る。

2　ブロックチェーンを利用するメリットとデメリット

ブロックチェーンを利用したビットコインは、利用者同士で決済が可能であり、いわゆる仲介者が不要であり、中央で管理する者を要しない。しかも、ブロックに書き込まれた内容は各ノードで共有されるため、取引記録のねつ造をするには、各ノードにおける過去の取引履歴すべての書換えを要し、ねつ造自体が困難となっている。しかも、公開鍵暗号方式、一方向ハッシュ関数などの技術、取引の安全性を担保する方法が採用されており、たとえば、取引履歴は各ノード上で誰でも参照可能ではあるものの、送金されたビットコインを「使用」することができるのは、秘密鍵により復号可能な特定の相手に限定されるといったやり方となっている。

こうしたねつ造の困難性の観点から、たとえば、登記情報など、不正な書換えが困難で、一度記録した情報が各ノードで共有されるという特徴を活かすことでの利用可能性が指摘されている。

取引における決済手数料について送金者が自由に設定でき、たとえばクレジットカードが2〜8パーセントであるのに対し、概ね2パーセント以下と相対的に低いとされる点も特徴である。ただし、ブロックを記録するマイナーにおいて、トランザクションプールから特定の送金を採用するか否かは、手数料の金額を考慮するから、手数料が低いと送金されないことがありえる。また、取引は、ネットワーク内で行われ、物理的な障壁はないことから海外送金も容易となっている。この海外送金は用意である点および取引自体は匿名（一定の「アドレス」間。しかも取引ごとに作成することが容易に可能）で行われていることから、マネーロンダリング目的の利用を抑止するには、取引参加者が取引のために利用する「仮想通貨の取引所」における本人確認を厳格に行う必要がある。

次にブロックチェーンを用いた決済の場合、取引が最終的に終了するまでに一定程度の時間を要することから、証券取引など大量な取引を迅速に処理する取引に採用する場合や、買い物など、その場で現金決済的に即時処理をするにあたっては、ハードルが存する。後者については、見切り発車で取引を成立させたうえで、万が一の場合には保険でカバーするといった対応をすることで取引参加者のリスク分散が必要となろう。

3　法規制について

仮想通貨については、資金決済法と犯罪収益移転防止法の改正により、仮想通貨を「物品を購入し、若しくは借り受け、又は役務の提供を受ける場合に、これらの代価の弁済のために不特定の者に対して使用することができ、かつ、不特定の者を相手方として購入及び売却を行うことができる財産的価値（……）であって、電子情報処理組織を用いて移転することができるもの」または「不特定の者を相手方として……相互に交換を行うことができる財産的価値であって、電子情報処理組織を用いて移転することができるもの」（資金決済法2条5項）と定義し、取り扱うためには、（実際には財務局への）登録を要することとした。この登録を受けた業者については、資本金の額及び純資産額の規制がかかるほか、顧客資産の分別管理といった規制がかかることとなった。

4　今後について

わが国の金融資産に関する取引の現状をみると、取引のためのシステムそのものに信頼性がある、という点が幅広く理解されるまでは、国または国の登録・免許を背景とした金融システムに対する信頼感が重視され、利用が劇的に増えるには時間を要するように思われる。とはいえ、既存の金融機関がATMの運用維持のために費やしているコストの負担も決して小さくない。たとえば、ブロックチェーンを利用した決済システムの採用で、たとえば過疎化した地方の費用削減や生産性の向上に限らず、銀行業務のうち、決済や為替業務については大きく変容させることが可能となろう。

ちなみにブロックチェーンの採用で中央銀行そのものが不要になるかというと、わが国の日本銀行の金融政策の目的である物価の安定という点や、決済システムの安定（信用秩序の維持）という点について、現状のブロックチェーンによる決済システムは、分散システムであり、可用性（サービスが停止しない）や、分断耐性（ネットワークの一部が切れたときにサービスが止まる）が特徴であるとしても、現時点で日銀の機能に代替するものたりえない。

5　今後の課題（電子決済に伴うデータの蓄積と利用）

電子決済に伴うサービスについては、新しいサービスを導入しても、当該サービス自体を特許権などの知的財産権で独占的に保護することができないかぎり、競合他社も早晩類似のサービスの導入を図るから、サービスによる差別化により優位性を維持し続けることはなかなか難しい。そこで近年では、利用者のデータを蓄積し、決済における行動、たとえば、年齢、性別、職業、年収、住所などと、具体的な決済に係るデータを蓄積して分析し、新しいサービスの開発や、営業に活用する動きが出てきている。いわゆるビッグデータの活用といわれるものであり、たとえば、クレジットカードの決済サービス関連事業者では、以下の内容を含む規定を設け、データの収集、加工、利用を可能としている。

① ○○は、契約者が本サービスを利用する目的の範囲内で、契約者の情報（個人情報、秘密情報その他の情報）を取得できるものとする。秘密情報の取扱いは本契約に即して、また、個人情報の取扱いは別途定める個人情報保護に関する規定に即して取り扱うものとし、その他の情報についても必要に応じて別途取扱規定を定めたうえ取り扱うものとする。
② 契約者は、サービス提供者が利用契約に基づき、または、これに関連して取得した秘密情報について、○○と○○の間において相互に提供し、共有することにつき、あらかじめ同意する。ただし、サービス提供者は提供した相手方にサービス提供者と同様の秘密保持義務を課す。
③ 契約者は、サービス提供者が、本サービスの提供に利用するため、提携する利用カード会社、クレジットカード等アクワイアラー（加盟店管理事業者）、クレジットカード等加盟店、電子マネー発行会社、電子マネーアクワイアラー、電子マネー加盟店、端末設置会社、端末メーカー等に対し、秘密情報を提供することにあらかじめ同意する。ただし、サービス提供者は開示の相手方にサービス提供者と同等の秘密保持義務を課すものとする。
④ 契約者は、本サービスの利用にかかわらず、秘密情報および契約者が端末を使用して行ったすべての取引に関する売上金額等の情報について、サービス提供者が、秘密情報として、または情報の匿名化などの処理のうえ、ビッグデータとしての活用、販売促進その他の本サービス以外の事業にも利用することを承諾するものとする。ただし、サービス提供者は提携する事業者に対し、当該事業者が情報を秘密情報として受領する場合、サービス提供者の負うのと同様の秘密保持義務を課すものとする。
⑤ 契約者は、サービス提供者と加盟店、端末設置会社がそれぞれ契約者に対して保有する債権の支払状況（延滞情報等を含む）について、必要に応じて相互に情報を提供し、共有することにあらかじめ同意するものとする。
⑥ 契約者は、前項によりサービス提供者と加盟店、端末設置会社が相互に提供を受けた情報を参考に情報として、それぞれが提供するサービスや役務の停止、契約の解除を行うことについて、あらかじめ同意するものとする。

現状では、ビッグデータについて、これを加工や利用するに際し、知的財産権としての保護を受けることができないため、まず収集の際に、包括的な同意をとることで取得し（上記①）、その後の利用にあたっては、個別に利用を希望する当事者同士で利用に関する契約を締結することとしている（上記②以下）。特にビッグデータについては上記④で利用に関する承諾について規定している。現在、議論されているように、ビッグデータなどの一定のデータの蓄積と利用に関する保護が立法上実現した暁には、こうした取得や利用について、契約を締結して実施すること自体は変わらないにしても、許諾なく取得し、または利用した場合などに保護されることで、これまで各事業者において蓄積されたデータがより有効に活用されるものと思われる。

第2編

インターネットの利用と他人の法的利益との関係

総　説
インターネットを利用する場合における他人の法的利益を侵害するリスク

1　はじめに

本編は、ネットを利用する場合における他人の法的利益の保護との関係について、名誉、個人情報、プライバシー、肖像権、著作権、商標権、不正競争防止法について検討するものである。本章においては、各法的利益に関するネット特有の問題に関する視点を提示したうえで、ネットの越境性にかかわる問題点を概観する。

2　表現行為と名誉権等との対立について

ネット上において、表現行為と名誉、プライバシー、肖像権、著作権等の法的利益との対立が数多く生じている。表現行為と、これらの法的利益との対立は従前より生じていたものであるが、ネット上の表現行為の特性に鑑み、新たな考察が必要になっている。

1　ネットと表現の自由

国民には、憲法21条1項により表現の自由が保障されており、誰もが自由に表現し、情報を発信することができるのが原則である。しかしながら、実際には、情報の発信者としての地位は、一部マスメディアおよびこれにかかわる者（ジャーナリスト、作家等）に集中し、一般国民は、もっぱら情報の受信者としての地位に固定化された状況であった。このように、情報の発信者の地位と受信者の地位が分離固定化された結果、一般国民の表現の自由は、表現の受領者の自由である、知る権利としての意味合いを強めていた。

しかしながら、ネットの発現により、ネットに繋がりさえすれば、誰もが自由に広く情報を発信できるようになった。ネットは一般国民のもとに発信者としての地位を取り戻す点において、一般国民の表現の自由の保障に大きく資するものである。

2　ネット上の表現行為特有の問題点

他方で、ネット上での表現行為は、双方向性、匿名性、瞬時性、拡散性、永続性等の特性から、従来型の表現行為とは異なる、様々な問題を生じさせる。以下では、上記特性ごとに、問題点を概観する。

(1)　双方向性

従来型のメディア（新聞、雑誌、テレビ等）においては、発信者と受信者の間の双方向性は希薄で、プロフェッショナルとしてのジャーナリストや作家等のみが、自らの職業倫理等に基づく制約のもと、発信をすることができる。その際、明らかに他者の法的利益を侵害するような内容が発信されれば、発信者は批判を受け、社会的なダメージを受けることになる。そのため、発信内容については、（例外はあるものの）一定程度の質や適法性が担保されていたと評価できる。

これに対して、ネット上においては、誰もが発信者となり、受信者となりうる点において、双方向性がより強く認められる。すべての一般国民が、特段の制約なく発信ができる点において、従来型メディアを通じた表現行為と比較すると、発信内容の質や適法性が担保されにくいといえる。

かかる特性も一要因と考えられるが、ネット上の表現行為については、他者の法的利益の侵害を理由とする紛争がきわめて多い。特に、著作権法については、その適用場面が拡大しているといえよう。SNSをはじめとする各種ネットサービスの発展により、一般国民が発信主体たる地位に基づいて他者の著作権を侵害したり、自らが発信した内容について成立した著作権が侵害されたりする場面が増大しているのである。

(2)　匿名性

ネットにおいては、相手が面前におらず、しかも相互に匿名[1)]による表現活動を行うことができることから、他者の権利利益を侵害するような違法な情報発信に対する心理的障壁が低く、無責任で違法な発信がされやすいという特性がある。ネット発現前においても、匿名による表現活動は存在したものの、それは無記名でのビラ配布等、手段が限られていた。そのため、一般国民に広く流通する形での表現活動は、匿名では事実上難しく、表現者の特定に困難を来す場面は多くなかった。

これに対して、ネット上の表現行為によって権利利益を侵害された場合、その匿名性により、そもそも発信者の特定に困難を来すことが多い。被害者の権利救済の観点からは、発信者を特定する手段を確保する必要があるが、他方で、発信者の（匿名による）表現の自由、通信の秘密、プライバシーの保護等に配慮する必要性も否定できない。そこで、プロバイダ責任制限法をはじめとした各種法律の解釈、ガイドライン等を通じて、調整が図られている。

(3)　瞬時性

ア　表現行為と発信行為との間の時間的間隔の存否

従来型メディアを通じた表現行為の場合、発信者による表現行為、媒介者たるメディアによる編集行為、世間に対する発信行為という経過をたどるため、表現行為と発信行為との間には時間的間隔が存在する。この時間的間隔の存在により、発信者は発信前に再考等することで冷静になり、感情的な表現を一定程度差し控えることができる。また、編集権者であるメディアは、自らも発信者としての責任を負担することから、必然的に、編集行為によって問題があると考える表現を修正等することとなる。

---

1)　ネットの利用においては、端末ID、IPアドレス、クッキーID等様々な情報をインターネットサービスプロバイダに提供していることから、ネット上においても厳密な意味での匿名性は確保されず、「条件付きの匿名」であるといわれる（山本龍彦「インターネット上の個人情報保護」松井茂記＝鈴木秀美＝山口いつ子編『インターネット法』〈有斐閣・2015年〉274頁）。

これに対して、ネット上の表現行為については、表現行為と発信行為との間に時間的間隔がなく、媒介者による編集行為も介在しない。その結果として、従来型メディアを通じた表現行為と比較して、他者の法的利益を侵害するような表現行為がなされやすいといえる。

特に、媒介者の役割については、違いが大きい。ネットにおける媒介者としてのインターネットサービスプロバイダ（以下「ISP」という）は、自らがコンテンツを発信する場合でないかぎり、発信情報に対する編集権をもたないことから、その表現行為に対して、限定された責任を負担するにとどまる。この点については、媒介者の被害者に対する責任（発信情報の削除、発信者情報の開示等）、加害者に対する責任（発信情報を削除したことについての加害者に対する責任等）がそれぞれ問題となる。これらの問題についても、プロバイダ責任制限法をはじめとした各種法律の解釈、ガイドライン等を通じて、調整が図られている。

イ　短時間でのデータ通信の容易性

ネットにおいては、大量の情報を短時間に送受信できるという意味においても、瞬時性がある。特にファイル交換・共有システム等の発展により、動画・画像・音声等、容量の大きいデータを公衆に送信、または受信（複製）したりすることがきわめて容易になった結果、著作権の侵害される場面が増大している。これらの問題については、主に著作権法の改正、解釈等を通じて調整が図られている。

(4)　拡散性・永続性

従来型メディアを通じた表現行為には原則として永続性はなく、一度の発信行為により表現行為は終了する。当該表現行為によって法的利益が侵害された者は、損害賠償、謝罪広告等によって権利回復を図っていくこととなる。

これに対し、ネット上の表現行為によって、法的利益が侵害された場合、その表現は世界中に拡散され、削除されるまで侵害行為が継続することとなる。このため、ネット上の表現については、発信情報の削除等、被害者救済のために、新たな手続が必要となっている。これらの問題についても、プロバイダ責任制限法をはじめとした各種法律の解釈、ガイドライン等を通じて、調整が図られている。

3　プライバシー権等と個人情報保護法との関係について

情報化社会の進展に伴い、プライバシー権は、その自己の情報を侵害されないという自由権的な側面のみならず、自己情報コントロール権として、その請求権的側面についても保障されるべきと考えられるに至った（憲法13条）。この自己情報コントロール権の具体化として、各種個人情報保護法制が整備されてきたものである。

近時では、ネットをはじめとした情報通信技術の著しい発展、スマートフォン等の普及等により、住所・氏名等といった個人情報にとどまらない、パーソナルデータの取扱い等が問題になっている。公権力および民間事業者によるパーソナルデータの利活用をどこまで認めるか、他方で、これらパーソナルデータはどのように保護されるべきか等について、主に個人情報保護法の改正、ガイドライン等を通じて、調整が図られている。

4　営業の自由と、商標権・不正競争防止法との関係について

商標権・不正競争防止法との関係においては、ネットの発現により、従来は想定されていなかった態様での他人の法的利益の侵害が生じている。これも、国民の職業選択の自由（憲法22条1項）から導かれる営業の自由との対立を生むものである。

たとえば、商標権の不当利用（フリーライド）、不正競争防止法に基づく著名表示の冒用行為等については、当然のことながら、それらの名称等を、明示的に利用する方法による侵害が前提と考えられていた。しかしながら、ネット上では、それらの名称等を明示的には利用しないものの、ウェブサイトにおけるタグとして利用し、他者の商標において検索した結果、自己の情報が検索されるようにする等、新しい形での権利侵害が問題となっている。

このように、商標権・不正競争防止法との関係においても、ネットの特性に応じた、新たな検討が必要となっている。

5　ネットの越境性について

最後に、以上の1～4に共通する問題点として、ネットの越境性に関する問題を挙げることができる。

ネット上では国境がなく、ごく例外的な国を除いて、ネット上に発信された情報は、世界中からアクセスすることができる。その帰結として、ネットを通じて他者の法的権利利益を侵害した場合における、越境性の問題が生じる。具体的には、裁判管轄、準拠法、外国判決の承認・執行の3点が問題となる[2)]。

以下では、日本人であるX（日本に居住）が、アメリカ人であるY（アメリカに居住）から、イギリスのサーバに情報をアップロードする方法により、名誉を毀損された場合を例として、検討する。

1　裁判管轄

いわゆる国際裁判管轄においても、被告住所地が原則的な管轄地となる(民事訴訟法3条の2)。もっとも、一定の場合、または一定の類型に属する事件については、特別管轄が広く認められている（同法3条の3)。

不法行為に関する管轄については、原則として、不法行為があった地が日本国内にあるときは、日本の裁判所の管轄が認められる（同法3条の3第8号)。ただし、例外として、日本での結果発生について加害者に予見可能性がなかった場合には、管轄が認められない（同号かっこ書)。

上記の例では、Yに、日本での結果発生について予見可能性がなかったと認められることは（例外的な場合を除いて）考えにくいため、日本の裁判所の管轄が認められることとなろう。

2　準拠法

民事法の適用については、法の適用に関する通則法3条以下に規定されて

2)　個人情報との関係では、ネットの越境性に基づき、域外適用の規定（個人情報保護法75条）等が改正により新設されている。

いる。同法は、連結点（準拠法を指定するための基準となるもの）を、各法律関係に応じて規定しているものである。

不法行為については、同法17条に規定されているものの、名誉または信用の毀損については、同法19条により、被害者の常居所地法とする旨が規定されている。

上記の例では、Xの常居所地法は日本であるため、その準拠法は日本法となる。

3　外国判決の承認・執行

外国裁判所の確定判決がある法律関係について、日本の裁判所に対して訴訟が提起されることがある。この場合、当該外国裁判所の確定判決が民事訴訟法118条各号の要件を満たせば、日本においてもその効力を有することとなる。

上記の例では考えにくいが、XのYに対する損害賠償請求訴訟について、すでにアメリカの裁判所による確定判決がある場合には、当該判決が民事訴訟法118条各号の要件を満たせば、日本においてもその効力を有することとなる。

6　結　語

以上のとおり、ネットを通じて他者の権利利益を侵害した場合には、ネット自体の特性から、従来は検討されていなかった様々な問題点が生じることとなる。

問題点の検討にあたっては、「オフラインで違法なものは、オンラインでも違法である」[3)]という考え方を原則としつつ、ネットの特性を十分に考慮したうえで、各当事者の利益状況等を勘案しつつ、柔軟に検討を行う必要があるといえる。

3）　曽我部真裕＝林秀弥＝栗田昌裕『情報法概説』（弘文堂・2015年）25頁。

第1章

名誉毀損

1　はじめに

ネットの発現により、一般市民が容易に表現活動を行うことができるようになった反面、熟考を経ない、感情的な表現活動がネットを通じて広く世界に発信されうることとなった。その結果、ネット上においては他者の名誉を毀損する表現がきわめて多い。

本稿では、名誉毀損[1)]に関する従来の議論を概観しつつ、ネット上の名誉毀損についての特殊性を中心に検討する。

2　名誉毀損とは

1　名誉の具体的内容

名誉毀損における「名誉」（民法710条、723条）とは、人の品性、徳行、名声、信用等の人格的価値について社会から受ける客観的評価のことをいい（最大判昭和61年6月11日民集40巻4号872頁、最判平成9年5月27日民集51巻5号2024頁）、人が自身の価値について有している主観的な評価である名誉感

1）　名誉毀損行為がされた場合、刑事事件における名誉毀損罪（刑法230条）の成否、民事事件における不法行為としての名誉毀損（民法709条、710条、723条）の成否の双方が問題となるが、本書の性格に鑑み、本稿においては、民事事件おける不法行為としての名誉毀損の検討を中心とする。

情は、これに含まれない（最判昭和45年12月18日民集24巻13号2151頁）[2)]。

2　民事事件と刑事事件の差異

民事事件における不法行為としての名誉毀損（民法709条、710条、723条）は、刑事事件における名誉毀損罪（刑法230条）と比較して、その範囲が広い。具体的には、名誉毀損罪の成立には事実の摘示が必要だが、不法行為としての名誉毀損は意見または論評の表明でも成立しうる（大判明治43年11月2日民録16輯745頁）。また、事実摘示の「公然性」は名誉毀損罪の構成要件となっているが、不法行為としての名誉毀損については明文の要件とはなっていない[3)]。

3　事実摘示型と意見・論評型

名誉毀損行為には、大きく分けて、事実を摘示する方法によるものと、意見・論評する方法によるものが存在する。両者は、証拠等をもってその存否を判断できるか否かによって区別されるところ[4)]、抗弁の内容に違いが生じることとなる。

[3]　名誉毀損の法的効果

他人の名誉を毀損した者に対しては、裁判所は、被害者の請求により、損

---

2)「名誉」には、外部的名誉（人に対して社会が与える評価）、内部的名誉（他人や本人の評価を離れた、客観的にその人の内部に備わっている価値）、名誉感情（人が自身の価値について有している主観的な評価）の3つの概念が存在すると考えられている（佃克彦『名誉毀損の法律実務〈第2版〉』〈弘文堂・2008年〉2頁参照）。なお、名誉感情の侵害については、名誉感情侵害の態様が、社会通念上許容される限度を超えて初めて不法行為が成立する（最判平成22年4月13日民集64巻3号758頁）。

3) しかしながら、実務上は、民事事件における名誉毀損の成立にあたっても、公然性を求めるのが通常である（松尾剛行『最新判例にみるインターネット上の名誉毀損の理論と実務』〈勁草書房・2016年〉111頁）。

4) 両類型の区別基準を判示したものとして、最判平成9年9月9日民集51巻8号3804頁。

害賠償に代えて、または損害賠償とともに、名誉を回復するのに適当な処分を命ずることができる（民法723条）。このように、名誉を毀損された者（被害者）は、名誉を毀損した者（加害者）に対し、不法行為に基づく損害賠償請求権（同法709条）、名誉回復措置請求権（同法723条）を行使しうる。

4　ネット上の名誉毀損における具体的問題点

以下では、ネット上の名誉毀損において特に問題となる点を中心に、事実摘示型と意見・論評型に分けて検討する。

1　事実摘示型の名誉毀損

(1)　社会的評価の低下

名誉毀損を理由とした不法行為に基づく損害賠償請求権が成立するためには、当該表現行為により、対象者の社会的評価を低下させたといえる必要がある。

社会的評価を低下させたか否かの判断にあたっては、当該表現行為の内容を特定したうえで、特定された内容によって対象者の社会的評価が低下するか否かを判断する必要がある[5)]。

ア　表現内容の特定

表現内容の特定にあたっては、一般の読者の普通の注意と読み方を基準に、判断することとなる[6)·7)]。

---

5)　佃・前掲注2）64頁。

6)　テレビ報道による名誉毀損について、最判平成15年10月16日民集57巻9号1075頁は、「……報道の内容が人の社会的評価を低下させるか否かについては、一般の読者の普通の注意と読み方とを基準として判断すべきものであり……報道番組によって摘示された事実がどのようなものであるかという点についても、一般の視聴者の普通の注意と視聴の仕方とを基準として判断するのが相当である。」とする。

7)　ここでいう「一般の読者」の具体的内容については、「単純な一般国民というよりも、当該表現が掲載される媒体の『読者』層が一般読者基準における『一般』の読者と理解するのが裁判所の傾向」（松尾・前掲注3）62頁）と考えられる。ただし、ネットにおいては、その表現が容易に拡散されるため、読者層が想定よりも大幅に拡大する可能性がある（詳しくは、松尾・前掲注3）63頁以下・5頁参照）。

特にネットにおける表現行為のうち、ネット掲示板への投稿等については、その投稿のみによっては内容が一義的に明確でない場合も多いため、前後の文脈等も考慮したうえで、一般読者基準により投稿の意味内容を特定することが重要となる[8]。

イ　社会的評価の低下の有無

実際に社会的評価が低下したか否かの判断にあたっても、一般の読者の普通の注意と読み方を基準とすると考えられている[9]。

社会的評価が低下したか否かの判断にあたっては、当該名誉毀損行為時における被害者の社会的評価を考慮する必要がある（東京高判平成14年9月25日判時1813号86頁参照）。先行する名誉毀損行為によってすでに社会的評価が低下している場合には、後行する名誉毀損行為による社会的評価の低下が否定されること等もあるからである[10]。特に、ネット上では、他者の名誉毀損行為の転載・引用等が多く行われることから、この点が問題となりやすい[11]。

8）　具体例として、当該投稿のみでは原告が暴力団員または暴力団関係者と主張するものとは解せないものの、同スレッドの内容や前後の投稿内容等を勘案して、当該投稿は、原告が暴力団ないし暴力団関係者であるとえん曲に、あるいは黙示的に主張するものと判断した例として、東京地判平成26年12月4日2014WLJPCA12048002、「ステマ」との投稿の趣旨を、原告によるステルスマーケティング行為を意味するものでなく、当該商品の愛好者が当該商品について好意的な投稿をする行為等の意味と解したものとして、東京地判平成26年5月12日2014WLJPCA05128004等。

9）　新聞について最判昭和31年7月20日民集10巻8号1059頁、テレビについて最判平成15年10月16日民集57巻9号1075頁、ネット上の記事について最判平成24年3月23日集民240号149頁。

10）「従前にマスコミ等から報道されてきた事実を簡潔にまとめたものに過ぎず、その内容は、本件記事が掲載された当時において、一般の読者が既に有していた知識の域を出るものではない」等として、後行の名誉毀損的表現について社会的評価の低下を否定した例として、東京地判平成21年7月28日（2009WLJPCA07288018）。

11）　東京地判平成21年5月26日2009WLJPCA05268027は、新聞社のウェブサイト上に掲載された名誉毀損的表現が、電子掲示板に転載されていた事例において、電子掲示板への転載は、新聞社のウェブサイトへの掲載以上に原告の社会的評価を低下させるものではないとしたものとした。東京地判平成25年11月12日2013WLJPCA11128015は、電子掲示板において新たなスレッドを始める際に、従前のスレッドの内容のまとめを冒頭に投稿する行為は、改めて原告に対する社会的評価を低下させる行為とはいえないとした。

⑵　表現者（侵害主体）[12)・13)]

ある表現行為が名誉毀損行為に該当するとして損害賠償請求等を行うにあたり、その相手方は、当該表現行為を実際に行った者となるのが原則である。

これに対し、表現行為の情報提供者[14)]や、表現者の名誉毀損行為を転載・引用した者も、例外的に侵害主体となるかが問題となる。特に、ネット上の各種ブログ、SNS、掲示板等においては、転載・引用等[15)]が頻繁に行われていることから、問題となりやすい。この点については、一般の読者の普通の注意と読み方を基準に、転載等した者自身の表現と評価されるか否かにより判断することになると考えられる[16)]。

なお、ネット上の名誉毀損の特殊性として、媒介者としてのプロバイダも侵害者となりうる点を挙げることができる[17)]。

12）　実際の訴訟においては、ネット上において匿名で表現した者の特定作業（プロバイダ責任制限法に基づく手続）が問題となることが多いが、本稿では検討しない。本書第3編第1章③等参照。

13）　検索エンジン等が名誉毀損の主体となるかも問題となるが、この問題はプライバシー権、「忘れられる権利」等の関係で論じられることが多い。本編第2章③参照。

14）　情報提供者が、提供した内容はそのままの形で記事として掲載されることに同意していた場合、または、提供内容がそのままの形で記事として掲載される可能性が高いことを予測しこれを容認しながらあえて情報を提供した場合には、表現者のみならず、情報提供者も侵害主体となりうる（東京地判平成20年4月22日判時2010号78頁）。

15）　他者の記載した内容を、そのままコピー&ペーストするのみならず、他のウェブサイトへのリンク、各種フェイスブック等のSNSにおける「いいね！」、ツイッターにおけるリツイート等も広い意味では転載・引用と評価しうると考えられる。これらについて詳細に検討しているものとして、松尾・前掲注3）267頁以下。

16）　具体例として、URLを記載した掲示板への投稿について、リンク先の記事内容を、自らの投稿内容に取り込んでいると判断した東京地判平成26年11月7日2014WLJPCA11078011、SNSの「いいね！」について、当該投稿に賛同の意を示すものにとどまり、当該発言と同視することはできないと判断した東京地判平成26年3月20日2014WLJPCA03208009、ツイッターにおけるリツイートについて、「ツイートをそのまま自身のツイッターに掲載する点で，自身の発言と同様に扱われるもの」として、リツイートした者の発言行為と判断した東京地判平成26年12月24日2014WLJPCA12248028等がある。

17）　プロバイダの責任については、本書第3編第1章③参照。

(3)　相手方（対象者）

問題となる表現行為が、対象者自身（被害を受けたと主張する者自身）の名誉を毀損したと評価できないかぎり、対象者に対する名誉毀損は成立しない[18]。

いわゆる匿名報道の場合は、一般読者の普通の注意と読み方に照らして当該記事を解釈すると特定の人物を指すと受け止められるようなものであれば、当該特定人に対する名誉毀損に当たると考えられている[19]。

ネット上では、対象者が匿名・仮名の状態で名誉を毀損される場合が多く、対象者が特定されていないのではないかが問題となりやすいが、匿名報道の場合とパラレルに考えることができよう。これに対して、対象者を特定できない場合の、ハンドルネーム等のネット上の人格に対する名誉毀損の成否については、見解の対立がある[20]。

(4)　違法性阻却事由（真実性・相当性の抗弁）

公共の利害に関する事実の摘示が、もっぱら公益を図る目的でされた場合

18）　漠然と集団等を対象とした表現には、名誉毀損が成立しないこととなる。肯定例として、所沢市の農作物が汚染されているとの報道が、所沢市内で農業を営む者の名誉を毀損するとした最判平成15年1月16日民集57巻9号1075号。否定例として、都知事による、「フランス語は数勘定ができない」等の発言はフランス語学校経営者、研究者等の名誉を毀損するものではないとした東京地判平成19年12月14日判タ1318号188頁。

19）　佃・前掲注2）145頁。東京地判平成18年9月28日判タ1250号228頁は、「雑誌記事による名誉毀損の不法行為が成立するためには、当該記事の記載事実が特定人に関するものであるという関係が認められることが必要であり、当該記事が匿名記事であるときには、その記載に係る人物の属性等を総合することにより、不特定多数の者が、匿名であってもなお当該特定人について記載されたものと認識することが可能であることを要すると解される。」とする。

20）　積極に解する見解として、山口いつ子「パソコン通信における名誉毀損」法時69巻9号92頁、高橋和之「パソコン通信と名誉毀損」ジュリ1120号80頁、消極に解する見解として佃・前掲注2）117頁等。なお、東京地判平成19年9月19日2007WLJPCA09198002は、「……社会通念上，ハンドルネーム等によって特定されるインターネット上の社会における存在が，実社会において実在する人物が有する法的利益・権利から切り離された別個独立の法的利益・権利を有しているとはいえない」とする。

には、摘示された事実の真実性の証明があるとき、または真実性の証明がなくとも、それが真実であると信ずるにつき相当な理由があるときには、不法行為の成立が否定されることとなる（最判昭和41年6月23日民集20巻5号1118頁参照）。

ネット上の名誉毀損においては、誰もが容易にアクセスできるというネットの特性から、言論には言論で対抗すべきであること（いわゆる「対抗言論の法理」[21]）、ネットの個人利用者が発信した情報の信頼性は一般的に低いとみられていること等を根拠に、相当性の抗弁を緩和すべきとの見解があり[22]、この学説に親和的な裁判例も存在する（東京地判平成20年2月29日刑集64巻2号59頁）。

しかしながら、最高裁は、かかる見解を採用しておらず、ネット上の名誉毀損においても、相当性については従来型の名誉毀損と同様に判断する姿勢を示している[23]。

21）「対抗言論の法理」とは、言論により名誉を毀損された者が、対抗言論により名誉を回復することが可能であれば、国家が救済のために介入するべきではないという考え方をいう（高橋和之「インターネット上の名誉毀損と表現の自由」高橋和之＝松井茂記＝鈴木秀美編『インターネットと法〈第4版〉』〈有斐閣・2010年〉64頁）。

22）　松井茂記『インターネットの憲法学〈新版〉』（岩波書店・2014年）227頁以下。

23）　最判平成22年3月15日刑集64巻2号1頁（本文・東京地判平成20年2月29日の上告審）は、「インターネットの個人利用者による表現行為の場合においても，他の場合と同様に、行為者が摘示した事実を真実であると誤信したことについて、確実な資料、根拠に照らして相当の理由があると認められるときに限り、名誉毀損罪は成立しないものと解するのが相当であって、より緩やかな要件で同罪の成立を否定すべきものとは解されない」とした。ただし、同最判も、対抗言論の法理の考え方を、いっさい否定するものではないと理解されている（『最高裁判所判例解説－(上)平成22年度』（法曹会）23頁参照）。実務においても、対抗言論の法理の考え方自体が否定されているわけではない。特に、一定程度閉鎖的なコミュニティ内でされた名誉毀損については、対象者に反論の機会があることを、社会的評価の低下の有無等の判断の一事情として考慮する裁判例も存在する（東京高判平成26年2月27日LLI／DB判例秘書L06920127）等。他方、ネット掲示板における名誉毀損が問題となる事案においては、掲示板上で対等な議論を交わす前提が欠けている等として、対抗言論の法理の考え方が妥当しないとする裁判例が多い（東京地判平成15年7月17日判時1869号46頁、東京地判平成20年10月1日判時2034号60頁等）。

2　意見・論評型の名誉毀損

(1)　社会的評価の低下

意見・論評の表明についても、社会的評価の低下の有無については、一般読者基準により判断される。単なる批判的な意見・論評の表明にとどまる場合には、原則として社会的評価の低下は認められないであろうが、特定の事実を基礎とした意見・論評の表明については、当該事実の摘示を原因とした社会的評価の低下が認められることがある。

ネット上では、口コミサイト等において、他者、商品、サービス等に対する否定的・批判的な意見・論評が多数されている。たとえば、飲食店の口コミサイトにおける「料理がまずい」という意見については、個人の単なる意見の表明にすぎず、社会的評価の低下が認められない[24)]。ただし、「料理がまずい」ことの根拠として、「原材料が悪い」等の特定の事実が摘示されている場合には、その事実の摘示が対象者の社会的評価を低下させると評価される可能性があるので、注意が必要である[25)]。

(2)　違法性阻却事由（公正な論評の法理の抗弁）

事実摘示型と意見・論評型では、その抗弁の内容が異なる。両者は、公共性および公益性については共通するものの、真実性・相当性の立証対象が異なるうえ[26)]、意見・論評の域を逸脱していないこと、という要件が追加となる（最判平成9年9月9日民集51巻8号3804頁）。

ネット上の名誉毀損については、特に対抗言論の法理との関係が問題となる。意見・論評型の名誉毀損については、事実摘示型の名誉毀損と比較して、

---

24)　松井・前掲注22）237頁。

25)　東京高判平成22年11月24日LLI／DB判例秘書L06520783は、「単に料理が『まずい』か『うまい』かだけを述べるのであれば、それは個人的な味覚等に基づく意見を述べるものにすぎず、事実を摘示してそのレストランの社会的評価を低下させるものとはいえない。しかし、その者が、『まずい』とする意見の根拠として、そのレストランで用いている原材料が悪いとか料理人の腕が悪いなどと述べることは、単なる意見の陳述にとどまらず、事実の摘示に該当することになる。」とする。

26)　立証の対象は、事実摘示型では社会的評価を低下させる事実自体となるが、意見・論評型では社会的評価を低下させる意見・論評自体ではなく、意見・論評の前提となっている事実となる。

対抗言論の法理の考え方が、より当てはまりやすいといえよう[27)]。

3　事実摘示型、意見・論評型の双方に妥当する議論

(1)　損害賠償請求（非財産的損害）

名誉毀損を理由とする損害賠償請求については、精神的苦痛を理由とした慰謝料の請求が中心となる[28)]。

慰謝料額の算定[29)]にあたっては、基準時である口頭弁論終結時までに生じた諸般の事情が考慮される（前掲最判平成9年5月27日）。ネット上の名誉

27）　山口成樹「パソコン通信上の名誉毀損と対抗言論の法理」メディア判例百選（有斐閣・2005年）226頁。ネットブログ上における意見・論評型の名誉毀損について、対象者に「反論の場があること」を違法性阻却の一事情として考慮している裁判例として、東京地判平成24年8月9日LLI／DB判例秘書L06730492。

28）　個人を対象者とする名誉毀損の事案については、慰謝料の請求が中心となるが、企業を対象者とする信用毀損の事案については、財産的損害（逸失利益等）の主張もあわせてされることが多い。しかしながら、社会的評価の低下と財産的損害の発生との間の因果関係を立証することは一般的に難しく、認容された例も少ない（認容例として、東京高判平成8年10月2日判タ923号156頁、東京高判平成14年12月15日判時1816号52頁）。そのため、因果関係の立証が難しいと考えられる場合には、慰謝料とは別個に財産上の損害を請求するよりも、「慰謝料算定に当たり斟酌されるべき事情として主張することが適当な場合が多いものと思われる。」（静岡県弁護士会編『新版 情報化時代の名誉毀損・プライバシー侵害をめぐる法律と実務』〈ぎょうせい・2010年〉31頁）。

29）　従前、平均して100万円程度が事実上の基準額となっていると考えられていた（升田純「名誉と信用の値段に関する一考察（1）名誉・信用毀損肯定判例の概観」NBL627号42頁等参照）。このような傾向には批判が強く、平成13（2001）年頃から、慰謝料額を増額させる方向での論考が多数発表され、500万円程度を一般的な平均基準額とすること等が主張された（塩崎勤「名誉毀損による損害額の算定について」判タ1055号4頁。司法研修所「損害賠償請求訴訟における損害額の算定」判タ1070号28頁は、当該主張について、実務的に参考になるとした）。これらの論考の影響からか、平成13（2001）年における慰謝料額の平均額は424万円となったが、翌年以降は再度低額化し、平成14年度の平均額は150万円強、平成22（2010）年以降は100万円強となっている（以上について、千葉県弁護士会編『慰謝料算定の実務〈第2版〉』〈ぎょうせい・2013年〉77頁）。近時も、この傾向に大きな変化はみられない（平成15〈2003〉年から27〈2015〉年の公刊物掲載判例の慰謝料額を検討したものとして、西口元＝小賀野晶一＝眞田範行編著『名誉毀損の慰謝料算定』〈学陽書房・2015年〉14頁以下、平成20〈2008〉年から25〈2013〉年の裁判例の慰謝料額を検討したものとして、松井・前掲注22）293頁参照）。

毀損については、名誉毀損行為ごとに、アクセス数[30]、掲載期間[31]、信用性[32]、反論可能性[33]、転載の有無[34]等、ネット特有の事情を考慮して慰謝料額を算定することとなろう。

名誉毀損行為がされた媒体ごとの比較をすると、新聞等のマスメディアによる名誉毀損と比較して、ネットにおける名誉毀損の慰謝料額は低額になりがちである。しかしながら、ネットにおける名誉毀損は、その表現行為が削除されないかぎり掲載され続けること、内容が過激になりがちであること等の事情からすれば、今後は慰謝料額が高額化していく可能性もあると考えられている[35]。

(2)　名誉回復措置請求権[36]

謝罪広告等の名誉回復処分は、金銭賠償によっては損害が塡補されない場合等、特に必要性が高い場合に限り、例外的に認められるものである（東京高判平成11年6月30日1999WLJPCA06300003、東京地判昭和60年3月20日判タ556号146頁等参照）[37]。実務においても、裁判所は、名誉回復処分については比較的慎重な運用を行っている[38]。

ネット上の名誉毀損については、謝罪広告等の掲載費用が低額（または経済的な負担なし）ですむ等の事情からすれば、新聞等のマスメディアによる

30）　アクセス数が多いことを慰謝料増額の一事情としたものとして東京地判平成27年9月30日2015WLJPCA09306002、アクセス数が少ないことを慰謝料減額の一事情としたものとして東京地判平成27年3月30日2015WLJPCA03308010。

31）　1日あたりの損害額を認定し、それに掲載期間日数をかけて慰謝料額を算定したものとして、東京地判平成27年1月21日2015WLJPCA01218011。

32）　掲載記事を読んだ者が直ちにその内容を信用すると解されるものではないこと等を慰謝料減額の一事情としたものとして、東京地判平成26年5月28日2014WLJPCA05288014。

33）　被害者が週刊誌で一定の反論をしていたこと、週刊誌等で反論できる立場にあった等の事情を、慰謝料減額の一事情として考慮したものとして、東京地判平成24年1月12日2012WLJPCA01128003。

34）　600ものミラーサイトに転載されたことを慰謝料増額の一事情とするものとして、横浜地判平成26年4月24日LLI／DB　L06950186。

35）　西口ほか・前掲注29）61頁参照。

36）　名誉回復処分は原状回復を目的とするものであることから、口頭弁論終結時において、名誉毀損行為による侵害状態が現存している必要がある（和久一彦ほか「名誉毀損関係訴訟について－非メディア型事件を中心として－」判タ1223号70頁）。

名誉毀損との比較において、緩やかに認められてもよいようにも考えられる。しかし、ネット上の名誉毀損についても、名誉回復処分を認める例は少ない[39)・40)]。

5　時効・除斥期間の抗弁

名誉毀損の不法行為については、損害および加害者を知った時から3年の消滅時効に、不法行為の時から20年の除斥期間に、それぞれ係る（民法724条）。

書籍・新聞等による名誉毀損の場合には、その書籍等が発行された時点が消滅時効の起算点と考えられている。これに対して、ネット上の名誉毀損の場合、書籍等による表現行為と異なり、当該表現行為がネット上から削除されるまでの間、日々継続的に不法行為がされていると考えることを前提に、消滅時効の起算点は削除時とする裁判例が存在する（東京地判平成24年1月12日2012WLJPCA01128003）[41)]。

37）　この必要性の判断要素としては、「被害者の社会的地位、著名度、被害団体の公共性の程度、名誉毀損行為の態様、内容、程度、被害者が被った精神的苦痛の程度、社会的評価の低下の程度、掲載誌の著名度、発行部数、全国紙への広告掲載や電車の中吊り広告の有無、名誉毀損行為から口頭弁論終結時までの期間の長短、金銭賠償の有無、賠償額等」が考えられる（静岡県弁護士会・前掲注28）33頁）。

38）　和久ほか・前掲注36）。

39）　ネット上の名誉毀損について、謝罪広告が認められた例として、東京地判平成22年3月19日2010WLJPCA03198005、東京地判平成24年11月8日2012WLJPCA11088003等。

40）　一般的に、謝罪広告が認められるような名誉毀損行為については、口頭弁論終結時までに、表現者が任意で削除したり、プロバイダ責任制限法等に基づくプロバイダに対する削除請求が認められていることが少なくないと考えられる。しかし、名誉回復処分は原状回復を目的とするものであることから、口頭弁論終結時において、名誉毀損行為による侵害状態が現存していないかぎり、認められない（和久ほか・前掲注36））。そのため、必然的に、ネット上の名誉毀損において名誉回復処分を認める裁判例が少ないという事情もあると考えられる。

41）　継続的な不法行為に関する消滅時効の起算点については、大判昭和15年12月14日民集19巻2325頁が、土地の不法占有の事案において、損害が日々発生することを前提に、消滅時効期間は被害者が不法占有の事実を知った時から進行すると判示している。上記裁判例と同最判との関係についても検討が必要であろう。

第2章

個人情報・プライバシー・肖像権

1　個人情報保護法

1　基本的な概念

個人情報保護法は、「個人情報」について、「生存する個人に関する情報であって」、「当該情報に含まれる氏名、生年月日その他の記述等……により特定の個人を識別することができるもの（他の情報と容易に照合することができ、それにより特定の個人を識別することができることとなるものを含む。）」、あるいは「個人識別符号が含まれるもの」である（2条1項）と定義している。また、同法は、人種や病歴といった本人に対する不当な差別や偏見その他の不利益が生じないようにその取扱いに特に配慮を要する個人情報を「要配慮個人情報」として（同条3項）、一般的な個人情報よりも厳格な規律を行っている。

上記のように、ある情報が個人情報に該当するか否かは、その情報の種類や内容を問題にするのではなく、生存する個人に関する情報であるか否かという生存性の要件と、特定の個人を識別できる情報であるか否かという個人識別性の要件に照らして判断される。生存性の要件についていえば、死者に関する情報は本来的には個人情報に該当しないが、たとえばその遺伝子に関する情報のように、それが生存者にもかかわる情報でもあれば個人情報に該当する。また、個人識別性についていえば、それ自体では個人識別性を欠くものの、特別な手間や費用を要することなく、通常の業務における一般的な方法で個人識別性を備える他の情報と照合できる情報は個人情報に該当する[1]。

そして、個人情報保護法は、個人情報を含む情報の集合物である個人情報データベース（2条4項）等を事業の用に供している者を「個人情報取扱事業者」と規定し（同条5項）、以下のような各種の義務を負わせている。

2　個人情報取扱事業者の義務

まず、個人情報取扱事業者は、個人情報を取り扱うにあたっては、その利用の目的をできるかぎり特定しなければならない（個人情報保護法15条1項）。利用目的の特定は、各事業者が法令上の制限のもとで自由になしうるが、個人情報の取得に先立って行う必要がある。利用目的の特定は、個々の個人情報の取扱いが利用目的を達成するために必要な範囲内であるか否かを実際に判断しうる程度の明確性を有していれば足りると考えられている[2]。また、個人情報取扱事業者は、利用目的を変更することができるが、それは変更前の利用目的と関連性を有すると合理的に認められる範囲を超えて行ってはならない（同条2項）。

次に、個人情報取扱事業者は、法令に基づく場合といった例外的な場合を除き、本人からの事前の同意を得ないで、特定した利用目的を達成するために必要な範囲を超えて、個人情報を取り扱ってはならない（同法16条1項～3項）。個人情報の取扱いとは、その取得・利用・提供といった個人情報に関するいっさいの行為をいうため、個人情報に関するいっさいの目的外利用が禁止される[3]。

また、個人情報取扱事業者は、偽りその他不正の手段により個人情報を取得してはならない（同法17条1項）。すなわち、適正に個人情報を取得するのであれば、第三者からの取得も可能であり、本人の同意も不要ということになる[4]。ただし、上記の要配慮個人情報は、法令に基づく場合といった例

1）　岡村久道編著『インターネットの法律問題－理論と実務－』（新日本法規出版・2013年）262頁［新保史生］、曽我部真裕＝林秀弥＝栗田昌裕『情報法概説』（弘文堂・2015年）185～186頁［曽我部］。
2）　曽我部ほか・前掲注1）189～190頁［曽我部］。
3）　曽我部ほか・前掲注1）190頁［曽我部］。
4）　曽我部ほか・前掲注1）191頁［曽我部］。

外的な場合を除き、本人からの事前の同意を得ないで取得することはできない（同条2項）。

さらに、個人情報取扱事業者は、個人情報を取得した場合は、あらかじめその利用目的を公表している場合を除き、速やかにその利用目的を本人に通知し、または公表しなければならない（同法18条1項）。しかも、懸賞の応募はがきといった本人から直接書面に記載された個人情報を取得する場合は、あらかじめ本人に対しその利用目的を明示しなければならない（同条2項）。また、上記のように個人情報取扱事業者は利用目的を変更できるが、このような場合には、その変更した利用目的を本人に対して通知しまたは公表しなければならない（同条3項）。

そして、個人情報取扱事業者は、利用目的の達成に必要な範囲内において、個人情報データベース等を構成する個人情報である個人データを正確かつ最新の内容に保つよう努めなければならない（同法19条前段）。もっとも、過去の一定の時点における事実を記録するデータベースも、その必要性が認められるところ、そのようなデータベースまで最新の内容に更新する必要はない[5)]。また、個人情報取扱事業者は、個人データを利用する必要がなくなったときは、当該個人データを遅滞なく消去するように努めなければならない（同条後段）。

加えて、個人情報取扱事業者は、個人データの漏洩等の防止といったその安全管理のために必要かつ適切な措置を講じなければならず（同法20条）、個人データを取り扱わせる従業者に対する必要かつ適切な監督を行わなければならないとともに（同法21条）、個人データの入力を外部に委託するといったように、個人データの取扱いの全部または一部を委託する場合は、委託先に対して必要かつ適切な監督を行わなければならない（同法22条）。

原則として、個人情報取扱事業者は、法令に基づく場合といった例外的な場合を除き、あらかじめ本人の同意を得ないで、個人データを第三者に提供してはならない（同法23条1項）。ただし、要配慮個人情報を除き、あらかじめ本人に通知等を行い、個人情報保護委員会に届出を行い、かつ、本人の求めに応じて第三者への提供を停止する場合には、本人による事前の同意を

5)　曽我部ほか・前掲注1）193頁［曽我部］。

得ることなく、個人データを第三者に提供することもできる（同条2項）。もっとも、このような場合であっても、外国にいる第三者に対して個人データを提供する場合には、原則として本人からの事前の同意が必要である（同法24条）。このように、個人情報取扱事業者が第三者に個人データを提供し、あるいは提供を受けた場合には、その記録を作成および保存しなければならない（同法25条、26条）。

3　保有個人データに係る義務

個人情報取扱事業者は、本人から保有個人データの開示を求められた場合には、原則としてこれを開示しなければならず（個人情報保護法28条2項本文）、また、それが事実でないとの理由により、本人から訂正、追加、または削除を求められた場合には、所定の要件のもとで訂正等を行わなければならず（同法29条）、さらに、同法の規定に違反して取り扱われており、また取得されたものであるとの理由によって、本人から利用の停止や削除を求められた場合には、所定の要件のもとで利用の停止等を行わなければならない（同法30条）。開示の請求ができる場合には原則として限定がないものの、訂正等の請求および利用停止等の請求ができる場合には限定がある。このような個人情報保護法上の本人による保有個人データへの関与を利用して、後述するプライバシー権を保護することもできよう。

4　匿名加工情報の取扱い

「匿名加工情報」とは、所定の措置を講じて特定の個人を識別することができないように個人情報を加工して得られる個人に関する情報であって、当該個人情報を復元することができないようにしたものであり（個人情報保護法2条9項）、具体的には後述するライフログやビッグデータのようなものが想定される。

個人情報取扱事業者は、個人情報保護委員会規則で定める基準に従って、当該個人情報を加工しなければならず（同法36条1項）、加工の方法に関する情報等の漏洩を防止するといった安全管理のための措置を講じるとともに

（同条2項）、当該匿名加工情報に含まれる個人に関する情報の項目を公表しなければならない（同条3項）。さらに、匿名加工情報を第三者に提供する場合には、その提供の方法といった所定の事項について公表し、当該第三者に対して匿名加工情報であることを明示しなければならない（同条4項）。また、本人を識別するべく当該匿名加工情報を他の情報と照合してはならない（同条5項）。

5　実効性の確保

最後に、上記のような個人情報取扱事業者等が負うべき義務を実効的なものにすべく、個人情報保護委員会は、個人情報取扱事業者等に対し、個人情報の取扱い等に関して、必要な指導や助言を行うことができ（個人情報保護法41条）、必要な報告等を求めたり、または立入検査を行ったりすることができ（同法40条1項）、あるいは義務違反を是正するように勧告し、正当な理由なく勧告に従わない場合には勧告に係る措置を執るように命令することができる（同法42条）。上記のような措置に適切に対応しなければ、刑罰の対象にもなりうる（同法84条等）。

[2]　マイナンバー制度

1　マイナンバー制度の概要

マイナンバー法は、社会保障・税・災害対策に関する行政手続に利用すべく、個人に対して住民票コードから生成された個人番号を付与するものである。情報提供ネットワークシステムを通じて、複数の行政機関等に存在する個人情報が同一人の情報であることを簡便に確認することができ、各種の行政事務の効率化を図ることができるとされている。

また、国民は、ネットを通じて「マイ・ポータル」にアクセスすることによって、自らの情報が行政機関同士でどのように取り交わされたのかを確認し、また行政機関からの通知を受け取ること等ができ、情報技術の活用による国民生活の利便性の向上を図ることができるとされている。

2　マイナンバー制度の実態

現在のところ、マイナンバー法は、社会保障および税の分野での利用に限定されており、民間での利用についても個人番号関係事務を処理するために必要な範囲に限定されている（9条）。しかしながら、将来的には民間における活用が検討されており、通院歴を把握することによる医療の効率化や納税の状態を把握することによるローンの審査の効率化等が期待されている。

このように、マイナンバー制度は個人情報を取り扱うことになるため、その漏洩等による被害を防止すべく、個人情報を一括して管理するのではなく、従前どおり複数の行政機関等において分散させて管理しながら、それらの情報の連携を可能にする制度になっている。また、その情報の流出の危険に対しては、個人情報保護委員会が強制力を伴う監督等にあたるとされている[6)]。

3　プライバシー権

1　プライバシー権の保護対象

まず、プライバシー権は、現在のところわが国では、間接的にこれを保護する規定は存在するものの（憲法21条2項、35条、民法235条1項、刑法133条、軽犯罪法1条23号等）、直接的にこれを定める明文の規定は存在しない。もっとも、プライバシー権は、そのわが国における先例的な判例である東京地判昭和39年9月28日判時385号12頁：宴のあと事件において「私生活をみだりに公開されないという法的保障ないし権利として理解される」と判示されて以来、多数の判例によって権利として保護されることが明らかにされている。プライバシーの権利は、個人の尊厳に基づく人格権に由来するものと考えられるところ、その実定法上の根拠としては憲法13条や民法2条等が挙げられる。

プライバシー権によって保護される情報（以下「プライバシーに係る情報」

6）　曽我部ほか・前掲注1）208～211頁［曽我部］。

という）については、以下のように考えられている。まず、生存する個人に関する情報でなければならない。すなわち、私生活を観念することができる個人に関する情報が保護の対象であって、私生活を観念することができない法人等の各種の団体に関する情報は、保護の対象にならない（大阪高判昭和50年4月30日訟月21巻6号1274頁：大阪商工団体連合会事件）[7)]。同様に、すでに私生活を観念することができなくなっている死者に関する情報も、保護の対象にならない（大阪地判平成元年12月27日判時1341号53頁：エイズ・プライバシー事件）[8)]。また、プライバシー権の主体を識別することができる情報でなければ、保護の対象とはならない（東京地判平成24年8月6日判例集未登載：爆サイ.com発信者情報開示請求事件）[9)]。そして、他人にみだりに知られたくない情報ないしはそのような情報として保護されるものと期待される情報でなければ、保護の対象とはならない（前掲東京地判：宴のあと事件）[10)]。ただし、すでに公開されている情報であっても、保護の対象にはなりうる（東京地判平成10年1月21日判時1646号102頁：NTT電話帳掲載事件、神戸地判平成11年6月23日判時1700号99頁：眼科診療所アップロード事件、大阪高判平成13年12月25日判例自治265号11頁：京都府宇治市住民基本台帳漏洩事件、および松山地判平成15年10月2日判時1858号134頁：愛媛県大洲市情報公開条例事件）[11)]。

もっとも、その情報が真実であるか否かは問題とならない。その情報が真実であろうとなかろうと、その情報が不当に取り扱われれば、その私人の私生活ないし精神的な平穏が害されることに変わりがないためである（前掲東京地判：宴のあと事件）。よって、真実の情報であるからといって、違法性が阻却されることもない。また、その情報が社会的な評価を低下させるような情報であるか否かも問題とはならない。これらの点は、名誉毀損の場合とは大きく異なる点である[12)]。

7）　岡村久道＝坂本団編『Q＆A名誉毀損の法律実務－実社会とインターネット－』（民事法研究会・2014年）93頁［豊永泰雄］。

8）　岡村ほか・前掲注7）93頁［豊永］。ただし、故人の生前であれば保護の対象となる情報を、その死後に不当に取り扱った場合には、プライバシーの権利の侵害には該当しなくても、その遺族の人格的利益を侵害する行為に該当する可能性がある。

9）　岡村ほか・前掲注7）93頁［豊永］。

10）　岡村ほか・前掲注7）94頁［豊永］。

11）　岡村ほか・前掲注7）124頁［豊永］。

12）　岡村ほか・前掲注7）93頁［豊永］。

プライバシーに係る情報であるか否かが問題になった情報として、まず、氏名や住所、電話番号やメールアドレスといった連絡先に関する情報がある。これらの情報は、それ自体では必ずしも秘匿されるべき必要性が高くないものの、個人を識別するための基本的な情報である。氏名や連絡先に関する情報は、当該メールアドレスへのメールの送信といったように、その個人への接触を可能かつ容易にするとともに、氏名が病歴と結び付けられた場合のように、他のより秘匿性の高い情報と結び付けられて個人の私生活の平穏を侵害するおそれがあるため、プライバシーに係る情報とされる（最判平成15年9月12日民集57巻8号973頁：早稲田大学江沢民講演会事件、大阪地判平成18年5月19日判タ1230号227頁：Yahoo！BB情報漏洩事件、および前掲東京地判：NTT電話帳掲載事件）[13]。

次に、前科や犯罪事実に関する情報も、プライバシーに係る情報であるか否かが問題になる。もとより、犯罪事実に関する報道は公共の利害に関する事項であるから、直近の犯罪事実に関する報道において被疑者の氏名等が報道されることは、プライバシー権の侵害にはならない。しかしながら、有罪判決を受けた後あるいは服役を終えた後は、犯罪者といえども新しく形成した社会生活の平穏を害されることになるため、前科等に関する情報も保護の対象になりうる。もっとも、国会議員等の公人は、社会からの正当な関心の対象になる者であるから、その前科等を公表されない法的利益が優越するとは考えにくく、その前科等に関する情報は保護の対象にはなりがたいであろう。一方、私人は、社会からの正当な関心の対象にはなりがたい者であるから、その前科等を公表されない法的利益が優越することになり、公人に比較してその前科等に関する情報は保護の対象になりやすいであろう（最判昭和56年4月14日民集35巻3号620頁：前科照会事件、最判平成6年2月8日民集48巻2号149頁：逆転事件、最判平成29年1月31日裁時1669号1頁：犯罪歴検索結果表示事件。第3編第1章4の2以降参照）[14]。

ところで、プライバシーに係る情報は、前述の個人情報保護法の定義する個人情報と重なる部分もあるが、まったく重なるものではない。また、プラ

13）　岡村ほか・前掲注7）123頁［豊永］。
14）　TMI総合法律事務所編『IT・インターネットの法律相談』（青林書院・2015年）55～59頁［古西桜子］、岡村ほか・前掲注7）124頁［豊永］。

イバシー権は、侵害者に対して差止請求等の権利行使をなしうる私法上の権利であって事後的な規制であるのに対して、個人情報保護法は行政取締法規といった性質の法規であって事前的な規制であるから、両者はその性質を異にするものである。そして、個人情報保護法の目的は、たしかにプライバシーの権利を保護することにもあろうが、必ずしもこれに限られるものではない。すなわち、個人情報保護法違反とプライバシー権の侵害は別の問題であるから、個人情報保護法違反が直ちにプライバシー権の侵害になるわけではなく、プライバシー権の侵害が直ちに同法に違反することになるわけでもない[15)]。

2　プライバシー権の侵害

従前の事例に係るプライバシー権を侵害する行為の態様としては、上記のようなプライバシーに係る情報を不特定人に対して公表ないし公開する行為[16)]、当該情報を特定人に対して開示する行為[17)]、当該情報を漏洩する行為[18)]、そして当該情報を取得する行為[19)]等がある。

ただし、プライバシー権の侵害が成立するためには、さらに違法性が必要になる。また、プライバシー権を侵害する行為に違法性があっても、その主体に違法性を阻却する事由があればプライバシー権の侵害は成立しない。

すなわち、不法行為の違法性の有無を被侵害利益の種類と侵害行為の態様との相関関係によって考察する相関関係説はプライバシー権の侵害にも当て

---

15)　岡村ほか・前掲注7）82頁［豊永］。

16)　たとえば、最判平成元年12月21日民集43巻12号2252頁：長崎公立小学校ビラ撒き事件、東京地判平成21年1月21日判時2039号20頁：2ちゃんねる掲示板事件、東京地判平成9年6月23日判時1618号97頁：ジャニーズ・ゴールド・マップ事件、東京地判平成10年11月30日判時1686号68頁：ジャニーズおっかけマップ・スペシャル事件、および前掲東京地判「宴のあと事件」が該当する。

17)　たとえば、前掲最判：早稲田大学江沢民講演会事件、および前掲最判：前科照会事件が該当する。

18)　たとえば、前掲大阪高判：京都府宇治市住民基本台帳漏洩事件、前掲大阪地判：Yahoo！BB情報漏洩事件、および東京高判平成19年8月28日判タ1264号299頁：TBC顧客情報流出事件が該当する。

19)　たとえば、最判平成7年9月5日判時1546号115頁：関西電力事件が該当する。

はまる。そこで、この見解に基づいて、プライバシーに係る情報を公表されない法的利益と当該情報を公表する理由とを比較衡量し、前者が後者に優越する場合に不法行為が成立するという比較衡量が行われている（前掲最判：逆転事件、および最判平成15年3月14日判時1825号63頁：長良川事件報道訴訟事件）[20]。

また、被害者の承諾を得ていることも、違法性を阻却する事由になる。一般の不法行為と同様に、その承諾によって生じる損害の意義を理解することができる正常な判断力のもとで為された事前の承諾であれば、それが明示の承諾であるか黙示の承諾であるかを問わず、違法性を阻却する事由になる[21]。

そして、政治家や有名人といった一般私人でない者に関する情報については、その業務で使用している携帯電話番号やメールアドレスのように、その職業的な立場と関係のある情報を公開等しても、これらの者の職業上の性質から違法性が阻却されるものと考えられる。もっとも、このような一般私人でない者であっても、自宅の住所や電話番号のように、その職業的な立場を離れた情報を公開等することは、違法性が阻却されないであろう（前掲東京地判：ジャニーズ・ゴールド・マップ事件、および前掲東京地判：ジャニーズおっかけマップ・スペシャル事件）[22]。

4　肖像権

肖像権も、前項で述べたプライバシー権と同様に、現在のところ我が国では、直接的にこれを定める明文の規定は存在しない。しかしながら、最判昭和44年12月24日刑集23巻12号1625頁：京都府学連デモ事件において、「個人の私生活上の自由の一つとして、何人も、その承諾なしに、みだりにその容ぼう・姿態……を撮影されない自由を有するものというべきである」と判示されて以後、多数の判例によって法的に保護される利益であることが明ら

20）岡村ほか・前掲注7）98頁［豊永］。

21）岡村ほか・前掲注7）100頁［豊永］。さらに、そもそも被害者の承諾を得ることが困難な特別な事情があるならば、その承諾を得られなくても違法性を阻却する余地のあることを示唆するものとして、前掲最判：早稲田大学江沢民講演会事件。

22）田島正広監編『インターネット新時代の法律実務Q＆A〈第2版〉』（日本加除出版・2013年）155頁。

かにされている。

そして、最判平成17年11月10日民集59巻9号2428頁：和歌山毒入りカレー事件では、「ある者の容ぼう等をその承諾なく撮影することが不法行為法上違法となるかどうかは、被撮影者の社会的地位、撮影された被撮影者の活動内容、撮影の場所、撮影の目的、撮影の態様、撮影の必要性等を総合考慮して、被撮影者の上記人格的利益の侵害が社会生活上受忍の限度を超えるものといえるかどうかを判断して決すべきである」と判示されているところ、被撮影者の承諾を得ずに行われたその容貌や姿態等の撮影が、上記のような諸般の事情に基づく総合考慮の結果、被撮影者の人格的利益の侵害が社会生活上受忍の限度を超える場合に、民法上の不法行為に該当することになる。

あわせて、前掲最判：和歌山毒入りカレー事件における「人は、自己の容ぼう等を撮影された写真をみだりに公表されない人格的利益も有すると解するのが相当であり、人の容ぼう等の撮影が違法と評価される場合には、その容ぼう等が撮影された写真を公表する行為は、被撮影者の上記人格的利益を侵害するものとして、違法性を有するものというべきである」と判示されているところ、上記のようにして違法に撮影された写真を公表する行為も、違法性を有することが明らかにされている。

一般に、被撮影者の容貌等が撮影ないし公表されたとしても、それがきわめて小さく入り込んでいるにすぎなかったり、あるいは焦点がずれてぼやけていたりして、人物の特定が不可能な画像であるならば、被撮影者に心理的負担を与えることはないため、その撮影等は肖像権を侵害することはない。一方、被撮影者の特定が可能であり、その姿態に看者の注意が向けられうるような態様の画像であるならば、被撮影者に心理的負担を与えることになるため、その承諾を得ずに行われた撮影等は、肖像権を侵害することになる（青森地判平成7年3月28日判時1546号88頁：ふかだっこ事件）[23)]。

23）　TMI総合法律事務所・前掲注14）42～46頁［水戸重之・古西桜子］。

5　パブリシティ権

1　パブリシティ権の内容

まず、「パブリシティ権」とは、最判平成24年2月2日民集66巻2号89頁：ピンク・レディー事件によれば、一般に、人の氏名または肖像等（以下「肖像等」という）はそれが付けられた商品の販売等を促進する「顧客吸引力」を発揮する場合があるところ、そのような顧客吸引力に「タダ乗り（free ride)」しようとする他人を排除しながら、自らが独占的にその顧客吸引力を利用できる権利である。パブリシティ権は、わが国では、上記のプライバシー権等と同様に、成文法上の権利ではなく、主として前掲最判：ピンク・レディー事件をはじめとする判例によって形成されてきた不文法上の権利である。

2　パブリシティ権の侵害態様

さて、前掲最判：ピンク・レディー事件は、肖像等を無断で使用する行為であって、もっぱら肖像等の有する顧客吸引力の利用を目的とする場合に上記のパブリシティ権を侵害することになり不法行為を構成することになるとして、以下の3つの類型を掲げている。

まず、「第1類型」として、たとえば有名人の肖像等を撮影したブロマイドやグラビア写真のように、肖像等それ自体を独立して鑑賞の対象となる商品等として使用する場合が挙げられている[24)]。ネット上の問題についていえば、たとえば、有名人の肖像等を撮影した画像をその承諾を得ずにウェブサイトに掲載し、当該ウェブサイトを閲覧するに際して閲覧者から対価を得る行為は、第1類型に該当するであろう。

次に、「第2類型」として、たとえば各種のキャラクター商品やタレント

24）　第1類型に属する事例として、たとえば、東京地決昭和53年10月2日判タ372号97頁：王貞治記念メダル事件、東京地決昭和61年10月17日判タ617号190頁：中森明菜Ⅱ事件、および東京地判平成22年10月21日判例集未登載：ペ・ヨンジュン事件等がある。

グッズのように、商品等の差別化を図る目的で肖像等を商品等に付する場合が挙げられている[25]。ネット上の問題についていえば、たとえば、他のブログとの差別化を図るべく、有名人になりすましてその氏名等をブログに記載して経済的な利益を得る行為は、第2類型に該当するであろう。

そして、「第3類型」として、肖像等を商品等の広告として使用する場合が掲げられている[26]。ネット上の問題についていえば、たとえば、有名人を撮影した画像をその承諾を得ずに自らの運営するショッピングモールサイト等に掲載する行為は、第3類型に該当するであろう[27]。

以上のように、従来パブリシティ権の侵害を認めた事例は、およそ前掲最判：ピンク・レディー事件が判示するところのパブリシティ権を侵害する3つの類型のいずれかに属するものと考えられる。

もっとも、たとえば有名人の画像を掲載したウェブサイトであれば、当該画像が独立して鑑賞の対象になりうるような態様で掲載されていれば第1類型に属し、また他のウェブサイトと差別化を図る目的で当該写真を用いているならば第2類型にも属すると考えられるから、この3つの類型はお互いに独立した関係にあるのではなく、重畳的な関係にあると考えられる。また、前掲最判：ピンク・レディー事件は、上記の3つの類型を限定的なものではなく、あくまでも例示的なものであって、上記の3つの類型以外にももっぱら肖像などの有する顧客吸引力の利用を目的とするといえる場合があればパブリシティ権を侵害することになるととらえているように考察される[28]。

---

25)　第2類型に属する事例として、たとえば、東京地判平成元年9月27日判時1326号137頁：光GENJI事件、東京高判平成3年9月26日判時1400号3頁：おニャン子クラブ事件、および東京高判平成18年4月26日判時1954号47頁：ブブカスペシャル7事件等がある。

26)　第3類型に属する事例として、たとえば、東京地判昭和51年6月29日判時817号23頁：マーク・レスター事件、富山地判昭和61年10月31日判時1218号128頁：藤岡弘事件、東京地判平成17年3月31日判タ1189号267頁：長嶋一茂事件、および知財高判平成21年6月29日判例集未登載：中山真理事件等がある。

27)　TMI総合法律事務所・前掲注14）42〜46頁［水戸・古西］。

28)　棚橋祐治監・宍戸充ほか編著『不正競争防止の法実務〈改訂版〉』（三協法規出版・2013年）193〜194頁［中川淨宗］。

3　物のパブリシティ権の存否

ところで、動物は民法では物として取り扱われているが、テレビ番組や映画等に出演する動物タレントを表示した各種のタレントグッズが実際に販売されていることなどに鑑みれば、動物をはじめとする物の形や名称等にもそれが付された商品の販売等を促進する顧客吸引力を発揮する場合があると考えられる。そこで、物にもパブリシティ権があるか否かが問題になる。

この問題について、最判平成16年2月13日民集58巻2号311頁：ギャロップレーサー事件は、競走馬の名称等の使用について、法令等の根拠もなく競走馬の所有者に対して排他的な使用権等を認めることは相当でなく、その無断利用行為に関する不法行為の成否についても、違法とされる行為の範囲等が法令等によって明確にされていない現時点では肯定することができないと判示して、原告による損害賠償請求等を棄却し、実質的に物のパブリシティ権を否定した。

このように、前掲最判：ピンク・レディー事件がパブリシティ権を人格権に由来する権利であると判示していることとあわせて考えるならば、少なくともパブリシティ権という態様で物の所有者に自己の所有に係る物の形等が有する顧客吸引力を独占的に利用する権利は認められないとするのが現在の判例の趨勢である。もちろん、物の形等の商業的な利用が完全に自由なものとして認められているのではなく、その利用が商標法や不正競争防止法等の他の知的財産法によって規制される場合は十分にありえよう[29)]。

6　権利侵害に対する救済

プライバシー権および肖像権等（以下まとめて「プライバシー権等」という）の侵害に対しては、以下のような救済が認められる。

まず、プライバシー権等の侵害は、民法上の不法行為（709条）に該当するものであるから、被侵害者は侵害者に対してその精神的な損失に係る損害賠償請求を行うことができる（710条）。不法行為が成立するには故意または

29）　棚橋・宍戸ほか・前掲注28）204～205頁［中川］。

過失のあることが必要であるところ、プライバシー権等の侵害が起こりうることを予見できたか否か（予見可能性）、そしてプライバシー権等の侵害という結果を回避することができたか否か（結果回避可能性）が問題になり、特に従前の事例ではプライバシーに係る情報の漏洩において問題になっている。

また、従前の事例で認容された損害賠償額には大きな開きがあるところであるが、一般にその額は当該プライバシーに係る情報の秘匿性の高低に比例するといえよう。すなわち、氏名や住所といった比較的秘匿性の低い情報に関しては数千円から数万円といった低額の損害賠償額が認容されているのに対して（前掲最判：早稲田大学江沢民講演会事件、および、前掲大阪高判：京都府宇治市住民基本台帳事件）、前科や病歴といった比較的秘匿性の高い情報に関しては数十万円から数百万円といった高額の損害賠償額が認容されているところである（東京地判平成7年3月30日判タ876号122頁：HIV解雇無効事件、および前掲最判：逆転事件）。

なお、従業者や受託者等がプライバシー権等の侵害行為を行った場合、第一義的には実際の行為者が権利侵害に伴う責任を負うべきであることは当然である。しかしながら、使用者や委託者も従業者や委託者に対する使用者責任を負うことがあり（民法715条）、また、使用者等による従業者等に対する監督が不十分であったためにプライバシー権の侵害等がなされた場合には、その監督義務違反として使用者等自身にも責任が認められることになる[30]。

次に、プライバシー権等の侵害に対しては、その差止請求を行うことができる。これは明文の規定はないものの、判例はこれを認容している（前掲東京地判：ジャニーズ・ゴールド・マップ事件、および前掲東京地判：ジャニーズおっかけマップ・スペシャル事件。プライバシー権単独ではないが、差止請求を認容するものとして最判平成14年9月24日裁時1324号5頁：石に泳ぐ魚事件）。ただし、表現行為に対する差止請求は、表現の自由に対する過度の規制になりかねないため、その認容には慎重な判断が求められる。

30）　情報の漏洩について、その管理者の過失を認めた事例として、前掲大阪高判：京都府宇治市住民基本台帳事件、前掲大阪地判：Yahoo！BB情報漏洩事件、および前掲東京高判：TBC顧客情報流出事件がある。一方、これを認めなかった事例として、札幌高判平成17年11月11日判例集未登載：北海道警捜査情報漏洩事件がある。TMI総合法律事務所・前掲注14）500〜501頁［吉田和雅］。

かりに、裁判所が差止請求を認容するとしても、一般に本案訴訟には時間を要するところ、これを実効性のあるものとすべく、本案訴訟に先立って民事保全法に基づく仮処分の申請を行うことも検討すべきである。ただし、保全処分の申立てにあっては、保全すべき権利または権利関係および保全の必要性の疎明が必要であり（民事保全法13条2項）、表現の自由に対する過度の規制を防止すべく、それは高度の疎明であることが必要であると考えられる[31]。

最後に、他人の名誉を毀損した者に対しては、裁判所は被害者の名誉を回復するのに適当な処分を命ずることができると規定されており（民法723条）、具体的には新聞や雑誌等への謝罪広告の掲載が命じられるのが一般的である。謝罪広告は低下させられた社会的な評価を回復させるには有用な手段であるが、プライバシー権等の侵害については、これを回復するために有効な手段とは考えられないため、謝罪広告の掲載等は認められない場合が多い[32]。

7　ネット上の諸問題

以下では、プライバシー権等の侵害がネット上の問題として生じた場合に特有の問題点について述べる。もっとも、ネット上の問題であっても、プライバシー権等で保護される対象やいかなる行為がその侵害になるかが特段変わるわけではない。しかしながら、誰もが比較的容易に、その情報に接することができ、また、その情報を複製することでき、かつ、広い範囲に情報を拡大しうるネットの特性を考慮する必要がある[33]。

1　ソーシャルネットワークサービス

ソーシャルネットワークサービス（SNS：Social Networking Service。以下「SNS」という）とは、ネットにおいてその利用者間の交流を支援する各種のサービスまたはそのようなサービスを提供するウェブサイトのことをいう[34]。

31）　岡村ほか・前掲注7）105頁［豊永］。
32）　曽我部ほか・前掲注1）293頁［栗田］、岡村ほか・前掲注7）102〜103頁［豊永］。
33）　岡村ほか・前掲注7）169〜170頁［石橋徹也］。
34）　たとえば、フェイスブック社の提供する「Facebook」やグーグル社の提供する「Google＋」等の各種のサービスがある。

まず、SNSに関しては、前述の被害者の承諾との関係で、被侵害者がSNS上に公開したプライバシーに係る情報等の取扱いが問題になる。被侵害者がSNS上に公開したプライバシーに係る情報等を侵害者が当該SNS外に公開した場合、被侵害者が許容した公開範囲を超えることになるため、一般にプライバシー権等を侵害することになる。一方、被侵害者が当該SNSには外部の者もアクセスできることを認識しており、外部の者が当該情報にアクセスできないように公開の範囲を制限していない場合には、侵害者が当該SNS外に公開しても被侵害者の承諾があると判断される可能性がある[35)]。

また、SNSに関しては、死者に関する情報をどのように取り扱うべきかも問題になる。前述のとおり、現在のところ、個人情報保護法は死者に関する情報を個人情報として取り扱っておらず、また、死者はプライバシーの権利を保有していないと考えられているため、この問題についてはもっぱらSNSの運営者による自主的な取組みに委ねられているのが現状である[36)]。

2　道路周辺映像の提供サービス・画像投稿サイト

公道上から撮影した公道沿いの画像を編集してネット上に公開し、これを閲覧できるサービスが提供されている[37)]。当然ながら、通行人や通行車両、そして道路沿いの住宅や建造物等が当該画像に映り込むため、当該画像の撮影ないし公開がプライバシー権等を侵害するか否かが問題になる。

また、ネットを通じて、携帯電話、スマートフォン、デジタルカメラ等を使用して撮影された写真や動画の投稿を受け付け、広く視聴することができるサービス[38)]が提供されている。自らの撮影した内容を広く視聴してもらうことは個人の重要な表現行為ではあるが、本サービスの場合もその画像に

---

35)　TMI総合法律事務所・前掲注14)［水戸・古西］、および田島・前掲注22) 154〜155頁。

36)　松井茂記『インターネットの憲法学〈新版〉』(岩波書店・2014年) 397〜398頁。たとえば、Facebookは、故人の肉親であれば、所定の手続を行うことによって、故人のアカウントを削除することができるシステムを備えている。

37)　たとえば、Google社が提供する「ストリートビュー」のサービスがある。

38)　たとえば、YouTube社の提供する「YouTube」、株式会社ドワンゴの提供する「ニコニコ動画」等の各種のサービスがある。

他人が映り込んでいる場合にはプライバシー権等の侵害が問題になる。

たしかに、人が公道等の公共の場所にいる場合は、その存在自体を他人に見られることになるため、おのずとプライバシー権等は制限されることになるが、継続的に監視されるといったことまで許容しているわけではないから、公共の場所にいるというだけでプライバシー権等をまったく放棄しているわけでもない（大阪地判平成6年4月27日判時1515号116頁：あいりん地区監視カメラ撤去請求事件）。一方、当該サービスは、道路周辺情報を現実的かつ立体的に表現して提供するところ、社会的意義のあるサービスであると考えられる。そうすると、前述の判例のように、この問題についても総合的な要素に基づく比較衡量と社会生活上の受忍限度を超えているか否かが問題になろう。

まず、前述のとおり、人物や住居の外観、屋内の様子、そして洗濯物といった私的な事物をそもそも特定しえない画像であれば、これを撮影して公開しても、プライバシー権等の侵害にはならない。

次に、人物や私的な事物を特定しうる画像の場合は、一般に公道・公園・交通機関等の公共の場所における画像であれば、これを撮影して公開しても、受忍限度内であるとしてプライバシー権等の侵害にはならない。ただし、公共の場所における画像であっても、たとえば、公園にいるカップルの姿態を継続的に撮影し続ける場合のように、視聴者の注意をことさらに特定人や私的な事物に向けさせるような画像の撮影ないし公開行為は、受忍限度を超えるものであるとしてプライバシー権等の侵害になる（福岡高判平成24年7月13日判時2234号44頁：ストリート・ビュー事件）[39]。

3　ライフログ・ビッグデータ

ライフログとは、蓄積された個人の生活の履歴のことをいい、ウェブサイトの閲覧履歴、電子商取引サイトにおける商品の購入履歴、携帯情報端末に内蔵されたGPSによって把握された位置情報等の多様な情報が含まれる。ライフログは、これらの情報から利用者を小集団に分類したうえで、小集団

39）　東京弁護士会インターネット法律研究部編『Q＆Aインターネットの法的論点と実務対応〈第2版〉』（ぎょうせい・2014年）157〜160頁［後藤大］、田島・前掲注22）196〜197頁、松井・前掲注36）395頁。

ごとに広告を提示し分ける行動ターゲッティング広告、利用者の趣味や嗜好に合致した情報を携帯情報端末等に配信する行動支援型サービス等の利用者の興味や嗜好に合致した情報を提供するサービス、あるいはこれらの情報を集約して統計的に処理し、その統計情報を作成し提供するサービス等に用いられている[40)]。ライフログは、個人にかかわる情報であるところ、個人情報保護法による規制やプライバシーの権利との関係で問題が生じる可能性がある。

また、ビッグデータとは、大量かつ広範な内容を有するデータのことであるが、そこには上記のようなライフログのような個人の私生活にかかわる情報が含まれる。ビッグデータは、これを蓄積し分析することによって、たとえば、医療分野では感染症の流行の予測、交通分野では道路渋滞の発生の予測等に用いることができ、その活用により多くの人々が恩恵を受けることができる。

まず、上記のようなライフログやビッグデータ（以下あわせて「ライフログ等」という）が、そもそもプライバシー等に係る情報に該当するか否かが問題になる。ライフログ等を取得する側において、そもそも個人識別性を有する情報を取得していない場合、あるいは本来は個人識別性を有する情報であるものの匿名化や暗号化等により個人識別性を有しなくなっている情報は、プライバシー等に係る情報に該当しない。もっとも、それ自体では個人識別性を有しない情報であっても、個人識別性を有する情報と関連づけられていればプライバシー等に係る情報に該当し、また個人識別性のない情報が大量に蓄積され分析されると個人を容易に推定することができるようになるところ、そうなればプライバシー等に係る情報に該当する（新潟地判平成18年5月11日判時1955号88頁：防衛庁リスト事件）[41)]。

上記のような個人識別性のあるライフログを取得し、これを用いて様々なサービスを提供するならば、その主体が個人情報取扱事業者であれば前述の

40）　総務省「利用者視点を踏まえたICTサービスに係る諸問題に関する研究会－第二次提言」（平成22年5月）31～34頁。

41）　渥美総合法律事務所＝外国法共同事業IP/ITチーム編著『インターネットと企業法務』（ぎょうせい・2010年）148～150・166・169頁、TMI総合法律事務所・前掲注14）243～245頁［山郷琢也］、田島・前掲注22）301～302頁、および総務省・前掲注40）40～45頁。

個人情報保護法に基づく規制を受けることになり、またプライバシー権等の侵害になりうる。そこで、取得する情報の種類やその利用目的を提供者が知りうる状態に置くとともに、提供者が取得者による情報の取得およびその利用の可否を選択できる手段を提供するように定めたガイドラインが策定されている[42)]。個人識別性を有する情報を取得した場合には、提供された者から削除の依頼があった際はこれを削除したり、あるいは一定期間が経過した際はその情報を削除したりするといった対応が必要であろう。

4　使用者による従業員の監視

従業員がその業務において使用する電子メールや閲覧するウェブサイトを会社等の使用者が監視することは、プライバシー権等を侵害するか否かが問題になる。この問題についても、種々の要素に基づく総合考慮による比較衡量を行い、その監視が社会通念上相当な範囲を逸脱する場合にはプライバシー権等を侵害することになろう。

使用者はそのコンピュータシステムの保守や保安を行う必要があるところ、そのような正当な目的のもとで電子メール等について監視を行い、これを社内規則に明記し、従業員に対して十分に告知したうえで、その目的を達成するために必要最小限の監視を行うにすぎない場合は、プライバシー権等の侵害には該当しないと考えられる。一方、従業員には業務上プライバシー権等はいっさい認められないとまではいえないところ、電子メール等の内容をすべて把握したり、あるいは取得した情報を第三者に提供したりすることは、プライバシー権等の侵害に該当すると考えられる（東京地判平成13年12月3日労判826号76頁：F社Z事業部私用メール事件、および前掲最判：関西電力事件）[43)]。

また、使用者による従業員のSNSにおける言動の調査も行われている。少なくともその採用時にSNSのアカウントを聞き出す行為は、就職差別につながりかねず、プライバシー権等の侵害に該当するおそれがある[44)]。

42）一般社団法人日本インタラクティブ広告協会（JIAA）「行動ターゲティング広告ガイドライン」（平成21年3月）。

43）渥美総合法律事務所ほか・前掲注41）253～257頁。

5　侵害者の特定

被侵害者が侵害者を直ちに特定することができるならば、被侵害者は速やかに権利行使することができる。しかしながら、そうでない場合には、ネットへの接続サービスを提供するプロバイダに対して、侵害者に関する情報を開示するように請求して、侵害者を特定し権利行使を行う。

もっとも、最判平成22年4月13日民集64巻3号758頁：DION発信者情報開示請求事件は、「開示関係役務提供者は、侵害情報の流通による開示請求者の権利侵害が明白であることなど当該開示請求が〔筆者注：プロバイダ責任制限法4条〕1項各号所定の要件のいずれにも該当することを認識し、又は上記要件のいずれにも該当することが一見明白であり、その旨認識することができなかったことにつき重大な過失がある場合にのみ、損害賠償責任を負うものと解するのが相当である」と判示しているところ、プロバイダが当該開示請求に応じなかったとしても、その責任は限定的なものであると考えられている。

そこで、被侵害者は、上記のような手段によっても侵害者を特定することができなかった場合には、侵害情報が記載されているウェブサイトや電子掲示板等を運営する運営者に対して侵害情報を削除するように請求することになる。運営者が当該請求に適切に対応しない場合には、侵害者とともに共同不法行為責任を負うことになる可能性がある[45]（なお、大阪地判平成25年6月20日判時2218号112頁：ロケットニュース24事件は、侵害情報にリンクを張るだけでは不法行為に該当しない旨を判示する）。

たとえば、プライバシーの権利等を侵害する画像が前述の画像投稿サイトにおいて公開されている場合、当該サイトに備えられているフォームから画像の削除を請求するのが最も簡便な方法である。そのようなフォームがない場合には、その運営主体に対して、電子メール・郵便・電話等によって、当該画像の削除を請求することができる。もっとも、これらは運営者に対する画像の削除の依頼であって強制力を伴うものではないため、当該サイトの運営者がその依頼に応じるとは限らないところ、そのような場合には当該画像の削除を求める仮処分の申請といった法的手段を検討する必要がある[46]。

44）　松井・前掲注36）398～400頁。
45）　TMI総合法律事務所・前掲注14）89～94頁［古西］。

6　検索結果からの排除

このように、ネット上のウェブサイトにおいてプライバシーの権利等が侵害されている場合、その発信者を特定するためには一般に多大な費用・労力・時間を要するところであり、またネットにおける情報の検索には検索エンジンが必要不可欠であるから、検索エンジンサービスを提供する事業者（以下「検索事業者」という）に対して、そのようなウェブサイトを検索結果に表示しないように求めることができれば、被侵害者としてはある程度満足の得られる救済を受けることができよう。

そのような場合、検索事業者に対して、当該事業者が定める所定の手続に従って非表示の依頼を行うことによって、検索結果に表示されないようにすることもできるが[47]、これはあくまでも依頼であって、強制力を伴うものではなく、検索事業者が応じるとはかぎらない。強制力を伴う措置としては、やはり提訴して確定判決を得るということになる。

しかしながら、検索結果の提供は検索事業者自身による表現行為という側面を有するところであり、また検索事業者による検索結果の提供はネットにおける情報流通の基盤として大きな役割を果たしているところ、特定の検索結果が削除されるということは、検索事業者による表現行為の制約になるとともに、検索事業者が果たしている役割に対する制約にもなる。

よって、プライバシーに関する情報を公表されない法的利益と当該情報が記載されたウェブサイトのURL等情報を検索結果として提供する理由に関する諸事情を比較衡量して判断し、そのような情報を公表されない法的利益の優越することが明らかな場合には、検索事業者に対して、当該URL等情報を検索結果から削除するように求めることができると考えられる（東京地判平成23年12月21日判例集未登載：2ちゃんねる検索結果表示事件、および前掲最判：犯罪歴検索結果表示事件）[48]。

もっとも、検索事業者に対して検索結果からウェブサイトを削除する旨の

46）　田島・前掲注22）220～221頁。

47）　検索事業者によるガイドラインとして、たとえばヤフー株式会社「検索結果の非表示措置の申告を受けた場合のヤフー株式会社の対応方針について」（2015年3月30日）等がある。

48）　曽我部ほか・前掲注1）189～190頁［栗田］。

請求が認容される可能性は必ずしも高くないところ、第一義的には発信者に対する権利行使によって救済が図られることになる[49]。

7　関連検索語句の削除等の請求の可否

前述のような検索エンジンの中には、検索語を入力する欄に入力された文字列から検索する語句の候補を予測して表示する機能を提供するものがある。たとえば、X氏の氏名を入力すると「児童買春」といった関連検索語句が表示されるといったように、プライバシー権等を侵害するような関連検索語句が表示される場合、検索事業者に対してそのような表示をしないように非表示の請求を行うことができるか否かが問題になる。

この問題については公刊されている事例はなく、今後の議論の集積が待たれるところであるが、前述の検索事業者に対する検索結果を削除する請求の可否の問題が参考になるであろう。関連検索語句は一般に短い語句であり、それと検索者が入力した語句とが必ずしも密接な関係を有するものではなく、また、その表示は機械的かつ自動的に行われているものであるから、検索事業者がその表示の適切性を逐一判断するのは困難であり、さらに検索事業者自身がプライバシー権等を侵害するような情報を提供するものではない[50]。

よって、関連検索語句の表示機能によって表示される語句は、プライバシー権等を侵害するような語句が表示されない法的利益の優越することが明らかな場合に限り、そのような表示をしないように請求できるものと考えられる。たとえば、そのような関連語句の表示が、ことさらにプライバシー権等を侵害するウェブサイトに容易に到達できるようにするものであり、被侵害者から検索事業者に対して具体的かつ明確な非表示の依頼があったにもかかわらず、当該表示が継続することによって被侵害者が甚大な不利益を被る場合には、非表示の請求が認められる余地があろう。

---

49)　東京弁護士会・前掲注39）137頁［高瀬亜富］、および松井・前掲注36）396～397頁。
50)　東京弁護士会・前掲注39）140～141頁［高瀬］、および田島・前掲注22）308～309頁。

第3章

著作権

1　著作物・情報の法的検討

1　総　説

ネットの登場によってユーザーの利便性が飛躍的に向上し、メディアの大革命が起きた。その結果、エンターテインメント産業はパッケージビジネスから配信ビジネスへ大きく舵を切ろうとしている。パッケージビジネスと異なり、製造コストや流通コストを著しく低廉化できるネットのもつ優位性を活かすことにより、ビジネスの収益性をさらに高めようとしているのである。

このネットがもつ優位性は、配信ビジネスを拡大させるだけでなく、情報を拡散するネットユーザーを爆発的に増加させることにもなった。ネットを利用すれば、自分が撮影した写真や創作した文章をブログに掲載したり、他人がアップした情報をフェイスブックやツイッターで友人とシェアすることができる。このように一般ユーザーが様々な情報に対して主体的にかかわると、彼らはどうしても著作権の問題に直面せざるをえないことになる。これまで著作権法とかかわりがなかった多くのネットユーザーが、著作権法を意識せざるをえない時代に突入したのである。

本章では、ネットの利用と他人の法的利益の保護との関係について、著作権法の観点から詳しく解説してみよう。

2　権利の概要

ネットにアップロードする情報が自分の創作による著作物であり、他人の著作物を利用していなければ、著作権を他人に譲渡したり、独占排他的ライセンスを付与していないかぎり、著作権法上の問題は生じないだろう。一方、他人の著作物をネット上で利用する場合、著作権法の制限規定に該当しないかぎり、法的責任を問われうることになる。なぜなら、著作権法は著作者に対して、他人が著作物をサーバに複製したり（複製権）、ネットで配信することを禁止できる権利（公衆送信権）を付与しているからである。さらに、著作権法は著作者に対し、他人が著作物を翻訳、編曲、変形、翻案することを禁止できる権利を与えている。

それでは、そもそも著作物とは何だろうか。著作物とは「思想又は感情を創作的に表現したものであつて、文芸、学術、美術又は音楽の範囲に属するもの」をいう（著作権法2条1項1号）。小説、脚本、論文、講演、音楽、舞踊、無言劇、絵画、版画、彫刻、建築、地図、映画、写真、プログラムが代表的な著作物である（同法10条1項）。これらのほかにも、百科事典、新聞、雑誌、論文集、文学全集、職業別電話帳のように、編集物であり、かつ素材の選択または配列によって創作性を有するものは、編集著作物となる（同法12条1項）。また、情報の選択または体系的な構成によって創作性を有するデータベースも著作物として保護を受ける（同法12条の2第1項）。

著作物として保護を受けるためには、「思想又は感情を……表現したもの」でなければならない。したがって、単なる事実やデータは著作物ではない。さらに「創作的に表現したもの」でなければ、著作物として保護を受けることができない。そのため、一般的にはキャッチフレーズやスローガン、タイトルなどは著作物ではないとされている。しかしながら、創作的な表現といっても、高度な創作性は要求されておらず、著作者の何らかの個性が表現に発揮されていれば足りるとするのが通説・判例である（東京高判昭和62年2月19日判時1225号111頁：当落予想表事件）。

最後に「文芸、学術、美術又は音楽の範囲に属するもの」という要件がある。これは厳密に著作物がどの範囲に属するかを問うものではなく、創作した表現が文化のカテゴリーに入っていればよいという解釈が一般的である。

この要件には、椅子や机、冷蔵庫、自動車といった実用品や工業製品を著作権法の保護客体と区別（排除）するという意味がある。このような実用品や工業製品は、原則として、別の知的財産法である意匠法の保護に委ねるべきであるため、法の棲み分けが必要となるのである。ただし、実用品については、応用美術の問題があるので、注意が必要である[1)]。

次に、ネット上で他人の著作物を利用する場合、著作権侵害に問われるかという問題について説明しよう。著作権法は、原則として、著作物を拡布する行為に対して規制を及ぼすという法制度を採用している。すなわち、著作物の複製、上演、演奏、上映、公衆送信、口述、展示、頒布、譲渡、貸与といった拡布行為（複製についてはその準備行為）に対する禁止権を著作者に与えることによって、著作者に対価を徴収する機会を確保させるという法システムが著作権法の基本構造である。

そのため、無形的利用形態である上演・演奏（著作権法22条)、上映（同法22条の2)、公衆送信（同法23条1項)、公の伝達（同条2項)、口述（同法24条)、展示（同法25条）については、「公衆」に対する行為のみに権利を及ばせることとした。著作物が化体した有体物の頒布（同法26条)、譲渡（同法26条の2)、貸与（同法26条の3）についても、「公衆」に対する行為のみを禁止できることとした。なお、著作権法は「公衆」については、「特定かつ多数の者を含む」(2条5項）と規定しており、①不特定・多数、②特定・多数、③不特定・少数の者が「公衆」に含まれ、④特定・少数の者だけが「公衆」に含まれないという解釈が一般的である。したがって、少数の友人や知人にネットを利用して著作物をメールで送信することは、「公衆」に対する行為に該当しないので、著作権侵害を構成しない。

---

1)　応用美術に関する裁判例では、創作性の要件について、「表現に何らかの個性が現れていればよい」という判断基準ではなく、「独立して美的鑑賞の対象となりうるのか」または「純粋美術と同視しうる程度の美的創作性を有するのか」という判断基準を用いているケースが多い。しかしながら、TRIPP TRAPP事件（東京高判平成27年4月14日判時2267号91頁）は、「応用美術につき、他の表現物と同様に、表現に作成者の何らかの個性が発揮されていれば、創作性があるものとして著作物性を認めても、一般社会における利用、流通に関し、実用目的又は産業上の利用目的の実現を妨げるほどの制約が生じる事態を招くことまでは、考え難い」と判示して、応用美術についても「表現に何らかの個性が現れていればよい」という判断基準を採用すべきとした。

さらに、著作権法は著作者に対して、著作者の名誉や声望といった人格的利益を保護するために著作者人格権を与えている。具体的には、公表権（18条）、氏名表示権（19条）、同一性保持権（20条）、名誉声望毀損禁止権（113条6項）である。公表権とは、自分が創作した未公表の著作物を他人が無断で公表することを禁止できる権利である。氏名表示権とは、著作物の公衆への提示や提供に際し、著作者が指定する著作者名以外の名前を表示することを禁止できる権利である。同一性保持権とは、他人が著作者の意に反して、著作物のタイトルや内容を無断で改変することを禁止できる権利である。また、名誉声望毀損禁止権とは、他人が名誉・声望を傷つけるような態様で利用する行為を禁止できる権利である。

名誉声望毀損禁止権については、自分の政治的傾向や思想的立場に賛同するプロの漫画家が存在することをアピールする目的で、著名な漫画家に依頼して描いてもらった皇族の似顔絵をウェブサイトに掲載する行為は、漫画家の名誉声望毀損禁止権を侵害するとした裁判例がある（東京高判平成25年12月11日判例集未登載：漫画on web事件）。また、企業が販売する清涼飲料水のコマーシャルのために、著作者に無断で楽曲を利用する行為は、当該楽曲が「コマーシャルの対象とする商品等の特定のイメージと結びつく」ため、作曲家の名誉声望毀損禁止権を侵害するとした裁判例がある（東京地判平成14年11月21日判例集未登載：戦場のメリークリスマス事件）。

一方、著作権法は著作物の公正な利用を図るという観点から、30条から47条の10までの規定によって、著作権に一定の制限を加えている。したがって、著作物について複製や公衆送信といった法定の利用行為を行っても、著作権の制限規定に該当する場合には、著作権侵害は成立しない。たとえば、私的使用のための複製に対しては権利が及ばないため、ネット上の文章や写真を自分のパソコンのハードディスクに自由に保存することができる（30条1項）[2)]。ブログに掲載するエッセイで、自分の主張を補強したり、他人の見解を批判するために、他人の文章を引用することができるし（32条）、ネットオークションで絵画を出品する場合、出品者はその絵画を紹介するた

2)　後述するように、平成22（2010）年1月1日施行の著作権法改正によって、違法にアップロードされている音楽や映像ファイルを違法コンテンツであると知ってダウンロードする行為は違法（複製権侵害）とされたので注意が必要である。

めに、絵画の画像をウェブサイトに掲載することができる（47条の2）。

ブログやフェイスブック、インスタグラム等で自分が撮影した写真や動画を掲載するユーザーは急増している。そういうユーザーなら誰でも経験があるだろうが、写真や動画の撮影の際に、他人の著作物が付随的に写り込んでしまうことがある。たとえば、写真を撮影しているときに友人が着ていたミッキーマウスのTシャツが写ってしまう場合や、街並みを撮影しているときに、たまたま街角から流れてきた音楽が録音されてしまう場合である。著作権法はこのような付随的な利用について、他人の著作物を自分の著作物から分離することが困難である場合、他人の著作物を自分の著作物の利用に伴って、利用することができるとしている（30条の2）。

3　著作物ではない情報の保護

著作物ではない情報をネットで利用する行為に対して、法的責任を問われることはないのだろうか。著作権法の保護を受けることができない情報であっても、社会的に有用な情報は少なくない。そのような情報の中には、一定の法的保護を与えないと、価値ある情報の生産が十分に行われなくなるものもあるだろう。そこで、従来の裁判例では、著作物ではない情報についても、一定の利用行為に対しては民法709条に規定する不法行為に該当するとして、不法行為責任を認めてきた。

たとえば、新聞社が発行した新聞記事の見出しを無断で商業的に利用する行為が不法行為に当たるとした裁判例がある（東京高判平成17年10月6日判例集未登載：YOL事件）。また、高知県の制定書式により近い形式のワークシートを作るため、作成者がフォントやセル数について試行錯誤を重ね、かなりの労力と費用をかけて作成した帳票部分をコピーして、作成者の販売地域と競合する地域で無償頒布する行為が不法行為に当たるとした裁判例がある（大阪地判平成14年7月25日判例集未登載：オートくん事件）。

これまでの裁判例は、不法行為の成立を緩やかに認める立場と厳格に解する立場とが対立していたが、最高裁は後者のアプローチを採用し、著作権法が規律の対象とする著作物の利用による利益とは異なる法的に保護された利益を侵害するなどの特別の事情がないかぎり、不法行為を構成しないと判示した（最判平成23年12月8日民集65巻9号3275頁：北朝鮮事件）。ただし、この判例法理のもとでも、営業妨害的な利用については不法行為が認められる可能性があるので、十分に注意が必要である。

2　ブログ・ツイッター・投稿サービス・リンク等

1　ブログ

現在、ブログ、ツイッター、インスタグラム、投稿サービス等、ネットを利用した様々なサービスが配信事業者によって提供されている。多くのネットユーザーはこれらのサービスを利用して、自分が撮影した写真や文章をネット上で掲載しているが、なかには他人の著作物をそのまま、あるいは修正・改変して掲載する者もいる。ここでは、これらのサービスを利用して送信される著作物は、著作権法上どのような保護を受けるのかについて解説しよう。

まず、ブログについては、掲載した写真や文章が著作物に該当すれば、著作権法の保護を受けることができる。前述したように、著作者の何らかの個性が表現に発揮されていれば著作物として保護されるので、ほとんどの写真やある程度の長さの文章は著作物に該当すると思われる。裁判例としては、「風水とは、何なのかを述べるにあたり、一言で述べるならば『自然科学』だということです。自然科学の定義とは、自然に属する諸対象を取り扱い、その法則性を明らかにする学問のことです」という短い文章には個性があらわれているとして、著作物性が認められた事件がある（東京地判平成28年1月29日判例集未登載：風水ブログ記事発信者情報開示請求事件）。

一方、掲載した文章が長文であっても、創作性がなければ、著作権法の保護を受けることができない。裁判例としては、原告が証券取引法違反刑事事件の公判を傍聴し、その内容の一部をメモにして、これに基づいて執筆した1700字を超える長文の裁判傍聴記を被告が無断でブログ記事として掲載した事件がある（東京高判平成20年7月17日判時2011号137頁：ライブドア裁判傍聴記事件）。裁判所は「言語表現による記述等の場合、ごく短いものであったり、表現形式に制約があるため、他の表現が想定できない場合や、表現が平凡かつありふれたものである場合」には、記述者の個性があらわれず、創作性が認められないこと、また、事実を格別の評価、意見を入れることなく、そのまま叙述する場合には「思想又は感情」の表現にも当たらないとの見解を示したうえで、傍聴記の著作物性を否定し、著作権侵害には当たらないと判示した。

さらに他人が創作したブログ記事の一部の表現をそのまま利用して、新たな文章を作成する場合、共通する表現（利用した表現）に創作性がなければ著作権侵害は成立しない。原告のブログ記事を参考にして、被告が作成した文章が著作権侵害に当たるかが争われた事件（東京高判平成28年11月10日判例集未登載：新・夢に生きるブログ事件）で、裁判所は「共通性を有する部分は、EMの効果に関する控訴人の自然科学上の学術的見解を簡潔に示したものであり、控訴人の思想そのものであって、思想又は感情を創作的に表現したものとはいえないから、著作権法において保護の対象となる著作物に当たらないと解するのが相当である」として、著作権侵害を否定した（下表参照）。

原告のブログ記事	私はEMの本質的な効果はB先生が確認した重力波と想定される縦波の波動によるものと考えています。
被告の記事①	EM菌の効果について、開発者のA・琉球大名誉教授は「重力波と想定される縦波の波動によるもの」と主張する。
被告の記事②	開発者のA・琉球大名誉教授は、効果は「重力波と想定される縦波の波動による」と説明する。

2　ツイッター

ツイッターには140文字数ルールというものがある。つまり、1つのツイートにつき、入力できるのは140文字までという制約が課されている。一般的に文章が短ければ短いほど創作性は認められにくくなる。したがって、「ディズニーなう」「スタバなう」「さっきまで学校なうでした」といった文章には創作性がないので、著作物として認められない。歌詞のフレーズも1行程度であれば、ほとんどの場合、創作性がないと判断されるだろう。

一方で、140という文字数は、創作性を発揮するのに十分な字数でもある。現に、少ない文字数で表現される芸術である俳句や川柳、和歌などは一般的に創作性が認められている。「ボク安心　ママの膝より　チャイルドシート」という交通標語に著作物性を認めた裁判例もある（東京高判平成13年10月30日判時1773号127頁：交通標語事件）。また、ツイッターの文章ではないが、「朝めざましに驚くばかり」という語呂合わせについて、「右語呂合わせは、極めて短い文であるが、二つの古語を同時に連想させる語句を選択するという工夫が凝らされている点において、原告の個性的な表現がされているので、著作物性を肯定することができる」として著作物性を認めた裁判例がある（東京高判平成11年9月30日判タ1018号259頁：古文単語語呂合わせ事件）。

ただし、前述したように、他人が創作した表現の一部をそのまま利用して、新たな文章を作成する場合、共通する表現に創作性がなければ著作権侵害は成立しない。英単語の語呂合わせが著作権侵害を構成するかが争われた事件（東京地判平成27年11月30日判例集未登載：英単語語呂合わせ事件）で、裁判所は「表現上の制約により相当程度限定された選択肢の中でされた表現の域を出るものではなく、かかる意味においてありふれた表現と言わざるを得ないから、思想又は感情を創作的に表現したものと認めることは困難である」と判示し、著作権侵害を否定している（下表参照）。

原告の語呂合わせ	beard	ビヤーッ、どっとはえる（　　　）。
被告の語呂合わせ	beard	びぃあ～、どっとあごひげ伸びる

では、著作物性のある他人の文章をリツイートした場合、著作権侵害責任に問われるのだろうか。じつはリツイートには、公式リツイートと非公式リツイートという2つの方法がある。公式リツイートすると、自分とフォロワーのタイムラインに対象ツイートが加わる。一見すると、ユーザーが他人のツイートを複製し、フォロワーに送信しているように思えるが、実際にはフォロワーのタイムラインのURLに他人のツイートのURLへのインラインリンクが自動的に設定され、他人のツイートのデータは直接、フォロワーのツイッターに送信されるだけである。すなわち、公式リツイートしたユーザーは、他人のツイートを複製したり、自動公衆送信していない。裁判例でも公式リツイートについて、「本件リツイート行為は、それ自体として上記データを送信し、又はこれを送信可能化するものでなく、公衆送信……に当たることはないと解すべきである」として、著作権侵害を否定したものがあ

る（東京地判平成28年9月15日判例集未登載：公式リツイート発信者情報開示請求事件）。

一方、非公式リツイートとは、他のユーザーの投稿をコピーペーストし、「RT@ユーザー名（元のユーザーが投稿した内容）」の書式で投稿することをいう。「RT」の前にリツイートしたユーザーの独自のコメントを入れたり、元のツイートにないハッシュタグを付けたりする場合もある。非公式リツイートは、他人の著作物を複製し、公衆送信する行為なので、著作権侵害になるおそれが高い。しかしながら、ツイッターを利用するユーザーはTwitter利用規約に同意しなければならないので、他人によるリツイートを禁止することができるかは、この利用規約に従うことになる。

Twitter利用規約には、「ユーザーは、本サービス上にまたは本サービスを介してコンテンツを送信、投稿または表示することによって、当社があらゆる媒体または配信方法（既知のまたは今後開発される方法）を使ってかかるコンテンツを使用、コピー、複製、処理、改変、修正、公表、送信、表示および配信するための、世界的かつ非独占的ライセンス（サブライセンスを許諾する権利と共に）を当社に対し無償で許諾することになります。このライセンスによって、ユーザーは、当社や他の利用者に対し、ご自身のツイートを世界中で閲覧可能とすることを承認することになります」（下線は筆者）という規定がある。この規定を読むかぎり、ツイッターのユーザーは他人によるリツイートを禁止することができないように思われる。

しかしながら、公式リツイートは、元のツイートが削除されると、リツイートも連動して消えてしまうが、非公式リツイートは自分のツイートとして投稿するので削除されない。公式リツイートの機能があるのに、それをあえて使わないで非公式リツイートする理由はいろいろあるだろうが、問題発言をしたユーザーのツイートを世間に晒す目的で非公式リツイートすると、紛争に発展するおそれがある。ツイッターのユーザーはできるだけ、公式リツイートを利用すべきであろう。

なお、Twitter利用規約には、「ユーザーは、本サービス上にまたは本サービスを介して自ら送信、投稿または表示するあらゆるコンテンツに対する権利を留保するものとします。ユーザーのコンテンツはユーザーのものです。すなわち、ユーザーのコンテンツ（ユーザーの写真および動画もその一部です）

の所有権はユーザーにあります」という規定がある。したがって、ユーザーが創作したツイッターの文章や写真の著作権は、アメリカのTwitter社ではなく、当該ユーザーに帰属していることになる。

3　投稿サービス

YouTubeやニコニコ動画といった動画共有サービスをはじめとして、様々な投稿サービスが提供されている。自分が創作した楽曲を演奏したり、自分が撮影した写真や映像を投稿する場合は、著作権法上の問題はほとんど起こらないだろう。問題となるのは、他人が創作した作品を無断で利用する場合である。短い文章であれば著作物性が認めらないと思いがちであるが、前述したように表現に創作者の個性が発揮されていれば創作性の要件は充足するため、著作物として著作権法の保護を受けることになる。

裁判例としては、「ホテル・ジャンキーズ」という名称のホームページを設置・管理し、「サロン・ド・ホテル・ジャンキーズ」という掲示板を設けた被告が原告らによって掲示板に書き込まれた文章を無断で複製して、書籍『世界極上ホテル術』として出版した行為が著作権侵害を構成するとした事件がある（東京地判平成14年4月15日判時1793号133頁：ホテル・ジャンキーズ事件）。

近年、著作権問題が頻繁に生じている投稿サービスとして、まとめサイトがある。まとめサイトとは、特定のテーマで情報を収集・編集したウェブサイトのことであるが、他人の情報を利用するサービスであるため、著作権問題が生じやすい。まとめ記事サイトに関する裁判例としては、まとめ記事中に画像検索サイト上の写真をそのまま転載した写真が含まれており、その写真が著作者に無断で転載されたものであった場合に、当該まとめ記事を投稿した者のIPアドレスを保有するプロバイダに対する発信者情報開示の請求が認められた事件（東京地判平成28年1月18日判例集未登載：NAVERまとめ創価学会事件）や、日航機墜落事故の現場写真を無断で投稿した者について、まとめ記事サイト運営者に対する発信者情報開示の請求が認められた事件（東京地判平成28年4月27日判例集未登載：NAVERまとめ現場写真事件）がある。

なお、YouTubeとニコニコ動画については、各運営会社が音楽著作権管理事業者である一般社団法人日本音楽著作権協会（JASRAC）と株式会社NexToneとの間で包括許諾契約を締結しているため、ユーザーはこの2社がインタラクティブ配信について管理している楽曲をYouTubeやニコニコ動画に自由にアップすることができる。したがって、ユーザーは「演奏してみた」「歌ってみた」「弾いてみた」として、2社の管理楽曲を演奏した動画を自由に投稿することができる。ただし、多くの「歌ってみた」のように、レコードやCD、カラオケの音源をネット上で利用するためには、レコード製作者や実演家の許諾が必要なので、注意が必要である。

裁判例としては、原告の第一興商が作成したカラオケ音源を用いてカラオケ歌唱を行っている様子を自ら動画撮影した動画を動画共有サイトにアップロードした行為が、原告のカラオケ音源に係る送信可能化権の侵害に当たるとした事件がある（東京地判平成28年12月20日判例集未登載：カラオケ音源無断アップロード事件）。

4　リンク

リンクとは、ホームページやワード、エクセルなどのデジタルデータの文中の単語や画像などに他の文書や画像の位置情報を埋め込むことで、その文書や画像などに移動し、参照できる仕組みのことである。自分のホームページからリンク先の文書や画像が送信されているようにみえるが、実際には他のホームページからユーザーに対して、文書や画像が送信されている。すなわち、リンクを張るという行為は、参考としているウェブサイト上の情報の所在を示しているだけである。それでは、このリンクを張るという行為に違法性はあるのだろうか。

ウェブサイト上に書かれているのは、他人の情報の所在地、つまりURLだけであり、他人の著作物を複製したり、送信したりしているわけではない。そのウェブサイトの所在を明らかにするという行為に法的な問題はないといえよう。そもそもネット上に情報を掲載しているということは、それを公表しているわけなので、「あなたのページから飛んできて私のページを読まれたくない」という主張には無理があるだろう。したがって、「リンクを張る」という行為については、一般的には法的責任に問われることはない。

違法動画に埋込み型のリンク（いわゆるエンベッドリンク）を張った行為が著作権侵害に問われるかが争われた裁判例として、ロケットニュース24動画リンク名誉毀損事件（大阪地判平成25年6月20日判時2218号112頁）がある。この事件は、原告が上半身裸でマクドナルドに入店する様子等を撮影してニコニコ生放送でライブ配信をしたところ、何者かがこのライブ配信を録画してニコニコ動画にアップロードし、さらにニュースサイトの運営者がこの動画に関する記事を掲載するとともに、動画にリンクを張ったというものである。裁判所は「閲覧者の端末上では、リンク元である本件ウェブサイト上で本件動画を視聴できる状態に置かれていたとはいえ、本件動画のデータを端末に送信する主体はあくまで『ニコニコ動画』の管理者であり、Yがこれを送信していたわけではない」として、著作権侵害を否定した。

ただし、違法サイトにリンクを張る行為が著作権侵害にならないとしても、不法行為責任を問われる可能性がある。この判決では、無断でアップロードされていることが明らかではない著作物について、リンクを張っても直ちに違法にはならず、著作権者から抗議を受ける等無断にアップロードされた著作物であることを認識できた時点でリンクを削除すれば、不法行為は否定されるとしている。したがって、違法サイトにリンクを張ることは避け、また違法サイトと知らずにリンクを張ったとしても、違法サイトと認識した時点ですぐにリンクを削除すれば、不法行為は成立しない可能性が高いといえよう。

なお、フレームリンクについては注意が必要である。フレームリンクとは、ホームページ上、外枠（フレーム）は自分の作成したものとなっているが、中身（コンテンツ）が他人のウェブ表示が掲載されているため、あたかも自分のホームページの一部として他人のウェブ表示が表現される方法をいう。この場合、あたかも自分のホームページ内のコンテンツのように他人の著作物が掲載されているように見えるため、紛争に発展するおそれがある。ウェブサイトの運営者が規約でフレームリンクの禁止を掲げているケースも少なくない。ユーザーは無用の紛争を避けるためにも、フレームリンクではなく、通常のリンクを張るべきであろう。

5　データベースとデータの使用

データベースの著作物とは、論文・数値・図形その他の情報の集合物であって、コンピュータを用いて検索することができるように体系的に構成することによって、思想・感情を表現した著作物をいう（著作権法12条の2第1項）。データベースの著作物性は、その情報の選択または体系的な構成が創作性を有するかで判断される。データベースを構成する情報は、学術論文や新聞記事のように著作物である場合と、実験や観測による数値データのように非著作物の場合があるが、どちらも上記の創作性の要件を満たせば、データベースの著作物として保護を受けることができる。

裁判例としては、職業分類体系によって電話番号情報を職業別に分類したデータベースの著作物性が問題となったNTTタウンページ事件（東京地判平成12年3月17日判時1714号128頁）がある。裁判所は、「タウンページデータベースの職業分類体系は、検索の利便性の観点から、個々の職業を分類し、これらを階層的に積み重ねることによって、全職業を網羅するように構成されたものであり、X〔原告〕独自の工夫が施されたものであって、これに類するものが存するとは認められないから、そのような職業分類体系によって電話番号情報を職業別に分類したタウンページデータベースは、全体として、体系的な構成によって創作性を有するデータベースの著作物であるということができる」として著作物性を肯定した。

周知のとおり、データベースの構築には多大な労力と資金、時間が必要である。したがって、データベースに対する法的保護の要請は強いが、著作権法による保護を受けるためには創作性の要件を満たさなければならない。ここにジレンマが生じるのである。すなわち、汎用性があるデータベースほど、著作者の個性があらわれにくく、創作性の要件を満たさないとされる可能性が高くなる。これでは社会に有用なデータベースを構築するというインセンティブを著しく低下させることになるだろう。世の中で必要とされるデータベースが不足する事態が生じた場合、何らかの立法措置をとらなければならなくなる。EUではデータベース指令により、創作性の有無にかかわらず、データベース製作者に対して独自の権利（sui generis）を付与することを加盟各国に義務づけている。日本でもデータベースの保護法制に関しては検討が進められているが、新たな立法を制定するまでには至っていない。

しかしながら、創作性のないデータベースは誰でも自由に利用できるとなると、データベース製作者に対して法的保護に欠ける場合が生じる。そのため、裁判所は創作性のないデータベースの利用について、一定の場合に不法行為として損害賠償責任を認めている。裁判例としては、自動車整備事業のために5億円をかけて作成した約12万の車両データが収録されているデータベースを被告が無断で複製したとして、データベースの複製権侵害が争われた翼システム事件（東京地判平成13年5月25日判時1774号132頁）がある。裁判所は、「人が費用や労力をかけて情報を収集、整理することで、データベースを作成し、そのデータベースを製造販売することで営業活動を行っている場合において、そのデータベースのデータを複製して作成したデータベースを、その者の販売地域と競合する地域において販売する行為は、公正かつ自由な競争原理によって成り立つ取引社会において、著しく不公正な手段を用いて他人の法的保護に値する営業活動上の利益を侵害するものとして、不法行為を構成する場合がある」として、被告の不法行為に基づく損害賠償責任を認めた。

3　電子書籍、自炊代行・自炊カフェ

1　電子書籍

出版業界は著作権法における出版権制度に基づいて出版ビジネスを展開してきたが、従来の制度は紙の出版物を前提としたものであったため、電子出版に対応した制度になっていなかった。そのため、出版者は著作者と出版権設定契約を締結して、出版権者になっても、電子書籍の違法配信に対して権利行使することができなかった。また、出版者が自ら権利者として主体的に電子書籍配信事業者と電子出版に係る契約交渉を行ったり、ライセンス契約を締結したりすることもできなかった。

このような状況を是正するべく、平成26（2014）年4月14日に著作権法が改正され（平成28年1月1日施行）、電子書籍に対応した出版権の整備が行われた。改正法では、出版者が電子出版について著作権者から出版権の設定

を受け、ネットを用いた無断送信等を差し止めることができるよう、紙媒体による出版のみを対象とした出版権制度を見直し、電子書籍をネット送信すること等を引き受ける者に対して、出版権を設定できるとした。この法改正によって、新たにCD-ROM等による出版やネット送信による電子出版を引き受ける出版者が、著作権者との出版権設定契約により、出版権の設定を受けることができるようになったのである。出版者は、電子出版権に基づき、無断で著作物をネット等で配信する者に対して、差止めや損害賠償を請求することができるようになった。

したがって、他人の著作物を電子書籍としてネット送信すると、著作権者だけでなく、電子出版権の設定を受けた出版者からも差止めや損害賠償を請求されるおそれがある。誰でもスキャナーを使えば、紙の書籍を電子化することが容易にできる時代である。自炊した電子データをネットで配信すると、著作権者だけでなく、出版者からも権利行使される可能性があることを十分に認識すべきであろう。

2　自炊代行・自炊カフェ

AmazonのKindleやアップル社のiPadなどの電子ブックリーダーと呼ばれる電子端末で、自分が保有している書籍や雑誌を読むために、パソコンとスキャナを使って、これらを電子データ化することが広く行われている。書籍や雑誌を電子データ化する際、データを「自ら吸い込む」ことから、一連の行為を「自炊」と呼んでいる。電子ブックリーダーやパソコンで読むことができる電子書籍の流通量は紙の書籍や雑誌にくらべるとかなり少なく、多くのユーザーは自炊して、保有する書籍や雑誌をPDFファイルにし、読書を楽しんでいる。

著作権法30条1項は、「著作権の目的となつている著作物は、個人的に又は家庭内その他これに準ずる限られた範囲内において使用することを目的とするときは……その使用する者が複製することができる。」と規定しているため、私的に使用する目的のために使用者自身が行う自炊行為は適法とされている。また、オークション等で裁断済みの書籍を出品する者もいるが、適法に入手した著作物の再譲渡には権利が働かないため、出品行為は違法行為とはならない（同法26条の2第2項）。

問題となるのは、書籍や雑誌をスキャンし、電子ファイル化する作業を他人である業者に依頼する場合である。これを「自炊代行」または「スキャン代行」という。私的使用のための複製として権利制限の対象となるのは、著作物を「使用する者が複製する」場合である。自炊代行の場合は、著作物を使用する者ではなく、自炊代行業者が著作物を複製するため、この制限規定の対象にはならない可能性がある。

自炊代行が著作権侵害を構成するかが争点となった裁判例として自炊代行事件（東京高判平成26年10月22日判時2246号92頁）がある。この事件の自炊代行業者のサービスは、①利用者が代行業者に書籍の電子ファイル化を申し込む、②利用者は代行業者に書籍を送付する、③代行業者は書籍をスキャンしやすいように裁断する、④代行業者は裁断した書籍をスキャナーで読み込み、電子ファイル化する、⑤完成した電子ファイルを利用者がネットにより電子ファイルのままダウンロードするか、DVD等の媒体に記録されたものとして受領する、というものであった。

裁判所は、「複製行為の主体について『その使用する者が複製する』との限定を付すことによって、個人的又は家庭内のような閉鎖的な私的領域における零細な複製のみを許容し、私的複製の過程に外部の者が介入することを排除し、私的複製の量を抑制するとの趣旨・目的を実現しようとしたものと解される。そうとすると、本件サービスにおける複製行為が、利用者個人が私的領域内で行い得る行為にすぎず、本件サービスにおいては、利用者が複製する著作物を決定するものであったとしても、独立した複製代行業者として本件サービスを営むY1社が著作物である書籍の電子ファイル化という複製をすることは、私的複製の過程に外部の者が介入することにほかならず、複製の量が増大し、私的複製の量を抑制するとの同条項の趣旨・目的が損なわれ、著作権者が実質的な不利益を被るおそれがあるから、『その使用する者が複製する』との要件を充足しないと解すべきである」として、被告の行為は私的使用のための複製に当たらず、著作権侵害を構成するとした。

この判決によって自炊代行サービスは縮小を余儀なくされている。しかしながら、出版者がすべての書籍・雑誌を電子書籍で販売する時代がくるまでは、まだ時間がかかるだろう。さらに絶版になった書籍を電子ファイル化するというニーズも少なくない。そのため、自炊代行サービスは、サービス内容や市場規模を縮小しつつも存続し続けるだろう。また、裁断代行サービスは、著作物の複製を伴わないので、適法であるため、今後も存続するだろう。じつはユーザーにとっては、裁断作業が最も煩雑かつ困難である。したがって、裁断代行サービスを利用して、書籍や雑誌を裁断し、自分でスキャンして電子ファイル化するというユーザーが増えると予想される。

4　音楽・映画の違法ダウンロード

エンターテインメント産業の代表格といえば、音楽と映画であろう。音楽は映画にくらべると、データ量が少ないため、音楽産業が配信ビジネスを先に展開することになった。着信メロディー（着メロ）に始まり、着うた、音源のダウンロード販売を経て、現在ではサブスクリプション・サービスが主流になりつつある。一方、映画はデータ量が多く、また画面が小さいパソコンや携帯電話で観るには適していないため、配信ビジネスは出遅れていた。ネット回線の大幅な改善により、大容量のデータを高速度で送信できるようになったため、Hulu、NETFLIX、Amazonプライムビデオといった様々な動画配信サービスが提供されている。

一方で、権利者に無断で音楽や映像をネット上でアップロードする者は後を絶たない。彼らはコンテンツの利用が制限規定に該当しないかぎり、著作権侵害責任を免れないが、ネットが有する匿名性を利用して、海賊版を配信したり、違法サイトを開設・運営することで収益をあげようとするのである。このような違法サイトを根絶しないかぎり、海賊版をパソコン等にダウンロードし、楽しむ人はなくならない。逆にいうと、海賊版をダウンロードして楽しむ人がいるから、違法サイトは根絶しないのである。そこで、権利者団体を中心に、海賊版をダウンロードする行為を著作権侵害の対象とすべきであるという主張がなされてきた。

前述したように、著作権法上、他人の著作物やレコードを無断で複製することは複製権の侵害となり、違法行為とされているが、私的使用のための複製は違法行為ではなく、誰でも自由にできることとされてきた。しかしながら、ネット上で違法コンテンツが蔓延し、ユーザーによるダウンロードが音楽や映像コンテンツの売上げに深刻な影響を与えているという権利者の主張を受け入れ、平成22（2010）年1月1日施行の著作権法改正によって、違法にアップロードされている音楽や映像ファイルを違法コンテンツであると知ってダウンロードする行為は複製権侵害とされた（30条1項3号）。しかし、この時は刑罰規定を定めなかったため、そのような行為を行っても、警察が取り締まるということはなかった。ところが、平成24（2012）年の法改正では、私的使用の目的であっても、有償著作物の場合、違法コンテンツであると知って音楽や映像ファイルをダウンロードする行為は2年以下の懲役もしくは200万円以下の罰金に処し、またはこれを併科（両方の刑を科すこと）することとされた（119条3項）。なお、この刑事罰の規定は親告罪とされているので、権利者からの告訴がなければ公訴を提起することはできない。

有償著作物とは、有償で公衆に提供されている音楽や映像コンテンツをいう。具体的には市販されているCDやDVD、有料でネット配信されている映画等を指す。したがって、テレビ放送されているだけで、まだDVD化や有料配信されていないドラマやバラエティ番組等をダウンロードする行為は、刑事罰の対象とはならない。ただし、民事上の責任を問われる可能性はある。

この法改正で刑事罰の対象となる行為は、あくまでも違法ダウンロードである。違法に配信されている音楽や映像を視聴する行為は対象となっていない。YouTubeやニコニコ動画を閲覧する場合も同じである。ダウンロードを伴わない視聴や閲覧行為は、これまでどおり、適法とされている。また、友人間での音楽や映像ファイルの交換は「家庭内その他これに準ずる限られた範囲」で行われるかぎり、適法行為とされている。たとえば、友人から送信されたメールに違法に複製された音楽や映像ファイルが添付されていて、これを違法コンテンツと知ったうえで自分のPCにダウンロードしても、刑事罰の対象とはならない。これはストレージサービスを利用しても同じである。なお、違法ダウンロードとして刑事罰の対象となる行為はデジタル方式の録音または録画であり、テキストや画像ファイルのダウンロードは対象外なので、適法行為として行うことができる。

5　プロバイダ等の責任について

以下では、インターネットサービスプロバイダ（「ISP」）などが、著作物に対して負うこととなる責任とその限界について述べたい。

1　サービスの提供方法による分類

(1)　アプリ提供型

スマートフォンなどの端末にダウンロードおよびインストールして利用するタイプのプログラム（いわゆる「アプリ」）は、そのアプリ自体が第三者のプログラムを許諾なく利用する場合には著作権侵害になるから、こうしたアプリを提供するISPなども著作権侵害（そうしたアプリを送信可能な状態にした点で送信可能化権侵害、および複製した点で複製権侵害など）に問われることとなる。しかも実務上、侵害された側が差止請求、損害賠償請求の対象とするのは、アプリの配布を可能にしたISPとなろう。というのも、利用しているユーザーに対して個々に訴えを提起するのは、当該ユーザーに対する手続を行うことで、対世的な警告の効果を上げることができるという場合を別として、費用対効果の観点で、現実的とは思われないためである。

(2)　サーバ提供型

ISPが、利用者に対して提供するサービスのうち、サーバ蓄積型のものは、ISPが管理するサーバの一定の領域を使用させるものにほかならない。利用者は、無償であれ、有償であれ、使用を許諾されたサーバに写真などの画像、動画、楽曲、テキスト、その他のデータをアップロードして蓄積するとともに、それらのデータを必要に応じて加工し、そうしたデータの全部または一部を公開することなどが可能である。

このサーバへのアップロード自体が、利用者自らの端末中（多くはハードディスク（HDD）やソリッドステートディスク（SSD）と呼ばれる記録装置に収納されていよう）データを、通信回線を介してサーバ上に複製する行為にほかならないため、対象が著作物の場合には、アップロードのつど、複製が行われることになる。しかも著作権法は、公衆の用に供されているサーバにアップロードする行為を「送信可能化権」として整理していることから、当該著作物が自らのもの、または著作権フリーのものを除けば、当該著作物に関する送信可能化権を侵害する行為に該当しうる。

そこで、利用者が著作者に許諾を得ることなく、画像、動画、楽曲をアップロードした場合に、その利用者が著作権法上の送信可能化権に抵触する行為に及んだことは当然として、サービス提供者であるISPがどこまで責任を問われうるか。

2　ISPの責任とプロバイダ責任制限法による制限

(1)　責任制限規定の大枠について

ISPなどの責任については、プロバイダ責任制限法の3条1項において責任制限規定が設けられている。

同法3条1項は、「特定電気通信による情報の流通による他人の権利侵害」の存在を前提に、「権利を侵害した情報の不特定の者に対する送信防止措置を講ずることが技術的に可能な場合」、かつ、①当該関係役務提供者が当該特定電気通信による情報の流通によって他人の権利が侵害されていることを知っていた、または②当該関係役務提供者が、当該特定電気通信による情報の流通を知っていた場合であって、当該特定電気通信による情報の流通によって他人の権利が侵害されていることを知ることができたと認めるに足りる相当の理由があるとき、のいずれかを満たす場合でなければ、賠償の責めに任じないとしている。

まず、技術的に送信防止措置を講ずることが可能であることを求めた趣旨は、立法担当者によれば、「当該情報の不特定の者に対する送信を防止する措置を講ずることが技術的に可能でない場合には、結果回避可能性がなく、関係役務提供者に作為義務が生じることはないことから、それを明確化」する点にある。さらに、この技術的に送信防止措置を講ずることが可能か否かは、客観的に判断されるべきもの、とされる（総務省「プロバイダ責任制限法解説」10頁参照）。

この解説において技術的に可能では無い事例として掲げられているものは、「その情報の流通を防止するために他の大量の情報の送信を停止しなければならない場合」とあるように、かなり場面が限局されるように思われるから、この要件が機能する場面は相当に限定的なものになろう。

次に、他人の権利を侵害する情報について、それと知りつつ漫然と流通させた場合は、権利侵害との結果の間に直接的な因果関係が認められ、その行為についての認識も存することから、賠償責任も生じることとして異論はなかろう。

他方で、他人の権利を侵害する情報について、ISPが、「当該特定電気通信による情報の流通を知っていたこと」、さらに「当該特定電気通信による情報の流通により、他人の権利が侵害されていることを知ることができたと認めるに足りる相当の理由があるとき」の要件については、(ア)情報の流通の認識、および、(イ)他人の権利の侵害が行われていることを知ることができたと認めるに足りる相当の理由、に分けてそれぞれ検討を要する。

ア　情報の流通の認識

情報の流通の認識について、上述の解説は、「当該情報が流通しているという事実を現実に認識していたこと」とし、役務を提供する関係者において、特定電気通信により流通する情報の内容を網羅的に監視する義務がないことを明確化するもの、であるとする。

その理由として、流通する情報を網羅的に監視することは、表現の自由の関係で問題のあること、およびかりに流通している情報についての責任を問うことになれば、追及をおそれて削除が行われかねず、結果として情報の自由流通が妨げられることを掲げている。

実際のISPにおける運用においても、他人を侵害する態様の情報を個別に把握することを期待するのは現実的ではないことから、被害を受けた側から通知がきた時点以降は、当該情報の流通についての認識は否定されない、といった扱いとなろう。

イ　他人の権利の侵害が行われていることを知ることができたと認めるに足りる相当の理由

「他人の権利侵害」についても、「知ることができたと認めるに足りる相当の理由」についても、その有無を判断するにあたっては、特定の事実とこれに対する評価を確定する必要があり、最終的に裁判所の事実認定と当該認定をふまえた判断を待つほかない。

このため実際の運用においては、誰がみても侵害との判断に至る一定の類型に属するか否かにより判断を行い、そうした判断が困難な場合には、基本的には「相当の理由」はないとして扱うこととなろう。上述の解説も、「通常の注意を払っていれば知ることができたと客観的に考えられること」として、権利侵害に該当する事例について、電話番号、住所などのプライバシー情報、および、「誹謗中傷を内容とする情報」として、権利侵害に該当する事例をかなり限定的にとらえている。

なお、上述の解説では、「電子掲示板等での議論の際に誹謗中傷等の発言がされたが、その後も当該発言の是非等を含めて引き続き議論が行われているような場合」には、「相当の理由があるとき」には該当しない、としているが、誹謗中傷自体は、基本的には一つ一つの行為により権利侵害を構成することから、誹謗中傷行為を個別に判断すれば相当の理由が存在することは否定されないものの、議論自体が継続しているならば、その過程で互いに表現が過剰・大仰になって思わず誹謗中傷を含む表現に及ぶこともありえないことではないため、議論が完全に終結する前に軽々に判断することは避け、議論の終結を待って相当理由の有無につき判断すべきである、という趣旨で理解するのが適当であろう。

ISPにおける実際の運用にあたっても、特定個人に関する電話番号、住所などとして、情報がサーバにアップロードされた場合、事実であればプライバシー侵害の度合いが大きいことから、真偽の確認もさることながら、そのような性質の情報として認識した時点で、情報を掲載した者に対して権利侵害について警告して掲載を中止させるか、中止しない場合には、当該情報に対する公衆からのアクセスを遮断するケースが多いものと思われる。そうした警告および遮断を実施するための規定が設けられている場合には、当該規定を根拠に実施することとなろうし、遮断等のための根拠規定が設けられていない場合、または、設けられていたとして、警告や遮断により、それらの情報を掲載していた者に対し、ISPが負うこととなる責任については、次項で述べる。

以上の例外として、「当該関係役務提供者が当該権利を侵害した情報の発信者である場合は、この限りでない。」と規定されている。他人の権利を侵害する情報を、ISP自らが発信した場合には、権利制限規定により保護する必然性もないことから、いわば当然のことを確認的に記載したものである。ちなみに、近年、就職活動を充実させる目的で、在職者または退職者に、口コミの態様で、特定の会社の内情を記載されるサービスが増えている。当該企業に対する就職を希望する者からすれば内情を知ることのできる点で有益であるものの、情報について、たとえば当該企業に在職していた経験、さらには、実体験を証するものの提出を求めて検証するプロセスを経ないと、そのようなサイト自体が、特定企業に対する信用を毀損する情報を収集および拡散しかねず、自ら権利侵害情報の発信者となりかねない。単に発言するための場を提供しているのと異なり、特定の企業についての情報に絞って、内情の記載を促すことは、その内容を投稿者自身が書き込んでいるものとしても、上述の検証プロセスを経ないならば、事業者自らが発信者であると認定される可能性が相当に高くなるものと思われる。

(2)　発信者に対する責任の制限

次に、プロバイダ責任制限法3条2項は、ISPが送信を防止した場合に、発信者において生じる損害に対し、責任を制限する規定を置いている。

前項でとりあげた被害（を主張する）者との関係で、ISPが負うこととなる責任とは反対に、そうした被害を抑止するため、送信を遮断して、表現行為を中止させた場合、当該行為は、発信者からすれば、自らの意思に反して表現行為を制約されるにほかならないことから、サーバ等の利用規約、または不法行為に根拠とした請求が論理的には可能となる。

具体的には、ISPなどが、

・情報の送信を防止する措置を講じた場合で
・当該措置により送信を防止された情報の発信者に損害が生じており
・当該措置が当該情報の不特定の者に対する送信を防止するために必要な限度において行われたものであること

に加えて、以下のいずれかに該当する必要がある。

①　情報の流通によって他人の権利が不当に侵害されていると信じるに足りる相当の理由があったとき
②　自己の権利を侵害されたと主張する者から、権利を侵害したとする情報、侵害された権利および理由を示し（以下「侵害情報等」という）、ISP

に対し侵害情報の送信を防止する措置を講ずるよう申し出があった場合で、ISPが、発信者に対し侵害情報等を示し、送信防止措置を講ずることに同意するかどうかを照会した場合において、発信者が照会を受けた日から7日を経過しても同意しない旨の申し出がなかったとき

である。

発信者の側からすると、ISPが送信を防止すれば情報の自由な流通を妨げられることになるから、その点でも「損害」は生じるし、発信により何らかの対価を獲得している場合には、逸失利益も損害に含まれる。

送信防止が、不特定者に対する送信防止のために必要な限度であることという要件は、侵害しているとされる部分が、発信されている情報の一部分にすぎず、かつ、当該一部分のみを対象とすることが容易に可能であるにもかかわらず、漫然と当該一部分を含む全体について送信の防止をすることは許されないというものである。

もっとも実際の運用においては、たとえば住所や電話番号が一部にのみ掲載されているといった場合を除き、誹謗中傷が一つのスレッド全体に及んでいるといったケースが多いと思われるし、そうすると、特定の部分のみについて送信防止をすることが困難で、かえって当該スレッド全体についての送信を防止せざるをえなくなるケースも多いのではないかと思われる。

次に、①情報の流通により他人の権利が不当に侵害されていると信じるに足りる相当の理由があったとき、とは、具体的な権利侵害の主張を前提に、権利侵害があったと信じてもやむをえない事情が存在したという趣旨であるから、ISPとして、権利侵害であることを主張する者に対して、本人確認や、情報の内容が真実であるかの確認を、可能なかぎりで尽くしたか、といった点で判断されることになろう。

実際のISPの運用では、権利侵害の主張が寄せられた場合に、ISPとしていかなる対処をするかあらかじめ内規で定めていることが多いから、その内規の内容が合理的か、合理的として、その内規に従って注意を尽くしたか、という2つの観点から判断がなされることになろう。

最後に、②ISPが発信者に対し照会したにもかかわらず7日経過しても同意しない旨の申し出がなかったときについて、本条は、あくまでISPが照会をした場合を定めるもので、ISPに照会を義務づけるものではない。さら

に、7日についても、発信者が実際に照会を受けた日から起算するとされる。この同意の有無を寄せる期間が7日とされたのは、権利の侵害が実際に存する場合の被害の拡大抑制の要請と、発信者が検討する時間確保の要請のバランスを考慮したものであり、いわゆるリベンジポルノなど、被害者の権利侵害の程度が著しく、かつ、回復困難なものについては、私事性的画像記録の提供等による被害の防止に関する法律4条において2日に短縮されている。

ISPとしては、最初に権利侵害に関する主張を記載した通知が届き、その内容を精査し、住所や電話番号が掲載され、殺害・身体に対する危害の予告など、事実であれば権利侵害が確実と思われるケースについては、発信者に対する照会を行うことなく、送信防止にふみきる一方で、名誉毀損、侮辱的表現、ヘイトスピーチなどのうち、権利侵害の有無について専門的見地からの判断を要するものについては、後日、被害者と情報の発信者の双方からそれぞれ、差止めや損害賠償などの請求を受ける懸念が残ることから、積極的に司法判断を仰ぐこととするともに、最初に権利侵害を主張する者から情報の送信防止請求を受けた段階で、これに応じないまでも、ログなど必要な記録の保管を行っているケースが多いと思われる。

6　オンラインゲームと著作権侵害

ネット上のゲームで著作権侵害が問題になりうるケースとしては、当該ゲームで用いるキャラクター、背景が、他人の著作物と同一または類似のものであるにもかかわらず著作権者に無断で使用（複製）した場合が挙げられる。その他、ときめきメモリアル事件最高裁判決（最判平成13年2月13日民集55巻1号87頁）および高裁判決（大阪高判平成11年4月27日判時1700号129頁）の判示からは、パラメータ改変ソフトウェアが、ゲームの予定していたゲームバランスを崩すこととなる場合に、特にオンラインゲームにおいて一応問題になりうる。

ときめきメモリアル事件は、能力値（パラメータ）の変更に係る事案であり、ゲームのストーリーの骨格が、「予め設定された低い数値からスタートして、高校3年間の間、憧れの女生徒に相応しい形でプレイヤー自身の能力を高めるためのプレイを行い、それによって能力の数値を上昇させ、愛の告白を受けることを目指す」という内容である。

一審段階では、パラメータがゲームソフトのプログラムの実行による本来のゲーム展開にどのように影響し、これを変化させ、最終局面においてどのように右判定に影響するか、全証拠によるも不明であり、本件ゲームソフトが予定しているストーリーを改変するものであることを認めるに足りる証拠はないとして、同一性保持権侵害が否定された。しかし、控訴審では、「保護されるべき思想または感情の創作的表現は、ゲームバランスに従って具体的にモニター画面に展開される、ゲームソフトに内包された（限定的に設定された）ストーリーとその映像にあり、しかも、主人公の能力に関する初期設定が固定され、当該設定を基盤として、ユーザーが選択した行動（コマンド）に対する能力項目の数値を創作的に加減・累積させてストーリーが展開することから、セーブデータそのものもプログラムと密接不可分な要素であり、コマンドの選択に関連づけられた各能力項目の数値の加減は、ゲームソフトの本質的構成部分となり、これを改変し、無力化することは、表現内容の変容をもたらし、同一性保持権の侵害となる」としたうえで、「もともとのゲームの展開ではあり得ないほどの高い能力値を与えられたことで、ユーザーがストーリー展開の過程で入力するコマンドの数値が無効化され、ストーリーが本来予定された範囲を超えて展開される点で、主人公の人物像の改変がストーリーの改変をもたらす」として、同一性侵害が肯定された。

その後の上告審でも、「本件ゲームソフトにおけるパラメータは、それによって主人公の人物像を表現するものであり、その変化に応じてストーリーが展開されるものであるところ、……設定されたパラメータによって表現される主人公の人物像が改変されるとともに、その結果、本件ゲームソフトのストーリーが本来予定された範囲を超えて展開され、ストーリーの改変をもたらす」として同一性保持権の侵害である旨の判断は維持されたものである。

この上告審における「設定されたパラメータによって表現される主人公の人物像が改変されるとともに、その結果、本件ゲームソフトのストーリーが本来予定された範囲を超えて展開され、ストーリーの改変をもたらす」場合には、同一性保持権の侵害が肯定されていることから、パラメータ改変ソフトを利用し、通常ありえないほどの能力値（主人公の能力のみならず、所持する金銭など）を与えた場合、（それをストーリーと呼ぶか別として）もともと制作者側が予定していた展開とは異なる展開で、ゲームが進行する点は共通するから、論理的には、同一性保持権侵害として差し止め、損害賠償の対象になりうるようにも思われる。

このことは、ゲームがネット上のもの、いわゆるオンラインゲームの場合、パラメータ改変によって参加する者の能力値が著しく強化されることになるため、予定していたゲームバランスが崩される可能性もきわめて高くなり、いっそう同一性保持権侵害を肯定する必要性が高いようにもみえる。

とはいえ、こうした問題は、オンラインゲームの提供側において、パラメータに制限を課すことが不可能なケースを除けば、参加者に対し、使用するキャラクターのパラメータに制限をかけることで容易に回避できるから、そうであるかぎり、そうしたパラメータ制限を回避するためのソフトウェアであればともかく、一般的なパラメータ改変ソフトウェアに対し、同一性保持権を侵害するものと判断するべき積極的な理由は乏しいように思われる。

コラム：最先端の問題

◆3Dプリンタ

3Dプリンタは、特定の対象物を3次元（縦、横、高さ方向）でスキャンするなどして、そのX軸、Y軸およびZ軸方向からなる座標情報（実際に使用される標準的データ形式は、STLファイルという三次元形状を小さな三角形の集合体として表現するシステムで表現する。立体形状は、三角形の3つの頂点の座標と法線ベクトルにより定義される三角形ポリゴンの集合により表現し、STLファイルには、色などの指定ができないことから、色の定義については、バイナリSTLにおいてファセット番号を定義する2バイト分を転用して行っているとのことである）と、当該座標情報に、色彩情報を組み合わせることにより獲得したデータを基に、あたかも対象物を断面（水平に輪切り）にするかのように整理し、当該データに沿って、粉体（樹脂や金属）である原料を配置し、これにレーザー照射するなどして固め、かつ彩色することを繰り返して層を形成していくことで、当該特定の対象物を立体的に再現することを可能としたものである。

この技術は、アニメ作品のフィギュアなどから、大きくは住宅そのものの建築に使うことも可能になるなどしており、さらに将来的には、生体の一部である患者の脂肪・骨髄から集められた幹細胞を材料に3Dプリンタで、臓器や皮膚組織などを生産し、免疫の問題をクリアして安全な人造の臓器を提供することも不可能ではなかろう。このように3Dプリンタは非常に将来性を秘めた技術である。

この3Dプリンタにより再現される対象が、もともと特定の著作者の著作権の対象である場合には、それが画像であれ、設計図であれ、原著作物に対する関係では二次的著作物に該当するから、翻案の概念で対応することが可能である。

他方で、当初から3Dプリンタで出力されるべく創作されたものの場合、存在するのはSTLファイルという電子データのみである。この電子データは、「思想または感情を創作的に表現したもの」であり、著作物としての保護を受けることになる。もっともそのデータにより表現、言い換えれば3Dプリンタで出力されるものが、一般的なイス、机など何ら創作性を有しないものである場合、当該データ自体が著作物として保護されないのはもちろんである。

これら3Dプリンタが普及するにあたっては、3Dプリンタそのものもさることながら、3Dプリンタで出力する際に必要となるデータ（STLファイル）および3Dプリンタに入力するデータを作成するためのスキャナ、二次元データからSTLデータに変換するソフトウェアが一般に普及することが鍵となろう。家庭内での出力を容易にする、という観点からは、STLファイルで「表現」されるデータを共通化、標準化して、加工などを容易にする必要がますます大きくなるのではないかと思われる。

こうして一見良いことずくめにみえる3Dプリンタであるが、同時に、3Dプリンタの普及は、その負の側面も拡大することを忘れてはならない。3Dプリンタにおいて、著作権や特許権保護の仕組み、さらには銃刀法の対象となる物品を製造できないような仕組みを準備しておかないならば、これまで個人レベルでは入手困難であった生産手段、端的に工場を個人レベルで備えるに等しいことから、製造のためのデータと材料があれば、個人レベルでも容易に銃器を製造することが可能になる。

たとえばコピー機において紙幣や有価証券の偽造防止のための仕組みに倣い、違法な物品を製造することを抑止する制度や仕組みをいかに速やかに実現するかが重要となろう。銃刀法については、製造能力を有する者が事実上限定されてきたことから、所持と使用について許可制にすることでこれまで十分に対応することができたものの、今後、生産手段を個々人で保有することが可能になるのであれば、3Dプリンタの生産者に適切な規制を行うよう促すとともに、銃器など、禁止されている製品の生産に係るデータの流通を抑止することも検討する必要がある。特に法律改正で対応する場合には、これまでの生産者に対する規制とは異なり、相当に横断的な法律改正が必要となるものと思われる。

◆AIについて

以下では、人工知能（AI）に関して昨今注目を集めている、自動運転・自律飛行の側面に光を当ててみたい。

自動運転についても自律飛行についても、基本的には、センサーで周囲を把握して、自らを中心とした地図を作成し、その地図上を移動するために制御する、という点は共通している。

このように周囲を把握するために、たとえばレーザーセンサー（SLAM）、音響センサー、画像認識（ビジュアルSLAMなど）といった技術を単独で、または組み合わせているが、レーザーセンサーの場合、角となる部分の処理に難点があり、他方で、画像認識方式の場合、運転・飛行速度と処理速度の関係がネックになるなど、一長一短があるものの、実際には、それらの弱点をカバーすることで自動運転・自律飛行を可能にするべく現在も開発が行われている。

1. 誰が責任を負うべきか

AIの導入、特に自動運転・自律飛行の導入に伴い、責任負担に関する新しい枠組みが必要という見解もあろうが、筆者はそうした見解にはやや懐疑的である。AIが判断して行動した結果について、関係する当事者としては、①それを利用する者、②AIそのものを作成した者、③当該AIを自動車などに組み込んだ者の三者にほぼ集約することができ、自動運転・自律飛行の物体が第三者・他の物と衝突するなどして事故を起こした場合に、その問題は生じた損害をいかに公平に、かつ早期に当事者間において分配するかの問題と整理することができるから、そうすると、㋐AIの自動運転により便益を受ける者に第一義的に負担させるとともに、原因究明は個人にはほぼ不可能であるから、②作成した者と③組み込んだ者に連帯して原因究明の責任を負担させることとし、自動運転・自律飛行の設定など、実際に利用した者に責任があることを②および③の当事者が立証できないかぎり、②および③の当事者に連帯して負担させる、とするか、または、㋑製造側である③の当事者に第一義的には責任を負担させ、かつ、原因究明の責任を②の製造者と③の作成者に求め、自動運転・自律飛行の設定など、利用者の側に落ち度が認められれば、個別的に負担を求めることを認める、という制度のうち、いずれが被害者救済の趣旨により適合的か、という観点から判断されるべきものと考える。

自動運転・自律飛行についても、それを実現するプログラムにより動くものであるが、プログラムである以上、バグが存在することは不可避であり、AIを導入したとしても、自動運転・自律飛行に伴い生じるエラーをゼロに限りなく近づけることができるにすぎない。他方で、自動運転・自律飛行といっても、条件設定などを行うのは利用者である人間であるから、人間の意思と完全に無関係に運転・飛行するわけでもない。そうなると、かりに自動運転・自律飛行中に事故などが生じた場合、AIなどプログラム側の問題なのか、設定した利用者の問題なのかについて、解析のうえ、原因を確定するには、AIの側のログを利用するにしても、また、原因解析にAIの利用が可能になったとしても、相当の時間を要さざるをえないし、事故の態様によっては、原因の究明自体が困難となることもあると思われることから、そうした点をふまえつつ、被害者の早期救済の要請という点を重視するならば、(イ)の制度を採用して、被害者の早期救済を図りつつ、当事者間の負担の調整を別途行うのが適当に思われる。もちろん(ア)の制度を採用するのは、従来の自動車の損害賠償の制度と親和的であるものの、自動運転・自律飛行のケースでは、従来の自動車交通事故以上に、「加害者」である利用者の過失を認定しがたいであろうこと、さらに、現行の自賠責保険での賠償では不十分であるにもかかわらず、任意保険の加入率が100パーセントではなく、被害者救済が万全ではないことを考慮すると、保険については、強制加入を利用に際しての条件とするといった対応が、自動運転・自律飛行の普及に欠かせないように思われる。

2. 自動運転・自律飛行のさらなる活用について

自動運転・自律飛行の場合、運転・飛行により、ログが蓄積されていく。これらのログと搭載したセンサーのデータ、さらには、運転・飛行した地域の地図やGPS情報を組み合わせることで、測量、気象観測、農業の効率化、交通管制といった分野での活用が可能となる。具体的には、地図を基礎的なレイヤーとして、そのうえに、ドローンなどで収集したデータを基礎に作成した複数のレイヤーを重ねることで、上述の各分野において有用なデータベースを構築することが可能となる。

これらについては、データベースとして著作権上の保護を受けることも可能であるとは思われるが、データそのものについてデータベースの構築にかかるコストの点を嫌忌して開発が低調となることを抑止し、他方で成果のただ乗りの防止を実現しつつ、事業者がより広く普及させることを可能にするべく、端的にAI

などを利用して自動的に収集蓄積されたデータそのものについて、法的保護を与えることを可能とする制度の創出も検討に値しよう。たとえば、不正競争防止法上の秘密情報は、秘密管理性、有用性、非公知性という3つの要件が備わった場合に保護が与えられるが、気温、湿度や植物の成長にかかわる情報を組み合わせたデータ、地形、高度、風向き、空路などを組み合わせたデータなどすでに公になっていたり、誰であれ実験および入手可能な情報を自動的に収集し、蓄積するデータは、その内容を保護したくとも非公知性の要件がネックになりかねない。

こうしたデータは、扱う規模が大きくなるにつれ、効率性などが向上し、しかもデータベースとして保護を受ける一方で構築に必要となる時間、資金、人的資源を含めた資源は大きくなり、その結果投下資本の回収を困難にするから、構築するまでの間に保護されることが不確実であると、各事業者において構築自体を躊躇をしかねない。とりわけわが国は残念ながらグーグルなど特定の企業自ら各種のデータベースを構築する土壌に恵まれているとも思われず、何らかの対策をとらなければ、ドローンなど現在こうした新しいタイプのデータベースの萌芽を有しながら将来的には他国のデータベースの単なる利用者になりかねない。

そこで、EUのデータベース指令のように創作性を問うことなくシンプルにデータベースとしての保護ができないか。必要な予算の規模が数百万円という程度であれば、各事業者においても競って参入すると思われるが、要する予算が数十億から数百億となれば、何ら確実なリターンを期待できない以上、客観的には有用性の高いと思われるものでも、投資が行われがたくなるためである。他方でいったんそうしたデータの集積した結果としてのデータベースが構築された場合、無条件に独占的権限の行使を認めると、一般の利用および普及をかえって阻害する側面を否定できない。基本的には、構築した当事者の自由判断に委ねられるべき問題であると思われるが、一般の利用および普及を促す観点からは、あらかじめ恣意的に利用者を選択できないような仕組み、さらに極端に利用料金が高くならないよう法制度上の仕組みを併せて検討しておくことも必要であろう。

第4章

商標権・不正競争防止法

1　他人の商標等の利用

1　ネット広告に関連した他人の商標の利用

(1)　はじめに

ネット広告に関して、競合他社の商標を自社の広告に利用する行為がしばしばみられ、これが当該他社の商標権を侵害するのではないかが問題とされることがある。これは、ユーザーが競合他社の商標をキーワードとしてネットの検索サイトで検索した場合に、自社のウェブサイトや広告が検索結果ページに表示されるようにする行為であり、その手法としては、①自社のウェブサイトのメタタグに当該他社の商標と同一または類似の文字列を記述し、これをキーワードとする検索に反応して自社のウェブサイトが検索結果ページに表示されるようにする方法と、②当該他社の商標をキーワードとして検索事業者から購入し、自社の広告が検索結果ページの広告スペース（スポンサーサイト）に表示されるようにする方法（キーワードバイあるいは検索連動型リスティング広告と呼ばれる）とがある。

いずれも、競合他社の商標がもつブランド力ないし顧客吸引力を当該他社に無断で利用して、自社のウェブサイトや広告をユーザーに認識させよう、意識させようとする行為であるため、当該他社はその顧客吸引力にフリーライドされている、あるいは不公正であるととらえ、これを止めさせられないか、法的措置を検討するのは自然なことであろう。

では、上記①②の行為は当該他社の商標権を侵害する行為であろうか。

⑵　メタタグに他社の商標を記述する行為

まず前提となるが、商標権侵害行為に当たりうる商標の「使用」は、商標法2条3項で列挙されており、その中に商品もしくは役務に関する広告等「を内容とする情報に標章を付して電磁的方法により提供する行為」(8号)がある。しかし、外形的にこれに該当する他人の行為であっても、それが「商標としての使用」ないし「商標的使用」ではない態様での利用行為であれば、同条項に列挙された「使用」には当たらず、商標権が及ばない（商標権侵害が成立しない）と解されている（東京地判平成16年6月23日判時1872号109頁、東京地判昭和55年7月11日判時977号92頁ほか）。「商標としての使用」とは、商標の本質的機能である出所表示機能ないし自他識別機能、つまり自他商品の識別標識としての機能を果たす態様での商標の利用である。

さて、他社の商標をメタタグとして記述する行為については、近時の裁判例として東京地判平成27年1月29日判時2249号86頁がある[1)]。この裁判の事例では、被告が、原告の著名な登録商標「IKEA」や「イケア」を含む文字列を被告サイトのhtmlファイルのタイトルタグ、説明メタタグ（description metatag）として記載した結果、検索エンジンでこれらの文字をキーワードとして検索すると、検索結果一覧が表示されるページに被告サイトがそのとおりの文字列を内容として表示された。

このような利用の仕方が商標的使用に当たるのかが争点となり、裁判所は次のように述べてこれを肯定した[2)]。

「インターネットの検索エンジンの検索結果において表示されるウェブページの説明は、ウェブサイトの概要等を示す広告であるということができるから、これが表示されるようにhtmlファイルにメタタグないしタイトルタグを記載することは、役務に関する広告を内容とする情報を電磁的方法により提供する行為に当たる。そして、被告各標章は、htmlファイルにメタ

---

1)　大阪地判平成17年12月8日判時1934号109頁も同趣旨。

2)　この判決では、不正競争防止法2条1項1号・2号における商品等表示としての営業的使用に当たるか否かも争点とされ、明示はないものの商標と同様の解釈から肯定し、そのうえで不正競争に該当すると判示したものと解される。

タグないしタイトルタグとして記載された結果、検索エンジンの検索結果において、被告サイトの内容の説明文ないし概要やホームページタイトルとして表示され、これらが被告サイトにおける家具等の小売業務の出所等を表示し、インターネットユーザーの目に触れることにより、顧客が被告サイトにアクセスするよう誘引するのであるから、メタタグないしタイトルタグとしての使用は商標的使用に当たるということができる。」

この事案のように、説明メタタグ（description metatag）と呼ばれるものなど、検索結果の表示としてユーザーの目に触れ、商品や役務の出所表示機能ないし自他識別機能を果たす態様で他人の商標と同一または類似の標章を利用する行為は、他人の商標の商標としての使用であり、指定商品または指定役務について無断で使用すれば、原則として商標権侵害に当たると考えられる。

逆に、裁判例はみあたらないが、競合他社の商標を含む文字列をキーワード・メタタグとして用いるだけであれば、これをキーワードとした検索により関連の情報を探す通常の利用では、検索結果の表示上当該商標はあらわれず、ユーザーの目にも触れない。そのため、商標の出所表示機能、自他識別機能を果たす態様での利用、すなわち商標としての使用には当たらず商標権侵害ではないと考えられる[3)]。出所表示機能、自他識別機能を果たすような視認性がない以上、商品に関する広告を内容とする情報に標章を付して電磁的方法により「提供する行為」（商標法2条3項8号）に該当しないと解する。

もっとも、近年では、主要な検索エンジンは、キーワードメタタグを検索において無視する仕組みがとられているようである。

(3)　検索連動型リスティング広告

キーワードバイないし検索連動型リスティング広告に関する大阪地判平成19年9月13日（最高裁HP）の事案では、被告が、原告商品の名称と原告商標をキーワードとして検索した検索結果ページの広告スペース（スポンサーサイト）に、原告商品と同種の商品を販売している旨の広告および被告の

---

3)　ソースコードを表示すればキーワード・メタタグとして記述された商標が視認可能である、あるいは検索ウィンドウに入力された状態で視認可能である等として、商標権侵害を肯定する見解もある。

ホームページを表示する行為が原告の商標権を侵害するかが問題とされたが、裁判所は、「商標法2条3項各号に記載された標章の『使用』のいずれの場合にも該当するとは認め難いから、本件における商標法に基づく原告の主張は失当である。」と判示した。

競合他社の商標を含む文字列をキーワードとして設定しても、検索結果に当該商標が表示されないのであれば、検索エンジンのユーザーには、出所表示機能、自他識別機能を果たすような商標の視認性がない。したがって、商品に関する広告を内容とする情報に標章を付して電磁的方法により「提供する行為」(商標法2条3項8号）に該当しないと解する。この観点からは、逆に、キーワードバイや検索連動型リスティング広告であっても、出所表示機能、自他識別機能を果たす態様で商標の視認性がユーザーにある場合がかりにあるとすれば、それは商標の「使用」に該当することとなろう。

(4)　小　括

以上のとおり、メタタグの場合も検索連動型リスティング広告の場合も、他者の商標をメタタグに記述したりキーワードとして設定したりすること、あるいは検索エンジンのユーザーにとって視認性があるかどうかのみで商標権侵害の有無が決まるわけではなく、具体的な商標の利用において、その出所表示機能、自他識別機能を果たす態様での利用があるかどうかによって、商標法上の商標の「使用」に該当するかどうかが問われるべきである。

2　ネット広告に関連した他人の周知・著名な表示の利用（不正競争防止法関係）

(1)　周知表示の場合

前記1で商標について述べた内容は、不正競争防止法上の「不正競争」の一類型である周知表示との誤認混同惹起行為（2条1項1号）への該当性についても基本的に当てはまる。

すなわち、まず競合他社の「商品等表示」(商品または営業を表示する標章その他の表示を広く指す）で需要者の間に広く認識されているもの（周知表示）と同一または類似のものを「使用」するなどして、当該他社の商品または営業と混同を生じさせる行為が「不正競争」とされている。同法には、不正競争に該当する他人の商品等表示の「使用」を定義した規定はないが、基本的な考え方として、他人の商品等表示を出所識別機能または自他識別機能を果たす態様で利用していない場合には、「商品等表示としての使用」に該当しないと解されている（東京地判平成12年6月29日判時1728号101頁、東京地判平成21年11月12日最高裁HPほか）。

(2)　著名表示の場合

次に、利用する競業他社の商品等表示が周知性を超えて著名性を有する場合には、著名表示冒用行為（不正競争防止法2条1項2号）が問題となる。これは、自己の商品等表示として他人の著名な商品等表示（著名表示）と同一または類似のものを使用するなどの行為を不正競争とするものであり、周知表示の場合と異なって他人の商品または営業との混同惹起は要件とされていない。著名表示の顧客吸引力へのフリーライド、あるいは著名表示の希釈化や汚染といわれるものを防止することが趣旨とされる。そして、これらフリーライド防止等の趣旨からすると、キーワードメタタグや、キーワードバイないし検索連動型リスティング広告において、検索結果表示に視認性のある態様で他人の著名表示が表示されなくとも、顧客吸引力へのフリーライドは行われていること、そして、希釈化や汚染も起きうることから、視認性のない著名表示の利用であっても著名表示冒用の不正競争（同法2条1項2号）に該当するとの主張も考えられる。

しかし、上記の趣旨によるとはいえ、著名表示冒用では、著名表示を「自己の商品等表示として」使用することが明文上要件とされており、これは出所表示機能または自他識別機能を果たす態様での利用を意味すると解される。そして、商標の場合と同様に異論はありうるが、検索連動型リスティング広告等では、たとえ利用者の広告が著名表示をキーワードとして検索結果に表示されたとしても、広告の中にそのキーワードが表示されなければ、ユーザーに対して当該著名表示が出所表示機能や自他識別機能を果たすことは考えがたいため、このような利用は著名な商品等表示の「自己の商品等表示として」の「使用」には当たらないと解される（札幌地判平成26年9月4日最高裁HPほか参照）。

3　ドメイン名における他人の商標等の利用

(1)　はじめに

次に、ネット上で各コンピュータを識別するためのドメイン名に他人の商標等を利用する行為についてみていきたい。

ドメイン名、特に「.com」「.net」といったgTLD（generic Top Level Domain）については、近時使用可能な名称と言語が原則として自由化され、登録可能なドメイン名の数が飛躍的に増えた。これに伴い、ある者が他人の登録商標やブランド名と同一または類似の標章ないし文字列を一部に用いたドメイン名を自らのものとして登録したり使用したりすることもますます増えると考えられる。

そのような登録や使用の中には、競合他社の商標やブランドがもつ顧客吸引力にフリーライドして、自らのウェブサイトにネットユーザーを誘引し、営業上の利益を得ようとする場合もあろうし、個人がアフィリエイト広告収入目的や高値での転売目的で行っているものもあろう。逆に、先使用権があったり、自身の商号として正当な利用の権利があったりということもありうる。

では、商標権者やブランドのオーナーは、その商標やブランドと同一または類似の記述を含むドメイン名を他人が登録したり使用したりする行為を止めさせられるだろうか。ドメイン名の登録を自らに移転させることはできるだろうか。以下ではこの問題につき、商標法、不正競争防止法、ドメイン名紛争処理方針による対応を概観する。

(2)　商標権侵害の成否

他人が自社の登録商標と同一または類似の標章（文字列）をドメイン名として用いていても、それだけで当然に商標権侵害となるわけではない。

商標権侵害となるには、まずそのドメイン名中の当該文字列が、登録商標の指定商品または指定役務と同一または類似の商品や役務について用いられていることが必要である。この点では、商標についても指定商品や指定役務についても、同一性の判断であればまだしも、類似性の判断（類否判断）は実際には容易でないことも多い。本稿ではこれらの点には立ち入らないが、少なくとも当該ドメイン名が用いられているウェブサイトが、商品や役務の販売、提供、広告といったものと無関係であるとか、販売等がウェブサイト上でなされていても、通常その営業主体が販売等を行う商品や役務が指定商品や指定役務と同一または類似であるといった事情がなく営業主体について誤認されるおそれがなければ、商標権が及ぶ範囲の外にあると考えられる[4)]。

次にしばしば問題となるのが、ドメイン名における登録商標と同一または類似の標章・文字列の記載が、前述した商標としての使用（商標的使用）になるのかどうかである。この点、ドメイン名は、第一にはネット上にある個々のコンピュータを識別するための（したがって個々のウェブサイトを識別するための）アドレスに当たる表示であるが、商号や商標、ブランドの名称が用いられ、ブラウザのURL欄に入力されれば、これらに係る商品や役務について広告するウェブサイトが表示されることが非常に多い。

そして、ドメイン名に係るウェブサイト上で広告、販売、提供等がなされている商品や役務が、登録商標の指定商品または指定役務と同一または類似であり、また、ユーザーに対して当該ドメイン名がその出所表示機能ないし自他識別機能を果たしているのであれば、そのような商標の利用はまさに商標としての使用（商標的使用）であり、商標権が及ぶことになると解される。

この点に関し参考となる裁判例として、大阪地判平成23年6月30日判時2139号92頁は、次のように述べてその事案におけるドメイン名が商標として使用されていることを肯定した[5)]。

「3　争点3（被告標章4は商標として使用されているか）について

(1)被告は、被告標章4は、ホームページアドレスを表示したものであり、商標として使用されているものではないと主張するので、以下検討する。

(2)ドメイン名自体の広告的機能

被告標章4は、被告のホームページアドレスそのものではないものの、ホームページアドレスを構成するドメイン名（mon-chouchou.com）の一部である（甲10）。

4)　商標の類否判断については、最判昭和43年2月27日民集22巻2号39頁、最判平成9年3月11日民集51巻3号1055頁ほか、商品や役務の類否判断については、最判昭和36年6月27日民集15巻6号1730頁、最判昭和38年10月4日民集17巻9号1155頁ほかを参照。

5)　控訴審である大阪高判平成25年3月7日最高裁HPも同じ判断であった。

しかしながら、上記ドメイン名は、被告商品の保冷バッグ（甲9）や包装用紙袋（甲132）に表記されているほか、被告のテーマカラーであるオレンジとブラウンで（乙168）、被告商品の包装箱風に着色されたトラックの車体広告に、被告自身が商標的使用であること（役務標章であること）を認めている被告標章1と共に記載されており（甲32）、被告商品ないし被告の営む洋菓子販売業に係る広告的機能を発揮しているといえる。

⑶出所識別標識としての重畳的使用

被告は、被告標章4を、被告の略称であると主張している。

そして、社名を冠したドメイン名を使用して、ウェブサイト上で、商品の販売や役務の提供について、需要者たる閲覧者に対して広告等による情報を提供し、あるいは注文を受け付けている場合、当該ドメイン名は、当該ウェブサイトにおいて表示されている商品や役務の出所を識別する機能を有しており、商標として使用されているといえるところ、被告は、ウェブサイト上で、被告商品の情報を提供し、注文を受け付けている（甲10、35、44）。

そうすると、被告のドメイン名は、単にホームページアドレスの一部として使用されているものではなく、出所識別標識としても使用されているといえる。」（下線筆者）

この判決の事案のように、登録商標と同一または類似の標章（文字列）を含むドメイン名が用いられたウェブサイト上で、指定商品や指定役務と同一または類似の商品の販売、役務の提供、広告といったことが行われていれば、基本的には商標的使用に当たることを否定するのは容易でないと思われる。

最後に、商標権侵害が成立する場合の救済は、損害賠償と、原則としては当該ドメイン名の当該事案における態様での使用の差止めであるが、侵害行為のおそれを具体的に証明することにより、「侵害の予防に必要な行為」（商標法36条2項）として当該事案での態様を超えてドメイン名の使用全般を禁じたり、登録を抹消させたりすることも可能と考えられる。他方、使用禁止や抹消を超えて、商標権者に当該ドメイン名の登録を自らに移転させることまでを「侵害の予防に必要な行為」に含めるのは解釈上困難と思われる。「侵害の予防に必要な行為」の例として「侵害の行為を組成した物の廃棄、侵害の行為に供した設備の除却」が挙げられており、これらの例示に類するまたは準ずる排除行為であることが必要と解されるし、使用禁止や抹消により相手方が使えなくするだけでは足りず、さらに移転までさせることが侵害の予防に必要であることを想定しがたい。

(3)　不正競争防止法違反（周知表示混同惹起・著名表示冒用）の成否

ドメイン名の中で他人に無断で用いられた自らのブランド名、標章等の表示に関して商標登録がないとか、あっても指定商品や指定役務との関係で商標権が及ばない、といった場合でも、その表示が周知または著名であれば、周知表示混同惹起または著名表示冒用の不正競争行為（不正競争防止法2条1項1号・2号）に当たることを理由としてドメイン名の使用差止めや損害賠償を請求することが考えられる。

もっとも、ここでも登録商標の場合と同様、ドメイン名に自らのブランド名等が無断で用いられたからといって、それだけで直ちに周知表示混同惹起または著名表示冒用の不正競争行為となるわけではない。ネット広告との関連で前述したように、他人の周知の商品等表示を出所表示機能または自他識別機能を果たす態様で利用していない場合には、商品等表示としての使用に該当しない（したがって、同法違反とはいえない）と解されている。また、他人の著名な商品等表示についても、顧客吸引力へのフリーライド等を防止する趣旨が中心にあるとはいえ、やはり「自己の商品等表示として」の使用等の解釈上、出所表示機能または自他識別機能を果たす態様で自己の商品等表示として使用することが著名表示冒用に該当するために必要となると解される。

この点に関する裁判例として、たとえば東京地判平成13年4月24日判時1755号43頁では次のように判示している（ほかに、富山地判平成12年12月6日判時1734号3頁等）。

「本来ドメイン名は登録者の名称やその有する商標等、登録者と結びつく何らかの意味のある文字列であることは予定されていないが、登録者の名称、社名、その有する商標等をドメイン名として登録することが通常行われていることに照らせば、……ドメイン名が特定の固有名詞と同一の文字列である場合などには、当該固有名詞の主体がドメイン名の登録者であると考えるのが通常と認められる。

そうすると、ドメイン名の登録者がその開設するウェブサイト上で商品の販売や役務の提供について需要者たる閲覧者に対して広告等による情報を提供し、あるいは注文を受け付けているような場合には、ドメイン名が当該ウェブサイトにおいて表示されている商品や役務の出所を識別する機能をも有する場合があり得ることになり、そのような場合においては、ドメイン名が、不正競争防止法2条1項1号、2号にいう『商品等表示』に該当することになる。

そして、個別の具体的事案においてドメイン名の使用が『商品等表示』の『使用』に該当するかどうかは、当該ドメイン名が使用されている状況やウェブサイトに表示されたページの内容等から、総合的に判断するのが相当である。」（下線筆者）

そして、当該ウェブサイト上で、商品の販売広告と注文受付がなされていることや、「J-PHONE」が当該ウェブサイトの開設者で商品の販売者を示すものとして用いられていること等を総合し、被告のドメイン名「j-phone.co.jp」は、「本件ウェブサイト中の『J-PHONE』の表示とあいまって、本件ウェブサイト中に表示された商品の出所を識別する機能を有していると認めるのが相当である。したがって、被告の本件ドメイン名の使用は、不正競争防止法2条1項1号、2号にいう『商品等表示』の使用に該当するものというべきである。」と結論づけた。

この判決に照らせば、他人の周知のまたは著名な営業上の表示と同一または類似である文字列を含むドメイン名がブラウザのURL欄で用いられ、そのウェブサイト上で、商品の販売、役務の提供、広告といったことが行われ、ドメイン名がこれらの主体を示すものとして用いられている場合には、商品等表示の使用に該当するということになろう。

最後に、上記不正競争行為が成立する場合の救済は、損害賠償と、原則としては当該ドメイン名の当該事案における態様での使用の差止めであるが、営業上の利益が侵害されるおそれがあることを具体的に証明して、「侵害の停止又は予防に必要な行為」（不正競争防止法3条2項）として、当該ドメイン名の使用全般を禁じたり、登録を抹消させたりすることも可能と考えられる。他方、商標の場合と同様の理由で、登録を自らに移転することの請求までは、「侵害の停止又は予防に必要な行為」の解釈上困難と思われる。

(4)　ドメイン名に係る不正行為と不正競争防止法

不正競争防止法では、以上でみたようなドメイン名の利用形態とは別に、ドメイン名に係る一定の不正行為を不正競争行為と定義している。この一定の不正行為とは、不正な利益を得る目的や他人に損害を加える目的（図利加害目的）で、他人の特定商品等表示（人の業務に係る氏名、商号、商標、標章その他の商品または役務を表示するもの）と同一または類似のドメイン名を使用する権利を取得し、もしくは保有し、またはそのドメイン名を使用する行為である（不正競争防止法2条1項13号）。

東京地判平成14年7月15日判時1796号145頁では、図利目的とは「公序良俗に反する態様で、自己の利益を不当に図る目的」をいい、ドメイン名の取得、使用等の過程で些細な違反があった場合等を含まないと解されている。また、加害目的とは「他人に対して財産上の損害、信用の失墜等の有形無形の損害を加える目的」をいうと解されている。そしてこれらに該当する例として、ドメイン名を不当に高額な値段で転売する目的、他人の顧客吸引力を不正に利用して事業を行う目的、当該ドメイン名のウェブサイトに中傷記事や猥褻な情報等を掲載して当該ドメイン名と関連性を推測される企業に損害を加える目的が挙げられている。

また、特定商品等表示は、周知のものまたは著名なものである必要はない。しかし、出所表示機能または自他識別機能を備えていることは必要である。

この類型の不正競争行為に対する救済は、損害賠償と使用差止めである。差止請求においては、周知表示混同惹起行為等の場合と同様、営業上の利益が侵害されるおそれがあることを具体的に証明することにより、「侵害の停止又は予防に必要な行為」としてドメイン名の使用全般の禁止や登録の抹消を求めることができるが、やはり自らへの移転までを求めることは困難と解される。

(5)　ドメイン名紛争処理方針

ドメイン名に関しては、ドメイン名紛争処理方針による裁判外紛争処理手続（ADR：Alternative Dispute Resolution）として、専用の仲裁手続も用意されている。裁判とくらべて簡易迅速かつ安価に紛争処理ができるほか、自らの商標権等と同一または類似のドメイン名が不正な目的で登録され、および[6]使用されている場合に、登録の抹消のみならず、自らへの登録の移転を求めることもできる。他方、損害賠償を求めることはできない。

この紛争処理手続は、「.com」「.net」といった一般的なトップレベルドメイン名（gTLD：generic Top Level Domain）と、統一ドメイン名紛争処理方針（UDRP：Uniform Domain Name Dispute Resolution Policy）を採用した一定の国別トップレベルドメイン名（ccTLD：country code Top Level Domain）に関しては、世界知的所有権機関（WIPO）仲裁調停センターを中心とする認定紛争処理機関が担い、そこではUDRPと関連の手続規則が適用される。日本のccTLDである「.jp」（JPドメイン名）については、現在日本知的財産仲裁センターが認定紛争処理機関であり、そこで適用されるのは、UDRPをモデルとして策定されたJPドメイン名紛争処理方針である。ドメイン名の登録者は、登録機関との契約により、第三者とのドメイン名をめぐる紛争について、各紛争処理方針と関連規則に従うことにあらかじめ同意しており、そのためこれらによる紛争処理手続に従う義務を負っている。

次に、UDRP（4条a項）によれば、ドメイン名の登録抹消や移転を求めるためには、申立人が次の事項をすべて証明しなければならない。

(i)　登録者のドメイン名が、申立人が権利を有する商標（trademark or service mark）と同一であることまたは混同を引き起こすほど類似していること

(ii)　登録者が、当該ドメイン名について権利または正当な利益を有しないこと

(iii)　当該ドメイン名が、不正の目的で（in bad faith）、登録され、および使用されていること（has been registered and is being used）

JPドメイン名紛争処理方針（UDRP）も上記とほぼ同じ規定だが、次の2点で異なる。

その1は、UDRPで申立ての根拠とされているのが上記i号の商標（trademark or service mark）であるところ、JPドメイン名紛争処理方針では「商標その他の表示」とされている点である。もっともUDRPの「商標」は、

6)　UDRPでは「および」だが、後述のように、JPドメイン名紛争処理方針の場合は「または」である。

日本の商標法上の商標に当たるもののほか、有名な人名等を含むものとして扱われている。JPドメイン名紛争処理方針では、商標法上の商標だけでなく、有名な人名や営業表示等も対象となることを明確にする趣旨で「商標その他の表示」とされた。

その2は、UDRPの上記iii号では、ドメイン名が不正目的で登録されていることと不正目的で使用されていることの両方の証明を求めているのに対し、JPドメイン名紛争処理方針では、「不正目的で登録または使用されていること」とされ、いずれかの証明で足りることとされている点である。

次に、UDRP4条b項では、上記4条a項iii号に関し、次のような事情（例示列挙）があれば、当該ドメイン名の登録および使用（JPドメイン名紛争処理方針では登録または使用）に不正の目的があることの証拠となるとされている[7]。

(i) 登録者が、申立人または申立人の競業者に対して、当該ドメイン名に直接かかった金額（書面で確認できる金額）を超える対価を得るために、当該ドメイン名を販売、貸与または移転することを主たる目的として、当該ドメイン名を登録または取得しているとき

(ii) 申立人が権利を有する商標（trademark or service mark）をドメイン名として使用できないように妨害するために、登録者が当該ドメイン名を登録し、当該登録者がそのような妨害行為を複数回行っているとき

(iii) 登録者が、競業者の事業を混乱させることを主たる目的として、当該ドメイン名を登録しているとき

(iv) 登録者が、商業上の利益を得る目的で、そのウェブサイトもしくはその他のオンラインロケーション、またはそれらに登場する商品およびサービスの出所、スポンサーシップ、取引提携関係、推奨関係などについて誤認混同を生ぜしめることを意図して、ネット上のユーザーを、そのウェブサイトまたはその他のオンラインロケーションに誘引するために、当該ドメイン名を使用しているとき

さらに、UDRP4条c項では、上記4条a項ii号に関し、次のような事情（例示列挙）があれば、登録者が、当該ドメイン名について権利または正当な利

7) ほとんど同内容のため、JPドメイン名紛争処理方針4条b項の記載を使用し、UDRPが異なる部分のみ修正した。

益を有していると認めなければならないとされている[8)]。

(i)　登録者が、当該ドメイン名にかかわる紛争に関し、第三者または紛争処理機関から通知を受ける前に、商品またはサービスの提供を正当な目的をもって行うために、当該ドメイン名またはこれに対応する名称を使用していたとき、または明らかにその使用の準備をしていたとき

(ii)　登録者が、商標（trademark or service mark）を保有しているか否かにかかわらず、当該ドメイン名の名称で一般に認識されていたとき

(iii)　登録者が、申立人の商標（trademark or service mark）を利用して消費者の誤認を惹き起こすことにより商業上の利得を得る意図、または、申立人の商標の価値を毀損する意図を有することなく、当該ドメイン名を非商業的目的に使用し、または公正に使用しているとき

最終的に申立てを認めてドメイン名の登録を取り消すか移転を命ずる裁定が出されると、当該ドメイン名の登録機関は、紛争処理機関から裁定の通知を受けてから10営業日後にその裁定を実施しなければならない。ただし、相手方（ドメイン名の登録者）が申立人に対して裁定を争う訴訟を提起し、当該10営業日後までの間に登録機関がそのことを示す文書（たとえば裁判所の受理印が押された訴状の正本または写し）を受領すれば、請求棄却等による決着まで裁定は実施されない（4条k項）。

JPドメイン名に関し、移転を命ずる裁定が争われた日本での裁判例としては、たとえば東京高判平成14年10月17日最高裁HPがある。この事案では、移転を命ずる裁定を受けた相手方（ドメイン名の登録者）が、当該ドメイン名を使用する正当な権利を有することの確認を申立人に求めたが、下級審（東京地判平成14年4月26日最高裁HP）は請求を棄却し、東京高裁がこれを維持した。

ほかに、ドメイン名の移転の裁定を受けた相手方（ドメイン名登録者）が、商標権に基づく当該ドメイン名の商標法上の使用差止請求権の不存在確認を求めた例（東京地判平成25年2月25日最高裁HP）がある。東京地裁は、ドメイン名紛争処理手続において申立人（被告）は、商標権等に基づく差止請求権を主張していないので、当該不存在確認をしても、原告のドメイン名の登録に関する契約関係に基づく地位についての不安、危険は除去されず、不存

8）　前掲注7）と同じ。

在確認に係る使用差止めという紛争は存在しなかったため、確認の利益がないとして、訴えを却下した。また、判示中で、原告は「本件ドメイン名を使用する権利があることの確認を求めるのが相当であった」と述べている。控訴審（知財高判平成25年7月17日最高裁HP）でもこの判決は維持された。

(6) 小　括

以上のとおり、ドメイン名に関しては、他人によるその登録や使用の態様と、自らの商標その他の表示の種類・内容、また、求める救済の内容により、異なる法的手段が用意されている。各法的手段をとるための要件や適用範囲、特徴、また手続面での負担等をふまえて適切な手段を選択していくことが重要である。

2　ネット上のショッピングモール運営者の責任

1　問題の所在

ネット上のショッピングモールでは、他人の商標権を侵害する商品が展示され、販売されることがある。その場合、出店者が商標権侵害の責任を負うことは当然だが、そのような出店者は大半が零細事業主や個人であったり、外国にいたりで、そもそも連絡がとれない、あるいはコストに見合わないなどのため、実効的に販売等をやめさせることはなかなか容易でない。そのため商標権者としては、そのような侵害品の展示、販売の場を提供しているショッピングモール運営者に対応を求めることとなるのは自然な流れであろう。

この点、ショッピングモール運営者は、出店者との契約上、他人の知的財産権を侵害する物品を展示したり販売したりしないよう求めるのが通常であり、そのような行為に対してコンテンツの削除や出店停止といった対策を執れる立場にもある。その一方で、ショッピングモール運営者には、出店者との契約上、適法なものであるかぎりは出店者に商品の展示、販売の場を提供する義務を負い、商標権侵害がないにもかかわらず削除等の措置をとれば、出店者に対して債務不履行責任を追及される立場になる。そして、商標権者から商標権侵害の主張があっても、その成否については、一般に、商標の類否、ライセンスや先使用権の有無、適法な並行輸入でないかといった点を調査し、法的に評価をすることが必要となり、その判断は容易でないことが多い。

2　裁判例

このようなショッピングモール運営者がどのような場合にどの範囲で法的責任を負うのかについては、参考となる裁判例として知財高判平成24年2月14日判時2161号86頁がある。

この判決は、「ウェブサイトにおいて複数の出店者がウェブページ（出店ページ）を開設してその出店ページ上の店舗（仮想店舗）で商品を展示し、これを閲覧した購入者が所定の手続を経て出店者から商品を購入することができる場合において、上記ウェブページに展示された商品が第三者の商標権を侵害しているとき」の当該ウェブサイトの運営者の責任について、次のように判示した。

「ウェブページの運営者が、単に出店者によるウェブページの開設のための環境等を整備するにとどまらず、運営システムの提供・出店者からの出店申込みの許否・出店者へのサービスの一時停止や出店停止等の管理・支配を行い、出店者からの基本出店料やシステム利用料の受領等の利益を受けている者であって、その者が出店者による商標権侵害があることを知ったとき又は知ることができたと認めるに足りる相当の理由があるに至ったときは、その後の合理的期間内に侵害内容のウェブページからの削除がなされない限り、上記期間経過後から商標権者はウェブページの運営者に対し、商標権侵害を理由に、出店者に対するのと同様の差止請求と損害賠償請求をすることができると解するのが相当である。」（下線筆者）

またこの判示の理由として、下記の①から⑤の事情等をあわせ考えれば「ウェブページの運営者は、商標権者等から商標法違反の指摘を受けたときは、出店者に対しその意見を聴くなどして、その侵害の有無を速やかに調査すべきであり、これを履行している限りは、商標権侵害を理由として差止めや損害賠償の責任を負うことはないが、これを怠ったときは、出店者と同様、これらの責任を負うものと解されるからである。」と述べている。

① 本件のような販売方法は販売者・購入者双方に便利で社会的にも有益であるうえ、基本的には商標権侵害を惹起する危険が少ない販売方法であること。

② 先使用権、使用許諾、並行輸入等の可能性から、既存の商標権と抵触する可能性のある出品がなされても、運営者が直ちに商標権侵害の蓋然性が高いと認識すべきとはいえないこと。

他方で、

③ 商標権侵害行為は犯罪行為であり、運営者であっても出店者による出品が第三者の商標権を侵害することを具体的に認識、認容したときは、その幇助犯となる可能性があること。

④ 運営者は、出店者と出店契約を締結し、出店料やシステム利用料という営業上の利益を得ていること。

⑤ 運営者は、商標権侵害行為の存在を認識できたときは、出店者との契約により、コンテンツの削除、出店停止等の結果回避措置をとることができること。

そのうえで、上記判決は、商標権者の代理人から商標権侵害を主張する内容証明郵便が到達した日や、訴状が送達された日を、ショッピングモール運営者が確実に商標権侵害を知った日と認定し、そこから8日以内に該当の展示を削除していたことから、運営者は「商標権侵害の事実を知ったときから8日以内という合理的期間内にこれを是正したと認めるのが相当である。」と述べて、当該事案での運営者の責任を否定した。

3　裁判例が求める実務上の対応

この判決によれば、ネットショッピングモールの運営者は、日々多量になされる出品行為が商標権侵害に当たらないかを常時積極的に監視し、発見して是正をすることまでは求められないが、侵害の指摘を具体的に受けた場合には出店者の見解を聴くことを含めて速やかに調査し、商標権侵害の蓋然性が高いとの判断に至ればコンテンツの削除等の是正措置をとる必要がある。この是正措置は、「商標権侵害があることを知ったとき又は知ることができたと認めるに足りる相当の理由があるに至ったとき」から合理的期間内になされることが求められているが、具体的にどの程度が合理的な期間なのかは、この判決の事案で8日以内であったことが一つの目安とはなるが、結局は事案ごとに個別具体的に判断されることとなろう。その際には、商標権者からの侵害主張がどの程度の具体的な証拠や根拠をもってなされたか、また、商標権侵害の判断の難易、出店者の主張とその根拠などが考慮されるものと考える。

以上の点で、この判決は現実的に可能な合理的な対応を運営者に求めているものであり、逆にそれを超えた過剰な負担（常時全体チェックなど）まで求めてはいないといえよう。

4　裁判例の考え方の妥当範囲

また、この判決で示された基本的な考え方は、プロバイダ責任制限法上のプロバイダ等の責任とも整合する。すなわち、同法3条1項はネット上で他人の権利（権利の種類に限定はない）を侵害する情報が不特定の者に発信された場合にプロバイダ等の特定電気通信役務提供者が負う損害賠償責任について、次のように定めている（一部略）。

「特定電気通信による情報の流通により他人の権利が侵害されたときは、……特定電気通信役務提供者……は、これによって生じた損害については、権利を侵害した情報の不特定の者に対する送信を防止する措置を講ずることが技術的に可能な場合であって、次の各号のいずれかに該当するときでなければ、賠償の責めに任じない。……

一　当該関係役務提供者が当該特定電気通信による情報の流通によって他人の権利が侵害されていることを知っていたとき。

二　当該関係役務提供者が、当該特定電気通信による情報の流通を知っていた場合であって、当該特定電気通信による情報の流通によって他人の権利が侵害されていることを知ることができたと認めるに足りる相当の理由があるとき。」

以上の観点からみれば、上記知財高裁判決の基本的な考え方は、ネットショッピングモール運営者や商標権の場合に限定されないより広い範囲の主体と権利について妥当性をもったものであると考えられる。そして、プロバイダ責任制限法の上記規定の基本的な考え方も、プロバイダ等の特定電気通信役務提供者に限らない妥当性をもっていることが示唆されている。いずれも、民事責任一般の大原則である過失責任主義に沿ってこれを具体化したものだからであろう。そのため、これらは、主体や権利が異なる他の事案においても広く参照されるべきであろう。

第3編

他人の法的利益の侵害に対する救済

総　説

1　はじめに

本編では、著作権・商標権等の知的財産権や名誉・肖像権・プライバシー等の人格権を侵害したり営業秘密等を不正取得・使用・開示したり、パブリシティ権を侵害したりする行為等に対して、侵害された者がいかなる事後的救済手段をとりうるのか、また事前にいかなる予防的措置をとることができるかについて論ずる。詳細については次章以下の各説に委ねるとして、ここではその概要の説明と問題提起にとどめたい。

2　直接侵害者に対する責任追及

まず、権利侵害の直接侵害者に対しては、損害賠償請求や差止請求をすることができる。このうち、損害賠償請求の内容としては、人格権侵害に対しては慰謝料（民法710条）、パブリシティ権侵害に対しては逸失利益（同法709条）が挙げられる。また、著作権や商標権等の知的財産権侵害に対しても逸失利益を損害額として請求することができるが、損害賠償額の推定規定が設けられているので（商標法38条、著作権法114条、特許法102条）、同損害額の主張立証責任が軽減されている。営業秘密のうち技術情報についても概ね同様の推定規定が設けられている（不正競争防止法5条1項・2項）。

[3] 間接侵害者に対する責任追及

不特定多数の直接侵害者が存在する場合には、その一人一人に対し訴訟提起等をすることは事実上不可能であるため、直接侵害者に対する責任追及だけでは、侵害情報の拡散を網羅的に防止することができない。そこで、直接侵害者以外の者に対しても、侵害主体を規範的に判断して規範的侵害者に対しても、判例・学説上差止請求が認められてきた（間接侵害論）。規範的侵害主体の判断としては、主に行為に対する管理・支配と利益の帰属という2要素により判断されており（カラオケ法理。最判昭和63年3月15日民集42巻3号199頁：クラブ・キャッツアイ事件）、当該法理は著作権法を中心に判例・学説でも支持されてきたが、当該2要素に固執することに対する問題提起がされている。たとえば、「著作権法21条以下に規定された『複製』、『上演』、『展示』、『頒布』等の行為の主体を判断するに当たっては、もちろん法律の文言の通常の意味からかけ離れた解釈は避けるべきであるが、単に物理的、自然的に観察するだけで足りるものではなく、社会的、経済的側面を含め総合的に観察すべきものであって、このことは著作物の利用が社会的、経済的側面を持つ行為であることからすれば、法的判断として当然のことであると思う。

このように『カラオケ法理』は、法概念の規範的解釈として、一般的な法解釈の手法の一つにすぎないのであり、これを何か特殊な法理論であるかのようにみなすのは適当でないと思われる。したがって、考慮されるべき要素も、行為類型によって変わり得るのであり、行為に対する管理、支配と利益の帰属という二要素を固定的なものと考えるべきではない。この二要素は、社会的、経済的な観点から行為の主体を検討する際に、多くの場合、重要な要素であるというにとどまる。」という見解がある（最判平成23年1月20日民集65巻1号399頁：ロクラクⅡ事件［金築誠志裁判官補足意見］）。

[4] プロバイダに対する責任追及

ネット上で自己の法益を侵害された被害者は、発信者を特定して責任を追及することが困難であることが多いため、プロバイダへの責任追及を検討することになる。すなわち、発信者情報を保有しているプロバイダに対し発信者情報の開示を請求したり、法益侵害情報の削除を求めたり、削除しなかったことが違法である場合に損害賠償を請求することが考えられる。もっとも、プロバイダは情報を媒介する役割を担っており、プロバイダに広く削除義務を認めることは発信者の表現の自由の保障が後退することになるし、また、発信者情報の開示を広く認めることは、プロバイダの通信の秘密の遵守義務に違反したり、さらにはプロバイダの営業の自由を害したりすることになる。

そこで、平成13（2001）年にプロバイダ責任制限法が制定され、プロバイダの責任の制限規定が設けられた。同法では、プロバイダが送信防止措置を講じなかった場合に、他人の情報発信により法益を侵害された者に対するプロバイダの民事責任を制限する規定や、プロバイダが発信者情報を開示した場合の当該発信者に対する民事責任を制限する規定が定められている（3条、4条）。

ただし、同法により責任が制限される主体は、あくまでもプロバイダであるので、プロバイダでなく情報発信者である場合には同法の適用を受けることができない。情報発信者に該当するか否かは、前記の間接侵害論等により判断されることになる。

5　検索サービス運営者に対する責任追及

検索サービスとは、ネット上の情報を、キーワードを入力することにより検索できるようにするサービスをいう。おびただしい情報量を有するネットにおいて必要とする情報を入手するためには、検索サービスが不可欠な手段となっている。他方で、そのような多量の情報量の中から一定の情報を表示する役割をもつ検索サービスの検索結果に、他人の法益を侵害する情報を載せているウェブサイトが表示された場合、当該侵害による被害が拡大してしまう。

この点について、最決平成29年1月31日判時2328号10頁においては、①検索結果の提供は、検索事業者自身による表現行為という側面を有するとし、また、ネット上の情報流通の基盤として大きな役割を果たしていると述べたうえで、②提供理由に関する事情を比較して、公表されない利益の優越が明らかな場合、検索結果からの削除を求めることができるとした。そして、当該削除が認められるための判断基準としては、①当該事実の性質および内容、②プライバシーに属する事実が伝達される範囲とその者が被る具体的被害の程度、③その者の社会的地位や影響力、④記事等の目的や意義、⑤記事等が掲載された時の社会的状況とその後の変化、⑤記事等において当該事実を記載する必要性など、当該事実を公表されない法的利益と当該URL等情報を検索結果として提供する理由に関する諸事情を比較衡量して判断すべきもので、その結果、当該事実を公表されない法的利益が優越することが明らかな場合には、検索事業者に対し、当該URL等情報を検索結果から削除することを求めることができるものと解するのが相当であるとした。

上記のとおり、最高裁決定は、検索結果の提供が検索事業者自身による表現行為であるとしながら、プライバシーと表現行為というどちらも精神的自由に関するものについて、等価的比較衡量ではなく、前者が優越することが「明らかな場合」に限り削除が認められるとしており、その点で、発信者自身に対する削除請求の場合との差別化が図られているように思われるが、それは以下の理由によるのであろう。すなわち、検索結果の提供は、前記のとおり、情報流通の基盤として大きな役割を果たしており、検索事業者自身の表現の自由の保障に加えて、他者の表現の自由や知る権利の保障（当事者以外の第三者の自由権の保護という公共の利益の保護）との比較衡量のうえでプライバシー侵害の有無を判断する必要があるからである。

6　サジェスト機能

サジェスト機能とは、検索エンジンで特定の人名や地名等を入力すると、自動的に次の単語の候補を表示する機能をいう。当該人名や地名等のキーワードと一緒に検索される頻度の高い単語が自動的に検索ウィンドウに表示されるものであるが、自己とは関係がない否定的な用語（たとえば犯罪名等）が表示されることがあり、当該表示がされないように検索サービス運営者に請求することができるかが問題となる。

この点、東京地判平成25年4月14日判例集未登載は、本件サジェストが、ネットの違法な記事を閲覧しやすい状況をつくりだしており、人格権を侵害しているとしてサジェスト表示の差止請求を認めた。これに対し、控訴審判決である東京高判平成26年1月15日判例集未登載は、単語だけでは当該男性の名誉が傷つけられたとはいえず、男性の被った不利益は表示停止によりサービス利用者が受ける不利益より大きくないとして差止請求を認めなかった。

しかし、検索キーワードが短くとも、あるいは短いがゆえに、本文よりも印象に残りやすく、場合によっては事実誤認を生じさせることもあり、対象者にとって被害が深刻なことも多いのであり、たとえばニュースの見出し記事により名誉毀損が成立しうるのと同様に判断されることが妥当と思われる。

第1章

事後的救済（請求の相手方と救済内容）

1　直接侵害者に対する請求

1　直接侵害者に対する請求の大枠

ネット上の行為（名誉毀損などの人格権に対する侵害、詐欺などの財産権に対する侵害）が行われた場合でも、侵害者に対し、不法行為責任を問うことで被害を回復すること、人格権侵害の場合に差止めや精神的苦痛に伴う慰謝料の請求、財産権侵害の場合には被害相当額の支払いを求めて訴訟または調停の申立てを行う必要がある点は、ネット以外の媒体や場において侵害者からの不法行為により損害を被った場合と基本的には変わらない。すなわち、被害者において①行為、②結果、③因果関係および④違法性についての主張立証を要する。

以下では、直接的に侵害が行われたケースについて述べ、間接侵害については、2で述べることとしたい。

2　ネットにおける侵害事実の特定について

直接の行為者による（加害）行為がネット上で展開されていることと、ネット以外の場、対面している者同士で詐欺が行われている場合とで、欺く行為自体の性質が変わっているというわけではない。しかし、欺く行為の立証のために必要となる証拠をいかに確実に確保するかにおいて、ネット上とそれ以外では手続が異なる。

ネット上の行為は、極論すれば、特定のサーバ上におけるデータのやりとりの蓄積にすぎないから、そのデータがいつの時点で蓄積されたか、という時間の特定がまず必要となる。この時間の特定に加え、通常、加害に及んだ者がネットに接続するサーバとして契約しているプロバイダから、問題となっている行為が生じたサーバ（複数のプロバイダ、いわゆる経由プロバイダ）にアクセスして、当該サーバで問題となった行為が展開されることから、当該展開された行為を示すデータ自体を何らかの形で保存する必要がある。このデータがいつまで保存されているかについては、保存期間がサーバの運営主体次第となっているため、確実に保管し、記録するには、展開された一部始終を、たとえば印刷し、データの状態で保存する必要がある。そのうえで、直接に行為に及んだ者が、自らの加入しているプロバイダを介して当該行為をなしたか、これを確定する手続が必要となる。

その際、具体的に特定を要する項目は、たとえば以下のとおりである（プロバイダ責任制限法ガイドライン等検討協議会「発信者情報開示関係ガイドライン」書式）。

①ISPが管理する特定電気通信設備等（URLを記載）

②掲載された情報

③侵害情報等として

　㈠侵害された権利

　㈡権利が明らかに侵害されたとする理由

　㈢発信者情報の開示を受けるべき正当理由（複数可）

　　・損害賠償請求権の行使のために必要

　　・謝罪広告等の名誉回復措置の要請のために必要

　　・差止請求権の行使のために必要

　　・発信者に対する削除要求のために必要

　　・その他（具体的に記載）

　㈣開示を請求する発信者情報

　　・発信者の氏名又は名称

　　・発信者の住所

　　・発信者の電子メールアドレス

・発信者が侵害情報を流通させた際の、発信者のIPアドレス及びIPアドレスと組み合わされたポート番号
・侵害情報にかかる携帯電話端末等からのインターネット接続サービス利用者識別符号
・侵害情報にかかるSIMカード識別番号のうち、携帯電話端末等からのインターネット接続サービスにより送信されたもの
・侵害情報が送信された年月日と時刻

㈿証拠

㈷発信者に示したくない請求者側の情報
・氏名
・権利が明らかに侵害されたとする理由欄の記載事項
・証拠

3　開示請求から仮処分、本訴

接続元となったネットへの接続サービスを提供するISPは、加入者および接続情報について任意に開示したならば、開示の対象となった者から正当な理由なく、発信者情報を開示したとして損害賠償請求を受けるおそれがあるため、まず発信者とされた側に開示をして差し支えないかその意見を照会する。この段階で、発信者とされた者から開示に応じるとの回答がなければ、基本的には任意開示に応じないことが多い。そこで、被害を主張する者の側で、問題となった行為を特定のうえ、仮処分を申し立てて発信者情報の保存を図り、その後、本訴において、開示を求めることとなる。ISPの側も、被害を主張する者が、任意開示を求めてきた段階で、事実上、IPアドレスと接続情報のログの保管をすることが多いものと思われる。

発信者情報開示の本訴に限らず、仮処分においても、加害行為に及んだとされる特定の者の行為が、被害を主張する者の権利を侵害したことの疎明は必要であり、電話番号・住所を公開されたというようなプライバシー侵害が明らかなケースを除き、誹謗中傷にわたる発言を具体的に特定し、当該発言が、被害を主張する側の社会的信用を低下させたことを示すことになる。

4　送信防止措置について

以上のプロセスを経て、発信者の具体的な情報を特定できれば、その後の送信防止措置や、損害賠償の進め方は、通常の名誉毀損、プライバシー侵害などにおける差止請求および損害賠償請求の進め方と基本的に変わらない。ただし、送信防止措置については、まずは、ISPにおいて、自主的に削除（送信防止措置）を講じるべきか判断することとし、その際に発信者に削除要請がきていることを伝えて、自発的な削除を促し、ISPにおいて自主的な削除をするべきか否かの判断がつかなければ、発信者情報開示における発信者に対する照会と同様、ISPの側から発信者に対し、削除をして差し支えないか確認し、この確認に応じて削除して差し支えない旨の回答が戻ってきたならば削除を行い、反対に削除に応じない旨の回答が戻ってきた場合、被害を主張する者に対し、自発的な削除には応じられない旨の回答を行うことになる。

5　著作権、商標権を侵害する物品への対応

他人の著作物・登録商標を付した製品が販売されているケースでは、通常ネット上の販売サイトの場合、特定商取引法の求めるところに従い、販売者に関する情報が掲載されているので、その記載されている先に対し、販売されている商品と、当該商品が、自らの商標権や著作権の権利の範囲内に属する物品であることを具体的に文言で特定したうえ、①販売の中止、②購入した数量と金額の開示、および③購入または輸入元の開示を求める通知を発出することになる。大規模に展開している業者を除けば、小規模かつほとんど個人に近い規模で販売している者が多いことから、それらの業者から、販売について中止する旨、また、実際に販売した数量に関する資料が送付されてきたならば、今後権利侵害をしないよう誓約する書面の送付をもって終了することが多かろう。他方で、このような通知を複数回送付したにもかかわらず、販売者から誠意ある回答が戻ってこない場合には、少なくとも販売自体が止まっていればよしとするか、費用対効果を考慮しつつ、本格的に訴訟により被害の回復を図ることになる。

このような被害回復に向けた動きについては、不思議と口コミなどアンダーグラウンドで広がるようであり、侵害品をネット上の販売サイトで確認し、販売中止を求めることをたゆまなく継続していると、（直ぐに内容証明が送られてきて）扱いづらい商品ということで侵害品の取扱いそのものが減ることも少なくない。

2　間接侵害者に対する請求

1　本稿における間接侵害

間接侵害について明確な定義はないため、以下では、ネットにおける商品の販売サイト（以下「モール」という）やオークションサイトの運営（管理）者など、問題となった商品を販売して他人の権利を直接侵害する者が存在することを前提に、当該販売者の販売を間接的に支援した者の責任として論じることとしたい。

2　運営者に監視義務を課すことの当否

ネットにおけるモールやオークションサイトの運営者については、モールやオークションサイトを運営したからといって、その行為が性質上、他人の権利を侵害する行為とはいえない以上、他人の権利侵害とモール等の運営等の間に因果関係を肯定することができず、原則として他人の権利の侵害を構成するものとはならない。

特に、アマゾン、楽天、ヤフーといったEコマースなど、ネット上で大規模なモールを運営する主体の場合、1日あたりで絞ってもきわめて大量の商品が扱われている。たとえばアマゾンの年次報告書によれば、わが国における平成27（2015）年の売上高は28億6400万ドルとのことであり、同年のドル円の年間平均為替レートである120円で計算すると、9916億8000万円に達するから、1日あたりで27億円の売上げ、1秒間あたりでは750万円の売上となる。これだけの量の商品・役務を取り扱っている運営主体に対し、モールに出店している個々の事業者において取り扱われている商品の一つ一つを検証するよう監視義務を課したならば、Eコマースの運営そのものが著しく煩瑣なものとなり、現実には事業の継続が困難となることが容易に予想される。

3　モール等が責任を負うケース

こうしてモール等に対し、間接侵害の責任を問うこと自体は、論理的には不可能ではないものの、モール等に、個々の商品・役務に対する監視義務を肯定することは現実的ではないことから、かりに間接侵害の責任を問いうるとしても、①第三者の権利を侵害する商品が特定の出店者において取り扱われていること、かつ、モール運営者においても出店者に対し、販売中止などの指示を出すことが必要であることを認識していたにもかかわらず、漫然と放置し、または、ことさらにそうした状況をつくりだすように図ったという相当に例外的な場合、または、②第三者の権利を侵害する製品を販売した出店者が、広告、販売、決済をモール等の運営者の名義で行うなど、明らかにモール運営者が自ら運営しているかの外観を有し、かつ、モール運営者自身がそのような外観を積極的につくりだすか、そのような出店者が存在することについて認識しつつ、漫然と放置していたため、利用者においてモール等の運営者が販売の主体であると信じるのが当然、といった場合に限られよう。

4　モール等運営者の対応

第三者の権利を侵害するモノを購入したために、損害を被った側からすれば、モールの出店者よりもモールの運営者のほうが回収の点で確実であると考えるのが自然であるから、出店者に対する損害賠償や差止請求と同時にモール運営者に対しても同様の請求を出すこともあろう。そうした場合、モール運営者は、権利侵害の主張が何ら証拠により裏づけられていないか、裏づけられているとしてもきわめて薄弱で信用できない場合を除き、第三者の権利を侵害する商品を販売しているとの主張を認識した時点で当該商品を取り扱っている出店者に対し、正規品または純正品を取り扱っている証跡の提示を求めるなどして事実の確認を行い、かりに出店者からそうした証跡の提出がされない場合には、出店者に対し、当該商品の取扱いを控えるよう求め、その求めが正当な理由なく受け入れられない場合には、（出店者との契約次第ではあるものの）出店の許可を取り消すといった対応をとることとなろう。

3　ネットワーク管理者の責任（プロバイダ責任制限法）

1　はじめに

ネット上で不特定の者に対して情報が発信され、それによって権利を侵害された者に対する事後的救済としては、一般に、当該侵害情報を削除（不特定の者に対する送信の防止）させることと、損害賠償（財産的損害の賠償や精神的損害に対する慰謝料）を得ることとがある。いずれも、請求の相手方として考えられるのは、当該情報の発信者とそのような場（サイト）を提供し、管理運営しているコンテンツプロバイダとが選択肢となる。

もっとも、ネット上ではしばしば匿名で情報発信がなされ、発信者が不明なため、発信者に対して直ちに削除や損害賠償を求めることができない場合が多い。また削除に関しては、発信者がわかったとしても削除に応じるとはかぎらず、あるいは発信者自身がいったん行った投稿の削除を行うことができない仕組みのサイトもあり、そうなればサイトを管理運営するコンテンツプロバイダのほうを相手方にすることが必要となる。

そして、匿名での情報発信の場合に発信者を突き止め損害賠償請求をしようとすれば、通常、コンテンツプロバイダと経由プロバイダの各々を順次相手取り、氏名、住所等発信者の特定に資する情報（発信者情報）の開示を得なければ、発信者を特定して損害賠償や同様の情報発信の差止めを請求することはできない。2段階必要なのは、通常、コンテンツプロバイダは当該情報が発信された際のIPアドレスとタイムスタンプを保有しているのみであるから、その情報からは情報発信に用いられた経由プロバイダを特定することまでしかできないからである（経由プロバイダは、当該IPアドレスを当該タイムスタンプの時点で割り当てていた契約者の氏名、住所等の情報を保有している)。

以下では、このような削除請求と発信者情報開示請求について手続上重要な点のいくつかを取り上げることとする。

2　削除請求

(1)　法的性質

侵害を主張する権利が名誉、プライバシーといった人格権の内容をなす法的利益であれば、削除請求の法的性質は、人格権に基づく妨害排除請求権としての差止請求権と解するのが一般である（最大判昭和61年6月11日民集40巻4号872頁：北方ジャーナル事件参照)[1)]。

そして、コンテンツプロバイダは侵害情報を蔵置するサーバを管理支配し、その不特定の者への流通を止めることができる地位にあり、客観的に人格権侵害の状態を生じさせているから、コンテンツプロバイダを請求の相手方とすることは可能とされている。なお、上記の法的性質から、削除請求に相手方の主観面は問題とならない。

(2)　裁判外での請求

次に、その請求方法は、裁判外で直接コンテンツプロバイダに削除を求めることが第一の選択肢である。コンテンツプロバイダ自身がそのためのオンライン書式を用意している場合もあるし、プロバイダ責任制限法ガイドライン等検討協議会が策定した書式を用いることもできる。

このような請求を受けたコンテンツプロバイダとしては、請求に応じて削除した場合に発信者から損害賠償責任を問われる可能性があることから、通常はプロバイダ責任制限法3条2項に沿って対応することとなる。

その一は、発信者に連絡ができれば送信防止措置を講ずることに同意するか照会し、原則7日以内に同意しない旨の申し出がなかったときに、必要な限度で当該措置（つまり削除）をとることである（同項2号)。これ以外では、自ら侵害情報の流通により請求者の権利が不当に[2)]侵害されていると信じる

1)　著作権、商標権等、差止請求権が法律上明文で認められている権利もある。
2)　違法性阻却事由の不存在を意味すると解されている。

に足りる相当の理由があると判断ができたときに削除をすることとなる（同項1号)。

しかし、実際には後者の要件の判断は容易でないことが大半のため、コンテンツプロバイダが同項2号の手続によらず任意に削除（送信防止措置）を行うことはなかなか期待ができない。

なお、権利侵害の成立が違法性阻却事由の不存在も含めて明白であるとの判断が比較的期待ができる権利の種類としては、たとえばプライバシー、著作権、商標権が挙げられるが、大雑把な一般論であり、全体としてはこれらの権利でも判断が容易でない場合が多いと思われる。

⑶　裁判による請求

任意の削除に応じてもらえないとなれば、裁判手続が必要である。むろん、任意ではなかなか応じてもらえないことを見越して、はじめから裁判を行う選択肢もある。

裁判手続としては、実務上仮処分手続（仮の地位を定める仮処分）によることが通常であり、人格権侵害その他差止請求の根拠となる権利侵害が認められれば、事実上の満足的仮処分を得ることができる。ネット上の情報は、世界中の不特定の者が容易に閲覧可能であり、日々損害の発生が継続し拡大していくという特性に鑑みれば、一般に保全の必要性も認められやすいと思われる。

3　発信者情報開示請求

⑴　裁判外での請求

不特定の者によって受信されることを目的とする電気通信（特定電気通信）の送信により情報が流通し、それによって自己の権利を侵害された者は、プロバイダ責任制限法4条1項に基づき、当該侵害情報に係るコンテンツプロバイダおよび経由プロバイダに裁判外で発信者情報の任意開示を求めることができる。

(2)　アクセスログの保存状況

もっとも、それ以前の問題は、該当する発信者情報が各プロバイダに残っているのかどうかである。

そもそも各プロバイダは、アクセスログを保存する法的義務を他人に負っているわけではない。むしろプロバイダを含む電気通信事業者には、通信の秘密を守ることが刑事罰をもって義務づけられており（電気通信事業法4条、179条）、通信履歴の記録は課金、料金請求等業務上必要な場合に限り認められているもので、ましてこれを他人に提供することは原則として違法とされている（「電気通信事業ガイドライン」23条）。また、個人情報については保存期間経過後または利用目的の達成後遅滞なく消去することが求められている（同ガイドライン10条）。

つまり、請求者は、たまたまアクセスログが残っている場合にその開示を求められるにすぎないのである。そして、アクセスログが結果として残っている期間は、せいぜい発信から数か月間であろう。サーバ上ではデータは常時大量にインプットされて順次上書きされていくものであり、インプットされる時々のデータ量の増減や、何らかの異常で一定範囲のログが消えてしまったり、サーバの容量を増強したりといった様々な要因で実際に残っている期間が左右される。経験則上、6か月近く経過しているとまず残っていない。

そして、コンテンツプロバイダには通常は侵害情報の送信に用いられたIPアドレスとそのタイムスタンプがあるのみで、氏名、住所といった人の特定に係る発信者情報は経由プロバイダにあるため、コンテンツプロバイダから開示された情報を元に、アクセスログが上書き消去される前に経由プロバイダにいかに早くたどり着き、発信者情報の保全を確保するかが最優先事項となる。

(3)　任意開示

ところで、請求を受けた各プロバイダとしては、同規定の権利侵害の明白性等の要件に沿って開示の可否を判断することとなる。しかし、プロバイダには前述した通信の秘密や個人情報を保護する法的義務があるほか、通信の秘密や表現の自由の重要性等との関係で、プロバイダ責任制限法が、開示請求者に対するプロバイダの責任を重過失責任に軽減している（4条4項）。このようなことから、制度上も実際上もプロバイダが任意開示の判断をすることは相当難しくなっている。

(4) 裁判による請求

そうなると、裁判手続により開示請求を行うこととなるが、現在の裁判実務では、通常コンテンツプロバイダに対しては、（本案訴訟ではなく）仮処分手続によりIPアドレスとタイムスタンプの開示命令が認められている[3)]。いわゆる満足的仮処分だが、ここではIPアドレスとタイムスタンプが開示されるのみで、最終的に氏名、住所等の開示を得るにはさらに経由プロバイダへの本案訴訟が必要なこと、コンテンツプロバイダに対する本案判決を得るまでにはほぼ確実に経由プロバイダのアクセスログが消去されるため、通常保全の必要性が認められることから仮処分手続が認められている。

他方、経由プロバイダに対しては仮処分手続による開示命令は認められていない。経由プロバイダの特定とそこでのアクセスログの保存に至れば、上記の保全の必要性はなくなるからである。

なお、アクセスログを保全する方法としては、裁判外で任意に保存するよう求める方法や、裁判所に発信者情報消去禁止仮処分命令の申立てをする方法がある。発信者情報の保全であれば、通常は経由プロバイダが任意に応じてくれるであろう。

(5) 「発信者情報」

最終的な問題としては、経由プロバイダから発信者情報の開示がなされても、その氏名または名称、住所といった情報は、あくまで「発信者の特定に資する情報」（プロバイダ責任制限法4条1項）であり、実際の発信者かどうかは別ということである。つまり、経由プロバイダが保有するのは契約者の情報であり、その契約者が会社、大学、ネットカフェ等々、不特定または多数の者に端末を利用させる環境にある場合には特にそうである。これは、最終的に開示されてみなければわからないことである。

3) 仮処分手続では電子メールアドレスの開示までは認められないことが一般的と思われる。

4　コンテンツプロバイダが外国法人の場合

コンテンツプロバイダは、外国法人であることもめずらしくない。外国法人であるコンテンツプロバイダに対して発信者情報開示の仮処分命令を申し立てた場合、通常の送達や双方審尋を経ていては、内国法人の場合より手間と時間を要し、経由プロバイダのアクセスログが消去されないうちに開示の仮処分命令を得て、経由プロバイダが保有する発信者情報の保全を得るところまで到達するのが一般に困難となる。

たとえば、しばしば債務者となるあるフィリピン共和国法人の場合、原則的な送達手続を経て双方審尋期日が入るまでに7か月以上かかると聞く。そうだとすれば、最終的に経由プロバイダから氏名等の発信者情報の開示を受けられる可能性は事実上なくなってしまう。

そのため、この事情を双方審尋の「期日を経ることにより仮処分命令の申立ての目的を達することができない事情」（民事保全法23条4項ただし書）として疎明し、双方審尋を入れず迅速に開示命令を得ることが必要であり、実務上も認められている。

なお、このような無審尋によらなければ目的を達することができない事情は、削除の仮処分については一般に当てはまらないため、通常認められていない。

5　おわりに

個々の事案に応じて様々な実務的な問題があり、以上で述べたことはその一端にすぎない。しかし、概ね共通して押さえておくべき基本的な事項であり、情報の削除や発信者情報の開示を検討する際には、とりわけ現実的な限界についての理解が重要と思われる。

4　検索エンジンサービス提供者の責任

1　検索エンジンサービス提供者の負うべき責任

検索エンジンサービス提供者の責任が正面から争われるのは、犯罪に関与したとの履歴やプライバシーなどがネット上で書き込まれ、不特定多数の者により掲載され、閲覧されている場合に、これら犯罪に関与した履歴やプライバシーなどについて、検索エンジンサービスの検索結果やサジェスト機能から削除し、表示されないように措置することが義務となる場合があるかという点である。

いずれについても、特に住所や本人を特定するに必要な情報を、本人自らがネット上に掲載している場合、本人による推定的な承諾があったとして整理することができるが、犯罪に関与したとの履歴、具体的には逮捕された情報や有罪判決を受けたとの情報は、公共の利害にかかわる事実として、報道の対象となり、しかもネット上では、当初報道された際の記事などを引用して掲載されることで、半永久的にネット上に存在することがありうる。このため、一方では更生の観点から、犯罪に関与した事実について公表されない（言い換えれば、「忘れてもらう」）利益との関係で、どのポイントで、また、いかなる要素を考慮して調和が図られるべきかの問題である。

2　プライバシー侵害が争点となったケース

この点について、「児童買春、児童ポルノに係る行為等の処罰及び児童の保護等に関する法律」違反で処罰を受けた人物の検索結果情報の削除の可否が問題となったケースにおいて、最高裁（最判平成29年1月31日民集71巻1号63頁）は、判断の枠組みについて、以下のとおり判示し、結論としては、削除を否定した。

「検索事業者が、ある者に関する条件による検索の求めに応じ、その者のプライバシーに属する事実を含む記事等が掲載されたウェブサイトのURL等情報を検索結果の一部として提供する行為が違法となるか否かは、当該事実の性質及び内容、当該URL等情報が提供されることによってその者のプライバシーに属する事実が伝達される範囲とその者が被る具体的被害の程度、その者の社会的地位や影響力、上記記事等の目的や意義、上記記事等が掲載された時の社会的状況とその後の変化、上記記事等において当該事実を記載する必要性など、当該事実を公表されない法的利益と当該URL等情報を検索結果として提供する理由に関する諸事情を比較衡量して判断すべきもので、その結果、当該事実を公表されない法的利益が優越することが明らかな場合には、検索事業者に対し、当該URL等情報を検索結果から削除することを求めることができるものと解するのが相当である。

これを本件についてみると、抗告人は、本件検索結果に含まれるURLで識別されるウェブサイトに本件事実の全部又は一部を含む記事等が掲載されているとして本件検索結果の削除を求めているところ、児童買春をしたとの被疑事実に基づき逮捕されたという本件事実は、他人にみだりに知られたくない抗告人のプライバシーに属する事実であるものではあるが、児童買春が児童に対する性的搾取及び性的虐待と位置付けられており、社会的に強い非難の対象とされ、罰則をもって禁止されていることに照らし、今なお公共の利害に関する事項であるといえる。また、本件検索結果は抗告人の居住する県の名称及び抗告人の氏名を条件とした場合の検索結果の一部であることなどからすると、本件事実が伝達される範囲はある程度限られたものであるといえる。以上の諸事情に照らすと、抗告人が妻子と共に生活し、罰金刑に処せられた後は一定期間犯罪を犯すことなく民間企業で稼働していることがうかがわれることなどの事情を考慮しても、本件事実を公表されない法的利益が優越することが明らかであるとはいえない。」

ちなみに本件は、さいたま地裁（さいたま地判平成7年12月22日判時2282号78頁・2305号148頁）における仮処分保全異議申立事件において削除が認められ、東京高裁（東京高判平成28年7月12日判時2318号24頁）における、投稿記事削除仮処分決定認可決定に対する保全抗告事件において削除請求は認められないとされたものである。

3　判決の結論の違いの分析

3つの判示を子細に検討すると、比較考量されている要素は同一であり、

結論が分かれたと思われる点は、上記さいたま地裁の認定したとおり、
「既に罰金刑に処せられて罪を償ってから3年余り経過した過去の児童買春の罪での逮捕歴がインターネット利用者によって簡単に閲覧されるおそれがあり、原決定理由説示のとおり、そのため知人にも逮捕歴を知られ、平穏な社会生活が著しく阻害され、更生を妨げられない利益が侵害されるおそれがあって、その不利益は回復困難かつ重大であると認められ、検索エンジンの公益性を考慮しても、更生を妨げられない利益が社会生活において受忍すべき限度を超えて侵害されていると認められる。」
と罪を償ってからすでに3年経過し、公表されない利益が積み上がっている点を重視するか、東京高裁の認定したとおり、
「本件犯行は、児童買春行為という、子の健全な育成等の観点から、その防止及び取締りの徹底について社会的関心の高い行為であり、特に女子の児童を養育する親にとって重大な関心事であることは明らかである。このような本件犯行の性質からは、その発生から既に5年程度の期間が経過しているとしても、また、相手方が一市民であるとしても、罰金の納付を終えてから5年を経過せず刑の言渡しの効力が失われていないこと（刑法34条の2第1項）も考慮すると、本件犯行は、いまだ公共の利害に関する事項であるというべきである。」
と罰金の納付を終えてから5年経過しておらず、刑の言渡しの効力が失われていない、という犯罪の性質とその刑の言渡しという客観的な要素を重視するかのいずれを適切ととらえるかの違いに存する。

最高裁の決定も、東京高裁の決定についても、公表されない利益が優越することを否定しているわけではなく、検索エンジンによる検索結果という、情報の流通に資する、表現の自由を支えるものに対する制約には、抑制的であるべきとの判断を基礎として、判断の恣意性をできるかぎり排するべく、刑の言渡しの効力という、客観的な要素を重視したものと思われ、今後の同種事案においては、この5年という基準のみならず、「禁錮以上の刑の執行を終わり又はその執行の免除を得た者が罰金以上の刑に処せられないで10年を経過したときは、刑の言渡しは、効力を失う。」（刑法34条の2第1項前段）に規定される10年を経過したか、という点も一つの重要な判断要素となろう。

なお、公共の利害に係らないプライバシー情報については、検索エンジンの検索結果、または、サジェスト機能による掲載を漫然と放置することは、検索エンジンまたはサジェスト機能を提供する主体による不法行為が成立しかねないため、プライバシー情報の掲載であることを認識した時点で速やかに対応をとる必要があろう。

5　使用者責任・監督者責任

1　使用者と監督者の責任の趣旨

使用者責任（民法715条）も監督者責任（同法714条）も、直接的な行為者が存在することを前提に、被害者救済を充実させる観点から、被用者により利益を享受している使用者または監督者に、被用者が第三者に加えた損害について、連帯して責任を負わせるものである。

たとえば、直接的な行為者としての従業員が、ネットにおいて、職務として詐欺に及び、第三者の登録商標を無断で付した商品を業務上販売した場合、その使用者や監督者が、相当の注意を尽くしたことを立証できないかぎり、行為者が第三者に加えた損害についての責任を問われることになる。この相当の注意について、これまで判例上、相当の注意を尽くしたことの立証を容易に認めておらず、事実上、無過失責任に近い運用がなされている。

2　ネットオークションサイトへの転用

この運用をふまえ、たとえば、ネットオークションにおいて詐欺被害にあった利用者も、ネットオークションサイトの管理者に対し、管理者には、詐欺被害を生じさせないネットオークションシステムを構築する義務があり、管理者はその義務を懈怠したとして、使用者責任の論理を転用して責任を問いえないか。

上述したとおり、使用者（監督者）が使用者責任を問われるのは、使用者が、被用者を利用して、利益を享受している以上、被用者が第三者に加えた責任を負担するのが損害の公平な分担に資するからである。そうすると、ネットオークションシステムを構築した者も、当該ネットオークションシステムを有償で第三者に利用させ収益をあげているならば、使用者と同様の責任を負うこととしても、損害の公平分担という点には整合的である。とはいえ、通常の使用者責任と異なり、ネットオークションシステムの構築者と、ネットオークションの利用者の関係は、雇用契約上の指揮命令、監督服従という関係になく、基本的にはネットオークション利用契約上の債権債務関係、言い換えれば、ネットオークションを円滑に利用させる権利と義務であり、システムとして欠陥のないものを構築して、サービスを提供する義務を負っているものの、オークションシステムの利用者について監視監督し、不適切な行為に及ぶことのないようつねに注意する義務を負うわけでも、そうした義務を負うべきとするとは解されていない点が異なる。

こうした違いがあることから、使用者責任を「転用」して主張する際にも、相当の注意義務は、一般的な使用者責任を問う場合と比較して、その程度は異なるものになるというべきであり、取引通念上、欠陥のないシステムを構築する義務を果たしているといいうるか、または、ネットオークションシステムを利用した不正・不適切な行為が発生している、といった状況下で、そのことを認識したにもかかわらず、利用者に対し適切な注意喚起を欠いた、または、ネットオークションシステムの利用契約を締結した者の利用を阻止しなかった、と認められるときに、不正・不適切な行為により被害を受けた者に対して賠償責任を負担するべきものであろう。

3　ネットオークションサイトの責任を否定した実例

実際にネットオークションサイトにおいて詐欺的取引により被害を受けた者がネットオークションサイトを構築した者を被告として訴えたケースで、名古屋地裁（名古屋地判平成20年3月28日判タ1293号172頁）は、

「本件利用契約は本件サービスのシステム利用を当然の前提としていることから、本件利用契約における信義則上、被告は原告らを含む利用者に対して、欠陥のないシステムを構築して本件サービスを提供すべき義務を負っているというべきである。」

「被告が負う欠陥のないシステムを構築して本件サービスを提供すべき義

務の具体的内容は、そのサービス提供当時におけるインターネットオークションを巡る社会情勢、関連法規、システムの技術水準、システムの構築及び維持管理に要する費用、システム導入による効果、システム利用者の利便性等を総合考慮して判断されるべきである。」

「注意喚起についても、本件サービスを用いた詐欺等犯罪的行為が発生していた状況の下では、利用者が詐欺等の被害に遭わないように、犯罪的行為の内容・手口や件数等を踏まえ、利用者に対して、時宜に即して、相応の注意喚起の措置をとるべき義務があった」

「被告は、利用者間のトラブル事例等を紹介するページを設けるなど、詐欺被害防止に向けた注意喚起を実施・拡充してきており、時宜に即して、相応の注意喚起措置をとっていた」

として、詐欺被害にあった原告がネットオークションサイトの構築者を被告として使用者責任を根拠に行った請求を棄却した。

4　結　論

間接損害の箇所で述べたように、モールの管理者が責任を負うのは、相当例外的な場合であるのと同様、雇用契約類似の関係が存する当事者を除けば、第三者を利用することで収益をあげているとしても、つねにその第三者に対して指揮命令権があるわけでも、当該第三者の行為に無関係にその第三者の不正な行為を抑止する義務を負うわけでもないことから、使用者責任の論理を用い、相当の注意を尽くしたとは認められないとして責任を問うことができるのは、第三者を利用した者自身が、当該第三者の不正・不適切な行為に一体化する程度まで密接に関与した場合に事実上限定されよう。

第2章

予防策（事業者の情報セキュリティ）

1　事業者が保有する情報の漏えい・流出と関係する法律

1　顧客個人情報漏えい・流失リスクの高まり

ネットビジネスの発展に伴い、事業者が顧客の個人情報を取得する機会が飛躍的に増加している。それは同時に、事業者が集積した顧客の個人情報が漏えい・流出するリスクが高まっていることも意味する。

ここでは、不幸にしてそのような企業が保管する個人情報の漏えい・流出（以下「漏えい」という）が起こった場合、それぞれの当事者相互の間で、どのような法律に基づき、どのような責任関係が発生するのかみていくことにする。

2　情報主体と漏えい行為者の間の法律関係

漏えい行為により、通常知られたくない個人情報が第三者に公開された場合、被害者たる情報主体は、漏えい行為者に対し、不法にプライバシーが侵害されたことを理由に、民法上の不法行為に基づく損害賠償請求を行うことができる。

また、漏えいされた個人情報の性質や漏えい行為の態様によっては、漏えい行為者について刑法上の名誉毀損罪が成立する場合もありうる。

さらに、漏えい行為者が個人情報取扱業者の従業者である場合（過去に従業者であった場合も含む）、業務に関して取り扱った個人情報を、不正な利益を図る目的で提供または盗用した場合には、個人情報保護法83条のデータベース提供罪が成立しうる。

3　情報主体と企業の間の法律関係

企業が保有する個人情報が漏えいする場合、直接漏えい行為を行うものとしては、企業内部の者と外部の者がありえる。

(1)　内部者による漏えいの場合

行為者が内部者である場合、行為者と企業との間には使用者・被用者の関係があるから、企業には行為者が行った行為に対する使用者責任（民法715条）が成立しうる。したがって、企業は、情報主体に対し、行為者と連帯して損害賠償責任を負担する可能性がある。

また、行為者が委託先である場合も、使用者関係が成立するためには、実質的な指揮・監督関係が存在すれば足りるとする通説を前提とすれば、使用者責任の成立する余地がある。

さらに、情報主体が企業に個人情報を提供するにあたり、その前提となる契約関係が存在し、契約条項により、企業が情報主体に対し個人情報を安全に管理する義務を負うものと解釈できる場合が存在する。その場合は、当該契約上の管理義務違反による債務不履行として、損害賠償請求が可能である。

(2)　外部者による漏えいの場合

ハッキングなど外部者の侵害行為により個人情報の漏えいが発生した場合、情報主体が企業に対して損害賠償を請求する根拠としては、個別の契約責任を除いては、民法709条の一般不法行為しかない。

ここで、個人情報保護法上の安全管理義務違反を損害賠償請求の直接の根拠となしうるかが問題となる。

この点、個人情報保護法は、個人情報取扱事業者が主務大臣に対して負う義務を定めた一種の行政法であり、同法への違反が直ちに不法行為の成立を意味しないとする通説に従えば、否定に解さざるをえない。しかしながら、このように解しても、たとえば同法20条の安全管理義務やそれに基づく公的ガイドラインの内容が、不法行為の正否の議論における、個人情報の管理に関し企業が果たすべき注意義務の範囲・程度を示す基準として作用することになると考えられる。

4　企業と漏えい行為者の間の法律関係

(1)　内部規程違反

漏えい行為者が企業の従業員である場合、雇用契約や就業規則において従業員には秘密保持義務が課せられているのが通常であろうから、企業は漏えい行為者に対しこれらの義務違反に基づく損害賠償責任を問うことができる。また、金銭的な賠償請求だけでなく、就業規則に基づき懲戒処分などの内部処分を課すことが可能である。

(2)　不正競争防止法

次に、ひとたび企業からの個人情報漏えいが生じると、企業は加害者としての立場で語られる局面が多いが、漏えい行為者との関係では、企業が被害者的位置づけになることもありうる。代表的であるのが不正競争防止法違反（2条1項4号～10号）を問う場合である。

企業が保管する個人情報が、必ず当該企業の営業秘密に該当するわけではない。不正競争防止法上の「営業秘密」に該当するためには、①秘密管理性、②有用性、③非公知性の3要件を満たしている必要があり、ここでは特に①秘密管理性が論点となる。

この点、通信教育関連事業者の業務委託先従業員が、不正の利益を得る目的で、顧客の個人情報をダウンロードし、複製したうえで、名簿業者に開示した事件で、第一審裁判所は、ある情報が不正競争防止法上保護される秘密として管理されているといえるためには、①当該情報にアクセスできる者を制限するなど、当該情報の秘密保持のために必要な合理的管理方法がとられており、②当該情報にアクセスした者につき、それが管理されている秘密情報であると客観的に認識することが可能であることを要するが、③それを超えて、外部者による不正アクセス等の不正行為を念頭に置いた、可能なかぎり高度な対策を講じて情報の漏出を防止するといった高度なセキュリティ水準まで要するものではないとした（東京地立川支判平成28年3月29日判例集未登載）。したがって、企業が、個人情報保護法20条の安全管理義務に従って適切に個人情報を管理しているかぎり、秘密管理性についても肯定されることになろう。

⑶　不正アクセス禁止法

不正な個人情報の取得が、ネットやLANなどの電気通信回路を通じて、アクセス制御機能によって保護されているコンピュータにアクセスし、他人のパスワード・生体認証などやそれ以外の情報・指令を入力し、認証機能を作動させる方法で行われた場合には、不正アクセス禁止法に基づき行為者に罰則が科せられる。これは、行為者が企業の管理する情報システムを侵害したことに基づく犯罪である。

⑷　個人情報保護法に基づく罰則

個人情報を管理する企業は、個人情報保護法21条により個人情報取扱事業者としての従業者の監督義務を課せられており（新法により、いわゆる5000件要件が撤廃され、すべての個人情報を管理する企業が「個人情報取扱事業者」に該当することに改めて注意されたい）、上記監督義務に違反した場合で、個人情報保護委員会が個人の利益を保護するため必要があると認めるときは、同委員会からの是正勧告、是正命令を受けることになる。また是正命令に違反した場合は6か月以下の懲役または30万円以下の罰金に処せられる（同法84条）。

5　宇治市住民基本台帳データ流失事件判例

このように、保管する個人情報が漏えいした場合、企業が意図して漏えいさせた場合でなくとも、企業に何らかの責任が発生する。

ことに使用者責任を媒介として、企業が情報主体に対して損害賠償の責任を負担する範囲は広範にわたっており、個人情報を管理する企業の抱える潜在的法的リスクはかなり大きいといえる。そのことを示す事件として宇治市住民基本台帳データ流出事件（大阪高判平成13年12月25日判例自治265号11頁）がある。

この事件は、市から再々業務委託を受けた業者の従業員が住民基本台帳のデータを自社に持ち出し、自社内で複製して名簿販売業者に売却したケースにおいて、当該データの漏えいにより住民のプライバシーが侵害されたと認めたうえで、市と上記従業員の間には実質的な指揮・監督関係が認められ、民法715条の使用者責任に基づき、市は住民に対する賠償責任があると判断された事例である。

使用者責任が認められるためには、①被用者と使用者の使用関係の存在、②事業の執行について被用者の行為がなされたこと（事業執行性）、③被用者の行為により第三者に損害が生じたこと、が必要である。

本件では、漏えい行為者が、市が認識しないところで再々業務委託を受けた業者の従業員であったことで、市との間で使用関係が認められるかが争点となったが、裁判所は、使用関係の有無については雇用関係等の法的関係の有無ではなく実質的な指揮・監督関係の有無によって決せられるとの前提のもと、市の担当者が当該再々業務受託者の従業員と直接打合せを重ねていたこと、データの庁舎外への持出しにつき直接市担当者に承諾を求めていたことなどの事実関係から、市と従業員との間に実質的な指揮・監督関係が存在していたと認定した。

そのうえで、使用者責任の前提となる「事業」は、本来的業務のみならず、これと密接不可分の関係にある事業や付随的事業も含まれるから、再々業務受託者が担当していた国庫補助金を受けて市が推し進める健康管理システムの一部を開発する業務は、少なくとも市の関連事業ないし付随事業といえることは明らかとし、再々業務受託者従業員の行為により住民に損害が生じた以上は、これに対し市が賠償責任を負うと判示している。

ところで、上記使用者責任の①ないし③の要件が充足するとして、④使用者が被用者の選任およびその事業の監督について相当の注意をしたとき、または相当の注意をしても損害が生ずべきであったときには、使用者は免責されるところ、本件においても、市は、直接の業務委託先との間で秘密保持等に関する約定を設けるなど、相当の注意を払ったので、選任・監督上の過失はない旨主張をした。しかし、裁判所は、市が再業務委託につき容易に承認を行い、再業務委託先との間で業務委託契約を締結することもなく、秘密保持等に関する約定も結ばなかったこと、安易に再々業務受託者従業員に対し複製が容易なデータの庁舎外持出しを許可していたことなどを挙げて、選任・監督について相当の注意を払ったとは到底いうことができないと排斥している。

本件は、個人情報保護法施行前の事案であるが、裁判所が検討した要素は、個人情報保護法上の個人情報取扱事業者の監督義務として果たすべき要素と実質的に重なり合っており、同法上の監督義務を果たしていたか否かが、使用者責任からの免責の有無を画する目安にもなると考えてよい。

② 情報セキュリティの具体的内容

個人情報保護法では、個人情報のうち、特定の個人情報を検索できるように体系的に構成したもの（個人情報データベース等）に含まれる個人情報を「個人データ」と定義づけ、データベース化された個人データを事業の用に供している事業者（個人情報取扱事業者）に総合的な安全管理措置を義務づけている（20条）。そのうえで、従業者の監督義務（21条）、委託先の監督義務（22条）を規定しており、これら3か条により個人情報取扱事業者が構築すべき情報セキュリティ体制が基礎づけられている。

1　経済産業省ガイドライン

事業者が実施すべき安全管理措置の具体的内容については、「経済産業省ガイドライン」に詳細な例示が行われているところ、同ガイドラインにおいては、「組織的安全管理措置」「人的安全管理措置」「物理的安全管理措置」「技術的安全管理措置」の4類型に分類して、安全管理措置の実施を推奨していることから、これら4類型の視点をもとに、採用する施策の検討を行うのが合理的である。

2　安全管理措置（個人情報保護法20条）の具体的内容

他の施策と同様、情報セキュリティについても、会社としての基本方針を策定し、それを個別に具体化した規律を構築し、これらに則って具体的措置を実施運用していくことになる。

(1)　基本方針

個人情報にかかわるセキュリティの基本方針としては、いわゆるプライバシーポリシーと呼ばれる、事業者などの信条表明がこれに当たりうる。

事業者がプライバシーポリシーを情報セキュリティの基本方針として据える場合、それは顧客が事業者の信頼性を判断する資料となるだけでなく、事業者内部に向けての安全管理措置の根拠規定となるものでもあるから、単に聞こえの良いお題目であってはならず、実質性を伴った内容でなくてはならない。また、そのような効力に鑑みるならば、プライバシーポリシーの最終的制定者は事業者全体に責任を負担する幹部であることが重要である。

(2)　個別の規律の構築

プライバシーポリシーなどの基本方針は、あくまでも事業者として確保しようとする情報セキュリティ体制の全体像であるから、これを具体的に実施するためには、基本方針をより具体的に敷衍した規律が必要である。

前述したように、安全管理措置は組織的、人的、物理的、技術的の4つの柱で成り立っており、安全管理に関する規律もこの4項目を意識して構築することになる。

規律の内容は、内部規定の作成や各種マニュアルの作成、社内体制の確立もここに含まれる。内部規定の作成にあたっては、安全管理規定のように新たに独立した規定を新設することに限られず、規定の性質によっては就業規則などの既存の社内規定に条項を加入する場合もありうる。

ア　組織的安全管理に関する規律

組織的安全管理措置とは、安全管理について従業者の責任と権限を明確に定め、安全管理に対する規程や手順書を整備運用し、その実施状況を確認することをいう。

責任の所在を明確にした職制の整備や各種取扱規程の作成、監査体制の構築などがこれに含まれる。

イ　人的安全管理に関する規律

人的安全管理措置とは、従業者に対する業務上秘密と指定された個人データの非開示契約・目的外使用禁止契約等の締結や教育・訓練等を行うことをいう。

従業者への統制・教育により安全管理体制を確保する各種の方策がこれに含まれる。

ウ　物理的安全管理に関する規律

物理的安全管理措置とは、個人データが存在する場所に関する入退室管理規定や個人データを内蔵する機器に関する管理規定を整備するとともに、物理的な設備を施すことにより、人と個人データの接触をコントロールしたり、個人データそのものやそれを取り扱う機器を盗難等から保護することをいう。

エ　技術的安全管理に関する規律

技術的安全管理措置とは、個人データおよびそれを取り扱う情報システムへのアクセス制御、不正ソフトウェア対策、情報システムの監視等、個人データに対する技術的側面からの安全管理措置をいう。

各種認証技術やファイアウォール、ルータなどの不正アクセス防止に役立つ技術の活用や、システムの運用に対する自己チェックシステムの確立・実施などがこれに含まれる。

(3)　安全管理措置の具体例

ア　組織的安全管理措置

まず、組織体制の整備について、ひとたび情報の漏えいが発生すれば、それが会社の一部門によるものであっても対外的には会社全体が責任を負うことになる。したがって、安全管理体制を構築するにあたっても全社一貫した方針を確立すべきであり、最終責任者である個人情報保護管理責任者（CPO）には少なくとも幹部レベルの者を当てるべきである。また、個人データの安全管理を明確化するために、個人データを取り扱う情報システムの運用に関しても、具体的な個人データの取扱いに関しても、作業担当者を必要最小限度に限定することが望ましい。

次に、個人データの取扱いに関する規程と個人データを取り扱う情報システムの安全管理措置に関する規程を整備し、それらに従った運用を確保する必要がある。特に個人データの取扱いに関する規程を作成するにあたっては、想定される「取得・入力」「移送・送信」「利用・加工」「保管・バックアップ」「消去・廃棄」という過程ごとに、作業責任者の明確化、作業手順の明確化、作業権限者の限定や権限の管理が図れるように構成することが必要である。

また、個人データ管理台帳を利用して、業務と並行して同時的に個人データの取扱い状況を確認することが有用である。管理台帳の記載事項としては、個人情報名（扱っている個人情報の種類・属性）、媒体の種類、利用目的（顧客管理、採用選考など）、保管場所、利用期限（○年○月○日まで保管など）、廃棄時の手段（消去、シュレッダーなど）、アクセス権限（誰が当該情報の取扱権限者か）などが考えられる。

定期的に監査を行い、その結果をふまえて、安全管理措置を見直し、改善することも必要である。その際、個人データに対する社会通念の変化や情報技術の進歩および外部からの攻撃手段の変化などに対する敏感さを保つことが重要である。

最後に、漏えい事故や取扱規程違反が生じた場合に迅速に対応できるよう、対応マニュアルを整備しておくことも実務上は必要であろう。

イ　人的安全管理措置

まず第1の方策として、情報セキュリティに即応した守秘義務規定を作成することが考えられる。少なくとも、就業規則や服務規程に存在する守秘義務条項を検証し、現代的な要請に沿った内容となっているか確認し、適切な修正・加入を行ったうえで、各従業者に周知させることが必要である。

第2に、内部規程等を作成するだけでなく、それが各従業員の意識に植えつけられることが必要である。その意味で、従業者に対する十分な研修を行うことが肝要となる。また、定期的に面談やアンケート形式のテストを実施し、従業員に能動的に回答させることで再認識を促すことも有効である。「取得」「送信」「利用」「複写」「保管」「持出し」「廃棄」などの場面に分けて、平易な言葉で具体例を交えながら、奨励される対応、禁止される対応を例示したマニュアルを作成し、従業員に周知させることも考えられる。

さらに、従業者への意識づけのためには、新規雇用契約時や更新時に注意を喚起することが有効と考えられることから、雇用契約等の締結と同時に情報保持契約を締結することが重要である。

ウ　物理的安全管理措置

入退館（室）者につき逐次入退記録を管理することができる物理的に保護された室内空間を確保し、個人データを取り扱う情報システム等をその空間内に設置し、個人データを取り扱う業務をその空間でのみ実施することが望ましい。

また、上記業務空間に従業員が立ち入るに際し、記録媒体や機器を許可なく持ち込むことを禁止するとともに、それを実効化するために入室時検査を実施することが望ましい。

そして、個人データを記録した媒体は施錠保管することが必要であることは当然として、従業員に対しても個人データを扱う媒体・機器の取扱いに際して、これらを漫然と放置するなどして無権限者によるのぞき見などのリスクを誘発しないよう、厳格な取扱いを行うべく注意を喚起する必要がある。

さらに、過去の実例から、機器や媒体の廃棄処分時には情報漏えい事件が発生しやすい。したがって、状況が許すかぎり機器等の物理的破壊を検討するほか、データの完全消去を確実に実施すべきである。廃棄業者に処分を委託する場合には廃棄証明書の発行を求めて確認を行うべきである。

そのほか、安全管理上のリスク（盗難、破壊など）、環境上のリスク（天災や各種事故など）を問わず、個人デ－タを取り扱う機器等へのリスクが最小となるよう、日ごろから物理的な保護設備の確保に努めることが望ましい。

エ　技術的安全管理措置

最新技術を使用した複数の手法を組み合わせ、個人データおよびそれを取り扱う情報システム全体の安全性を確保することが重要となる。

① 個人データへのアクセスにおける識別と認証

IDとパスワード、ICカード生体認証の採用などにより正当なアクセス権限を有する者の峻別を行う。アクセス権限を有する者が使用できる端末等もMACアドレス認証や電子証明書などを使用して、峻別されることが望ましい。

特に、ID・パスワードによる権限者の峻別を行う場合、必ず自分のIDでログインすることを徹底し、退職等により使用者が不在となったIDについては迅速に削除するなど、運用の緩みを防止すべきである。また、共用端末でのアクセスを行う場合では、使用が終わるごとのログアウトを徹底することも重要である。

② 個人データへのアクセス制御

ファイアウォールやルータ等の設定により、個人データを格納した情報システムを無権限者のアクセスから保護する。

業務時間外や休業日には情報システムにアクセスできないよう設定するなど、不合理な時間帯のアクセスを制限することも重要である。

③ 個人データへのアクセス権限の管理

個人データへのアクセス権限をもつ者を最小限に限定し、権限の範囲も限定的に設定し、恣意的な行使を防止する。また、与えた権限に対して、定期的に審査を行い、適正さが保たれているかチェックを行うことも重要である。

④ 個人データへのアクセスの記録

個人データへのアクセスの履歴を記録管理し、定期的にこれを確認することで、不正が疑われる異常なアクセス履歴がないか調査すること。

これらアクセス記録は、システム権限者などの特権的ユーザーであっても、不正に修正・消去できないよう、対策を施すことが望まれる。

⑤ 個人データを取り扱う情報システムについての不正ソフトウェア対策

ウィルス対策ソフトウェアの導入および当該ソフトウェアにつきパターンファイルや修正ソフトウェアの更新などが行われ、ソフトウェアの有効性・安定性が保たれているか確認することが必須である。

関連する機器、システム、アプリケーションなどについて最新のセキュリティパッチが適用されているか、随時確認を怠らないことが必要である。

また、従業員が持ち込んだ機器等からのウィルス感染も考えられるので、使用機器の持込み禁止の徹底、会社で許可しないソフトウェアの使用禁止の徹底を行うべきである。

⑥ 個人データの移送・送信時の対策

移送・送信の態様に応じたリスク防止策の工夫が必要である。

たとえば、個人データを記録した媒体を持ち運びや郵送などで移送する場合には、媒体の盗難・紛失に備えて、媒体を開封するパスワードを設定するなどの対処のほか、媒体内の個々の個人データを暗号化するなどの対処も考えられるべきである。

個人データそれ自体をネットや無線LANなどを通じて送信する場合は、SSLなどの方式を使用して暗号化する必要がある。

⑦　個人データを取り扱う情報システム動作確認時の対策

情報システムの変更を行うときは、変更後に情報システムまたは運用環境のセキュリティが損なわれないことを確認する必要がある。

情報システムの動作確認テストを行う際、模擬データをテストデータとして用い、真正なデータは使用すべきでない。

⑧　個人データを取り扱う情報システムの監視

個人データを取り扱う情報システムの使用状況と、個人データへのアクセス状況につき、定期的な監視を行う必要がある。特に、内部者によるアクセス状況をチェックするにあたっても、性善説に立つべきではなく、権限ユーザーによる個人データへのアクセスであっても、注意して監視する姿勢が重要である。

⑨　個人データを取り扱う情報システムのぜい弱性を突いた攻撃への対策

日ごろから関連するシステム、アプリケーションなどのぜい弱性を意識すること。

情報システムやデータに対する攻撃方法は日々変化するため、日常的にぜい弱性に対処する意識が重要であり、定期的にプラットフォーム診断などを実施し、ぜい弱性が検出された場合には確実に対処を行うよう心がけることが必要である。

また、現在ではウェブアプリケーションのぜい弱性を突いた攻撃の手口が複雑巧妙化しているため、このような攻撃からの保護のためにウェブアプリケーションファイアウォールの導入・活用を検討することも有効である。

3　従業者の監督（個人情報保護法21条）

(1)　「人的安全管理措置」の実施

従業者（雇用関係にある従業員のみならず、役員、派遣社員等も含まれる）に対する監督は、人的安全管理措置で定めた内容を継続して実施することが基本となる。特に「経済産業省ガイドライン」において、定期的監督と個人データを記録した媒体等の持出禁止の徹底監視を特記していることから、これらの実施は必須といえよう。

(2)　モニタリングについて

従業者に対する監督の一方法として、「モニタリング」と称して、会社のパソコンを使用して私用メールの有無・内容を監視することがある。

私用メールに使用されるパソコンやネットワークシステムは、会社から従業員に貸与されているものであるから、それらの適正な使用を図るためにモニタリングの手法については一定程度これを許容する根拠がある。しかしながら、通常、メールを発信する者は第三者がこれを閲覧するとは想定していないと考えられるため、従業者の側にも保護されるべきプライバシー権が存在する。

したがって、モニタリングはつねに許容されるわけではなく、私的利用を監視すべき責任ある立場にない者が行う場合、もっぱら個人的な好奇心等から行う場合、監視の事実を秘匿したまま恣意的な方法手段により行う場合など、社会通念上相当な範囲を逸脱した監視がなされた場合には、プライバシー権の侵害となり許容されない（東京地判平成13年12月3日労判826号76頁）。

ここから、適法に実施するためには、事前にモニタリングを行う目的・必要性、実施方法や責任者・実施担当者などを具体的に特定した社内規程を作成し、従業員に周知することが必要である。また、実施状況が適正な範囲にとどまっているか事後の監査を行うことも重要である。

4　委託先の監督（個人情報保護法22条）

個人情報取扱事業者は、自ら取り扱う個人情報を第三者に委託する場合、個人情報保護法22条に基づき、委託先に対し「必要かつ適切な監督」を行う責任を負う。

ここに「必要かつ適切な監督」とは、①委託先を適切に選定すること、②委託先に安全管理措置を遵守させるために必要な契約を締結すること、③委託先における委託された個人情報の取扱状況を把握することと解されている（「経済産業省ガイドライン」）。

したがって、委託元の個人情報保護管理者（CPO）等が中心となり、下記の点につき委託先の監査等を行うことが望ましい。

① 委託先の選定にあたっては、個人情報保護法20条により、委託元に対し、(ア)組織的安全管理措置、(イ)人的安全管理措置、(ウ)物理的安全管理措置、(エ)技術的安全管理措置の観点から安全管理措置の徹底が義務づけられていることに鑑み、委託により個人情報の安全が骨抜きにならないよう、委託先において同等の安全管理措置が確保されているか、確認し、評価する必要がある。

② 委託契約の締結にあたっては、ことに、委託先が個人情報に対し独自の利用目的をもつことになると、「委託」の域をはずれ「第三者提供」と評価されることに鑑みるならば、委託契約の範囲により委託先がなしうる事務の限定を行うことが重要であり、委託契約範囲外のデータの加工・利用の禁止を明文化することは必須である。また、再委託、再々委託などが繰り返されると事故が発生するリスクが高まることから、原則として再委託を禁止し、例外的にこれを許容する場合には、事前の書面による承諾を要するとするなど、厳格な統制下に置くことが必要である。さらに、事故発生時に備え、受託者に個人情報取扱事業者向け損害保険に加入することを義務づけることが望ましい。

③ 取扱い状況の把握に向けては、定期的に受託者に対する監査などを行うことを通じて、選定時に信頼した安全管理措置や契約締結時に合意した安全管理義務が適切に運用・履行されているかを確認することになる。

3　クラウドサービス

利用者にとってより少ない負担で、より高度なコンピュータシステムを活用することができることから、ネット回線の広帯域化に伴い、SaaS（Software as a Service）を中心とするクラウドサービスの利用が、近年、急速に広がっている。

クラウドサービスにおいては、サービス提供者が運用管理するシステム上に、利用者が保有するデータをアップロードすることになるので、本項では、主に個人情報保護の観点から、クラウドサービス利用の際に留意すべき事項を検討する。

1　クラウド契約締結の際の注意点

(1)　サービス提供者による開示情報の精査

クラウドサービス提供者は、自らが情報セキュリティ対策に多大な努力を施していることを提示して、他の業者との比較のうえでの優位性を示すために、ホワイトペーパーの公開、外部監査報告書の開示、外部認証の取得情報の公開、利用者との間でのチェックシートの応答・提示などの方法で、自ら実施する情報セキュリティの状況を積極的に公開している。利用者としては、これらから得られる情報を利用して、利用目的に合致するサービス水準が得られるかを検討する必要がある。

(2)　契約締結検討段階におけるSLAの活用

SLA（Service Level Agreement）とは、あるサービスのサービス提供者とその利用者の間で結ばれるサービスのレベル（定義、範囲、内容、達成目標等）に関する合意サービス水準やサービス品質保証を明文化したもののことである。クラウドサービス利用契約を締結する場合には、契約文書の一部または付属文書としてSLAが締結されることが多くなっている。

そこで、利用者は、サービス提供者の選定にあたって、各社のSLAを比較検討することによって、自らの扱うデータに適したセキュリティを保証するサービス提供者がいずれであるかを判断すべきである。その際に着目すべきポイントとしては、①JIPDEC（日本情報経済社会推進協会）やJQA（日本品質保証機構）等で認定している情報処理管理に関する公的認証が取得されているか否か、②アプリケーションに関し、不正な侵入、操作、データ取得等への対策について、外部機関の評価を受け、対策を講じる体制となっているか、③利用者のデータにアクセスできるサービス提供者従業員が限定されているか、④利用者とサービス提供者のシステムとでやりとりされる通信の暗号化強度などがある（経済産業省「SaaS向けSLAガイドライン」平成20年1月21日）。

さらに、サービス終了時のデータの取扱いについても十分に検討する必要がある。これからサービスの利用を開始する段階である契約締結時において将来のサービス終了時に起こるべき事項は見逃されがちである。しかしながら、サービス終了時に、すでにアップロードしたデータが返還されたり、消去されたりすることにつき確実性が保証されているかは、ことに個人情報に関するかぎり、サービス運用時の漏えい防止策以上に重要な問題といえる。したがって、サービス終了に伴い、適切なタイミングでデータが返還される条件となっているか、データ返却後もシステム上に残存するデータは確実に消去される体制になっているか、第三者によるデータ流用が起こらないよう対策が施されているかなどをチェックポイントとして、確認する必要がある。

2　データ等のアップロード

クラウドサービス利用の際、利用者がサービス提供者に対し、自己の顧客の個人情報を含むファイルなどをアップロードすることが考えられるが、その場合、情報の主体である顧客本人の同意は必要であるか否かを検討する必要がある。

(1)　メールアドレスは個人情報か

ここで、住所、氏名などと並んで、事業者が顧客から取得していることが多いであろうメールアドレスが、個人情報に該当するかについて検討する。

「個人情報」とは、生存する個人に関する情報であって、①当該情報に含まれる氏名、生年月日その他の記述等により特定の個人を識別することができるもの（他の情報と容易に照合することができ、それにより特定の個人を識別することができるものを含む)、②個人識別符号が含まれるもの、のいずれかをいう（個人情報保護法2条1項)。

メールアドレスについては上記①の要件に該当するものと、該当しないものの2種類が混在しているといわざるをえない。たとえば、「sato_ichiro@abc.co.jp」(abcは実在する社名とする）のように、メールアドレスが実在する個人名と社名の組合せで成り立っている場合（A型とする)、abc社の職員名簿と当該メールアドレスを照合すれば、メールアドレスの主が誰であるか識別することが可能である。したがって、このような種類のメールアドレスは個人情報ということになる。これに対し、「123xyz@xprovider.com」(xproviderはプロバイダの社名）のような、広く一般の人が契約できるプロイバイダから、不規則な文字の羅列に対して割り当てられているメールアドレス（B型とする）については、メールアドレスから特定の個人を識別することはできず、個人情報には当たらない。

結局、事業者が顧客からデータとしてメールアドレスを取得している場合、実際上、A型とB型とを区別せずに取得しているであろうから、これらメールアドレスをクラウドサービスにアップロードするに際しては、すべてを個人情報たるメールアドレスとして取り扱うことにならざるをえないであろう。

(2)　アップロードに対する本人の同意の要否

では、顧客の個人情報をアップロードする場合、顧客本人の同意は必要か。

利用者がサービス提供者のシステムにデータをアップロードする場合、利用者はサービス提供者にデータを提供する行為が個人情報保護法23条に定める「第三者提供」に該当するかが問題となる。

この点、サービス提供者において提供された個人情報を独自の目的で利用する可能性がない単純なる委託の場合であれば、個人情報の所在がサービス提供者に移転しているとしても、それは顧客の個人情報を保管・管理するという利用者における個人情報の本来の利用目的の範囲を逸脱していないから、提供にあたり顧客本人のあらかじめの同意が必要となる「第三者」にサービス提供者が該当すると考える必要はない（個人情報保護法23条5項1

号)。したがって、この場合は、個人情報のアップロードに際して顧客本人の同意は必要ない。通常のクラウドサービス利用ではこちらに該当するであろう。ただし、この場合、利用者はサービス提供者に対し、個人情報保護法22条に規定される委託先の監督を及ぼす必要があることに注意が必要である。

これに対し、サービス提供者において委託された個人情報を利用する可能性があれば、利用者における個人情報の利用目的の範囲を出て、サービス提供者独自の利用目的が発生することになるから、サービス提供者を個人情報が提供される「第三者」として取り扱う必要があり、あらかじめ顧客本人の同意を得るか、オプトアウト（離脱選択権）方式を実施する必要がある。

(3)　オプトアウト方式

個人情報保護法では、一定の要件を満たせば、本人の事前同意がなくても、個人情報取扱事業者が個人データを第三者に提供できる手続を設定している。

一定の要件とは、

Ⅰ　本人の求めに応じて第三者提供を停止することを定めること。

Ⅱ　次の①ないし⑤を、あらかじめ本人に通知しまたは本人が容易に知りうる状態に置いていることとともに、個人情報保護委員会に届け出ていること。

①第三者への提供を利用目的とすること

②第三者に提供される個人データの項目

③第三者への提供の方法

④本人の求めに応じて当該本人が識別される個人データの第三者への提供を停止すること

⑤本人の求めを受け付ける方法

である。

この手続は、本人に第三者提供手続から離脱する選択権を与えたのと同様に機能することから、オプトアウト方式による第三者提供と呼ばれている。

オプトアウト方式が、プライバシー保護のために適正に機能するためには、要件Ⅱ－①ないし⑤を本人の真に容易に知りうる状態に置くことが重要であることから、平成27（2015）年法改正において、第三者提供を行おうとする個人情報取扱事業者にこれら事項を個人情報保護委員会に届け出るよう義務づけ、届出を受けた個人情報保護委員会は当該届出に係る事項を公表しなければならないものとした。また、従来、本人が第三者提供の停止を求めるのに十分な期間が確保されていなかったり、情報の開示が十分でなく、本人が容易に知りうる状態であるか疑わしいまま、安易に事前の同意なき第三者提供が行われていた反省から、前記「経済産業省ガイドライン」において、「本人が容易に知り得る状態」に置く方法について、「本人が知ろうとすれば、時間的にも、その手段においても、簡単に知ることができる状態に置いていることをいい、事業の性質及び個人情報の取扱状況に応じ、内容が本人に認識される合理的かつ適切な方法によらなければならない」と強調されている。

同ガイドラインにおいては、正しい運用例として、「ウェブ画面中のトップページから1回程度の操作で到達できる場所への掲載等が継続的に行われていること」「事務所の窓口等への掲示、備付け等が継続的に行われていること」「広く頒布されている定期刊行物への定期的掲載を行っていること」「電子商取引において、商品を紹介するウェブ画面にリンク先を継続的に掲示すること」が列挙されているので、これらと同等の措置をとることが必要である。

(4)　オプトアウト方式の例外

以上のように、オプトアウトの方式が適切に履践されるかぎり、本人の事前の同意なく個人データの第三者提供が可能である。ただし、平成27（2015）年法改正により新たに定義づけられた「要配慮個人情報」すなわち、本人の人種、信条、社会的身分、病歴、犯罪の経歴、犯罪により害を被った事実その他本人に対する不当な差別、偏見その他の不利益が生じないようにその取扱いに特に配慮を要するものとして政令で定める記述等が含まれる個人情報（個人情報保護法2条3項）については、オプトアウト方式による第三者提供の許可対象から排除されていることに注意されたい。

また、個人情報保護法15条1項により特定が要求される利用目的に、個人情報の第三者提供に関する事項が含まれていない場合は、第三者提供を行うとそもそもの目的外利用となるため、オプトアウトによる第三者提供を行うことはできない。したがって、第三者提供を行う可能性がある場合には、あらかじめ利用目的に第三者提供に関する事項を盛りこんだうえで、個人情報の取扱いを開始する必要がある。

3　クラウドサービス利用下での委託先の監督について

高度複雑化していく一方のクラウドサービスについて、利用者においてサービス提供者を適切に監督する能力を確保することは困難を伴うことが予想されるが、サービス提供者が実施した情報セキュリティ監査報告書は必ず確認する、可能なかぎりサーバ設置環境の実地確認を行う、必要に応じて利用者から第三者セキュリティ監査の実施を申し入れるなどにより監査の実効性を確保する不断の努力が望まれる。

第4編

利用規約・約款

総　説

[1] 利用規約・約款とは

1　はじめに―問題の所在

特にBtoCの局面において典型的にあらわれるのだが、企業が、不特定多数の利用者との間で契約を締結しようとする場合、どうしても定型的に処理せざるをえず、そのためには普通取引約款（単に約款ともいう）を用いざるをえない。呼び名は企業ごと業種ごとに様々であるが、「利用契約」と名づけられていても、上記の要素を含むものは、皆、普通取引約款である。ネットに係る取引では、たとえば、アプリなどをダウンロードして利用しようとする際に、「ご利用契約」の画面が現れ、その画面を下のほうにスクロールしていくと、最後に、「ご利用契約」の内容を理解し、承諾したという欄に印を付したうえでないと、次の画面に進めず、肝心の当該アプリなどの利用ができないように設定されることがほとんどであろう。その際の「ご利用契約」は、まさに普通取引約款である。

かかる普通取引約款に書かれている事項は、契約の条件、解除や損害賠償等、契約に係る幅広いトピックを網羅しているのが通例である。ただ、当該約款を利用する不特定多数の利用者サイドからみると、これらの事項につきすべてフォーマットが用意されており便利である反面、当該フォーマット「以外」を利用する選択肢を有しておらず、実際には、利用を欲する以上、内容についての選択権がなく、当該フォーマットについての諾否「のみ」の選択肢しか有しない。そして、約款の記載事項は、特にB to CにおけるC（一般消費者）にとっては、難解であり、大部の事項を即時に了解するのは困難である。

2 裁判例の立場

かかる、交渉力の格差、情報の非対称性に鑑み、普通取引約款の拘束力をどのようにとらえるべきであろうか。これが、普通取引約款の拘束力の根拠に関する議論の出発点である[1)]。

普通取引約款に関し、初めて最上級審である大審院の判断が下されたのは、大判大正4年12月24日民録21輯2182頁においてであった。これは、保険契約者が保険会社との間で、自己所有家屋につき火災保険契約を締結したところ、山林火災の結果、当該家屋が延焼したが、当該保険約款には、樹林火災または森林の延焼により起こる損害については塡補の責任に任じない旨の条項が存したという事案である。かかる事案において、大審院は、「苟モ当事者双方カ特ニ普通保険約款ニ拠ラサル旨ノ意思ヲ表示セスシテ契約シタルトキハ反証ナキ限リ其約款ニ拠ルノ意思ヲ以テ契約シタルモノト推定」するべき旨判示した。かかる判示は、生命保険（大判大正5年4月1日民録22輯748頁）においても妥当することが示されたほか、それ以外の分野においても、かかる判例の射程は広く及んでいる[2)]。

かかる判例の立場は、一言でいうと、「約款に拠るという意思を推定する」ものといってよい。

3 学説の立場

他方、学説をみると、判例の意思推定説を支持するものも存在するが、そ

1） 普通取引約款につき、詳細に検討するものとして、石原全『約款による契約論』（信山社・2006年）。

2） 旅客営業規則につき、名古屋地判昭和51年11月30日判時837号28頁、大阪地判昭和53年8月3日判時923号99頁、大阪地判昭和54年5月28日判時944号81頁、運送約款につき、京都地判昭和30年11月25日下民集6巻11号2457頁、共済会約款につき、東京地判昭和28年1月26日判タ27号71頁。

のほかの理論構成を試みるものもある。それらは、普通取引約款の拘束力の根拠につき、一方の極には、法規範とする理解、他方の極には契約であるという理解がある中で、その間に様々なヴァリエーションとして分布している[3)]。一つだけ、著名なものとして、白地慣習法説を紹介しておく。これは、当該取引分野において、契約は普通取引約款によるという慣習法または事実たる慣習が存在するため、個々の契約には普通取引約款が適用されるという見解である。

4　小　括

上記のとおり、普通取引約款につき、特段の明文規定をもたず、もっぱら、解釈・運用[4)]に委ねてきたのが、わが国の立場であるといえる。他方、比較法的には、わが国と正反対に、詳細な約款規制（約款規制法）をもつ国も存在する[5)]。

約款規制法を有しないわが国においては、約款における交渉力格差、情報の非対称性の是正は、各種の行政規制における約款の認可制度を別にすれば、もっぱら一般条項（民法90条等）の解釈と適用によるものとされてきた。

ところがわが国でも、近時、消費者保護の必要が高まり、その結果、消費者契約法が成立をみた。消費者契約法は、交渉力の格差、情報の非対称性の是正のため、種々の消費者保護のための規制を有するが、なかでも、同法10条は、「民法、商法その他の法律の公の秩序に関しない規定の適用による場合に比し、消費者の権利を制限し、又は消費者の義務を加重する消費者契約の条項であって、民法第1条第2項に規定する基本原則に反して消費者の利益を一方的に害するものは、無効とする。」と、包括的、かつ片面的に無効を規定するもので、射程が広く、普通取引約款にも、広く適用が及びうる規定となっている。そして、裁判例は、徐々にではあるが同条の射程の中に、普通取引約款を含ませるようになってきている。

---

3)　石原・前掲注1）144頁。

4)　その中には、各種の行政的規制を含む。保険約款につき、江頭憲治郎『商取引法〈第7版〉』（弘文堂・2015年）418頁。

5)　石原・前掲注1）62頁以下を参照。

近時、約款とのかかわりが問題になったものとして、これまた保険に関してではあるが、最判平成24年3月16日民集66巻5号2216頁を紹介しておきたい[6)]。これは、無催告失効条項（一定の事由〈保険料の不払いなど〉が発生した場合に、催告や解除の意思表示がなくても保険者によって契約を終了することができることを定めた条項）が消費者契約法10条に反し無効となるかにつき判示したものである。同判決における多数意見は、無催告失効条項は、①保険料が払込期限内に払い込まれず、かつ、その後1か月の猶予期間の間にも保険料支払債務の不履行が解消されない場合に、はじめて保険契約が失効する旨を明確に定めるものであり、②上記約款に、払い込むべき保険料等の額が解約返戻金の額を超えないときは、自動的に保険会社が保険契約者に保険料相当額を貸し付けて保険契約を有効に存続させる旨の条項が置かれており、③保険会社が、保険契約の締結当時、上記債務の不履行があった場合に契約失効前に保険契約者に対して保険料払込みの督促を行う実務上の運用を確実にしているときは、消費者契約法10条にいう「民法第1条第2項に規定する基本原則に反して消費者の利益を一方的に害するもの」に当たらない旨判示した。

しかし、これは反対意見が付されている。須藤正彦裁判官の反対意見は、本件配慮条項があることに加えて実務の運用で督促通知が確実に行われている事実が認められるとしても、それらをもってしては、消費者たる保険契約者には、催告を受けて不履行状態を解消することができるのと同等の地位が法的に担保されていないままであるといえ、結局、本件約款のもとにおいては、事業者たる保険会社が消費者たる保険契約者の正当な利益に配慮せず、自己の利益をもっぱら優先させて消費者の利益を害する結果をもたらすものといわざるをえないとするものである。これによると、本件失効条項は、信義則に反して消費者の利益を一方的に害するものに当たり、消費者契約法10条前段に加えて同条後段にも該当して無効という帰結となる。

須藤反対意見の立場は、無催告失効条項に限った事案に関してであるが、よりいっそう、約款規制に対する消費者保護を推進するものと整理することができよう。

---

6)　鬼頭俊泰「保険契約における約款規制と消費者契約法の交錯－無催告失効条項の有効性が争われた裁判例を素材として－」商学集志84巻1号（2014年）59頁。

②　定型約款と改正民法

1　はじめに

上記のとおり、約款に関しては、もっぱら解釈と運用に委ねられており、私法上の規制は存在しなかった。かような折、このたびの改正民法は、新たに「定型約款」という概念を、民法典中に導入し、約款についての法規制を試みた。そこで、ここでは、もっぱらネットに係る契約に限定してではあるが、改正民法における定型約款につき、説明しておくことにする。

2　改正民法における「定型約款」

改正民法は、契約編において、新たに「定型約款」なる制度を新設のうえ、付加する。当該規制は以下のとおりである。

（定型約款の合意）
第548条の2　定型取引（ある特定の者が不特定多数の者を相手方として行う取引であって、その内容の全部又は一部が画一的であることがその双方にとって合理的なものをいう。以下同じ。）を行うことの合意（次条において「定型取引合意」という。）をした者は、次に掲げる場合には、定型約款（定型取引において、契約の内容とすることを目的としてその特定の者により準備された条項の総体をいう。以下同じ。）の個別の条項についても合意をしたものとみなす。
一　定型約款を契約の内容とする旨の合意をしたとき。
二　定型約款を準備した者（以下「定型約款準備者」という。）があらかじめその定型約款を契約の内容とする旨を相手方に表示していたとき。
2　前項の規定にかかわらず、同項の条項のうち、相手方の権利を制限し、又は相手方の義務を加重する条項であって、その定型取引の態様及びその実情並びに取引上の社会通念に照らして第1条第2項に規定する基本原則に反して相手方の利益を一方的に害すると認められるものについては、合意をしなかったものとみなす。
（定型約款の内容の表示）
第548条の3　定型取引を行い、又は行おうとする定型約款準備者は、定型取引合意の前又は定型取引合意の後相当の期間内に相手方から請求があった場合には、遅滞なく、相当な方法でその定型約款の内容を示さなければならない。ただし、定型約款準備者が既に相手方に対して定型約款を記載した書面を交付し、又はこれを記録した電磁的記録を提供していたときは、この限りでない。
2 定型約款準備者が定型取引合意の前において前項の請求を拒んだときは、前条の規定は、適用しない。ただし、一時的な通信障害が発生した場合その他正当な事由がある場合は、この限りでない。

(定型約款の変更)

第548条の4 定型約款準備者は、次に掲げる場合には、定型約款の変更をすることにより、変更後の定型約款の条項について合意があったものとみなし、個別に相手方と合意をすることなく契約の内容を変更することができる。
一 定型約款の変更が、相手方の一般の利益に適合するとき。
二 定型約款の変更が、契約をした目的に反せず、かつ、変更の必要性、変更後の内容の相当性、この条の規定により定型約款の変更をすることがある旨の定めの有無及びその内容その他の変更に係る事情に照らして合理的なものであるとき。
2 定型約款準備者は、前項の規定による定型約款の変更をするときは、その効力発生時期を定め、かつ、定型約款を変更する旨及び変更後の定型約款の内容並びにその効力発生時期をネットの利用その他の適切な方法により周知しなければならない。
3 第1項第2号の規定による定型約款の変更は、前項の効力発生時期が到来するまでに同項の規定による周知をしなければ、その効力を生じない。
4 第548条の2第2項の規定は、第1項の規定による定型約款の変更については、適用しない。

3 定型約款とは

改正民法は、新たに定型約款という制度を新設した。そして定型約款を定義するに際し、定型取引、定型取引合意なる用語を用いている。下記のとおりである。

定型約款	定型取引において、契約の内容とすることを目的としてその特定の者により準備された条項の総体
定型取引	① ある特定の者が不特定多数の者を相手方として行う取引であって、 ② その内容の全部または一部が画一的であることがその双方にとって合理的なもの
定型取引合意	定型取引を行う合意

これを見れば一目瞭然だが、定型約款の定義の主要なものは、「定型取引」

であり、かかる定型取引に当たるかどうかが、約款規制の適用に際しての最重要なポイントとなる。

ちなみに、「中間試案」段階では、約款は、「多数の相手方との契約の締結を予定してあらかじめ準備される契約条項の総体であって，それらの契約の内容を画一的に定めることを目的として使用するものをいう」と定義されていた。これは、定型取引の①にほぼ相当するものである。つまり、改正民法においては、新たに②が加わったこととなる。

4　何が「定型取引」か

前述のとおり、改正民法は、定型取引の要素として、「中間試案」時にはなかった②を付加した。ただ、「定型約款」該当性の判断に際して、②はあまり大きなウェイトを占めないように思われる。

第1に、「画一的であること」は、約款におけるそもそもの前提であり、一目瞭然のことである。

第2に、「その双方にとって合理的なもの」か否かであるが、まず、約款を用意する当該企業にとってみれば、これは自明のことである（合理的だから、約款を用意するのである）。他方、相手方にとってであるが、不合理であるとして約款の拘束力を否定したい場合には、結局、本項ではなく、548条の2第2項の問題となる。

そうすると、改正民法は、実際のところ「中間試案」との間でさほどの違いがないことになり、重要なのは、①に該当するか否かである。該当する具体例として、ライブイベントのチケット規約や、ウェブサービスの利用規約等が挙げられよう。他方、製品の原材料の供給契約等のような事業者間取引に用いられる契約書は、たとえ基本契約書のフォーマットどおりの場合でも、定型取引には該当しないものと思われる。基本契約書に合意したうえで行われる個別の売買取引も、同様に該当しないと解される。

5　合意をしたとみなされる場合

次に約款の組入要件についてであるが、改正民法548条の2第1項は、次の2つの場合に、定型約款の個別の条項についても合意をしたものとみなす。言い換えれば、定型約款の拘束力を肯定する。ここでみなされる合意は、定型取引合意とは別のもので、定型取引合意があることを前提としたうえで、さらに定型取引の内容を当該契約の内容とする旨の合意のことである。

③	定型約款を契約の内容とする旨の合意をしたとき
④	定型約款準備者（定型約款を準備した者）があらかじめその定型約款を契約の内容とする旨を相手方に表示していたとき

この点、「中間試案」は、「契約の当事者がその契約に約款を用いることを合意し、かつ、その約款を準備した者によって、契約締結時までに、相手方が合理的な行動を取れば約款の内容を知ることができる機会が確保されている場合」と規定していた。「中間試案」では、合意かつ周知とされていたのが、改正民法では、③または④のいずれかで足りることとされている。

これを具体例として、冒頭に述べた、アプリなどをダウンロードして利用しようとする例でみてみよう。「ご利用契約」の内容を表示したうえで、承諾したという欄に印を付したうえでないと、ダウンロードできないような設定の場合、定型取引合意は、充足するが、印を付する際の文言によっては、③の合意を満たさないことも考えられる。その場合でも、申込画面上で利用条件は利用規約による旨を明記したうえで、ユーザーが申込画面上で利用規約を読めるようにすれば、④の要件が具備され、組入要件を充足することになる。場合によっては、利用規約そのものではなく、リンクを張ることでもよいかもしれない。

6　定型約款の内容の表示

改正民法は、定型約款の内容の表示についても規制を置く（548条の3）。これによると、定型約款を利用する企業（定型約款準備者）は、⑤定型取引合意の前、または⑥定型取引合意の後相当の期間内のいずれかに、相手方から請求があった場合には、遅滞なく、相当な方法でその定型約款の内容を示さなければならない。ただし、⑦すでに相手方に対して定型約款を記載した書面を交付し、またはこれを記録した電磁的記録を提供していたときは、このかぎりでない（同法548条の3第1項）。

一般的には、⑦の対応をとり、定型約款の内容を書面・電磁的記録のいずれかで相手方に知らしめるという方策がとられるのであろう。

定型約款の内容の表示をしない場合におけるサンクションとして、改正民法548条の3第2項は、「前条の規定は、適用しない」旨規定する。これは、定型約款の個別契約への組入れ自体を否定するという意味である。この場合、当該事案において、定型約款の拘束力は否定されることとなる7)。

7　組入れが否定される場合

普通取引約款に記載されていることの多くは、相手方利用者にとって、あまりなじみがないものであるうえ、交渉力に格差があるところから、どうしても事業者にとって一方的に有利なものになりやすい。かかる状態をそのまま放置すれば、相手方利用者にとって不意打ちであるのみならず、かつ一方的に不利益を課す不当な結果になる。

そこで、約款規制を設ける際にも、何らかの不意打ち条項が必要になる。この点に関し、「中間試案」は、不意打ち規制条項（約款に含まれている契約条項であって、他の契約条項の内容、約款使用者の説明、相手方の知識および経験その他の当該契約に関するいっさいの事情に照らし、相手方が約款に含まれていることを合理的に予測することができないものは、契約の内容とはならないものとする）と不当条項規制（契約の内容となった契約条項は、当該条項が存在しない場合に比し、約款使用者の相手方の権利を制限し、または相手方の義務を加重するものであって、その制限または加重の内容、契約内容の全体、契約締結時の状況その他いっさいの事情を考慮して相手方に過大な不利益を与える場合には、無効とする）を設けるべき旨提案していた。改正民法は、これらを一本化したうえ、定型約款の条項中、⑧「相手方の権利を制限し、又は相手方の義務を加重する条項であって」、⑨「その定型取引の態様及びその実情並びに取引上の社会通念に照らして第1条第2項に規定する基本原則〔筆者注：信義則〕に反して相手方の利益を一方的に害すると認められるもの」につい

7）「一時的な通信障害が発生した場合その他正当な事由がある場合」にはこの限りではないとされる（改正民法548条の3第2項ただし書）。

ては、個別契約への組入れを否定し、⑩「合意をしなかったものとみなす」ものとした（改正民法548条の2第2項）。

これは規定の書きぶりからいって、ほぼ消費者契約法10条に倣ったものである。両規定を対比するに、まず、要件面でいうと、前段要件（⑧）で、消費者契約法10条にある「民法、商法その他の法律の公の秩序に関しない規定の適用による場合に比し」の修飾句が、改正民法548条の2第2項にはない。ついで、後段要件（⑨）で、改正民法では、「その定型取引の態様及びその実情並びに取引上の社会通念に照らして」との修飾句が付加されている。消費者契約法においては、権利の制限・義務の付加の有無が、前段要件において、民法、商法その他の法律の公の秩序に関しない規定の適用による場合と対比して判断されるのに対し、改正民法548条の2においては、そうではなく、当該条項が単体で権利の制限・義務に係るものであることが想定されている。他方、改正民法は、後段要件につき、消費者契約法10条にはなかった「その定型取引の態様及びその実情並びに取引上の社会通念に照らして」との修飾句を付加し、比較の対象を明示する。

次に、効果面であるが、両者とも片面的に相手方に有利である点では共通であるが、消費者契約法10条が、片面的無効の規定であるのに対し、改正民法では、定型約款の契約への組入れを否定するという建付けとなっている。

このように、細かくみてみると出入りはあるが、概ね、消費者契約法10条とパラレルな規定になっているといってよい。

具体的には、ユーザーからの解約をいっさい認めない条項、解約やサービス中止の場合において、事情にかかわらず返金をいっさい認めない条項、紛争が生じた場合の裁判管轄を、サービス提供事業者の本店所在地のみとする条項などが、本項に該当する可能性があるといえよう。

8 変 更

当然のことながら普通取引約款の内容は、適宜変更が必要になりうるが、不特定多数を相手方とする普通取引約款の性質上、個々的な同意をとることは不可能である。現在の約款実務では、普通取引約款において、約款自体が変更されることがありうる旨規定されている例もあるようであるが、それは相手方からみるとまさに不意打ちそのものであるので、約款規制を設ける以上、変更についても何らかの手当てが必要となる。

改正民法は、次に掲げる場合には、定型約款の変更をすることにより、変更後の定型約款の条項について合意があったものとみなし、個別に相手方と合意をすることなく契約の内容を変更することができる旨規定する（改正民法548条の4第1項）。

⑩	定型約款の変更が、相手方の一般の利益に適合するとき
⑪	定型約款の変更が、契約をした目的に反せず、かつ、変更の必要性、変更後の内容の相当性、この条の規定により定型約款の変更をすることがある旨の定めの有無およびその内容その他の変更に係る事情に照らして合理的なものであるとき

この点に関し、「中間試案」は、約款の変更につき、次のア～エの「すべて」を満たす場合には、相手方の同意を得ることなく契約内容の変更をすることができる制度を置くかどうかを課題として掲げていた。

ア	当該約款の内容を画一的に変更すべき合理的な必要性があること
イ	当該約款を使用した契約が現に多数あり、そのすべての相手方から契約内容の変更についての同意を得ることが著しく困難であること
ウ	上記アの必要性に照らして、当該約款の変更の内容が合理的であり、かつ、変更の範囲および程度が相当なものであること
エ	当該約款の変更の内容が相手方に不利益なものである場合にあっては、その不利益の程度に応じて適切な措置が講じられていること

ただ、よくよく考えてみると、これは過剰な要件設定のように思われる。たとえば、ア・イは、約款の変更である以上、ある意味当然の帰結ともいいうる事柄である。

改正民法は、「中間試案」におけるア～エに代えて、前記⑩⑪の「いずれか」を具備すればよいものとしている。⑩は、変更が相手方の利益に適合する場合である。ここでは、個々の相手方ではなく、あくまでも相手方「一般」の利益に適合していればよいとされている。⑪は、いわばバスケット条項であり、⑩には必ずしも該当しなくても変更をすべき必要がある場合、様々な事情を考慮できることが示されている。

いずれの場合にも、定型約款の変更の周知が必要である。改正民法は、そのための周知についても規定を置く（548条の4第2項・3項）。

第1章

利用規約一般に関する問題

1　はじめに

ここでは、前述した普通取引約款（改正民法では、定型約款）に関する理論的検討を前提として、ネットに係る利用規約に関するポイントを解説する。規約のテンプレート自体は、すでにネットを検索すればいくつもみつかる状態にある。規約をつくろうとする者は、実際には、それらを適宜モディファイして、各自の規約をつくるのが一般であると思われる。ここでは、それを前提にして、いくつかのポイントを参考までに指摘しておこうとするものである（課金や免責については、電子商取引に関する本編第3章を、プライバシーポリシーについては、プライバシー・個人情報に係る本編第2章を、それぞれ参照されたい）。

1　規約も一種の契約である

規約のドラフティングも、基本的には、契約書や英文契約書のドラフティングと同じである。前述のとおり、規約は普通取引約款の一種であり、普通取引約款も所定の要件のもと、契約として組み入れられ、契約となるのだから、これはある意味当然のことである。

規約をつくるにあたっては、当該条項が、後日、裁判において、規範的意味をもちうるようなドラフトを心がけなければならない。

2　一般人目線でのわかりやすさ、読みやすさ

他方で、規約、特にネット関係の規約は、不特定多数の一般のユーザーを相手にするものであるので、わかりやすくなければならない。法的に正確を期すあまり、一般人には理解できないような条項では、話にならない。加えて、法文自体が、読者であるユーザーを遠ざけるようなものであってはならず、（おのずから限度はあるが）親しみやすいものでなければならない。

この点を配慮し、以下では、条項例は「ですます体」としている。ただ、ですます体で書けば、自動的にわかりやすくなるわけではないので（冗長になり、かえってわかりにくくなる場合もある）、ですます体であることを前提としてのわかりやすさにつねに心を砕くべきである。

2　前書き

前書きとしては、以下のようなものが一般であろう。

> この規約（以下「本規約」といいます。）は、甲株式会社（以下「当社」といいます。）がこのウェブサイトにおいて提供するすべての製品およびサービス（以下「本サービス」といいます。）の利用に関する条件を、本サービスを利用するお客様（以下「ユーザー」といいます。）と当社との間で定めるものです。

3　定　義

1　はじめに

規約を、できるかぎり正確、簡潔、かつ明瞭に書くためには、規約で使われる用語についての定義をどこかで一括して定めておくことが望ましい。

定義をつくっておくことで、本文の中に、「（以下「○○○」といいます。）」という挿入句を減らすことができ、その分、読みやすさが増すことになる。

定義をどうつくるかは、契約書や、英文契約書のドラフティング技術としてよく話題となる。規約も、一種の契約なので、基本的には、前記のドラフティング技術についていわれていることが、ほぼそのまま当てはまる。た

だ、規約は、一般のユーザーを相手とするものであるので、前記に述べたことに加え、（一般人目線での）わかりやすさということが必要になるであろう。

以下では、総論的にポイントとなるべきトピックを、ごく簡単に指摘しておく。

2　定義をどこに置くか

定義をどこに置くかは、美学の問題でもあり、たとえば、契約書、英文契約書では、別紙にまとめる例もあるようである。ただ、こと規約に関しては、（一般人目線での）わかりやすさが大事なので、規約の冒頭部分に置くということになろう[1)]。

3　定義の書き方

定義に関する条項案は、一般的には、次のようなものである。

> **第○条**　本規約では、以下の用語を使用します。
> 1.「○○○とは、○○○のことをいいます。」
> （以下、同様）

条文的には目新しいことはないのだが、定義の「つくり方」には、いくつかのコツがある。いずれも契約書、英文契約書をつくるときのポイントとして指摘されていることばかりである[2)]。

(1)　定義される語の選択：複数回使われる語であること

まず、定義する語として何を選択するかについてである。当然のことであるが、定義を置く語は、複数回使われる語に関してであることが必要である。たった一度しか使われない語に対して、定義をすることは、無意味である。

1）　近時は、各種の法律も、2条で定義に係る法条を有している。

2）　杉浦保友＝菅原貴与志＝松嶋隆弘編著『英文契約書の法実務－ドラフティング技法と解説－』（三協法規出版・2012年）48頁［杉浦保友］、植草宏一＝松嶋隆弘編『契約書作成の基礎と実践－紛争予防のために－』（青林書院・2012年）70頁［町田健一］。

(2)　記述的な定義とすること：実体的権利義務関係を盛り込まない

定義される語が選択された後、それをどう定義するかであるが、この点についてもいくつかのポイントがあるとして、まず、第1に、定義中に、実体的権利義務関係を盛り込んではいけない。定義は、必ず記述的な文章でなければならない。この点は、日本語では曖昧であるが、英文契約書をドラフティングする場合を想起するとわかりやすい。すなわち、定義を含む文は、規範的意味を含む助動詞（shall、may等）を含んではならず、必ず平常文でなければならない。

これは定義の性質にかかわる問題でもある。そもそも定義とは、ある語につき、解釈の余地がないように、きっちりと中身を確定することである。定義されることで、当該語は、いわば定数化、固有名詞化する。他方、規範は、「〜するものとする」というように、当事者の権利義務関係を表すものであり、それ自身解釈の余地がありうるものである（先ほどの「定数」と対比して、「変数」と称することができよう）。定義中に、規範的意味を含ましめることは、定数、固有名詞中に変数を内在させることであり、それ自身背理であり、定義をする意味がなくなってしまうのである。

(3)　一義的な確定できるような定義とすること（ただし書、例外規定を入れない）

次に、定義中にただし書や例外規定を入れてはいけない。定義中に、ただし書や例外規定があると、定義された当該語が登場するたびに、ただし書や例外に該当するかをチェックしなければならず煩瑣であり、これまた定義する意味がなくなってしまう。

(4)　わかりやすい定義とすること

最後に、当然のことであるが、わかりやすい定義でなければならない。定義された語を用いても、日本語として意味が通じるものでなければならない。利用規約は、一般のユーザーが見るものであるので、とりわけこの点は重要である。

4　規約の契約への組入れ

本条は、当該規約が、ユーザーとの間の権利義務関係を規律する契約として、適用されることを述べるものである。

> ［例1］
> **第○条（適用）**
> 本規約は、ユーザーと当社との間の本サービスの利用に関わる一切の関係に適用されるものとします。

規約が、契約に組み入れられるためには、約款の組入要件を具備しなければならない。［例1］は、組入れがなされていることが前提となっている例である。アプリをダウンロードする際に、規約を明示し、規約内容を理解し、同意したうえでないと、先に進めないような設定となっている場合には、かかる設定上、すでに同意が確保されているので、規約上は、この程度の記載でもよいであろう。

> ［例2］
> ユーザーは、本サービスを利用することにより、本規約に同意することになります（又は、同意したものとみなします）。

［例2］は、同意に関するみなし規定である。みなされた以上、同意があり、同意がある以上、規約が契約に組み入れられ、規約がユーザーとの間の規範として適用されるという理解である。

ダウンロードせずとも、ネット上で広く利用できるようなサービスでは、前記のような「設定」はできないので、［例2］のような方策をとることになろう。

前述のとおり、改正民法は、定型約款という概念を新設したうえで、約款の組入要件につき明文化した。すなわち、①定型約款（ここでは利用規約のこと）を契約の内容とする旨の合意をしたとき、または②当該企業（定型約款準備者）があらかじめその定型約款を契約の内容とする旨を相手方に表示していたとき、のいずれかである。①は、［例1］において述べた「設定」において組み込まれている。②は、［例2］の条項を含む規約が表示されている場合に具備する。「表示」が必要なので、規約をウェブサイト上で開示しておくことは是非とも必要となる。細かくいえば、単なるウェブサイト上の開示だけで表示といいうるか（少なくとも最初の利用に際して、個別に相手方に規約を表示させておく必要があるか否か）は問題となりうる。

そのほか、同意にあたっては、当該同意を有効かつ取消不能な同意でなければならないと規定するか、ユーザーが未成年者である場合、法定代理人の同意を必要とするか、当該規約のほかに他の規約がある場合（たとえば、包括規約と個別規約とがある場合など）、当該規約に同意したことで他の規約にも同意したことになる旨規定するか、といった問題がある。

5　利用の登録

サービスによっては、利用の登録を必要とする場合もあろう。その場合には、下記のような規定を置くとよい。⑶はバスケット条項になっているが、反社会的勢力については別途規定を置いてよいかもしれない。その場合には、「申請したユーザーが、反社会的勢力の構成員（過去に構成員であった方を含みます）およびその関係者であった場合」といった項目が付加されることになろう。

第○条（利用登録）

1. 当社のサービスの利用登録は、ユーザーが、当社の定める方法によって利用登録を申請し、当社がこれを承認することによって、完了するものとします。
2. 当社は、利用登録の申請者に以下の事由があると判断した場合、利用登録の申請をお断りすることができます。
   ⑴申請したユーザーが、利用登録の申請に際して虚偽の事項を届け出た場合
   ⑵申請したユーザーが、本規約に違反したことがあった場合
   ⑶その他、当社が利用登録を相当でないと判断した場合
3. 前項の場合において、当社は、その理由を開示する義務を負わないものといたします。

6　IDおよびパスワードの管理

登録に付随して、ユーザーIDやパスワードが必要とされることがあり、

その場合には、その管理についても規約上で手当てをしておく必要がある。特にネットショッピングなど課金が発生する場合には、ユーザーIDやパスワードがユーザーの管理すべき事項であることを明記しておく必要が高い。第1項はそのための規定である。

第2項は、いわゆる「なりすまし」に対する会社の免責に係る条項である。認証手段が多様化するにつれ、第2項の記載では足りなくなってくるかもしれない。その場合には、たとえば、「当社は、ユーザーの特定にかかる当社所定の認証方法によりログインがなされた場合、当該ユーザー自身による利用とみなします。」とぼかして記載する方法もありうる。

第○条（ユーザーID及びパスワードの管理）

1. ユーザーは、当社の登録情報にかかる、本サービスのユーザーIDおよびパスワードが、正確かつ最新のものであるよう、自己の責任で管理するものといたします。
2. 当社は、本サービスのユーザーIDおよびパスワードの組み合わせによりなされたログインが、当社の登録情報と一致した場合、ユーザーにより利用がなされたものとみなすものといたします。
3. ユーザーは、本サービスのユーザーIDおよびパスワードを他人に譲渡又は貸与することはできません。また、ユーザーは、本サービスのユーザーIDおよびパスワードを他人から譲り受け又は借り受けることはできません。

7　遵守事項とその違反に対する制裁

下記は、遵守事項とその違反に対する制裁に関する一般的な規定である。

第○条（遵守事項）

ユーザーは、本サービスの利用にあたり、以下の行為をしてはなりません。

(1)ユーザーが所在する国・地域における法令または公序良俗に違反する行為
(2)犯罪行為に関連する行為
(3)当社のサーバまたはネットワークの機能を破壊したり、妨害したりする行為
(4)当社のサービス、当社の配信する広告、または、当社のサイト上で提供されているサービス、広告を妨害するおそれのある行為
(5)他のユーザーに関する個人情報等を無断で収集または蓄積する行為
(6)他のユーザーになりすます行為

(7)当社のサービスに関連して、反社会的勢力に対して直接または間接に利益を供与する行為
(8)その他、当社が適当でないと判断した行為

第○条（利用制限および登録抹消）

1. 当社は、以下の場合には、ユーザーに事前に通知することなく、ユーザーに対して、本サービスの全部もしくは一部の利用を制限し、またはユーザーとしての登録を抹消することができるものとします。
(1)本規約のいずれかの条項に違反した場合
(2)登録事項に虚偽の事実があることが判明した場合
(3)その他、当社が本サービスの利用を適当でないと判断した場合
2. 当社は、本条に基づき当社が行った行為によりユーザーに生じた損害について、一切の責任を負わないものとします。

8　サービスの中断と停止

下記はシステムや回線の故障によりサービスが中断・停止した場合に関する一般的な規定である。

第○条（本サービスの提供の停止等）

1. 当社は、以下のいずれかの事由があると判断した場合、ユーザーに事前に通知することなく、本サービスの全部または一部の提供を停止または中断することができるものとします。
(1)本サービスにかかるコンピュータシステムにつき、保守点検または更新を行う場合
(2)地震、落雷、火災、停電または天災などの不可抗力により、本サービスの提供が困難となった場合
(3)コンピュータまたは通信回線等が事故により停止した場合
(4)その他、当社が本サービスの提供が困難と判断した場合
2. 当社は、前項に規定する本サービスの提供の停止または中断により、ユーザーまたは第三者が被ったいかなる不利益または損害について、理由のいかんに関わらず一切の責任を負わないものとします。

第2章

人格権、知的財産権との関係

1　人格権

一般的には、個人情報保護法が定義する個人情報、プライバシーに係る情報、および人の容貌ないし姿態に係る情報（以下あわせて「個人情報等」という）を取得する者（以下「取得者」という）は、個人情報等を提供する者（以下「提供者」という）に対して、個人情報等の取得ないし利用に関する透明性を確保し、提供者が無断で取得ないし利用されることを欲しない個人情報等について、取得者が接することを拒否することができる機会を提供者に対して確保すべきであろう。

具体的には、ネット上で行われる個人情報等の取得ないし利用については、取得者から提供者に対してプライバシーポリシーや利用規約が提示されることが多く、そのモデル案や自主的なルールの策定といった取得者側の取組みも進んでいるところである。しかしながら、提供者側はその内容を十分に理解することなく盲目的に承諾しているのが実態である。そこで、プライバシーポリシー等では、提供者側が理解しやすい平易な表現にするとともに、提供者が取得者に対して個人情報等を提供するのにあわせた適当な時期に、それを承諾する仕組みを設けるのが適切である[1]。

実際にネット上で個人情報等の取得が行われる場面では、プライバシーポ

1)　経済産業省「パーソナルデータ利活用の基盤となる消費者と事業者の信頼関係の構築に向けて」（平成25年5月10日）11～17頁、田島正広監編『インターネット新時代の法律実務Q＆A〈第2版〉』（日本加除出版・2013年）78～81頁。

リシー等を提供者が視認する画面に表示させて、当該画面に備えるチェックボックスにチェックを入れてもらう等して提供者の承諾を得ること等が通常行われている。

ここで、個人情報等といっても、それは画一的な内容ではなく、その秘匿性には高低があり、当該個人情報等が他人に取得されたり利用されたりすることで、その提供者に与える影響の軽重はおのずと異なってくる。まず、氏名や住所のように公になっている個人情報等は、最も秘匿性の低い情報であり、一般的に法令に基づいて適切に利用することが認められる情報である。次に、学歴や職歴のように公になっていない個人情報等は、上記の公になっている個人情報等よりは秘匿性の高い情報であり、その取扱いには注意が必要になる。そして、支持する政党や信仰する宗教あるいは病歴のように、公になっていない個人情報等であって、かつ、他人に知られることを欲しない情報は、最も秘匿性の高い情報であり、その取扱いには高度の注意が必要になる。

このような個々の個人情報等の秘匿性の高低に応じて、個別的な対応も必要である。たとえば、秘匿性の低い個人情報等は黙示の承諾でも足りるが、秘匿性の高い個人情報等は明示の承諾が必要であるといった承諾の明確性の区別、あるいは秘匿性の高い個人情報等であれば、プライバシーポリシー等に対する同意といった概括的な承諾を得るだけではなく、そのような個人情報等を取得する際に改めて個別的に承諾を得るといった対応が必要であろう[2)]。

もちろん、もともと個人を識別することができる性質（以下「個人識別性」という）を有しない情報であれば、そもそも個人情報等には該当せず（個人情報保護法2条1項）、当初は個人識別性を備える個人情報等であっても、再度個人識別性を備えることができないように加工等することによって、個人識別性を恒久的に喪失した個人情報等であれば、提供者の承諾を得ることなく取得ないし利用することもできよう[3)]。

また、提供者から個人情報等を取得する際だけでなく、それを取得した後

---

2)　JIS Q 15001の3.4.2.3、岡村久道『インターネットの法律問題－理論と実務－』（新日本法規出版・2013年）263～264頁［新保史生］、TMI総合法律事務所編『IT・インターネットの法律相談』（青林書院・2016年）246～247頁［山郷琢也］。

3)　田島・前掲注1）81頁。

であっても提供者に対して継続的かつ適切に対応すべく、個人情報等の取得および利用に関する提供者からの質問や相談に応じる窓口を設ける等して、提供者に対して誠意をもって対応するための体制を整える必要がある[4)]。

ところで、上記のように、個人情報等の取得ないし利用について、その提供者と取得者との間で何らかの契約が締結されている場合に、取得者がその契約に違反したときには、取得者は債務不履行責任を負うことになる（民法415条）。たとえば、取得者が提供者に対して一定の情報セキュリティ対策を行う旨を約していたにもかかわらず、そのような対策を行わなかったため、提供者から取得した個人情報等が取得者の外部に漏洩したといった場合が考えられる。

ここで、上記のような契約を締結する際に、取得者はいっさい損害賠償責任を負わないといった条項、故意または重大な過失がある場合に限り損害賠償責任を負うといった条項、あるいは損害賠償額を一定の金額までにするといった条項のように、取得者の免責ないし責任を限定する旨の条項を設けている場合がみうけられる。しかしながら、取得者が事業者であり、提供者が消費者である場合には、消費者契約法が適用されるところ、上記のような債務不履行によって消費者に生じた損害を賠償する責任の全部または一部を免除する条項は無効になる（消費者契約法8条1項1号・2号）[5)]。

2　知的財産権

本稿では、ネット上で提供される創作物の取扱いをめぐる問題として、特に「アプリケーションソフトウェア（application software：アプリ）」の制作および提供、　そしてソーシャルネットワークサービス（SNS：Social Networking Service）やネットワーク上で利用者がコメントの読み書きを行う「電子掲示板（BBS：Bulletin Board System）」への「書込み」に係る問題について取り扱う。

---

4)　田島・前掲注1）83頁。
5)　TMI総合法律事務所・前掲注2）503頁［吉田和雅］。

1　アプリに係る問題

アプリとは、ワープロソフトやメールソフトのように、ある特定の用途・目的・業務を行うためにつくられたソフトウェアのことであり、一般にコンピュータにおけるソフトウェアの実行を制御する基本的なプログラムである「オペレーティングシステム（OS：Operating System）」により稼働する。

そのため、アプリの開発を行う者は、当該OSのライセンサーとの間で、ライセンサーが提示する条件を確認したうえでライセンス契約を締結し、アプリの開発を行う必要がある。また、スマートフォンやタブレット端末等の携帯型電子情報機器において用いられるアプリは、アプリの開発を行う者が直接的に利用者に提供するのではなく、一般にアプリを配給する者（プラットフォーム提供者）が運営するアプリケーションストアを通じて提供されている。よって、特にこのようなアプリの開発を行う者は、プラットフォーム提供者との間でアプリケーションストアの利用に係る契約を締結することになる。もっとも、その内容は定型的であり、その条件を変更する余地は大きくないため、当該アプリケーションストアにおいて提供することができるアプリの仕様等を当該契約において十分に確認する必要がある6)。

次に、アプリの開発および提供を行う際に、当該アプリについて権利を保有する者は誰であるかが問題になる。プログラムも著作物の一つとして例示されているところ（著作権法10条1項9号）、アプリも、それが思想または感情を創作的に表現したものであって、文芸、学術、美術または音楽の範囲に属するもの（同法2条1項1号）であれば、著作物に該当し、著作権法による保護の対象になる。そして、原則として、著作物を創作する著作者（同法2条1項2号）が、当該著作物について著作権法上の権利を原始的に取得することになる（同法17条）。もっとも、会社内でアプリを制作する場合は、一般的に職務著作が成立するため、当該会社が著作者になり、当該アプリに係る著作権法上の権利はすべて当該会社に帰属することになるため、特段問題にはならない（同法15条）。

しかしながら、アプリの制作は、外部の制作者に委託されることも多い。

---

6)　TMI総合法律事務所・前掲注2）191～196頁［中山茂・村上論志］。

著作物の制作を他者に委託した場合、一般に上記の職務著作は成立しないため、当該著作物に係る著作者の権利は、当該委託先に原始的に帰属する。委託者が受託者に対して著作物の内容について指示を与えていても、受託者が当該著作物に係る創作的な表現を行ったならば、受託者が著作者になる（東京地判昭和39年12月26日下民集15巻12号3114頁：高速道路パノラマ地図事件）。

よって、委託者が当該著作物について複製権（同法21条）から二次的著作物を利用する権利（同法28条）までの著作権を保有するためには、著作権譲渡契約を締結して受託者から著作権を譲り受ける必要がある（同法61条1項）。ただし、この場合、当該アプリのバージョンアップといった二次的著作物を作成する権利（同法27条）およびこれを利用する権利（同法28条）については、これらを特掲しておかないと、受託者に留保されたものと推定される（同法61条2項）。そこで、委託者が当該著作物に係るすべての著作権を受託者から譲り受けたいのであれば、上記の権利を特掲する契約を締結する必要がある点に留意する[7)]。

ところが、上記の著作権に対して、公表権（同法18条）、氏名表示権（同法19条）、および同一性保持権（同法20条）等からなる著作者人格権は、一身専属性を有する権利であるから、委託者は受託者からこれらの権利を譲り受けることはできない（同法59条）。そうすると、このままでは、アプリの改変等を行う際等に委託者は受託者から著作者人格権を行使されかねない。そこで、委託者は受託者との間で、委託者が当該著作物を改変等する際に、委託者等に対しては当該著作物に係る著作者人格権を行使しないことを約する著作者人格権不行使契約をあわせて締結しておくべきである[8)]。

また、アプリの利用に際しては、アプリの著作権者とその利用者との間で、その利用に係るライセンス契約を締結することになる。通常、アプリの利用を開始する際に、その著作権者が一方的に定める条件を利用者に承諾させている。具体的には、アプリの外装に利用許諾契約の条項が貼付されており、利用者が当該外装を開封すると当該条項に承諾したものとみなすシュリンクラップ契約といった契約形態が用いられたり、特にネットからコンピュータ

7)　田島・前掲注1）166～167頁。
8)　田島・前掲注1）167頁。

にダウンロードして利用するアプリの場合には、アプリを利用する前に当該コンピュータの画面上に利用許諾条項を表示して、利用者に承諾ボタンをクリックさせて当該条項に同意させるクリックラップ契約（オンクリック契約）といった契約形態が用いられることが多い[9]。

2　書込みに係る問題

SNSや電子掲示板への「書込み」についても、それが前述の著作物に該当すれば、著作権法による保護の対象になる。そして、原則として、著作物を創作する著作者（著作権法2条1項2号）、つまり書込みの主体が、当該著作物について著作権法上の権利を原始的に取得することになる（同法17条）。

まず、書込みをもとに書籍や映画が作成される等、それが著作物として利用されることもあるところ、著作者にその許諾を得ようとしても、著作者を特定することが困難であるという問題がある。すなわち、匿名で書込みを行える電子掲示板において、それを特定するのは困難であろうし、実名によるアカウントの作成を必要とするSNSでは、それを特定するのは比較的容易であろうが、虚偽の情報によるアカウントの作成も可能であるから、必ずしもそれを特定できるとはかぎらない。もっとも、実名ないし周知な変名が表示されていれば、その者が著作物の著作者として推定されるが（同法14条）、匿名の電子掲示板で用いられるハンドルネーム等は一般にこれに該当せず、またその主体をまったく表示することなく書込みが行われることもある。

そうすると、書込みの利用を欲する者は、著作者の許諾を受けることができないため、著作権法上適法にこれを利用することができなくなってしまう。そこで、一般に書込みは公表された著作物等に該当するところ、所定の著作権者と連絡することができない場合に該当するときは、文化庁長官の裁定を受け、同長官が定める額の補償金を著作権者のために供託することで、当該著作物を利用できる裁定制度（同法67条）を利用することが検討される[10]。もっとも、右の裁定を受けたとしても、前述のとおり著作者は著作者人格権

9）　TMI総合法律事務所・前掲注2）194〜195頁［中山茂・村上論志］。
10）　渥美総合法律事務所＝外国法共同事業IP/ITチーム編著『インターネットと企業法務』（ぎょうせい・2010年）224〜226頁。

も保有しているため、著作者人格権を侵害しない態様で利用する必要がある。

次に、書込みが行われる際に、SNSや電子掲示板を運営する者（運営者）が、著作者から当該書込みに係る著作権を譲り受けること、あるいはその利用許諾を得ることが考えられる。また、上記のとおり、著作者人格権は譲渡することができないが、著作物を広範に利用できるようにすべく、著作者人格権不行使の契約を締結することもある。このような著作権法上の契約行為は、非要式行為であるから、何らの要式も必要とされない。よって、運営者と著作者との間で、書込みに係る著作権の譲渡ないし利用許諾の意思の合致さえあればよいことになる。

ただ、意思の合致の有無を判断するのは、困難な場合がある。たとえば、運営者のウェブサイトのどこかに一方的に書込みに係る著作権は運営者に帰属する旨の条項を記載し、著作者がそれを認識することなく書込みを行ってしまった場合に、当該書込みに係る著作権の譲渡等について合意があるとは一般に考えられないであろう。一方、書込みを行うためのアカウントを取得する際に、書込みに係る著作権は運営者に帰属する旨等を定めた利用規約を提示し、当該利用規約をすべて読んだうえで同意する旨を表示するボタンを設置し、利用者が当該ボタンをクリックしたならば、当該書込みに係る著作権の譲渡等について合意があると考えられるであろう[11)]。

11）　渥美総合法律事務所ほか・前掲注10）227～228頁。

第3章

電子商取引における利用規約

1　総　説

電子商取引においては、サイト利用規約が定められているのが一般的だが、どのような場合に規約の内容が利用者と事業者の契約内容に組み入れられるのか、また規約を変更する場合はどうなのかを検討する必要がある。さらには、利用規約では事業者の責任を免除する旨の条項が定められることが多いが、当該文言どおりにつねに免責されるのかも検討しなければならない。また、利用規約において事業者に有利な裁判管轄を合意管轄と定めることも多いが、その有効性についても確認することが必要である。

2　利用規約が契約の一内容となるための要件

1　説明・確認

サイト利用規約の内容が利用者と事業者との契約内容に組み入れられるためには、利用者が利用規約に同意のうえで取引を申し込むことが必要である。すなわち、①利用者が開示されている利用規約に従い契約を締結することに同意していると認められること、そしてこの同意の前提として②利用者が利用規約の内容を事前に容易に確認できるように適切にサイト利用規約をウェブサイトに掲載して開示していることが必要である（「電子商取引準則」25頁）。したがって、サイト利用規約の内容が利用者に適切に開示されていない場合や、サイト利用規約に同意することが取引申込みの前提であることが適切に表示されておらず、利用者が当該サイト利用規約に従って取引を行う意思があると客観的に認定できない場合には、利用者はサイト利用規約には拘束されない（同準則28頁）。

上記①②を満たす表示や同意確認方法としては、電子商取引が今日では広く普及しており、利用規約を掲載し、これに基づく取引の申込みを行わせる取引の仕組みがネット利用者間で相当程度広まっていることに鑑み、「取引の申込みにあたりサイト利用規約への同意クリックが要求されている場合は勿論、例えば取引の申込み画面（例えば、購入ボタンが表示される画面）にわかりやすくサイト利用規約へのリンクを設置するなど、当該取引がサイト利用規約に従い行われていることを明瞭に告知しかつサイト利用規約を容易にアクセスできるように開示している場合には、必ずしもサイト利用規約への同意クリックを要求する仕組みまでなくとも、購入ボタンのクリック等により取引の申込みが行われることをもって、サイト利用規約の条件に従って取引を行う意思を認めることができる」とされている（同準則28〜29頁）。

2　契約内容の説明態様（利用規約の明確・平易性）

消費者契約法3条は、事業者に対して消費者との契約内容が明確かつ平易なものとなるように配慮するとともに、契約締結について勧誘をするに際しては、消費者の理解を深めるために、契約内容についての必要な情報を提供することの努力義務を課している。

準則では、「一般的な利用者にとってサイト利用規約の内容を理解することが難しい場合には、例えばウェブサイト中で取引条件についての補足説明（取引の流れについての説明や、図説・説明イラストなど）を行うなど、利用者がサイト利用規約の内容を十分に理解できるように努めることが求められる。」とされている。また、「他社と異なる取引条件であって、サイト利用者にとって予期することが難しいものについても、ウェブサイト中で説明を行うことが必要な可能性がある。」とされている（同準則29頁）。

3　契約内容についての情報提供の努力義務

消費者契約法3条は、さらに、消費者契約の内容についての必要な情報を提供することについての事業者の努力義務も定めている。

「必要な情報」とは、消費者契約に関するすべての情報ではなく、消費者が契約を締結するのに必要なものであれば足り、誰もが当然に知っているような情報まで提供する義務はない[1)]。

3　サイト利用規約を変更する場合

1　新規契約の場合

変更後に締結される契約には変更後の利用規約が組み入れられるが、変更前に利用規約の内容を確認した利用者が変更の事実に気がつかない場合もあるので、たとえば「新着情報」欄に変更内容の要旨を記載するなどの方法でサイト利用規約の変更を利用者に告知していない場合には、変更後の条件の拘束力に疑義が生じる可能性がある（「電子商取引準則」30頁）。

2　既存の継続的な契約の変更の場合

ネットショッピングモール等の会員登録によりウェブサイトでの複数取引に共通して適用される継続的な基本契約やブログ、動画投稿サイトなどのCGMサービス等の継続的なサービス等に関する契約の場合、利用規約が変更された場合、継続的契約を締結している既存の利用者との継続的契約に変更後の利用規約を組み入れるためには、利用者の同意が必要である。もっとも、利用規約は順次改良されていくのが通例であることや、多数の利用者を画一的に取り扱う必要性から、変更前の利用規約のもとでの継続的契約を締結した利用者との関係でも、当該継続的契約に変更後の利用規約を組み入れる必要性は高いことを利用者の多くは理解しており、利用規約の変更の可能

1）　消費者庁消費者制度課編『逐条解説 消費者契約法〈第2版補訂版〉』（商事法務・2015年）97頁。

性につき認識があると考えられる。「電子商取引準則」では、「利用者による明示的な変更への同意がなくとも、事業者が利用規約の変更について利用者に十分に告知した上で、変更の告知後も利用者が異議なくサイトの利用を継続していた場合は、黙示的にサイト利用規約の変更への同意があったと認定すべき場合があると考えられる」ところ、「黙示の同意を認定する上では、変更の告知により、利用者が少なくともサイト利用規約に何らかの変更がなされる事実を認識しているであろうと認定できること、及び利用者に対して変更内容が適切に開示されていること」が必要とされている（31頁）。

ただし、変更内容を認識したことをもって直ちに黙示の合意があったと認められるかはなお疑義のあるところである。そこで、①新規契約締結に際して開示する利用規約に、利用規約は変更の可能性があること、変更後に変更内容が告知されているにもかかわらず取引を継続した場合には利用規約の変更について同意があったものとみなす旨の規定を設けたり、②実際に規約の変更を告知するに際し、本告知後に利用者において取引を継続したりした場合には、利用規約の変更に同意したものとみなす旨の規定を設けることが妥当であると思われる。

4　免責特約

消費者契約法は、消費者と事業者の情報の質・量および交渉力の格差に鑑み、事業者の損害賠償責任を免除する条項その他の消費者の利益を不当に害することとなる条項の全部または一部を無効とすること等を定めている。

1　事業者の責任を免除する条項（債務不履行や不法行為の場合）

当事者の意思により任意規定と異なる特約をした場合には、任意規定よりも特約が優先する（民法91条：契約自由の原則）。しかし、上記のとおり事業者と消費者間で上記規定をつねに適用する場合、消費者が多大な不利益を被ることになりうる。そこで、消費者契約法8条は、消費者の事業者に対する損害賠償請求権を排除または制限する特約を付した場合であっても、当該特約を一定の場合に否定する旨定めている。

(1)　債務不履行に基づく損害賠償請求責任の全部を免除する旨の条項

消費者契約法8条1項1号は、事業者の債務不履行により消費者に生じた損害を賠償する責任の全部を免除する条項を無効としている。たとえば、「事業者の責めに帰すべき事由があっても一切損害賠償責任を負わない」という規定は無効となり、事業者は民法415条・416条等の規定に基づき損害賠償責任を負う（以下の規定も同じ）。

(2)　故意または重過失による債務不履行に基づく損害賠償責任の一部を免除する条項

消費者契約法8条1項2号は、事業者（事業者、その代表者またはその使用する者。下記(4)も同じ）の故意または重大な過失による債務不履行により消費者に生じた損害を賠償する責任の一部を免除する条項を無効としている。事業者に故意または重過失がある場合には、単なる過失の場合とは異なり帰責性が重く、全部責任を負わせるのが公平に資するからである。同規定は、債務不履行について損害賠償額の予定を定めることができるとする民法420条1項の特則にも当たる。たとえば、「事業者は○○円を限度として損害賠償責任を負う」という条項は無効である。

(3)　事業者の不法行為に基づく損害賠償責任の全部を免除する旨の条項

消費者契約法8条1項3号は、事業者が、債務の履行に際して不法行為を行うことにより消費者に損害が生じても、当該損害賠償責任の全部を免除するという条項を無効としている。

(4)　故意または重過失による不法行為に基づく損害賠償責任の一部を免除する条項

消費者契約法8条1項4号は、上記(2)と同様の趣旨から、事業者が、債務の履行に際して故意または重大な過失による不法行為を行うことにより消費者に損害が生じても、当該損害賠償責任の一部を免除する旨の条項を無効としている。

2　事業者の責任を免除する条項（瑕疵担保責任の場合）

(1)　原　則

消費者契約において、事業者が、売買や請負の目的物に隠れた瑕疵があり瑕疵担保責任（旧民法570条、634条、改正民法564条）を負う場合に、事業者の瑕疵による損害賠償責任の全部を免除する旨の条項は、その限りにおいて無効となる（消費者契約法8条1項5号）。その場合、損害賠償責任の免除に関しては何ら特約が付されていなかったことになり、事業者は上記民法の規定に基づき損害賠償責任を負う。

(2)　例　外

上記のように損害賠償責任の全部を免除する旨の特約が付されている場合であっても、以下の場合には消費者の正当な利益が害されておらず公平性に反しないため、損害賠償責任の全部を免除する旨の条項は無効とならない（消費者契約法8条2項）。

①　事業者が、瑕疵のない物と取り替える責任または瑕疵を修補する責任を負う旨を定めている場合

②　消費者と事業者の委託を受けた他の事業者との間の契約または事業者と他の事業者との間の消費者のためにする契約で、消費者契約の締結に先立ってまたはこれと同時に締結されたものにおいて、消費者契約の目的物に隠れた瑕疵があるときに、当該他の事業者が、瑕疵により消費者に生じた損害を賠償する責任の全部もしくは一部を負い、瑕疵のない物と取り替える責任または瑕疵を修補する責任を負う旨を定めている場合

3　消費者の損害賠償額を予定する条項

消費者契約法は、事業者が消費者に対し、同契約の解除等に伴い高額な損害賠償等を請求することを予定し消費者が不当な金銭的な負担を強いられることを防止するため、事業者が消費者契約において、契約の解除の際または契約に基づく金銭の支払義務を消費者が遅延した際の損害賠償額の予定または違約金を定めた場合、その額が一定の限度を超えるときにはその超過部分

を無効とするとしている（同法9条）。

一定の限度とは、解除の場合は「当該条項において設定された解除の事由、時期等の区分に応じ、当該消費者契約と同種の消費者契約の解除に伴い当該事業者に生ずべき平均的な損害の額」を指すが（同条1号）、この「平均的な損害」は、当該消費者契約の当事者たる個々の事業者に生じる損害の額について、契約の類型ごとに合理的な算出根拠に基づき算定された平均値であり、当該業種における業界の水準を指すものではない。なお、「平均的な損害」の額の算定については、消費者側の「解除の事由」という要素により消費者に生ずべき損害の額が異なることは、一般的には考えがたい[2)]。

また、消費者が契約に基づく金銭の支払いを遅滞した場合の損害賠償額の予定等を定めたときは、年利14.6％を超えることはできず、超過部分は無効となる（同条2号）。

5　管　轄

1　合意管轄

当事者は、事前の合意により管轄裁判所を決めておくことができる。国際的な管轄合意をするには、①一定の法律関係に関する合意であること、②書面で行うこと、③外国の裁判所を専属裁判所とする管轄合意については、当該外国で法律上または事実上裁判をすることができること（以上、民事訴訟法3条の7）、④日本の裁判所に専属管轄がないこと（同法3条の10）が必要である。さらには、⑤当該合意が公序良俗に反しないことも判例（最判昭和50年11月28日民集29巻10号1554頁）・通説[3)]において要件とされている。

2　消費者契約の場合

サイト利用規約でも上記要件が満たされれば合意が成立するが、消費者契

2）　消費者庁消費者制度課・前掲注1）209頁。

3）　佐藤達文＝小林康彦編『一問一答 平成23年民事訴訟法等改正』（商事法務・2012年）141頁。

約の場合には、管轄合意が制限されている。すなわち、消費者と事業者との間で締結される契約の場合には、以下のような制限が課されている。

⑴　消費者から事業者に対する訴えの国際裁判管轄

訴え提起時または消費者契約締結時に、消費者の住所が日本国内にあるときは、消費者は日本の裁判所に提起することができる（民事訴訟法3条の4第1項）。このほかに、消費者は、一般管轄（被告の住所地：同法3条の2）や特別管轄（債務履行地・財産所在地・事業活動地・営業所所在地：同法3条の3）を利用することもできる。

⑵　事業者から消費者に対する訴えの国際裁判管轄

訴え提起時に消費者の住所地が日本国内にある場合に限り、日本での裁判管轄が認められる（同法3条の4第1項、3条の2）。

⑶　その他

サイト利用規約において、事業者の所在地を管轄地とする合意等が定められていることが多いが、消費者契約においては、原則として、消費者が契約締結時に住所を有していた場所を管轄地とする合意しか認められないので（同法3条の7第5項1号）、事業者の所在地を管轄とする合意は無効となる。

コラム：Amazonプライム会員と利用規約の変更

Amazon商品の配送方法として「当日お急ぎ便」を選択すると当日受領ができる代わりに配送料が514円かかる。しかし、Amazonプライム会員になると年会費3900円を支払えば、上記配送料がかからずに対象商品については当日配送を受けることができる。上記当日配送が取扱運送会社の従業者の長時間労働の主要因となっており、同社が当日配送事業から撤退するのではないかという報道がなされている（2017年4月現在）。そこでかりに当日配送を請け負う運送会社がいなかったり、当日配送の場合の配送料金を値上げした場合、上記プライム会員の各種特典の中から当日配送が削除されたり、年会費が上がる可能性がある。

この点、Amazonプライム会員規約には「規約等の変更」という項目に以下の記載がある。

「当サイトは、当サイトの判断により、お客様に何らの通知なくして、本規約、Amazon.co.jpの利用規約やプライバシー規約又はプライム会員に関する事項について変更することができます。しかしながら、会費の増額については、会員登録を更新されるまでは適用されません。また、当サイトが、当初通常配送、お急ぎ便、お届け日指定便としている配送オプションの配送をプライム会員に対して有料とする、あるいは料金を値上げする場合、又は当サイトが、お客様が加入させることができる家族会員の人数を減らす場合には、その変更が生じる少なくとも30日前にプライムに関するヘルプページに記載する、又は電子メールによりお客様にその旨を通知します。もしお客様がこれらの変更実施前に会員登録をキャンセルされる場合には、当サイトは、残りのプライム会員期間（但し、1か月単位で残っている期間に限る）を基準に会費の割合的払い戻しをします。この払戻オプションは、当サイトが行うその他の変更には適用されません。……当サイトが本規約等を変更した後にお客様がプライム会員登録を継続される場合には、お客様は同変更に同意したものと見なします。もし、お客様がかかる変更に同意しない場合には、お客様は、プライムの会員登録をキャンセルしなければなりません。」

プライム会員は、上記当日配送の無料特典（同居の家族2名まで無料登録が可能）のほかに、一部特別取扱商品の取扱手数料の無料化、映画・TV番組や100万曲以上の楽曲の見聴し放題等の特典が受けられるようになっているが、プライム規約では、規約の変更にあたって、前者と後者で変更の効力条件に相違が示されている。特典の中でも、会員にとって主要なものと付随的なサービスがあるという前提でこれらの取扱いを区別しているのであろう。また、前者の変更の場合には、電子メールで通知される方法だけでなく、ヘルプページへの記載をもって告知する方法があるとされているが、利用者に30日間の閲覧・検討期間を付与しているという点では不合理とはいえないだろう。

なお、もう一つの会員規約の重要要素である年会費の増額については、会員登録の更新まで適用されないとされているが、この取扱いの違いは、決済方法の違い（年1回前払いするものか注文ごとに支払うものか）によるものであり、契約内容の重要性の相違によるものではないだろう。なお、更新前にキャンセル希望や自動更新を希望しない旨を通知しない場合には、自動更新されることに注意することが必要である。

第4章

利用規約の変更

1　はじめに

利用規約は、ユーザーと会社との継続的法律関係を規律するものであるため、随時、変更や見直しが必要となる。法令が改廃された場合に見直すことは当然であるが、それに限らず、たとえば、会社に組織再編（合併、分割等）があった場合にも見直しは不可欠である。また技術の進展が著しいネットの世界では、システムの変更や新たなサービスの導入ごとに、適宜変更が必要となりうる。ここでは、利用規約を変更する際の問題について説明する。

2　約款の変更

約款の変更について、改正前民法は、規定がなかった（そもそも約款自体につき何らの規定もない）。改正民法は、新たに定型約款なる概念を新設し、約款規制を置くことにした。変更に関する規制もその一つである（詳細は、本編総説を参照）。

民法は、次に掲げる場合には、定型約款の変更をすることにより、変更後の定型約款の条項について合意があったものとみなし、個別に相手方と合意をすることなく契約の内容を変更することができる旨規定する（民法548条の4第1項）。

①	定型約款の変更が、相手方の一般の利益に適合するとき
②	定型約款の変更が、契約をした目的に反せず、かつ、変更の必要性、変更後の内容の相当性、この条の規定により定型約款の変更をすることがある旨の定めの有無およびその内容その他の変更に係る事情に照らして合理的なものであるとき

いずれの場合にも、定型約款の変更の周知が必要である。民法は、そのための周知についても規定を置く（民法548条の4第2項～4項）。すなわち、定型約款準備者は、定型約款の変更をするときは、その効力発生時期を定め、かつ、定型約款を変更する旨および変更後の定型約款の内容ならびにその効力発生時期をネットの利用その他の適切な方法により周知しなければならない。上記②による定型約款の変更は、効力発生時期が到来するまでに周知をしなければ、その効力を生じない。

3　利用規約の例

それでは、どのように変更につき記載するかである。まずいくつかの利用規約のエッセンスを下記に示す。

［例1］
第○条（利用規約の変更）
当社は，必要と判断した場合には，ユーザーに通知することなくいつでも本規約を変更することができるものとします。
［例2］
第○条（利用規約の変更）
当社は、当社が必要と判断する場合、あらかじめお客様に通知することなく、いつでも、本サービスの全部または一部の内容を変更し、また、その提供を中止することができるものとします。

前記は、単に変更ができることを定めるとともに、ユーザーに事前通知が不要であることをも示すものである（諫言すれば、ユーザーは、事前通知なく、約款が変更されることにつき了解しているという立て付けでの条文である）。

これでは、民法の示す定型約款の変更の要件①を具備しているとはいえないであろう。要件①は、利用規約中に条項として示すのが難しい要件ではある。ただ、現行の利用規約には、下記のものがあり、要件①について一定の配慮をしているものと整理できよう。

> [例3]
> **第○条（利用規約の変更）**
> 当社は、常に本サービスの変更および改善を行っています。当社は、かかる変更又は改善のため、機能性や機能の追加や削除を行うことができ、本サービス全体を一時停止または終了することができます。

民法は、別途要件②をも定めており、規約中に変更できる旨の定めがあること（例1および例2）は、要件具備に際しての一つの要素として考慮されることとなる。①または②のいずれかを具備すればよいので、今後は②に従う規約のほうが増えるのではないかと予想される。

もう一つ、民法が約款変更につき要求しているのは「周知」である。具体的には、効力発生時期とともにウェブサイトに掲載することとなろう。

現行の利用規約中にも、この効力発生時期や周知につき、一定の配慮をしているものがある。

> [例4]
> **第○条（利用規約の変更）**
> 当社が必要と判断した場合には、お客様にあらかじめ通知することなくいつでも本利用規約を変更することができるものとします。ただし、ご利用いただいているお客様に大きな影響を与える場合には、あらかじめ合理的な事前の周知期間を設けるものとします。
> [例5]
> **第○条（利用規約の変更）**
> ユーザーは定期的に本規約をご確認ください。当社は、本規約の修正に関する通知をこのページに表示します。追加規定の修正については、該当する本サービス内において通知を表示します。変更は、さかのぼって適用されることはなく、その変更が表示されてから○○日以降に発効します。

民法は、効力発生時期の定めや周知方法それ自体を利用規約の中に書くことまでは要求していない。ただ、上記のような例は、丁寧であり、ユーザー目線の規約としては、望ましいものと評しうるであろう。

事 項 索 引

〈A－Z〉

AI……27・293・294・295
API……140
ASP……178
CGMサービス……391
DSP……187・190・191
FX……25
ID……379・380
IOT……19
ISP……284・285・286・287・288・289・326
SaaS……355
SEO……192
SLA……355
SNS……140・235・261
Twitter利用規約……273
UDRP……308
URL……37
YouTube……274・275

〈あ行〉

アカウント……208・210
アクセスログ……332
アップロード……356
アドワーズ……35
アフィリエイター……170・171・178・179・184
アフィリエイト……168・170・172・174・194
アフィリエイト広告……169・174
アフィリエイトサイト……171
アフィリエイトプログラム……168
アフターサービス……42・43・46
アプリ……384・385
アプリ提供型……283
安全管理……347・348・349
安全管理義務……354
安全管理措置……346・350・353・354
意見・評論型の名誉毀損……238
意思推定説……363
慰謝料……239・240
意匠法……267
委託者……386
一般懸賞……15
違法ダウンロード……281・282
違約金条項……106
違約金の定め……29
医薬品医療機器等法……181
インターネットサービスプロバイダ（ISP）……227・283
引用……268
運営者……388
営業の自由……228
営業秘密……343
エスクローサービス……97
閲覧……282
エンベッドリンク……276
応用美術……267
オークションサイトの運営……327
オープン懸賞……47・55
公の伝達……267
オプトアウト……12・13
オプトアウト方式……358・359
オプトイン……11
オプトイン規制……11・12
オンラインゲーム……289

〈か行〉

カード……158・159

カード合わせ……16･49･148･151
カード決済……157
カード約款……155
外国判決の承認・執行……230
開示請求……332
加害目的……307
価格の誤表示……88
書込み……387･388
瑕疵……121
瑕疵担保責任……394
仮想通貨（ビットコイン）……216
画像投稿……258
ガチャ……15･52
課徴金制度……205
カモリスト……80
カラオケ法理……130･319
管轄……395
監視義務……328
間接侵害……327･328
間接侵害者……319
間接侵害論……319･320
監督者責任……338
勧誘……19･20
関連検索語句……264
キーワードバイ……297･300･301
キーワードメタタグ……301
希釈化や汚染……301
欺瞞性……149･150
規約の変更……392･399
規約・約款……214
規約を組み入れる……391
キャッシュバック……22･23･24
キャッチフレーズ……34･266
共同懸賞……15･51
共同購入クーポン……197･199･202
業務提供誘引販売取引……191･192
虚偽誇大表示……180
銀行法……210
金融商品取引……18
金融商品取引業者……18
クーリングオフ……57･73･74･76･103
くじ……14･49
口コミ……161･162･163･166
口コミサイト……160･161･162･238
口コミサイト運営者……165･166･167
クラウド契約……355
クラウドサービス……355･360
クラウドサービス利用契約……355
クレジットカード…85･158･214･217･219
クレジットカード契約……158
景表法……13･33･161･199･213
景品……14･41･150･151･152･153
景品規制……14
契約への組入れ……378･389
契約の変更……391
契約不適合責任……99
決済……208
健康増進法……181
検索エンジン……263･298･299･300･321
検索エンジンサービス……263
検索エンジンサービス提供者……335
検索キーワード……35
検索サービス……320
検索サービス運営者……320･321
検索事業者……263･264･297･320･321
検索連動型広告……35
検索連動型リスティング広告……297･299･300
懸賞企画……46
懸賞制限告示……48･150
合意管轄……395
公益を図る目的……236
公共の利害に関する事項……249
公共の利害に関する事実……236

広告宣伝メール……11
広告表示……174
公衆……267
公衆送信……267･273
公衆送信権……266
口述……267
公人……249
交通標語……272
公表権……268･386
顧客吸引力……297
国際裁判管轄……229･396
個人識別性……242･243･260･261
個人識別符号……242･357
個人情報
……242･244･346･356･382･383･384
個人情報データベース……243･244･346
個人情報取扱事業者
……243･244･245･260･342
個人情報保護委員会……244･245･246･247
個人情報保護管理者……354
個人情報保護管理責任者……348
個人情報保護法……228･242･243･245･246
個人データ……244･346
個人番号……246
誇大広告……9･59･198
誇大広告が禁止される事項……10
子ども……154･155
子どもによるクレジットカード使用
……107
誤認勧誘……20
誤認混同惹起行為……300
コンテンツプロバイダ
……329･330･332･334
コンプリートガチャ（コンプガチャ）
……15･16･52･147･151･152･153

〈さ行〉

サーバ提供型……283
裁断代行……281
裁判外紛争処理手続（ADR）……308
裁判管轄……229
削除請求……262･330
サクラ投稿……160
サジェスト機能……321
サジェスト表示……322
詐術……156
資金決済法……210･218
時効……241
自己の商品等表示……32
死者……242･248･258
私人……249
自炊カフェ……279
自炊代行……279･280･281
システム障害……139
私生活……248
自他識別機能
……298･299･300･301･305･307
視聴……282
実用品……267
私的使用のための複製……268
次点詐欺……123
自動運転・自動飛行……293･294･295
自動公衆送信……272
氏名表示権……268･386
社会的評価……234
謝罪広告……240･257
写真……270
写真の著作物……40
周知表示……300
周知表示誤認混同行為……32
周知表示混同惹起……305
収納代行サービス……97

住民票コード……246
重要事項……59
出所識別……304
出所識別機能……301・306
出所表示機能
……298・299・300・305・307
出版権……278
準拠法……229
上映……267
証券取引等監視委員会……24
使用者責任……129・134・338・342・344・345
肖像権……251
消費者契約法……24・212・214・392・393
消費者問題……143
消費税転嫁特別措置法……214
商標……297
商標権侵害行為……298
商標的使用……298・303・304
商標法……34
商品適合性……21
商品等表示……305・306
商品等表示としての使用……301・305
商品不着……92
商法権……228
除斥期間……241
ショッピングモール運営者
……38・311・312・313・314
侵害情報を削除……329
人格権……382
新規契約……391
真実性の証明……237
人種……242
スキャン代行……280
ステルスマーケティング（ステマ）
……160・165・167
ストレージサービス……282
スマホゲーム……142
3Dプリンタ……292・293
スローガン……266
正常な商習慣……42・45・46
生存性……242
責任軽減……214
責任を免除……392・393・394
説明義務違反……20・21・22
前科……249
相関関係説……250
創作性……266・270・271・272・277
創作的……266
送信防止措置……326・331
総付景品……15
総付制限告示……52
ソーシャルゲーム……140・147
ソーシャルネットワークサービス……257
ソーシャルメディア……19
損害賠償責任の全部を免除……394
損害賠償の額の予定……106
損害賠償の範囲……215
損害賠償の免除……29・30
損害賠償額を予定……394

〈た行〉

対抗言論の法理……237・239
第三者提供……357
タイトル……266
貸与……267
代理出店詐欺……124
ダブルオプトイン……12
仲裁手続……308
直接侵害者……318・323
著作権……265
著作権の制限規定……268
著作権法……39・265
著作財産権……39
著作者人格権……39・268・387・388

著作物……266・267
著名人……163
著名人の責任……164
著名表示……301
著名表示冒用……301・305
著名表示冒用行為……32
ツイッター……271
通販詐欺……95
定款約款の変更……400
定義……375・376・377
定義告示……42
定義告示運用基準……42
定型取引……367・368
定型取引合意……367
定型約款……366・367・368・369・370・372・374・378・399
データベース……111・266・277・278・295・296
適格消費者団体……25
デフォルトオフ……12
デフォルトオン……12
展示……267
電子決済……208
電子出版権……279
電子商取引準則……113
電子消費者契約……71
電子書籍……278・279
テンプレート……374
同一性保持権……268・290・291・386
動機の錯誤……70
投稿サービス……274
投資顧問料……24
到達擬制……65
道路周辺映像……258
特定商取引法……9・94
特定電子メール……11
特定電子メールガイドライン……12
特定電子メール送信適正化法……11・12
匿名……236
匿名加工情報……245・246
ドメイン名……32・133・302・303・304・306・308・309・310・311
ドメイン名紛争処理方針……307
取引に附随……43
図利目的……307
ドロップシッピング……173・186・191・193・194
ドロップシッピングサービスプロバイダ……187

〈な行〉

名板貸責任……131・134
名板貸人……129
なりすまし……12・82・85・380
ニコニコ動画……274・275
二次的著作物……292
二重価格表示……198・199・201・204
ネイティブアプリ……141
ネットオークション……6・111・119・338・339
ネットオークションサイト……338・339
ネット広告ガイドライン……160・162
ネットショッピングモール……126・391
ネット取引……25
ネットバンキング……86・87
ネットワーク管理者……329
ノークレーム・ノーリターン……119

〈は行〉

バスケット条項……372
パスワード……379・380
パッケージビジネス……265
発信者情報開示……325・326・329・331・333・334

発信者情報開示請求…………………330･331
パブリシティ権……………………………253
犯罪事実……………………………………249
犯罪収益移転防止法…………211･212･218
頒布…………………………………………267
比較広告……………………………33･35
美術の著作物………………………………40
ビッグデータ……219･220･221･245･260
秘密管理性…………………………………343
秘密情報……………………………220･296
表示…………………………………161･162
表示規制……………………………………16
表示することを義務…………………………9
表示を要する事項……………………………9
病歴…………………………………242･249
フィッシング詐欺……………………………7
不完全履行…………………………………101
複製…………………………………272･273
複製権………………………………………266
侮辱的表現…………………………………289
不正アクセス禁止法………………………344
不正競争防止法…………………32･228･305
普通取引約款………………………………362
普通取引約款の拘束力……………………363
不当表示………………………161･176･177
不当表示の禁止……………………………59
プライバシー……………249･258･260･335
プライバシー権
……………228･247･248･258･261･264
プライバシーポリシー……………………347
フリーミアム…………………145･147･155
フリーライド…………………301･302･305
振り込め詐欺救済法………………………95
フレームリンク……………………………276
ブログ………………………………235･270
プロバイダ………235･262･319･320･324
プロバイダ責任制限法…96･130･138･284･
314･315･320･329･330･331･332
プロバイダ等の責任………………………314
文章…………………………………………270
ヘイトスピーチ……………………………289
編集著作物…………………………………266
返品詐欺……………………………………123
返品制度……………………………………76
返品特約………………………72･73･76･94
返品トラブル………………………………93
ポイント……………………………………209
報償責任の法理……………………134･135
法定代理人…………………………………107
法定返品権…………………………………94
補償制度……………………………………97
保有個人データ……………………………245
翻案…………………………………………292
翻案する権利………………………………266
本人確認……………………………………212

〈ま行〉

マイナンバー法……………………246･247
マイ・ポータル……………………………246
マイル………………………………………209
前書き………………………………………375
前払式支払手段……………………………210
前払式証票の規制等に関する法律……210
まとめサイト………………………………274
マネーロンダリング………………211･218
未成年者……107･108･154･155･156･157
未成年者取消し……………………………156
無催告失効条項……………………………365
明示的な同意………………………………392
明示の承諾…………………………………383
名誉回復措置請求権………………………240
名誉毀損……………………………231･289
名誉権………………………………………224

名誉声望毀損禁止権……268
迷惑メール……11
メール……267･282
メールアドレス……356･357
メールマガジン（メルマガ）……36
メタタグ……36･297･298･299･300
免責・責任軽減……215
免責特約……392
免責約款……87
申込みの撤回……73･74
申込みの誘引……19･20･25･59
モール……327･328
モール運営者……328
モールの管理者……340
黙示の合意……392
黙示の承諾……383
黙示の同意……392
モニタリング……353
物のパブリシティ権……255

〈や行〉

やらせ投稿……160
有償著作物……282
有利誤認……161
有利誤認表示……17･200･201･204
優良誤認表示……16･199･200･204
要配慮個人情報……242･243･359

〈ら行〉

ライフログ……245･259･260
ランキングサイト……33
リーチサイト……40
リツイート……272･273
リベンジポルノ……289
利用規約……401
利用目的……243･244
利用目的の特定……243
リンク……262･275
ログ……25

〈わ行〉

ワンクリック詐欺……7
ワンクリック請求……77･78･80･81

判例索引

〈明　治〉

大判明治38年12月19日民録11輯1786頁……70
大判明治43年11月2日民録16輯745頁……232

〈大　正〉

大判大正4年12月24日民録21輯2182頁……363
大判大正5年4月1日民録22輯748頁……363
大判大正6年2月24日民録23輯284頁……70
大判大正6年7月10日民録23輯1128頁……100
大判大正6年11月8日民録23輯1758頁……90
大判大正6年12月27日民録23輯2262頁……105
大判大正13年7月15日民集3巻362頁……100
大判大正15年11月25日民集5巻763頁……101

〈昭　和〉

大判昭和2年2月2日民集6巻133頁……100
大判昭和7年7月7日民集11巻1510頁……100
大判昭和15年12月14日民集19巻2325頁……241
東京地判昭和28年1月26日判タ27号71頁……363
最判昭和29年12月21日民集8巻12号2211頁……100
京都地判昭和30年11月25日下民集6巻11号2457頁……363
最判昭和31年7月20日民集10巻8号1059頁……234
最判昭和32年9月19日民集11巻9号1565頁……100
最判昭和32年12月24日民集11巻14号2322頁……105
最判昭和33年6月14日民集12巻9号1449頁……104
最判昭和36年4月20日民集15巻4号774頁……64
最判昭和36年6月27日民集15巻6号1730頁……303
最判昭和38年10月4日民集17巻9号1155頁……303
東京地判昭和39年9月28日判時385号12頁……247·248·250
東京地判昭和39年12月26日下民集15巻12号3114頁……386
最判昭和41年6月23日民集20巻5号1118頁……237
最判昭和41年9月8日民集20巻7号1325頁……100
最判昭和43年2月27日民集22巻2号39頁……303

最判昭和44年2月13日民集23巻2号291頁……107・156
最判昭和44年12月19日民集23巻12号2539頁……84
最判昭和44年12月24日刑集23巻12号1625頁……251
最判昭和45年12月18日民集24巻13号2151頁……232
大阪高判昭和50年4月30日訟月21巻6号1274頁……248
最判昭和50年11月28日民集29巻10号1554頁……395
東京地判昭和51年6月29日判時817号23頁……254
名古屋地判昭和51年11月30日判時837号28頁……363
大阪地判昭和53年8月3日判時923号99頁……363
東京地決昭和53年10月2日判タ372号97頁……253
大阪地判昭和54年5月28日判時944号81頁……363
東京地判昭和55年7月11日判時977号92頁……298
最判昭和56年4月14日民集35巻3号620頁……249
東京地判昭和60年3月20日判タ556号146頁……240
最大判昭和61年6月11日民集40巻4号872頁……231・330
東京地決昭和61年10月17日判タ617号190頁……253
富山地判昭和61年10月31日判時1218号128頁……254
東京高判昭和62年2月19日判時1225号111頁……266
大阪地判昭和62年3月30日判時1240号35頁……164
最判昭和63年3月15日民集42巻3号199頁……130・319

〈平　成〉

東京地判平成元年9月27日判時1326号137頁……254
最判平成元年12月21日民集43巻12号2252頁……250
大阪地判平成元年12月27日判時1341号53頁……248
横浜地判平成3年3月26日判時1390号121頁……131
東京高判平成3年9月26日判時1400号3頁……254
東京高判平成4年3月11日判時1418号134頁……131
最判平成5年7月19日判時1489号111頁……87
最判平成6年2月8日民集48巻2号149頁……249・251・256
大阪地判平成6年4月27日判時1515号116頁……259
青森地判平成7年3月28日判時1546号88頁……252
東京地判平成7年3月30日判タ876号122頁……256
最判平成7年9月5日判時1546号115頁……250・261
最判平成7年11月30日民集49巻9号2972頁……132
さいたま地判平成7年12月22日判時2282号78頁・2305号148頁……336
東京高判平成8年10月2日判タ923号156頁……239

最判平成9年3月11日民集51巻3号1055頁……303
最判平成9年5月27日民集51巻5号2024頁……231·239
東京地判平成9年6月23日判時1618号97頁……250·251·256
最判平成9年9月9日民集51巻8号3804頁……232·238
東京地判平成10年1月21日判時1646号102頁……248·249
東京地判平成10年2月20日判時1643号176頁……39
最判平成10年6月11日民集32巻4号1034頁……65
東京地判平成10年11月30日判時1686号68頁……250·251·256
大阪高判平成11年4月27日判時1700号129頁……289
神戸地判平成11年6月23日判時1700号99頁……248
東京高判平成11年6月30日1999WLJPCA06300003……240
東京高判平成11年9月30日判タ1018号259頁……272
東京地判平成12年3月17日判時1714号128頁……277
東京地判平成12年6月29日判時1728号101頁……301
富山地判平成12年12月6日判時1734号3頁……305
最判平成13年2月13日民集55巻1号87頁……289
東京地判平成13年4月24日判時1755号43頁……305
東京地判平成13年5月25.日判時1774号132頁……278
東京高判平成13年9月5日判タ1088号94頁……96
東京高判平成13年10月30日判時1773号127頁……272
東京地判平成13年12月3日労判826号76頁……261·353
大阪高判平成13年12月25日判例自治265号11頁……248·250·256·345
東京地判平成14年4月15日判時1793号133頁……274
東京地判平成14年4月26日最高裁HP……310
東京地判平成14年7月15日判時1796号145頁……307
大阪地判平成14年7月25日判例集未登載……269
最判平成14年9月24日裁時1324号5頁……256
東京高判平成14年9月25日判時1813号86頁……234
東京高判平成14年10月17日最高裁HP……310
東京地判平成14年11月21日判例集未登載……268
東京高判平成14年12月15日判時1816号52頁……239
最判平成15年1月16日民集57巻9号1075号……236
最判平成15年3月14日判時1825号63頁……251
最判平成15年4月8日民集57巻4号337頁……87
東京地判平成15年7月17日判時1869号46頁……237
最判平成15年9月12日民集57巻8号973頁……249·250·251·256
松山地判平成15年10月2日判時1858号134頁……248

東京簡判平成15年10月8日金判1231号61頁……122
最判平成15年10月16日民集57巻9号1075頁……233・234
最判平成16年2月13日民集58巻2号311頁……255
東京地判平成16年3月11日判時1893号131頁……138
東京地判平成16年4月15日判時1909号55頁……121
東京地判平成16年6月23日判時1872号109頁……298
東京高判平成16年10月19日判時1904号128頁……163・167
東京地判平成17年3月31日判タ1189号267頁……254
東京地判平成17年9月2日判時1922号105頁……88・89・116
東京高判平成17年10月6日判例集未登載……269
最判平成17年11月10日民集59巻9号2428頁……252
札幌高判平成17年11月11日判例集未登載……256
大阪地判平成17年12月8日判時1934号109頁……36・298
東京地判平成17年12月18日LLI／DB判例秘書……171
東京地判平成18年1月30日判時1939号52頁……79・81
大阪地判平成18年4月18日判時1959号121頁……37
東京高判平成18年4月26日判時1954号47頁……254
新潟地判平成18年5月11日判時1955号88頁……260
大阪地判平成18年5月19日判タ1230号227頁……249・250・256
東京地判平成18年9月28日判タ1250号228頁……236
知財高判平成18年10月18日商標・意匠・不正競争判例百選……33
東京高判平成19年8月28日判タ1264号299頁……250・256
大阪地判平成19年9月13日最高裁HP……36・299
東京地判平成19年9月19日2007WLJPCA09198002……236
知財高判平成19年11月22日最高裁HP……35
東京地判平成19年12月14日判タ1318号188頁……236
東京地判平成20年2月29日刑集64巻2号59頁……237
名古屋地判平成20年3月28日判時2029号89頁……114・124・139
名古屋地判平成20年3月28日判タ1293号172頁……339
長崎地佐世保支判平成20年4月20日金商1300号71頁……86
東京地判平成20年4月22日判時2010号78頁……235
東京高判平成20年5月23日審決集55巻842頁……177
大阪地判平成20年6月10日判タ1290号176頁……122
東京高判平成20年7月17日判時2011号137頁……270
東京地判平成20年10月1日判時2034号60頁……237
東京地判平成20年10月16日消費者法ニュース78号119頁……183・184
名古屋高判平成20年11月11日最高裁HP……114

東京地判平成20年12月26日判時2032号11頁……33·35
東京地判平成21年1月21日判時2039号20頁……250
東京地判平成21年5月26日2009WLJPCA05268027……234
知財高判平成21年6月29日判例集未登載……254
東京地判平成21年7月28日2009WLJPCA07288018……234
東京地判平成21年11月12日最高裁HP……301
最判平成22年3月15日刑集64巻2号1頁……237
東京地判平成22年3月19日2010WLJPCA03198005……241
最判平成22年4月13日民集64巻3号758頁……232·262
知財高判平成22年4月14日判時2093号131頁……37
東京地判平成22年8月31日判時2127号87頁……38·127
東京地判平成22年10月21日判例集未登載……253
東京高判平成22年11月24日LLI／DB判例秘書L06520783……238
東京地判平成22年11月25日判時2103号65頁……165
東京地判平成22年12月9日2010WLJPCA12098008……81
最判平成23年1月20日民集65巻1号399頁……319
大阪地判平成23年3月23日判タ1351号181頁……192
大阪地判平成23年6月30日判時2139号92頁……37·303
最判平成23年12月8日民集65巻9号3275頁……270
東京地判平成23年12月21日判例集未登載……263
東京地判平成24年1月12日2012WLJPCA01128003……240·241
最判平成24年2月2日民集66巻2号89頁……253·254·255
知財高判平成24年2月14日判時2161号86頁……38·98·127·312
東京地判平成24年2月16日2012WLJPCA02168012……82
最判平成24年3月16日民集66巻5号2216頁……365
最判平成24年3月23日集民240号149頁……234
福岡高判平成24年7月13日判時2234号44頁……259
東京地判平成24年8月6日判例集未登載……248
知財高判平成24年8月8日判タ1403号271頁……142
東京地判平成24年8月9日LLI／DB判例秘書L06730492……239
大阪地判平成24年9月3日平成23年（ワ）第8308号・判例集未登載……206
東京地判平成24年11月8日2012WLJPCA11088003……241
東京地判平成25年1月30日LEX.DB……122
東京地判平成25年2月25日最高裁HP……310
最判平成25年3月7日集民243号51頁……21
大阪高判平成25年3月7日最高裁HP……37·303
東京地判平成25年3月21日LEX.DB……122

大阪高判平成25年3月29日判時2219号64頁……29
東京地判平成25年4月14日判例集未登載……321
京都地判平成25年5月23日判時2199号52頁……157
大阪地判平成25年6月20日判時2218号112頁……262・276
知財高判平成25年7月17日最高裁HP……311
神戸地明石支判平成25年8月16日……21
東京地判平成25年8月16日……21
東京地判平成25年11月12日2013WLJPCA11128015……234
東京高判平成25年12月11日判例集未登載……268
東京高判平成26年1月15日判例集未登載……322
東京高判平成26年2月27日LLI／DB判例秘書L06920127……237
東京地判平成26年3月20日2014WLJPCA03208009……235
横浜地判平成26年4月24日LLI／DB L06950186……240
東京地判平成26年5月12日2014WLJPCA05128004……234
東京地判平成26年5月28日2014WLJPCA05288014……240
札幌地判平成26年9月4日最高裁HP……301
東京高判平成26年10月22日判時2246号92頁……280
東京地判平成26年11月7日2014WLJPCA11078011……235
東京地判平成26年12月4日2014WLJPCA12048002……234
東京地判平成26年12月24日2014WLJPCA12248028……235
東京地判平成27年1月21日2015WLJPCA01218011……240
東京地判平成27年1月29日判時2249号86頁……298
東京地判平成27年3月30日2015WLJPCA03308010……240
東京高判平成27年4月14日判時2267号91頁……267
知財高判平成27年6月24日著作権研究42号161頁……142
東京地判平成27年9月30日2015WLJPCA09306002……240
東京地判平成27年11月30日判例集未登載……272
大阪高判平成27年12月10日金判1483号26頁……21
東京地判平成28年1月18日判例集未登載……274
東京地判平成28年1月29日判例集未登載……270
東京地判平成28年2月12日LLI／DB判例秘書……173
大阪高判平成28年2月25日判時2296号81頁……28
東京地立川支判平成28年3月29日判例集未登載……344
東京地判平成28年4月27日判例集未登載……274
東京高判平成28年7月12日判時2318号24頁……336
東京地判平成28年9月15日判例集未登載……273
大阪高判平成28年10月13日金商1512号8頁……134

東京高判平成28年11月10日判例集未登載……271
東京地判平成28年12月20日判例集未登載……275
最判平成29年1月24日裁時1668号39頁……28
最判平成29年1月24日民集71巻1号1頁……60
最判平成29年1月31日裁時1669号1頁……249･263
最判平成29年1月31日民集71巻1号63頁……335
最決平成29年1月31日判時2328号10頁……320

執筆者紹介

■編　者

石井　美緒（いしい　みお）

弁護士（石井法律事務所）、明治大学兼任講師
主な著作：「パブリシティと周辺領域に関する若干の観察」法律論叢85(6)1-70頁（2013）
「悪意の商標出願」知財研フォーラム95号76-87頁（2013）
「インターネットショッピングモールの出店者の商標権侵害に対する運営者の責任（Chupa Chups事件）［知的財産高裁平成24・2・14判決］」月刊税務事例47(10)(2015)
執筆担当：序論、第1編総説・第1章[1]・第4章、第3編総説、第4編第3章・コラム

嶋田　英樹（しまだ　ひでき）

弁護士（三番町法律事務所）
主な著作：共著『適時開示の実務Q＆A』（商事法務）
共著『コンテンツビジネスと著作権法の実務』（三協法規出版）
共著『Q＆A知的財産トラブル予防・対応の実務』（新日本法規出版）
執筆担当：第1編第1章[3]・[4]・第3章[8]・第10章、第2編第3章[5]・[6]・コラム、第3編第1章[1]・[2]・[4]・[5]

松嶋　隆弘（まつしま　たかひろ）

日本大学（総合科学研究所）教授、弁護士（みなと協和法律事務所）
主な著作：松嶋隆弘編『会社法講義30講』（中央経済社）
上田純子＝松嶋隆弘編『会社非訟事件の実務』（三協法規出版）
「有価証券報告書の虚偽記載に関する損害賠償責任についての法的スキーム」ビジネス法務17巻2号（平成28年12月）138～143頁ほか
執筆担当：第1編第1章[2]、第4編総説・第1章・第4章

■執筆者（五十音順）

安藤　和宏（あんどう　かずひろ）

東洋大学法学部教授
執筆担当：第2編第3章[1]～[4]

井奈波　朋子（いなば　ともこ）

弁護士・弁理士（龍村法律事務所）
執筆担当：第1編第1章[5]・第6章

大久保　輝（おおくぼ　てる）

中央学院大学法学部准教授
執筆担当：第1編第3章[1]～[4]

上机　美穂（かみつくえ　みほ）

札幌大学法学部教授
執筆担当：第1編第3章[5]～[7]

鬼頭　俊泰（きとう　としやす）

日本大学商学部准教授
執筆担当：第1編第3章[9]～[11]

島戸　圭輔（しまと　けいすけ）

弁護士（二番町法律事務所）
執筆担当：第1編第7章・第8章

中井　陽子（なかい　ようこ）

弁護士・弁理士（ルーチェ法律事務所）
執筆担当：第1編第2章

中川　淨宗（なかがわ　きよむね）

弁理士（中川特許事務所所長）、東海大学・専修大学・岩手県立大学 兼任講師
執筆担当：第2編第2章、第4編第2章

永島　賢也（ながしま　けんや）

弁護士（筑波アカデミア法律事務所）、筑波大学法科大学院非常勤講師
執筆担当：第1編第5章

福原　竜一（ふくはら　りゅういち）

弁護士（虎ノ門カレッジ法律事務所）
執筆担当：第2編総説・第1章

藤原　拓（ふじわら　たく）

弁護士（ユアサハラ法律特許事務所）
執筆担当：第1編第9章

三好　康之（みよし　やすゆき）

弁護士（三好法律事務所代表）
執筆担当：第3編第2章

山田　卓（やまだ　たかし）

弁護士（ユアサハラ法律特許事務所）
執筆担当：第2編第4章、第3編第1章[3]

インターネットビジネスの法務と実務

平成30年1月10日　印刷　　　　　定価　本体4,500円（税別）
平成30年1月20日　発行

編著者　　石井　美緒
　　　　　嶋田　英樹
　　　　　松嶋　隆弘
発行者　　野村　哲彦
発行所　　三協法規出版株式会社
　　　　　本社　〒160-0022 東京都新宿区新宿1-27-1
　　　　　　　　　　　　　クインズコート新宿2階
　　　　　TEL：03-6772-7700（代表）　FAX：03-6772-7800
　　　　　綜合営業所　〒502-0908 岐阜県岐阜市近島5-8-8
　　　　　TEL：058-294-9151（代表）　FAX：058-294-9153

　　　　　URL：http://www.sankyohoki.co.jp/
　　　　　E-mail：info@sankyohoki.co.jp
企画・製作　有限会社木精舎
　　　　　〒112-0002 東京都文京区小石川2-23-12-501
印刷・製本　萩原印刷株式会社

ISBN 978-4-88260-281-1 C2032